PSICOSSOMA V

INTEGRAÇÃO, DESINTEGRAÇÃO E LIMITES

PSICOSSOMA V

INTEGRAÇÃO, DESINTEGRAÇÃO E LIMITES

Rubens Marcelo Volich
Wagner Ranña
Maria Elisa Pessoa Labaki
(Orgs.)

Adela Stoppel de Gueller, Admar Horn, Ana Maria Soares, Angela F. C. Penteado, Cristiane Curi Abud, Decio Gurfinkel, Denise D. Moreira e cols., Eliana Araujo Nogueira do Vale, Éline Batistella, Eloisa Tavares de Lacerda, Flávio Carvalho Ferraz, Gastão Wagner de Sousa Campos, Isabel da Silva Kahn Marin, Isabel Mainetti de Vilutis, José Atilio Bombana, José Carlos Garcia, Leda Mariza Fischer Bernardino, Leopold Nosek, Lilian M. J. Carbone, Maria Elisa Pessoa Labaki, Maria Helena Fernandes, Maria Luiza A. M. Ghirardi, Milton Della Nina, Mirian I. Rejani, Myriam Uchitel, Projeto Clínico de Psicossomática do Instituto Sedes Sapientiae, Ricardo Almeida Prado, Roosevelt M. S. Cassorla, Rubens Marcelo Volich, Sidnei José Casetto, Talya S. Candi, Victoria Regina Béjar, Wagner Ranña, Wilson Jacob Filho

Casa do Psicólogo®
uma empresa PEARSON

1ª Reimpressão *2015*
Editor: *Ingo Bernd Güntert*
Coordenadora Editorial: *Marcela Roncalli*
Assistente Editorial: *Cíntia de Paula*
Produção Editorial: *Casa de Ideias*
Capa: *Roberto Strauss, a partir do quadro "As oliveiras" (1989), de Van Gogh*

Dados Internacionais de Catalogação na Publicação (CIP)
Angélica Ilacqua CRB-8/7057

Psicossoma V: integração, desintegração e limites/ Rubens Marcelo Volich, Wagner Ranña, Maria Elisa Pessoa Labaki (organizadores). São Paulo: Casa do Psicólogo, 2015.

Vários autores
Bibliografia
ISBN 978-85-8040-456-2
1ª reimpressão da 1ª edição de 2015

1. Medicina psicossomática 2. Integração 3. Neurose 4. Adolescência I. Volich, Rubens Marcelo II. Ranña, Wagner III. Labaki, Maria Elisa Pessoa

14-0636 CDD 616.8917

Índices para catálogo sistemático:
1. Psicossomática : psicanálise

Impresso no Brasil
Printed in Brazil

As opiniões expressas neste livro, bem como seu conteúdo, são de responsabilidade de seus autores, não necessariamente correspondendo ao ponto de vista da editora.

Casapsi Livraria e Editora Ltda.
Av. Francisco Matarazzo, 1500 – Cj. 51
Edifício New York – Centro Empresarial Água Branca
Barra Funda – São Paulo/SP – CEP 05001-100
Tel. Fax: (11) 3672-1240
www.casadopsicologo.com.br

Sumário

A mente do clínico, limites e integração

Saúde pública: uma compreensão psicossomática

Apresentação

Rubens Marcelo Volich
Wagner Ranña
Maria Elisa Pessoa Labaki

A fluidez está na moda. Subjetividades, identidades, sexualidades e afetividades fluidas são evocadas e idealizadas como marcas do contemporâneo. Fluem as mudanças movidas pelo desejo, pela curiosidade, pela busca da satisfação e do crescimento, mas fluem também outras marcadas pela inconsistência, pela alienação de si mesmo e do outro, pela dificuldade de estabelecer vínculos, história, projetos. Atrás de cada uma, nas inúmeras vivências do sujeito com seus semelhantes, vislumbramos os movimentos de integração e desintegração, a consistência, a fragilidade e a permeabilidade dos limites que os constituem.

Tais movimentos se manifestam em nossos corpos em diferentes etapas da vida, nas relações interpessoais, nas instituições, nas práticas terapêuticas, oscilando entre a fluidez e o enrijecimento, a autenticidade e o simulacro, a organização e a desorganização. Essas manifestações, exemplares das pulsões de vida e de morte, encontram-se no centro de interesse da psicanálise e, particularmente, da psicossomática psicanalítica.

Referida a essas dinâmicas fundamentais de *integração*, *desintegração* e *limites*, presentes no adoecimento e na cura, a psicossomática psicanalítica propõe integrar corpo e mente em uma nova inteligibilidade e em uma clínica que solicita a superação dos limites da atividade psíquica racional, para considerar os aspectos inconscientes, não representativos e mais primitivos do humano. Amplia, assim, as fronteiras da psicopatologia clássica, oferecendo também recursos para suplantar impasses da prática médica desencadeados por um olhar excessivamente fragmentado sobre o paciente e seus processos de vida.

Aprofundando essa visão que há vinte anos promovemos por meio de nosso Curso de Especialização em Psicossomática Psicanalítica do Instituto Sedes Sapientiae e de suas diversas atividades, reunimos, nesta quinta coletânea, trabalhos de experientes colegas de diferentes horizontes teóricos, práticas clínicas e pertinências institucionais para discutir a essência e os desdobramentos dessas dinâmicas integradoras e desintegradoras e dos limites com os quais frequentemente nos deparamos nos âmbitos individual e coletivo, bem como em nossos dispositivos clínicos.

Fruto dos encontros e debates do *V Simpósio de Psicossomática Psicanalítica*, realizado em junho de 2013 em São Paulo, *Psicossoma V: Integração, desintegração e limites* apresenta importantes hipóteses para a compreensão das transformações das formas do viver e sofrer humanos, em meio a um cotidiano cada vez mais traumático e à crescente medicalização dos sentimentos.

Observamos, nas últimas décadas, um confronto cada vez mais intenso entre concepções estritamente biológicas da medicina, da psiquiatria e suas especialidades afins (como as terapias comportamentais) e a psicanálise. As primeiras, muitas vezes, buscam alcançar uma hegemonia no vastíssimo campo da saúde, ao passo que a realidade clínica revela a importância da integração biopsicossocial do humano, a consideração da história do sujeito, do inconsciente, da vida onírica, relacional, sexual e simbólica, como propõe a psicanálise, para compreender e tratar o sofrimento.

Diante da necessária multiplicidade de olhares para dar conta da complexidade das manifestações humanas, a psicossomática psicanalítica oferece uma possibilidade de superação de tais dicotomias, ao propor a integração de aspectos fundamentais para compreender a vida e o adoecimento: o reconhecimento dessa complexidade, quer ela se apresente como sofrimento no corpo, quer como sofrimento psíquico ou subjetivo, dimensão sem a qual a patologia reduz-se a uma mera catalogação classificatória, e também no desenvolvimento de novos dispositivos terapêuticos. Nessa perspectiva, ela igualmente se constrói a partir de uma visão integradora entre as várias escolas psicanalíticas, constituindo um movimento rumo à transescolaridade.

Os trabalhos apresentados nesta coletânea ilustram diferentes facetas desse movimento. Constatamos, com grande satisfação, que aqui preservam e, mesmo, ampliam a força das ideias mobilizadas nos intensos debates do Simpósio. Nossa alegria em compartilhá-los com o leitor só não é completa pela falta de José Outeiral, cuja apresentação, viva e forte conceitualmente, não pôde ser, apesar de seu desejo, incluída nesta coletânea, em função de seu falecimento precoce. A ele, nossa homenagem.

O cotidiano traumático e os processos de integração e desintegração

Colocando em perspectiva o tema da coletânea, Rubens Marcelo Volich aponta para diferentes experiências humanas, individuais e coletivas, marcadas pelos movimentos de integração e desintegração. Retraçando o percurso de Freud na elaboração de sua segunda teoria das pulsões e as concepções de P. Marty referentes às desorganizações progressivas, ele discute as relações entre a destrutividade e a libido nos processos de organização, que promovem a vida, e de desorganização, que tendem a conduzir à morte. Ele destaca, ainda, os desdobramentos dos diferentes destinos para o prazer e o sofrimento, como as manifestações sintomáticas orgânicas, psíquicas, motoras e, mesmo, sociais e o lugar privilegiado da clínica para a elaboração e transformação de todos esses processos.

Por sua vez, Leopold Nosek analisa a dimensão traumática do cotidiano, potencialmente desorganizadora, a qual determina que, na vida, movimentemo-nos inexoravelmente entre o traumático e o neurótico. Segundo ele, em nossos dias, carecemos de expediente para o atual, sem tempo para a construção de um acervo onírico e representativo que dê conta da sobrevivência no presente: o próprio viver se torna excessivo, marcando as patologias de nosso tempo com o selo da pobreza construtiva, impondo à clínica um desafio conceitual e técnico. Nessas circunstâncias, ele aponta que o trabalho do analista com seus pacientes, precedido por um gesto ético, visa à criação do sentido.

Função, integração e neurose

Apesar do sofrimento a ele também inerente, é no polo neurótico da economia psicossomática que ainda é possível encontrar tentativas de integração marcadas por funcionamentos simbólicos e representativos e por melhores possibilidades de elaboração. Victoria Béjar desenvolve essa leitura descrevendo as diferentes possibilidades para lidar com conflitos: entre o infantil e o atual, mobilizando sistemas defensivos e automáticos de adaptação de tipo neurótico, somático ou uma mistura de ambos. Esses sistemas organizam-se a partir da qualidade da relação de objeto precoce mãe/bebê, e dependem da capacidade de mentalização. A partir da análise de uma paciente com fibromialgia, ela aponta como os mecanismos das psiconeuroses podem se constituir como defesas complexas que se contrapõem aos processos de somatização.

Por sua vez, Isabel Mainetti de Vilutis aprofunda a compreensão psicanalítica dos conceitos de função, integração e neurose, percorrendo também a dimensão econômica das pulsões e suas implicações nos processos de constituição do sujeito e nos modos de intervenção da clínica psicanalítica, na interpretação e nas construções. Ela destaca a função da presença do outro na complexificação progressiva do aparelho psíquico, da sexuação e do recalque, discutindo também as repercussões dessa leitura para a diferenciação entre interpretações e construções em análise.

Inspirado pelos movimentos de desorganização, Decio Gurfinkel mapeia o território dos quadros fronteiriços (limites), marcados pela dissociação e pelo vazio, apontando ser a fronteira psique-soma um dos campos privilegiados da incidência dessa problemática. A partir dos primeiros momentos do desenvolvimento do ser humano e do enfoque do Eu e da pele, ele evidencia diferentes articulações do psique-soma, das psiconeuroses aos transtornos do psicossoma, passando pelos estados-limite, nos quais se observa a dissociação (desarticulação) psique-soma, representando um grande desafio para o processo psicanalítico.

Entre o corpo e o sujeito

Maria Helena Fernandes e Sidnei Casetto discutem a função mediadora do corpo nesses movimentos. A primeira aponta para a importância da constituição, no espaço analítico, de uma escuta e de um acolhimento do corpo mesmo em suas expressões mais primitivas. Para tanto, ela distingue entre duas formas de organização dessas experiências, a do *corpo da representação* e a do *corpo do transbordamento*, a qual, situando-se aquém da simbolização, coloca em evidência o excesso impossível de ser representado. Os efeitos dessa ampliação teórica para além da representatividade e suas implicações metodológicas permitem superar os impasses e os limites clínicos diante do corpo doente e lidar com a presença marcante do corpo na clínica psicanalítica da atualidade.

Enquanto isso, com base principalmente nas concepções de P. Schilder e F. Dolto, Sidnei Casetto aprofunda a compreensão psicanalítica da noção de imagem do corpo, geralmente considerada, na área da saúde, sua representação mental e consciente. De P. Schilder ele destaca a ideia da imagem do corpo como *figuração* do corpo à mente, mas também como *experiência* imediata de sua unidade, diretamente ligada à ação e às funções vegetativas. Dolto parece fazer avançar os limites do psíquico, incluindo nele um corpo pouco representado na metapsicologia freudiana. A imagem do corpo seria então inconsciente, suporte do narcisismo, do desejo e da ação, *lugar* de representação das pulsões. Casetto aponta para as consequências significativas dessas concepções para a clínica, permitindo considerar o corpo na análise não apenas sintoma do recalcado (conversão) ou irrupção do irrepresentado (somatizações), mas também em sua positividade simbólica de suporte da vida psíquica e do Eu.

Os excessos e a desorganização psicossomática

Os excessos, a violência e a destrutividade são condições potencialmente traumáticas e desorganizadoras da economia psicossomática. Éline Batistella, Denise Moreira e Myriam Uchitel analisam diferentes dimensões dessas dinâmicas.

Partindo das relações estruturantes do encontro com um outro significativo na fundação e organização psicossomática do sujeito, Éline Batistella lembra que, pela diferença que impõe, esse mesmo outro carrega uma potencialidade traumática em sua condição de estrangeiridade. A alteridade comporta uma violência mais ou menos bem tolerada, introduzindo um excesso à medida que retira o ser humano de um estado que lhe oferecia certa acomodação. Ela analisa essa relação de tensão e excesso entre o eu e o outro a partir do paradigma imunitário, que situa o ser humano entre a preservação de si e o cuidado com o outro e que pode se manifestar na intersecção entre o corpo individual e o corpo social.

Denise Moreira e seus colegas do *Projeto Clínico em Psicossomática* do Instituto Sedes Sapientiae analisam diferentes repercussões de situações de violência vivenciadas nos primeiros anos de vida e suas manifestações clínicas. Destacam-se entre elas a extrema fragilidade de desorganizações psicossomáticas, nas quais se evidencia a impossibilidade de colocar em palavras experiências e afetos a elas associados, e as respostas corporais e comportamentais, na forma de atos, aos excessos provenientes da violência. A partir de três fragmentos clínicos são discutidas as particularidades da clínica dessas manifestações e sua ressonância no analista e na equipe terapêutica.

A partir da perspectiva do masoquismo, Myriam Uchitel levanta algumas hipóteses sobre as manifestações psicossomáticas. Essas manifestações, fixadas na tensão, na dor e no gozo, poderiam ser mais uma expressão da falha do princípio do prazer e, portanto, representante do circuito da pulsão de morte, verdadeiro desafio para a psicanálise quando se trata de pensar esses fenômenos clínicos à luz do modelo metapsicológico. O fenômeno psicossomático, caracterizado por seus excessos, seria uma tendência a concentrar a energia em uma produção masoquista, enquanto mecanismo que interdita o sujeito e dissipa a culpa despertada pelas pulsões sexuais e agressivas. Ela considera, também, esse fenômeno uma consequência da identificação com o agressor, introjetando sua culpa, e, por último, uma presentificação de uma história de traumas que o antecedem.

A integração psicossomática na infância

Debruçando-se sobre os primeiros momentos de desenvolvimento e organização da economia psicossomática na infância, Wagner Ranña, José Atilio Bombana e Eloisa Lacerda analisam as condições e os obstáculos a essa organização.

Wagner Ranña aborda, inicialmente, as concepções fundamentais sobre a constituição subjetiva e sua importância para a construção de uma psicopatologia na infância, integrando as diversas formas de sofrimento com as vicissitudes das relações constitutivas. Ele destaca as observações inaugurais da psicossomática da criança, como a descoberta do papel desorganizador da privação do outro e seus efeitos para o equilíbrio psicossomático, a depressão anaclítica, discutindo em seguida seu oposto, o excesso do outro, com seus efeitos na psicossomática e nas psicoses não decididas. O autor reflete também sobre uma terceira vertente, os problemas graves na constituição subjetiva encontrados no autismo, destacando o conceito de exclusão do outro, considerando, ainda, os novos desafios da epigenética e da neuroplasticidade para a compreensão dos enigmas do corpo e do sujeito em constituição no campo da complexidade da psicopatologia infantil.

José Atilio Bombana analisa tais dinâmicas a partir das manifestações dermatológicas em crianças e adolescentes. Ele relaciona, inicialmente, algumas das múltiplas funções da pele no humano, como proteção, contenção, aparência/identidade, sensibilidade, contato/trocas, a certas características da infância, como a menor utilização de recursos racionais, plasticidade e espontaneidade, mostrando as articulações entre essas dimensões na expressão de variadas manifestações dermatológicas, transitórias ou crônicas, adquiridas e congênitas. Apontando para a grande incidência desses sintomas nessas fases da vida, ele discute as implicações da leitura psicossomática nessa clínica, ressaltando a importância da inclusão dos pais no tratamento e as dificuldades dessa inclusão. Ele conclui questionando a possibilidade (ou não) de prevenção de quadros somáticos crônicos (frequentemente observados em adultos) por meio dessa intervenção precoce em crianças.

Eloisa Lacerda apresenta a "Clínica da Constituição do Laço", uma modalidade de intervenção nos primeiros momentos do desenvolvimento da economia psicossomática, que visa promover um acolhimento que incide diretamente na dinâmica entre mãe e bebê. Após escutar o que faz ruído na circulação de afeto entre a dupla, os terapeutas avaliam a persistência, ou não, de problemas de desenvolvimento que, se necessário, podem ser remetidos a outros serviços ou que necessitem de intervenções simultâneas, tendo sempre como pressuposto a promoção após ou durante o estabelecimento do vínculo mãe/bebê pelo psicanalista. No caso apresentado, marcado por uma patologia orgânica do bebê, observou-se também a existência de uma patologia do laço, já no momento de seu nascimento.

Limites estruturantes e desestruturantes na adolescência

Marcada por transformações corporais significativas, a adolescência se apresenta também como um período de intensas transições e mudanças subjetivas, identitárias e sociais, geralmente acompanhadas por rupturas e experiências que desafiam os limites pessoais, familiares e a existência do jovem e de seu ambiente. Mirian Rejani, Adela Stoppel de Gueller e Roosevelt M. S. Cassorla analisam diferentes aspectos dessas experiências.

Inspirada por Winnicott, Mirian Rejani apresenta, inicialmente, a adolescência como um estado de transição. Enquanto espaço intermediário, a adolescência pode propiciar experiências de criação e permitir e facilitar a comunicação e as trocas entre o eu e o outro, entre a psique e o soma, bem como a reconstrução do esquema corporal e da imagem de si mesmo. Por outro lado, a clínica com adolescentes revela que, quando a transicionalidade não se processa, os jovens ficam expostos aos sentimentos de estranheza, de desamparo, de abandono e de angústias de separação e de perda, com vivências de fragmentação e de despersonalização, não se reconhecendo mais em seus próprios corpos, colocando à prova os limites entre o eu e o outro, entre o interno e o externo, entre a psique e o soma. A partir da clínica, ela discute alguns recursos defensivos encontrados pelos adolescentes no enfrentamento dessas angústias.

Adela Stoppel de Gueller parte de dois casos de Freud (o de Dora e o da jovem homossexual) para pensar a clínica psicanalítica com adolescentes. Ambas tinham 18 anos ao iniciar a análise com Freud e chegaram ao tratamento em situações consideradas limites pelos pais, envolvendo o risco ou a ameaça de suicídio. Questionando os fatores que precipitaram a desestruturação dessas moças, os efeitos e as possibilidades de intervenção dos pais, a autora considera que a demanda desses pais endereçada a Freud consistia em um pedido de socorro para colocar um limite diante do fracasso de suas próprias tentativas de intervenção. Apesar do tempo transcorrido entre a escrita de Freud e nossos dias, essas configurações são frequentes na clínica atual com adolescentes, evidenciando o delicado lugar que o analista tem ao receber esses pacientes que não vêm com uma demanda própria, a especificidade dos manejos transferenciais com os adolescentes e a necessária inclusão seus pais.

Discutindo as relações entre o analista, seu paciente adolescente e a psicanálise atual, Roosevelt M. S. Cassorla busca estimular a atenção do analista em relação a si mesmo, alertando quanto ao risco de desesperar-se frente ao [seu] não saber, encaixando o adolescente (e a vida) em rótulos estanques. Também lembrando as primeiras pacientes adolescentes de Freud, ele afirma que, diante dessas jovens, hoje não nos surpreenderíamos se nos defrontássemos com áreas em que não foi possível simbolizar experiências as quais, dessa forma, sequer puderam ser recalcadas. A psicanálise atual permite ao analista entrar em contato com áreas não simbolizadas e não simbolizáveis, psicóticas, autistas, traumatizadas, destruídas, ampliando as possibilidades clínicas, especialmente com pacientes na adolescência, quando vivem a intensificação dessas áreas. Ele analisa algumas dimensões específicas que se manifestam na sala de análise de adolescentes, como o moralismo e o não sonho do analista, o Sonho-a-dois e o Não-sonho-a-dois, o lugar dos pais na análise, a sociedade atual e adolescência, a ética, entre outros.

O envelhecimento e a possível experiência de integração

Em virtude do aumento da expectativa de vida, o envelhecer vem sendo objeto de uma crescente atenção dos profissionais da saúde, o que leva Eliana Nogueira do Vale, Wilson Jacob Filho e Lilian Carbone a discutirem diferentes aspectos das dinâmicas psicossomáticas dessa fase da existência. Nogueira do Vale lembra que o desenvolvimento humano é regido pela programação epigenética resultante das influências ambientais sobre o genoma e que o envelhecimento é uma consequência natural desse desenvolvimento. Ela apresenta alguns marcos e principais características desse processo nos homens e nas mulheres, como as alterações da funções cognitivas, neuroendócrinas e imunes, a prevalência de algumas doenças crônicas, incapacitação ou morte prematura. Ela também descreve elementos que poderiam contribuir para o desenvolvimento de estratégias preventivas, políticas públicas e intervenções sociais, com vistas à melhora da qualidade de vida do idoso, destacando o conceito psiconeurofisiológico de regulação dos sistemas corporais e de regulação de afeto, um componente que, apesar de menos conhecido, modula o bem-estar e a saúde do idoso.

Nessa perspectiva, Wilson Jacob Filho ressalta que o envelhecimento saudável é uma tarefa para a vida toda. Inúmeras evidências contribuem para alcançar esse objetivo, antes entendido como impossível. Ele defende uma ampla mobilização individual e coletiva visando aprimorar as condições funcionais do "envelhescente" e a adequação das condições ambientais às necessidades especiais desse segmento etário. Essa mudança de paradigmas exige uma ampla divulgação de novos conceitos referentes a essa fase da vida, além do indispensável apoio político e social para que estes possam ser implantados e implementados. A promoção do envelhecimento saudável decorre do empenho de todos no transcorrer da existência de cada um. Dessa forma, a maior parte da população poderá ampliar sua longevidade funcional, alcançando uma vida longa e produtiva, conforme as perspectivas individuais e em consenso com a coletividade.

A partir da perspectiva da psicossomática psicanalítica, Lilian Carbone busca compreender, no envelhecimento, os movimentos psíquicos ligados às dificuldades de lidar com o declínio do corpo biológico, a representação da passagem do tempo e a proximidade da morte. Em uma sociedade marcada pela cultura da imagem, pelo sobreinvestimento do corpo e pelo culto à beleza e à juventude, como experimentar a velhice e as perdas que acompanham esse período da vida? Diante dos entraves para encontrar um lugar de reconhecimento na sociedade e na família, o idoso vive muitas vezes um tempo de isolamento e desesperança, trazendo à tona intensa carga emocional, ligada a fortes sentimentos de desamparo. Ela lembra que a capacidade de ressignificação simbólica não se esgota no tempo e, estando presente na velhice, pode assegurar a vida até o momento final, constituindo-se como um contraponto que permite ao idoso, apesar dos limites do corpo biológico, a busca de satisfação, encontros e novas histórias.

As dinâmicas psicossomáticas dos vínculos na família e nos grupos

O contexto relacional é fundamental para o desenvolvimento da economia psicossomática, no desencadeamento de suas perturbações, e também no trabalho terapêutico para o reequilíbrio dessa economia. Isabel Kahn Marin, Maria Luiza Ghirardi e Cristiane Abud discutem diferentes aspectos e manifestações desse contexto.

A partir de uma leitura da família contemporânea, Isabel Kahn Marin convida a uma reflexão sobre a natureza dos vínculos primordiais na constituição das dinâmicas psicossomáticas. Lembrando que Freud já anunciava que os primeiros registros da experiência subjetiva se dão de forma complexa, enigmática e multissensorial, misturando partes do sujeito e partes do outro, ela aponta que os encontros entre as mães e seus bebês recém-nascidos revelam os jogos sutis e ambivalentes de aproximação e distância, presença e ausência, prazer e sofrimento, a partir dos quais se inscrevem as primeiras marcas do processo de simbolização. Porém, na atualidade, quando qualquer expressão de sofrimento é mal tolerada, esse processo fica comprometido, acentuando a importância da escuta do corpo pulsante no exercício da parentalidade, por meio da criação de um ambiente que permita a construção de narrativas para a construção de teorias e emergência de uma linguagem que dê sentido ao encontro do sujeito com seu mundo.

Discutindo as contingências do desejo de ter um filho, Maria Luiza Ghirardi analisa as motivações inconscientes dos pretendentes à adoção, que podem se constituir como entraves para o estabelecimento do sentimento de filiação. Ela distingue entre a paixão e a necessidade do desejo de ter um filho – a primeira, entendida como manifestação do narcisismo parental que pode interferir na continuidade da experiência da paternidade/maternidade e culminar na devolução da criança adotada. Ela destaca, ainda, a importância da preparação dos profissionais técnicos do judiciário que acompanham os processos da adoção para detectar possíveis dificuldades dessa natureza, não apenas no momento do estabelecimento do vínculo entre os adultos e a criança, mas, sobretudo, para lidar com as intercorrências da ameaça de sua dissolução.

No âmbito terapêutico, Cristiane Abud descreve o trabalho de grupos de mediação com pacientes que apresentam somatizações, revelando o interesse e a necessidade na clínica psicossomática de flexibilizar a associação livre, a transferência e a interpretação, parâmetros da prática psicanalítica. O trabalho com grupos utilizando objetos mediadores, como fotografias e imagens, tem uma função de continência e estimula as funções do pré-consciente, acionando vias sensoriais que permitem a tradução intrapsíquica das vivências pulsionais em representações, transformando as percepções sensoriais, afetos e pensamento, organizando a economia psicossomática.

Fragmentação e integração no diagnóstico e no enquadre terapêutico

Leda Bernardino, Ricardo Prado e Flávio Ferraz discutem a natureza, os processos e os efeitos integradores e desintegradores dos processos diagnósticos, ao passo que Admar Horn, Talya Candi e Ana Maria Soares abordam as repercussões e manifestações dessas dinâmicas no enquadre terapêutico.

Leda Bernardino destaca a especificidade dos processos diagnósticos na primeira infância, quando conjugar dois campos tão heterogêneos quanto o organismo e a linguagem se coloca como um desafio ao desenvolvimento do sujeito. Na infância, principalmente na primeira infância, é difícil definir quadros nosológicos distintos e claros, o que marca o caráter inconclusivo da psicopatologia. Isso não desmerece a importância da avaliação diagnóstica e da formulação de hipóteses do encaminhamento do processo de constituição subjetiva da criança, sobretudo nos casos em que esse processo aparenta estar obstaculizado, como no caso da instauração de defesas autísticas. Contudo, um diagnóstico fechado é pouco indicado, pois pode provocar sérias consequências na fragilidade identificatória de uma criança em risco, da mesma forma que a confusão entre sintomas de defesa e estrutura definida. Ela sugere, portanto, considerar esse diagnóstico uma possibilidade, e não como já estabelecido, ficando indicado o risco de a estruturação psíquica evoluir na direção da psicopatologia se não houver uma intervenção apropriada, mas deixando aberta a possibilidade de evolução para outro direcionamento estrutural.

Por sua vez, Ricardo Prado ressalta o caráter enigmático e indireto do adoecer, em forma de desconfortos, dores, frustrações, perdas, convocando o outro à construção de um sentido, a partir de elementos da realidade ou imaginários. Nesse processo, o diagnosticar é uma forma de "saber através", de distinguir, particularizar e delimitar uma parte de um todo maior do qual esta contrasta. Atualmente, na área da saúde, o diagnóstico assume novos estatutos, papéis e sentidos. Ele analisa diferentes visões desses fenômenos na medicina, na psiquiatria, na psicanálise e na psicossomática psicanalítica, refletindo sobre algumas das vicissitudes do diagnóstico nesses campos e na práxis clínica contemporânea.

Flávio Ferraz analisa a função das entrevistas iniciais em psicanálise a partir da perspectiva diagnóstica e suas implicações na escolha da técnica terapêutica, lembrando que essa função não se reduz à classificação do paciente dentro de quadros nosográficos da psicopatologia. Se a ênfase de Freud orientava-se para a diferenciação entre o neurótico e o psicótico, autores de diversas escolas ampliaram e enriqueceram uma teoria da entrevista, colaborando com a passagem do procedimento empírico a uma investigação com base epistemológica. Em seu trabalho, o autor defende o valor do conceito de *singularidade idiopática*, de Maurice Dayan, para a avaliação do funcionamento psíquico nas entrevistas iniciais, particularmente no diagnóstico diferencial entre os pacientes psiconeuróticos e aqueles que apresentam um pensamento operatório, e seu interesse na consequente escolha da técnica a ser empregada no trabalho psicoterapêutico.

Considerando essa distinção, Admar Horn discute as principais características e limites do enquadre terapêutico e do processo psicanalítico na clínica de nossos dias. Particularmente no tratamento de pacientes-limite, revela-se a importância do terapeuta como objeto do processo analítico, elemento de convergência de todas as projeções e fantasmas do paciente. Os pacientes-limite exigem a modificação do método psicanalítico clássico para que se abra o campo a uma possível subjetivação: quer se trate de incidentes do enquadre, rupturas inesperadas ou mesmo de somatizações ou, então, do agir da palavra interpretativa do analista, estando também aí incluídas as modificações do enquadre divã/poltrona ou a utilização de técnicas específicas, como o psicodrama psicanalítico. Nesse enquadre ativo, a regressão é favorecida e animada por um movimento contratransferencial que pode ser reparador das falhas do objeto primário. A análise com os pacientes-limite exige dos analistas contemporâneos uma reformulação do canteiro das teorizações da situação analítica, de modo que ela possa efetivamente se constituir como uma situação analisante.

Talya Candi propõe algumas referências para a formulação de uma metapsicologia do enquadre psicanalítico, conjunto de condições materiais e mentais que organizam o vínculo entre o analista e seu paciente, necessários para o exercício da psicanálise. Ao organizar esse vínculo, o enquadre delineia e protege os limites do espaço físico e mental do próprio analista. Ela ressalta que, na clínica dos pacientes *borderline*, esses limites, que instalam um terceiro elemento na situação clínica, são frequentemente pouco tolerados. Nessa clínica, o enquadre pode se tornar parte da problemática da análise. Em seu conjunto, o enquadre possui um valor clínico por ser uma metáfora de outros importantes conceitos metapsicológicos.

Refletindo sobre os limites do analisável, Ana Maria Soares discute particularmente o manejo das técnicas corporais no tratamento dos pacientes não neuróticos, como forma de viabilizar o acesso ao que se encontra fora do campo da linguagem. A partir de vinhetas clínicas, ela aborda a questão da distância entre o terapeuta e o paciente, as transferências infraverbais, os efeitos do contato corporal, a utilização de recursos de estimulação sensorial e de relaxamento, as dinâmicas em torno das memórias corporais e a função de paraexcitações desse enquadre, diferentes caminhos que buscam propiciar e consolidar para o paciente o caminho para a simbolização.

Limites e integração na mente do clínico

José Carlos Garcia, Milton Della Nina e Maria Elisa Pessoa Labaki analisam os processos internos, percepções, representações e afetos do clínico, elementos fundamentais de metabolização das dinâmicas de integração e desintegração vividas pelo paciente. Para tornar clara a especificidade do ato analítico, o primeiro reflete sobre a complexidade do ofício do analista, tendo como eixo a discussão sobre a transferência em suas vertentes imaginária e simbólica. Ele promove, ainda, uma reflexão em torno da posição do analista, destacando a necessidade de ampliar seu manejo do instrumental analítico para potencializar seus recursos e permitir que sua clínica transcenda o desvelamento do reprimido, para lidar com a chamada clínica das situações-limite.

Milton Della Nina parte da afirmação de Odilon de Mello Franco Filho de que o melhor instrumento do psicanalista em seu trabalho não é a interpretação, mas sua personalidade, contrapondo-a à visão de Winnicott de que as características importantes do processo analítico derivam do paciente, e não dos analistas. Apontando o paradoxo generativo desse processo de transformações na situação analítica, entre as mentes do analisando e do analista, o autor examina algumas características da mente deste último, em seus limites e espaço. Ele a caracteriza como "disposição interna" do analista, defendendo a necessidade de manutenção desse paradoxo e ampliando sua compreensão por meio da contribuição winnicottiana.

Maria Elisa Pessoa Labaki realiza, em seu artigo, um cotejamento entre Freud e Ferenczi em relação às disposições clínicas de um e de outro para problematizar em suas teorizações os impasses e desafios da técnica analítica. Segundo ela, as noções desenvolvidas na metapsicologia freudiana a partir de 1920 ampliaram o método clínico da psicanálise com questões que, não tendo sido completamente encaminhadas e problematizadas por Freud, encontraram em Ferenczi uma via de elaboração a partir de suas novas propostas técnicas e das teorizações formuladas por ele sobre o trauma. Ela mostra como os questionamentos de Ferenczi resultaram em uma técnica preocupada em integrar na clínica as pulsões antagônicas e que trabalha orientada segundo uma concepção de transferência indutora mais de transformação que de repetição.

Uma compreensão psicossomática da saúde pública

A perspectiva integradora da psicossomática psicanalítica encontra na saúde pública um campo natural de observação e de aplicação de suas concepções e de suas propostas clínicas. Gastão Wagner de Sousa Campos descreve os desafios para o exercício de uma clínica ampliada e compartilhada no Sistema Único de Saúde. A partir de cenários de equipes de saúde da família, ele apresenta uma análise crítica sobre a visão epistemológica dominante em saúde e estratégias organizacionais para facilitar a prática de uma clínica com base em uma visão mais abrangente do processo saúde/risco/doença/intervenção. Ele destaca a importância de ampliar a autonomia do paciente e da sociedade em relação ao cuidado da saúde individual e coletiva, questionando as condições de trabalho dos profissionais e a sustentabilidade institucional dos programas existentes.

Por sua vez, Angela F. C. Penteado discute o princípio da Integralidade, no ideário da reforma sanitária brasileira, descrevendo os diálogos possíveis e necessários entre a clínica ampliada e os instrumentos teóricos e clínicos desenvolvidos pela psicossomática psicanalítica. Esses instrumentos permitem uma melhor compreensão diagnóstica dos fenômenos do adoecer, dos vínculos terapêuticos, das dimensões transferenciais nas práticas em saúde e ajudam a superar a dissociação doente/doença, instrumentalizando o trabalho de psicólogos, psiquiatras e médicos especializados. Eles podem também aperfeiçoar o trabalho de diversas especialidades médicas, de práticas da enfermagem e de outros profissionais das equipes de atendimento. Ela propõe uma reflexão sobre o modelo de atendimento na clínica ampliada e na clínica do sujeito, modelo este que referencia uma clientela a um grupo específico de profissionais e a uma rede territorial com estratégias como as da saúde da família, matriciamento entre equipes, construção de redes entre equipamentos de diferentes complexidades e desenvolvimento de projetos terapêuticos singulares.

***

Com esses trabalhos, *Psicossoma V: Integração, desintegração e limites* oferece-nos diferentes leituras para superar a crescente desapropriação e mecanização de corpos, mentes e culturas que constatamos na atualidade. Expropriado de sua autonomia, o homem na era contemporânea funciona como extensão da máquina. Fascinado e querendo ser como ela, ele idealiza e depende cada vez mais da tecnologia e da ciência, alienando-se de muitas de suas capacidades e habilidades interiores.

Pensar, lembrar, imaginar, devanear, sonhar são algumas dessas experiências perdidas para a máquina.

Esperamos, com este livro, criar um espaço de continência estruturante para lidar com essa realidade, para o resgate do lugar da subjetividade e para a elaboração de experiências clínicas cada vez mais complexas. Que, a partir dele, possamos estancar o movimento de esvaziamento da vida e do sujeito e reorganizar as forças desintegradoras que nos circundam e nos habitam, em meio às quais buscamos, não apenas sobreviver, mas, sobretudo, construir experiências criativas no amor, no trabalho e no conhecimento.

Integração, desintegração e limites

1. Mitologias: perspectivas clínicas dos movimentos de integração e desintegração[1]

Rubens Marcelo Volich

Se Freud buscou na arqueologia a inspiração para representar suas concepções do sonho e do aparelho psíquico, foi na mitologia que ele encontrou imagens para personificar algumas das mais profundas paixões humanas. Édipo, Narciso, Prometeu, Gradiva, Eros e Thanatos celebrizaram e deram forma a alguns dos principais conceitos da psicanálise, revelando, ao mesmo tempo, a força organizadora e transcendente do mito. Ao se dedicar à compreensão e ao tratamento dos fenômenos anímicos, às manifestações do inconsciente, da sexualidade e do desejo, ao entrar em contato com os aspectos mais profundos do amor e da violência, Freud construiu suas hipóteses, suas teorias, seus conceitos, terminando por encontrar na teoria pulsional os elementos míticos que lhe permitiram organizar o entendimento e a escuta dos aspectos mais irracionais e essenciais do humano.

Em 1933, ele afirma com ênfase:

> a teoria das pulsões é, por assim dizer, nossa mitologia. As pulsões são entidades míticas, magníficas em sua imprecisão. Em nosso trabalho, não podemos desprezá-las, nem por um só momento, de vez que nunca estamos seguros de as estarmos vendo claramente (p. 98).

Como Zeus, Apolo, Perseu, Afrodite, como as Ninfas e os Titãs convidados a organizar o Universo dos antigos gregos, as pulsões são assim convocadas por Freud para tentar esclarecer os enigmas revelados pela psicanálise, como a natureza do inconsciente e das representações, as dinâmicas psíquicas, a origem do recalcamento e, muito particularmente,

---

[1] Uma versão deste trabalho foi publicada no *Jornal de Psicanálise*, v. 46 (85), dez. 2013, pp. 141-150. Agradeço à Marina Massi, editora, e ao corpo editorial do *Jornal* pela receptividade à minha solicitação de aqui apresentá-lo.

o grande enigma que o assombrava desde seus primeiros trabalhos sobre a histeria: o do "misterioso" salto do psíquico para o somático, o elo perdido entre essas duas dimensões da experiência humana.

Em 1915, entre a hesitação e o alívio, Freud enuncia sua famosa definição:

> Se agora nos dedicarmos a considerar a vida mental de um ponto de vista biológico, uma "pulsão" nos aparecerá como sendo um conceito situado na fronteira entre o mental e o somático, como o representante psíquico dos estímulos que se originam dentro do organismo e alcançam a mente, como uma medida da exigência feita à mente no sentido de trabalhar em consequência de sua ligação com o corpo (p. 127).

Desde o início de *Os instintos e suas vicissitudes*, é clara a intenção de Freud de erigir, cartesianamente, a pulsão como o "conceito básico, claro e bem definido" da ciência psicanalítica. A partir desse pilar, ele desenvolve toda sua metapsicologia, que, como sabemos, provocou a reformulação de grande parte dos conceitos que definira até então: uma teoria específica sobre o recalcamento, um artigo sobre o inconsciente, uma nova perspectiva para a teoria dos sonhos (*metapsicológica*, claro...), uma ampliação da psicopatologia psicanalítica por meio do estudo sobre o luto e a melancolia, bem como uma leitura, também metapsicológica, das neuroses de transferência, entre muitos outros.

Foi também a mitologia pulsional que permitiu a Freud retomar o espinhoso problema das indicações para a técnica psicanalítica, sempre preconizada por ele como adequada para o tratamento das psiconeuroses e impossível de ser utilizada no tratamento das neuroses atuais, por estas não apresentarem derivados psíquicos a serem elaborados pela associação livre, mas, predominantemente, descargas somáticas de excitação desvinculadas de lembranças, de fantasias e de sonhos (Freud, 1894). Com o respaldo da teoria pulsional, Freud se permitiu aproximar-se das manifestações das neuroses traumáticas, da destrutividade, das reações terapêuticas negativas, da compulsão à repetição, dos enigmas do masoquismo e mesmo dos sonhos traumáticos que, em princípio, pareciam contradizer outro mito originário da psicanálise, de que os sonhos, como os deuses do Olimpo travestidos em humanos para levar a cabo seus desígnios, seriam, eles também, realizações disfarçadas de desejos inconscientes (Freud, 1919, 1920, 1924).

Por esse caminho, também evoluiu a própria mitologia pulsional. Das entranhas das primeiras pulsões de autoconservação e sexuais emergiram as segundas entidades pulsionais, personificando as forças de Vida e de Morte. Em 1920, em *Além do princípio do prazer*, ao tentar articular hipóteses sobre essas forças que colocavam em evidência muitos dos paradoxos encontrados pela psicanálise, Freud, que dedicara sua vida ao estudo das funções mais abstratas do psiquismo, foi imperativamente convocado ao encontro do mais primitivo e desorganizado da natureza humana e de todos os seres vivos.

Nesse contexto, ele se viu subitamente confrontado com algumas de suas primeiras experiências e hipóteses como neurologista, com seu flerte com a biologia e, também, com alguns de seus antigos fantasmas, mestres e ídolos, como Brücke, Breuer, Darwin e John H. Jackson, que, de forma explícita ou insinuada, revelam-se ao longo do artigo. Freud (1920, 1925) constrói, assim, sua teoria sobre a nova dualidade pulsional, descrevendo o embate entre as forças de Eros, que tendem ao progresso, à organização e à manutenção de unidades cada vez maiores do ser vivo, e de Thanatos – pulsão conservadora, destrutiva e desorganizadora que promove a redução das tensões, o desligamento dos investimentos e tende a reconduzir o ser vivo ao estado inorgânico. A combinação entre ambas, em diferentes proporções, seria, segundo ele, inerente a toda forma de vida. A intricação pulsional, em particular, constituiria a principal dinâmica do desenvolvimento humano e, especialmente, do aparelho psíquico.

Para sustentar essa nova construção, em *Além do Princípio de Prazer* (1920), ele evoca um grande número de exemplos da biologia, da evolução e desenvolvimento dos seres vivos, pluri e unicelulares, peixes nos momentos de migração e desova, exemplos da embriologia, da fisiologia, da anatomia cerebral e do sistema nervoso[2]. Três anos depois, Freud (1923) situa *O Ego*

[2] "Com base em considerações teóricas, apoiadas pela biologia, apresentamos a hipótese de uma pulsão de morte, cuja tarefa é conduzir a vida orgânica de volta ao estado inanimado; por outro lado, imaginamos que Eros, por ocasionar uma combinação de consequências cada vez mais amplas das partículas em que a substância viva se acha dispersa, visa a complicar a vida e, ao mesmo tempo, naturalmente, a preservá-la. [...] O surgimento da vida seria, então, a causa da continuação da vida e também, ao mesmo tempo, do esforço no sentido da morte. E a própria vida seria um conflito e uma conciliação entre essas duas tendências. O problema da origem da vida permaneceria cosmológico, e o problema do objetivo e propósito da vida seria respondido dualisticamente. Segundo este ponto de vista, um processo fisiológico especial (de anabolismo ou catabolismo) estaria associado a cada uma das duas

e o Id como um desenvolvimento das ideias antes expostas, porém pautado pela clínica e sem novos empréstimos à biologia, o que o recentraria, segundo ele, na perspectiva da psicanálise. É dessa perspectiva que ele consagra o modelo das duas classes de pulsões.

Ao longo de toda sua demonstração, Freud apresenta com grande riqueza de exemplos e detalhes os efeitos organizadores e desorganizadores das pulsões de Vida e de Morte, os processos de diferenciação e hierarquização de diferentes seres e espécies, de integração e desintegração promovidos pela dualidade pulsional, revelando claramente nessas concepções a forte influência da teoria da evolução de Charles Darwin[3], mas também das ideias de John H. Jackson sobre o funcionamento hierárquico do sistema nervoso[4].

Apesar do vigor e da elegância de seus argumentos, em diversas passagens de *Além do princípio do prazer*, Freud se mostra ambivalente com relação a suas hipóteses. Quase que se desculpando, ele afirma:

> [...] deve-se deixar completamente claro que a incerteza de nossa especulação foi muito aumentada pela necessidade de pedir empréstimos à ciência da biologia. A biologia é, verdadeiramente, uma terra de possibilidades ilimitadas. Podemos esperar que ela nos forneça as informações mais surpreendentes, e não podemos imaginar que respostas nos dará, dentro de poucas dezenas de anos, às questões que lhe formulamos. Poderão ser de um tipo que

classes de pulsões; ambos os tipos de pulsão estariam ativos em toda partícula de substância viva, ainda que em proporções desiguais, de maneira que determinada substância poderia ser o principal representante de Eros" (Freud, 1923, pp. 53-54).

3 Com sua obra *A origem das espécies*, Charles Darwin (1809-1882) revolucionou a biologia ao formular a hipótese de que todos os seres vivos evoluíram a partir de um tronco comum, diferenciando-se e sobrevivendo graças ao processo de seleção natural. Apesar de todas as resistências que tais teorias provocavam no século XIX, Freud sempre foi bastante explícito quanto a sua admiração por Darwin: "[...] as teorias de Darwin, que eram então de interesse atual, atraíram-me fortemente, pois ofereciam esperanças de extraordinário progresso em nossa compreensão do mundo" (Freud, 1923, p. 19). Em muitas de suas outras obras, Freud dá mostras dessa admiração, tendo, por exemplo, se inspirado nas concepções desse autor para formular suas próprias hipóteses sobre o papel da emoções nos *Estudos sobre a histeria* (1895), bem como a teoria da horda primitiva em *Totem e tabu* (1910).

4 De sua formação como neurologista, Freud guardou uma forte influência de John Hughlings Jackson (1835-1911), explicitada no artigo sobre a *Afasia* (1891), e também no *Projeto para uma psicologia científica* (1895). Mesmo após seu afastamento da neurologia, o princípio de diferenciação funcional progressiva de instâncias, dinâmicas e funções permaneceu onipresente na teoria freudiana.

> ponha por terra toda a nossa estrutura artificial de hipóteses. Se assim for, poder-se-á perguntar por que nos embrenhamos numa linha de pensamento como a presente e, em particular, por que decidi torná-la pública. Bem, não posso negar que algumas das analogias, correlações e vinculações que ela contém pareceram-me merecer consideração (Freud, 1920, p. 81).

Assim, a despeito de ter demonstrado a intimidade e a continuidade entre as formas e funções mais primitivas da vida e aquelas mais evoluídas e organizadas, mesmo depois de *Além do princípio de prazer*, o olhar de Freud continuou a privilegiar, em suas obras, os níveis e processos mais evoluídos da mente humana, as representações pulsionais, a segunda tópica do aparelho psíquico e a segunda teoria da angústia, a negação, o fetichismo, as questões da técnica psicanalítica, da cultura (*Mal-estar na civilização* (1930), *Moisés e o monoteísmo* (1939)), interessando-se bem menos pelas manifestações das dinâmicas mais primitivas, entre as quais as da destrutividade e das pulsões de morte[5].

Mesmo após ter dotado a psicanálise de um aparelho conceitual poderoso, capaz de ampliar a teoria e a clínica psicanalíticas para a compreensão das dimensões mais desorganizadas, primitivas e originárias do humano, Freud não se mostrou suficientemente interessado em voltar mais atentamente seu olhar para as forças que, impelidas por Thanatos, dirigem-se às profundezas tenebrosas do reino de Hades, o mundo dos mortos, do invisível e do inominável[6].

Por muitos anos assombrado pelo temor de sua própria morte[7], Freud talvez tenha encontrado em sua mitologia pessoal um limite para sua curiosidade e sua capacidade de observação.

---

5 Uma exceção nessa série é o artigo *O problema econômico do masoquismo* (1924), no qual a segunda teoria das pulsões e a função particularmente desorganizadora da pulsão de morte voltam a se revelar com toda sua força, apontando para novos desdobramentos sobre a questão dos destinos da destrutividade.

6 Hades, rei dos mortos, terceiro filho de Cronos e Rea, era considerado um deus implacável e incansável, pois não permitia aos mortos deixar o Inferno. Ninguém podia escapar a seu reino, uma vez ali tendo adentrado. Era esse o destino inexorável de todos os homens: retornar para o reino de Hades. Hades simplesmente reclamava de volta aquilo que dera. Segundo algumas leituras, o nome de Hades significa "o invisível".

7 O medo de morrer precocemente acompanhou Freud durante a maior parte de sua vida, tendo determinado muitas de suas atitudes perante seus discípulos, como Jung e Ferenczi, suas preocupações com os destinos de suas ideias e do movimento psicanalítico. Como lembra P. Gay "[...] certos números despertavam-lhe certa ansiedade. Ele abrigou durante

Um olhar para o primitivo

Em 1952, Pierre Marty publica seu célebre artigo "As dificuldades narcísicas do observador diante do problema psicossomático". Nele, destaca três fatores que se constituem como verdadeiras resistências narcísicas ao contato, à compreensão e à clínica dos fenômenos ditos "psicossomáticos". "1. A importância fundamental da função visual do que acreditamos ser a abordagem da realidade. 2. A crença exclusiva em um objeto espacialmente definido; 3. As dificuldades associadas à ideia da fragmentação do corpo e à possibilidade de desaparecimento de sua imagem" (Marty, 1952, p. 345). Esses três obstáculos se manifestam de forma significativa especialmente no contato com os pacientes que apresentam manifestações primitivas de funcionamento, uma vez que, segundo Marty: "1. A psicossomática trata de funções invisíveis, não esquematizáveis; 2. Ela não possui um objeto espacialmente definido; 3. Ela amplia a noção de regressão partindo das funções mentais até a doença somática, isto é, passando pela afetação do corpo até o seu desaparecimento" (*Ibidem*).

Essas dificuldades se manifestam na atitude, no vocabulário, na capacidade de observação, de elaboração teórica e na clínica médica, psicanalítica ou de qualquer outra abordagem terapêutica. Ao revelá-las, Marty explicitava uma das principais fontes de mal-estar e de impasses encontrados no contato com pacientes que apresentam funcionamentos marcados por dinâmicas mais primitivas, aquém da linguagem e da representação. Ele desvendava também um dos principais motivos para a até então preconizada impossibilidade da utilização da técnica psicanalítica clássica com as neuroses atuais e traumáticas e, em certa medida, também narcísicas. Ele indicava, ainda, de forma tímida, nesse artigo inicial, mas cada vez mais explícita nos que se seguiram, a necessidade de mudanças significativas no enquadre e nas formas de intervenção do analista/psicoterapeuta para, antes de mais nada, organizar e estruturar, com esses pacientes, uma economia pulsional desestruturada e errática, inacessível ao trabalho representativo da associação livre. Ele enveredava, então, pelas sendas já há muitos anos sugeridas por S. Ferenczi, que defendera a necessidade de modificações da técnica psicanalítica para tornar possível o trabalho com os efeitos desorganizadores do

anos a crença obcecante de que estava destinado a morrer aos 51 anos, e depois aos 61 ou 62; sentia-se perseguido por essas proféticas cifras, lembretes de sua mortalidade" (Gay, 1991, p. 69). Cf. também pp. 219, 342 e 386.

traumatismo, do infantil mais primitivo e, também, das doenças orgânicas (Ferenczi, 1926, 1928).

Marty e seus colegas, Michel de M'Uzan e Michel Fain, entre outros, pioneiros da psicossomática psicanalítica francesa, compreenderam o alcance da teoria pulsional freudiana para viabilizar a compreensão e o trabalho terapêutico com os pacientes com funcionamentos mais desorganizados, com manifestações próximas àquelas encontradas nas neuroses atuais, como os que foram inicialmente descritos por meio dos conceitos de *pensamento operatório* e *depressão essencial*.

O pensamento operatório caracteriza-se pelo pouco contato da pessoa com seus desejos, pela ausência quase absoluta de sonhos, de sintomas e mecanismos neuróticos, de lapsos, de devaneios ou de atividade criativa, pela utilização empobrecida da linguagem, com uma aderência e adaptação extremas ao fatual e à realidade material. Essas manifestações são fruto do empobrecimento da capacidade de simbolização das demandas pulsionais e da elaboração dessas demandas por meio da fantasia. As relações pessoais são caracterizadas pela indiferenciação, por um rebaixamento dos investimentos objetais, inclusive na transferência terapêutica. No lugar de manifestações psíquicas ou emocionais, aparecem expressões corporais, mímicas faciais, manifestações sensório-motoras e dores físicas (Marty & M'Uzan, 1963).

Por sua vez, a depressão essencial revelava-se como uma *depressão sem objeto*, constituindo "a própria essência da depressão", marcada principalmente por um rebaixamento do tônus libidinal e por um desamparo profundo, desconhecido do próprio sujeito. Diferentemente da depressão neurótica ou do luto, ela não denota trabalho algum de elaboração. A pessoa não apresenta queixas, quando muito uma profunda fadiga e a perda de interesse por tudo que a rodeia (Marty, 1968, p. 595).

Ao descrever esses dois conceitos originais da psicossomática psicanalítica, Marty apontava para alguns elementos fundamentais, verdadeiras chaves para compreender a natureza primitiva de tais manifestações.

> O pensamento operatório estabelece seu contato com o inconsciente a um nível de pouca elaboração, como *aquém das primeiras elaborações integradoras da vida pulsional*. [...] parece desconsiderar ou levar a um *curto circuito toda a atividade fantasmática elaborativa, para articular-se com as formas iniciais de pulsões*

> *as quais podem retornar inesperadamente ou dar lugar a somatizações* ou ainda se manter sob aparências rudimentares numa predominância da tensão atividade passividade tão comum aos pacientes psicossomáticos (Marty & M'Uzan, 1963, p. 345. Grifo nosso).

> Por sua vez, a depressão essencial é caracterizada pelo apagamento, em toda a escala, da dinâmica mental, de funções capitais. [...] a identificação, a introjeção, a projeção, o deslocamento, a condensação, as associações de ideias e, mais além, o apagamento comprovado das vidas oníricas e fantasmáticas. [...] [ela se apresenta] como um *desaparecimento da libido, tanto narcísica quanto objetal, e isso sem outra compensação econômica, a não ser a fragmentação funcional* (Marty, 1968, p. 596. Grifo nosso).

Mais adiante, Marty concluía:

> Creio que estes dois termos: desaparecimento da libido, de um lado, e a fragmentação funcional, de outro, constituem a própria definição do instinto de morte, sobre o qual nós chegamos. [...] a depressão essencial constitui, assim, uma das manifestações clínicas principais da precedência do instinto de morte (*Ibidem*, p. 596).

Com tais pacientes, encontramo-nos, assim, em um obscuro território, caótico, desorganizado, aquém da função integradora das representações, aquém do narcisismo e mesmo do autoerotismo, aquém da angústia e, inclusive, aquém da pulsão. No limite da vida.

Por meio das manifestações do pensamento operatório e da depressão essencial, Marty embarcava na mitologia freudiana, porém, dispondo-se também a olhar para outra direção. Se Freud mostrou-se constrangido ao considerar as evidências biológicas mais primitivas para ilustrar e representar as relações entre as pulsões de Vida e de Morte, Marty mergulhou na biologia para tentar descrever e tratar os movimentos de organização e de desorganização da economia psicossomática.

Instinto, organizações e desorganizações

Em 1976, Marty publica *Os movimentos individuais de vida e de morte. Estudo de economia psicossomática*. Ele o inaugura com uma discussão sobre a noção de função, lembrando que a biologia estuda a escala progressiva das organizações que estruturam o modo de vida dos organismos vivos. Para destacar a natureza desse movimento, Marty opta deliberadamente por descrevê-lo a partir de uma perspectiva mais ampla que a das pulsões, desde o nível dos próprios Instintos, de Vida e de Morte, marcando a continuidade do desenvolvimento do ser vivo desde suas manifestações mais primárias.

Nessa *perspectiva evolucionista*, ele lembra que a evolução das espécies e dos indivíduos é marcada por tendências de integração e de desintegração, pela busca do desenvolvimento de funções cada vez mais complexas e diferenciadas, muitas vezes acompanhadas por movimentos que comprometem e provocam a perda de sua complexidade e diferenciação (Marty, 1980). Ao longo da evolução, os seres vivos mais complexos e mais tardios apresentam características que, ao mesmo tempo, constituem-se como repetições e desenvolvimentos de atributos dos seres mais simples e primitivos. No desenvolvimento humano, em particular, cada indivíduo se origina dos elementos mais essenciais, como a reprodução e a divisão celulares, constituindo estruturas e funções progressivamente mais organizadas, como os tecidos, os órgãos e o feto como um todo, até alcançar níveis evolutivos e organizações cada vez mais complexos. Depois do nascimento, passando a depender da relação com o meio e com outros humanos, o processo de organização, diferenciação e hierarquização continua, com o desenvolvimento da organização sensório-motora, dos afetos, das funções representativas, acompanhados pela aquisição da linguagem, pela diferenciação das relações de objeto, das instâncias e dinâmicas psíquicas. Como sabemos, principalmente na infância, é a função de gerência materna que propicia e em grande parte determina o alcance possível desse desenvolvimento e sua consistência (Marty, 1990; Volich, 2000).

O desenvolvimento humano é, portanto, marcado por tendências à formação de estruturas, dinâmicas e funções das mais simples às mais complexas, das menos organizadas às mais organizadas, da anarquia à hierarquização. Solicitada por estímulos internos e externos, a economia psicossomática tenta manter o equilíbrio por meio de seus recursos mais organizados, de natureza mental, quando presentes (Marty, 1976, p. 116).

As vias orgânicas, motoras e de pensamento representam, nessa ordem, uma hierarquia progressiva de recursos que podem ser utilizados com tal finalidade. Porém, quando da ausência ou insuficiência de recursos mais organizados, para lidar com a intensidade dos estímulos a que está submetida, a economia psicossomática pode reagir de forma anacrônica, primitiva, menos elaborada do que seria ou já foi capaz, desencadeando movimentos no sentido contraevolutivo, provocando descargas motoras e de comportamento e, no polo extremo, desorganizações somáticas. O adoecimento, orgânico ou psíquico, assim como as descargas comportamentais, são alguns dos recursos para a regulação do equilíbrio psicossomático e de suas relações com o meio e com os outros humanos.

Marty (1976, 1980) aponta que as dinâmicas evolutivas e contraevolutivas do desenvolvimento são determinadas pelas interações entre os Instintos de Vida e de Morte, que participam de todos os estágios do desenvolvimento humano, desde as experiências intrauterinas, da infância à velhice, passando pela adolescência e pela fase adulta. Essas relações são marcadas tanto por fatores regulares do desenvolvimento (anatômicos, fisiológicos, funcionais) como irregulares e imprevistos, como os traumatismos e condições "reanimantes".

No início da vida e nos primeiros tempos do desenvolvimento, em geral prevalecem as forças organizadoras dos Instintos de Vida. Nesse período, o Instinto de Morte geralmente provoca desorganizações passageiras, interrompidas pelo poder reorganizador dos Instintos de Vida. Os embates entre essas forças forjam um sistema de defesa individual e idiossincrático constituído pelas fixações funcionais e pelas dinâmicas de regressão.

Na sequência do desenvolvimento – infantil, adolescente e adulto – podem se manifestar, cada vez mais, os aspectos mais desorganizadores e destrutivos dos Instintos de Morte[8]. A intensidade e a extensão dessas manifestações dependerão da consistência dos recursos da economia psicossomática, constituídos pelas interações entre os dois grupos de Instintos, pelas primeiras marcas da hereditariedade, pelas fixações orgânicas da primeira infância, prosseguindo pelos sistemas sensório-motores e comportamentais de fixações e de regressões, de funções e conteúdos mentais, representativos e afetivos.

---

[8] Em "Um olhar para o envelhecer", efetuei uma descrição mais detalhada da desvitalização, da diminuição dos Instintos de vida e dos efeitos desorganizadores dos Instintos de Morte na fase adulta e, particularmente, no envelhecer (Volich, 2000, p. 224 et seq.).

A cada momento do desenvolvimento, e em cada um desses níveis, os Instintos de Vida buscarão mobilizar os melhores recursos para se contrapor a eventuais forças desorganizadoras mobilizadas pelos Instintos de Morte.

Ampliando as concepções freudianas sobre a neurose traumática (Freud, 1919), Marty (1976) afirma que a perturbação da economia psicossomática é provocada pelos *traumatismos*, que se caracterizam

> pelo impacto afetivo sobre um indivíduo de uma situação mais ou menos prolongada ou de um acontecimento exterior que contraria seja a organização na ponta evolutiva (durante o período de crescimento), seja a organização mais evoluída no momento do traumatismo. A falência de uma dessas organizações equivale a sua desorganização. Nesse momento, os Instintos de Vida cedem seu lugar aos Instintos de Morte por um tempo mais ou menos prolongado (pp. 101-102).

Segundo Marty, a noção de traumatismo é inseparável da noção de organização funcional e da noção de conflito. O traumatismo é um fenômeno de natureza afetiva que atinge, em primeiro lugar, a organização psicossomática em seus estágios mais avançados, podendo retrocessivamente provocar perturbações nos níveis anteriores de organização, originando a *desorganização progressiva*.

Em um primeiro momento, os traumatismos desorganizam os sistemas funcionais que mantinham o equilíbrio de certo estágio evolutivo, desafiando os Instintos de Vida que, abalados, podem ser sobrepujados pelos Instintos de Morte. Nessas condições, as desorganizações psicossomáticas se orientam no sentido contraevolutivo e se manifestam pelo desaparecimento das hierarquias e associações funcionais, pela perda da complexidade de funcionamentos, que, muitas vezes, cedem seu lugar à confusão, à anarquia e ao apagamento do tônus vital e afetivo. A depressão essencial é um dos principais indicadores desse movimento.

> Nos adultos, a desorganização progressiva geralmente começa com uma fase de depressão essencial, o que aponta para a ausência do tônus dos instintos de vida, seguida de uma desorganização do aparelho mental, testemunhado pelo pensamento operatório. O movimento continua com a desorganização dos sistemas de caráter

> e de comportamento revelando a redução ou perda de expressões instintivas correspondentes: é a vida operatória. Finalmente ocorrem as desorganizações somáticas cada vez mais arcaicas no plano evolutivo, e mais fundamentais no plano vital. O processo pode, então prosseguir até a destruição dos equilíbrios biológicos primários da vida individual. É então terminado o tempo do ser lançado no espaço (Marty, 1976, p. 133).

Os sistemas fixação-regressão se apresentam como anteparos contra o movimento desestruturante das desorganizações progressivas. Ao convocar pelo movimento contraevolutivo organizações funcionais de momentos anteriores do desenvolvimento, as regressões se constituem, em um primeiro momento, como uma barreira contra a desorganização progressiva, buscando interrompê-la. As regressões se organizam em torno de organizações que foram anteriormente objeto de fixações (Marty, 1976).

Ao se opor ao movimento desorganizador, as regressões, sejam elas de natureza psíquica ou somática, revelam ser animadas pela capacidade reorganizadora dos Instintos de Vida. Assim, é importante reconhecer o valor positivo das regressões que se constituem, ao mesmo tempo, como dinâmicas reorganizadoras.

Talvez essas colocações possam parecer surpreendentes para nossas formas corriqueiras de pensamento. Estamos acostumados a atribuir um valor negativo às regressões, como se elas fossem exclusivamente marcadas pela perda funcional e pelo retrocesso a estados e tempos anteriores do desenvolvimento. Para compreender melhor o caráter positivo e reorganizador nelas implicado, podemos compará-la aos processos do luto, no qual a vivência da perda (de uma pessoa, de uma relação amorosa, de um trabalho) provoca um retraimento narcísico necessário à reorganização libidinal do sujeito. É natural e compreensível que em função de uma perda a pessoa entristeça, perca o interesse pelo mundo e pelas pessoas a sua volta, volte-se para si mesma com vistas a reorganizar seus investimentos objetais, internos e externos, para poder voltar a investir e se interessar pelo mundo exterior. O trabalho de luto é uma das situações paradigmáticas nas quais podemos reconhecer o valor reorganizador dos processos regressivos.

Esse mesmo exemplo pode também ajudar-nos a compreender as consequências do fracasso das funções reorganizadoras da regressão e do luto. Da mesma forma que a impossibilidade de realizar o trabalho do luto pode dar lugar ao luto patológico e à melancolia, a incapacidade das regressões em reorganizar a economia psicossomática do sujeito dá livre curso às desorganizações progressivas, promovidas pelos Instintos de Morte que determinam o movimento no sentido contraevolutivo sem ser interrompidas, até o surgimento das desorganizações somáticas.

Outras mitologias

As teorias de Marty e dos autores do Instituto de Psicossomática de Paris, como Michel Fain, Michel de M'Uzan, Léon Kreisler, a nova geração de Claude Smadja, Marilia Aisenstein e Gérard Sczwec e vários outros, situam-se em uma grande linhagem psicanalítica representada, desde Ferenczi, por Melanie Klein, René Spitz, Donald Winnicott, André Green, Pierre Fédida, Otto Kerneberg, entre muitos que, ampliando a compreensão da metapsicologia psicanalítica, desenvolveram uma vertente teórico-clínica que oferece possibilidades de tratamento não apenas para pacientes que apresentam uma sintomatologia orgânica, mas também psicóticos, *borderlines*, adictos e com transtornos de caráter, ou seja, pessoas que vivem os efeitos da precariedade de suas vivências infantis e de seu desenvolvimento; do esgarçamento de seu tecido psíquico e de suas fragilidades narcísicas; da pobreza de seu mundo objetal e de representações.

Dessa perspectiva, esses autores evidenciam, de diferentes maneiras, a existência de hierarquias funcionais e modos de organização de complexidade variada, implicando expressões mentais, somáticas e comportamentais em cada pessoa. Se, desde Freud, a técnica psicanalítica desenvolveu recursos importantes para lidar com as manifestações mentais dessa complexidade, suas expressões somáticas e comportamentais sempre desafiaram, e ainda desafiam, a clínica e os enquadres clássicos da psicanálise e da psicoterapia por meio de expressões transferenciais e contratransferenciais primitivas e desorganizadas. Essas expressões também se constituem frequentemente como dificuldades para os processos terapêuticos médicos e institucionais.

Com esse mesmo olhar, alguns autores, mais próximos, também buscam articular hipóteses e referências clínicas para lidar com os funcionamentos mais primitivos e desorganizados da economia psicossomática. Wagner Ranña, por exemplo, propõe a leitura transferencial a partir de três eixos – pulsional, simbólico e intersubjetivo – para que sejam possíveis o contato, a escuta e o manejo de tais funcionamentos. Segundo ele,

> Se o eixo pulsional está na passagem do somático para o psíquico e o simbólico está no intrapsíquico, o intersubjetivo está na borda que dá para fora, para o mal denominado ambiente. Para o humano o ambiente é o que vêm do outro. O instinto responde a uma imago, um estímulo, a sua resposta é sempre a mesma. Já o humano responde a um apelo e deseja o que o outro deseje nele. Assim o sujeito fica tensionado pela falta, efeito da marca libidinal que o encontro com o outro lhe causa. A intersubjetividade vai dar conta do fato de que um sujeito exerce uma força constitutiva sobre o outro e todos os elementos do encontro são modificados (Rañña, 2003, p. 52).

Maria Helena Fernandes identifica essa clínica, em que prevalecem manifestações primitivas, como a *clínica do transbordamento*, sugerindo o paradigma da hipocondria "capaz de transitar *entre a neurose e a psicose, entre o normal e o patológico, entre a psique e o soma, entre a conversão e a somatização*" como uma importante referência para pensar e lidar com tais manifestações, marcadas pela emergência do corpo na clínica contemporânea (Fernandes, 2003, p. 110). Ela evidencia, ainda, a função atual dos transtornos alimentares, sustentando que "a preocupação com a alimentação tem se convertido no fetiche privilegiado do controle do corpo na modernidade. É o corpo fetichizado que parece servir de estandarte ao projeto higienizador e totalitário de controle da existência humana pós-moderna" (Fernandes, 2006, p. 279).

Enquanto isso, Decio Gurfinkel destaca duas outras dimensões da clínica dos estados mais primitivos, sugerindo a consideração de uma *fenomenologia do dormir*, que permite observar a continuidade entre o *adormecer*, o *dormir*, o *sonhar* e o *despertar* como diferentes modos de acesso à experiência da *psicossomatologia da vida cotidiana* (Gurfinkel, 2003). Ele propõe, ainda, a referência ao que denomina *a clínica do agir*, para iluminar a compreensão da série de formações sintomáticas que, partindo do sonho e indo até a somatização, atravessa o sonho traumático, a angústia, as formações de caráter, a compulsão à repetição, o *acting out*, a ação pura e a somatização (Gurfinkel, 2001, 2008).

Por sua vez, Flávio C. Ferraz contribui à abordagem clínica do primitivo revelando a existência, entre psicose e perversão, de uma hierarquia funcional e genética de defesas entre a recusa e a rejeição, em que o estado psicótico seria ontogeneticamente mais regredido que o estado perverso, tanto no plano do estabelecimento da objetalidade como da objetividade (Ferraz, 2011). Anteriormente, ele já havia destacado a importância ética e clínica de delinear a especificidade da clínica da *normopatia*, manifestação cada vez mais frequente em nossos tempos, em que o desconhecimento e a alienação do sujeito de si mesmo, mascarados pela aparente normalidade, adaptação e adequação desafetada à realidade, diferem claramente da alienação neurótica, marcada pelo recalcamento (Ferraz, 2002).

Por fim, como descrevi em trabalhos anteriores, é grande o interesse de considerar, na clínica, as manifestações de diferentes hierarquias funcionais, dinâmicas e transferenciais da angústia que se constituem como uma verdadeira semiologia da economia psicossomática (Volich, 2003a), e também os efeitos nefastos e destrutivos dos ideais primitivos que contribuem à desorganização psicossomática (Volich, 2008). Esses processos permitem identificar os movimentos de integração e desintegração da economia psicossomática para modular o trabalho transferencial e o manejo do enquadre no processo terapêutico.

Todos esses autores, e muitos que o limite de espaço deste texto me impede de mencionar, ajudam-nos a lidar com a complexidade dessa clínica, que denomino *clínica das desorganizações* (Volich, 2000). Uma clínica que revela a continuidade funcional e hierárquica entre os modos de organização mais primitivos do funcionamento psicossomático e as manifestações neuróticas, tanto do ponto de vista do desenvolvimento humano como do da manifestação patológica, apesar das diferenças de suas formas de expressão. Dessa perspectiva, compreendemos que as manifestações ou as queixas centradas no corpo e as descargas pelos comportamentos são apenas algumas das modalidades possíveis de expressão do sofrimento humano. Por sua vez, apesar da predominância da expressão psíquica, os sintomas e quadros psicopatológicos constituem outra vertente para a manifestação desse sofrimento. Apesar de considerar os mecanismos fisiológicos e psiconeuroimunológicos e mesmo hereditários eventualmente implicados nesses processos, é fundamental compreender a perspectiva intersubjetiva e histórica segundo a qual desenvolvem-se e organizam-se essas dinâmicas em suas relações com as funções psíquicas e com a regulação do funcionamento vital.

A preponderância de uma ou outra dessas formas de expressão é fruto da história de cada um, da organização de sua subjetividade no contexto de uma interação permanente entre fatores constitucionais, condições do ambiente e suas experiências de vida, modeladas pelo tecido relacional estabelecido, desde o nascimento, com as demais pessoas de seu convívio.

Diante de toda essa complexidade, ao final deste percurso, cabe explicitar nossa gratidão aos colegas, a nossos mestres e psicanalistas que compartilharam conosco suas cosmogonias e mitologias, nas quais nos inserimos. São a essas mitologias coletivas, heranças de nossas próprias histórias e transferências, que recorremos para ordenar o caos de nosso Universo e daqueles de quem tentamos cuidar, nem sempre com sucesso, infelizmente.

Porém, cabe também lembrar a importância, para cada analista, para cada clínico, para cada terapeuta, da construção de sua própria mitologia. Para poder aproximar-se ainda mais de suas próprias dores e daquelas de seu semelhante. Para acercar-se do temível, do irrepresentável, do invisível Hades, que todos nós, de uma forma ou de outra, em algum momento, seremos convidados a visitar...

Referências

FERENCZI, S. (1926) As neuroses de órgão e seu tratamento. In: *Psicanálise 3*: obras completas. São Paulo: Martins Fontes, 1991.

______. (1928) A elasticidade da técnica psicanalítica. In: *Psicanálise 4*: obras completas. São Paulo: Martins Fontes, 1991.

FERNANDES, M. H. As formas corporais do sofrimento: a imagem da hipocondria na clínica psicanalítica contemporânea. In: VOLICH, R. M., FERRAZ, F. C. & RANÑA, W. (Org.) *Psicossoma III*: interfaces da psicossomática. São Paulo: Casa do Psicólogo, 2003.

______. *Transtornos alimentares*. São Paulo: Casa do Psicólogo, 2006.

FERRAZ, F. C. *Normopatia*. São Paulo: Casa do Psicólogo, 2002.

______. As montagens perversas como defesa contra a psicose. In: *Ensaios psicanalíticos*. São Paulo: Casa do Psicólogo, 2011.

FREUD, S. (1891) *A interpretação das afasias*. Lisboa: Edições 70, 1979.

______. (1894) Sobre os critérios para destacar da neurastenia uma síndrome intitulada "neurose de angústia". *Edição Standard Brasileira das Obras Psicológicas Completas*. Rio de Janeiro: Imago, 1980; v. III.

______. (1895) Estudos sobre a histeria. *Op. cit.*, v. II.

______. (1895) Projeto de uma psicologia científica, *Op. cit.*, v. I.

______. (1900) A interpretação dos sonhos. *Op. cit.*, v. IV e V.

______. (1910) Totem e tabu. *Op. cit.*, v. XIII.

______. (1914a) Recordar, repetir, elaborar. *Op. cit.*, v. XII.

______. (1914b) Narcisismo: uma introdução. *Op. cit.*, v. XIV.

______. (1915) Instintos e suas vicissitudes. *Op. cit.*, v. XIV.

______. (1919) Introdução ao estudo das neuroses de guerra. *Op. cit.*, v. XVII.

______. (1920) Além do princípio do prazer. *Op. cit.*, v. XVIII.

______. (1923) O Ego e o Id. *Op. cit.*, v. XIX.

______. (1924) O problema econômico do masoquismo. *Op. cit.*, v. XIX.

______. (1925) Um estudo autobiográfico. *Op. cit.*, v. XX.

______. (1930) Mal-estar na civilização. *Op. cit.*, v. XXI.

______. (1933) Novas conferências introdutórias sobre psicanálise. XXXII: ansiedade e vida pulsional. *Op. cit.*, v. XXII.

______. (1939) Moisés e o monoteísmo. *Op. cit.*, v. XXIII.

GAY, P. *Freud, uma vida para nosso tempo*. São Paulo: Companhia das Letras, 1991.

GURFINKEL, D. Psicanálise, regressão e psicossomática: nas bordas do sonhar. In: *Do sonho ao trauma:* psicossoma e adicções. São Paulo: Casa do Psicólogo, 2001.

______. Psicanálise, regressão e psicossomática: nas bordas do sonhar. In: VOLICH, R. M., FERRAZ, F. C. & RANÑA, W. (Org.) *Psicossoma III*: interfaces da psicossomática. São Paulo: Casa do Psicólogo, 2003.

______. A clínica do agir. In: VOLICH, R. M., FERRAZ, F. C. & RANÑA, W. (Org.) *Psicossoma IV*: corpo, história, pensamento. São Paulo: Casa do Psicólogo, 2008.

MARTY, P. Les difficultés narcissiques de l'observateur devant le problème psychosomatique. *Revue Française Psychanalyse*, v. 16, n. 3, pp. 345-357, 1952.

______. La dépression essentielle. *Revue Française Psychanalyse*, v. 32, n. 3, pp. 595-598, 1968.

______. *Les mouvements individuels de vie et de mort. Essai d'économie psychosomatique*. Paris: Payot, 1976.

______. *L'ordre psychosomatique. Les mouvements individuels de vie et de mort 2. Désorganisations e régressions*. Paris: Payot, 1980.

______. (1990) *A psicossomática do adulto*. Porto Alegre: Artes Médicas, 1994.

MARTY, P. & M'UZAN, M. La pensée opératoire. *Revue Française de Psychanalyse*, v. 27, pp. 345-356, 1963.

RANÑA W. A criança e o adolescente: seu corpo, sua história e os eixos da constituição subjetiva. In: VOLICH, R. M., FERRAZ, F. C. & RANÑA, W. (Org.) *Psicossoma III*: interfaces da psicossomática. São Paulo: Casa do Psicólogo, 2003.

VOLICH R. M. *Psicossomática, De Hipócrates à psicanálise*, São Paulo, Casa do Psicólogo, 2000 (7ª edição, revista e ampliada, 2010).

______. O eu e o outro: esboço de uma semiologia psicossomática da angústia In: VOLICH, R. M., FERRAZ, F. C. & RANÑA, W. (Org.) *Psicossoma III*: interfaces da psicossomática. São Paulo: Casa do Psicólogo, 2003a.

______. Figuras da hipocondria: do paradoxo à revelação. In: VOLICH, R. M., Ferraz, F. C. & RANÑA, W. (Org.) *Psicossoma III*: interfaces da psicossomática. São Paulo: Casa do Psicólogo, 2003b.

______. Morrer de amor: os ideais e as desorganizações psicossomáticas. In: Volich, R. M., FERRAZ, F. C. & RANÑA, W. (Org.) *Psicossoma IV*: corpo, história, pensamento. São Paulo: Casa do Psicólogo, 2008.

2. O cotidiano traumático

Leopold Nosek

Quando caminho e sou seguido pelo Sol, a sombra que vejo diante de mim é a de um jovem. Não posso evitar esse pensamento, embora meu acervo intelectual e minha inteligência me digam que é uma ideia falsa. Também não evito o pensamento consolador: "Até que não estou tão mal!" Claro, o jovem que me habita é parte do meu presente, na medida em que todos nós temos todas as idades. Elas permanecem em mim inclusive como tecido embrionário que matiza meu desenvolvimento atual. Mas o meu presente me é obscuro e me assombra em sua impossibilidade de representação apropriada. Lembro-me de que, se o Sol está à minha frente, meu espectro não se mostra a mim. A infância tem outras preocupações. Provavelmente, em uma idade jovem, não estaria preocupado em me autoavaliar, não faria conjecturas acerca do que a sombra revela a meu respeito. Entre mim e minha sombra há um hiato: não tive tempo de elaborar minha atualidade, minha idade, meu corpo, minha circunstância. Estou acompanhado de uma sombra anacrônica, de um espectro ultrapassado. Meu pensamento persegue minha realidade atual sem poder alcançá-la, sem ter como lhe dar seu sentido necessário.

Thomas Mann, em *A montanha mágica* (1924), diz que o tempo vital é mais bem representado pela ampulheta que pelo relógio. É o tempo irregular da vida. Tome-se a parte de cima da ampulheta como uma espécie de estoque de vida, e a parte inferior, como a experiência acumulada. O que vemos é que de início o estoque quase não se move, enquanto a experiência acumulada cresce continuamente. Ao final, quando a areia vai terminando de escorrer, a ampulheta nos mostra que o estoque se esgota vertiginosamente e que mal percebemos a experiência se acumular na parte inferior. Temos o impulso de estreitar aquele orifício que, sabemos bem, deixa passar uma quantidade constante de areia. A passagem da areia propõe diferentes angústias que demandarão diferentes figurações e diferentes respostas. Mas a ampulheta não é um objeto dos tempos atuais. Valemo-nos do relógio de ponteiros, que faz o tempo voltar sempre ao ponto de partida, ou do relógio digital, que, anunciando sempre o instante presente, dá a impressão de que desenrola um tempo infinito.

Quando impactado por essa imagem literária, procurei ampulhetas nos antiquários e não as encontrei. Por que sobreviveram tão raramente esses objetos de uma temporalidade tão angustiante? Em *Sobre o conceito de história*, Walter Benjamin (1940) nos conta que em um momento de ruptura revolucionária, na Paris de 1830, os revoltosos atiravam nos relógios das torres da cidade. Como evitar o efêmero do presente e o contínuo movimento de transformação? Como evitar o próximo momento, o momento seguinte que me deixará mais uma vez no desamparo de não ter história que me represente, de não ter acervo para pensar um novo acontecimento?

Neste início de reflexão, recorro outra vez à literatura. Proust (1913), no primeiro volume de *Em busca do tempo perdido*, fala-nos ao longo de numerosas páginas sobre o movimento do pensamento ao passar da vigília para o sono e deste para o despertar. Em sua percepção tão maravilhosamente descrita, vemos como a passagem rotineira e cotidiana de um estado a outro requer do espírito um complexo movimento de elaboração. Proust nos faz ver o movimento de tornar familiares e acolhedores o novo espaço e o novo estado de alma – o espírito caminha por um intrincado trajeto de memórias para construir esse *hábitat*. Vemos a inevitabilidade do movimento de criar o hábito e sua necessária insuficiência e efemeridade. Vemos que o fracasso dessas tentativas de passagem é uma possibilidade sempre presente.

Essas lembranças iniciais me levam à noção de traumático, tal como Freud a formula nas Conferências introdutórias sobre psicanálise:

> O termo traumático não tem sentido a não ser econômico. Nós o aplicamos a uma experiência que, em curto período de tempo, aporta à mente um aumento de estímulos demasiadamente excessivo para ser liquidado ou elaborado pelos meios normais e isto resulta necessariamente em transtornos permanentes no funcionamento energético (Freud, 1916-1917).

O traumático refere-se ao econômico do funcionamento psíquico, diz Freud, a algo que ultrapassa a possibilidade de elaboração, o que de imediato nos remete ao conceito de excesso. O traumático apresenta-se como uma relação, ou melhor, como uma fração que terá no denominador um estímulo e, no numerador, a capacidade de elaboração, de estabelecer ligações e representações que conferem dimensão e contorno à experiência, que lhe atribuem forma, ou seja, atribuem alguma ideia de tamanho e intensidade ao estímulo. O excesso será, portanto, o "sem forma" que se espalha pela mente, criando em seu funcionamento distúrbios que aparecerão na situação clínica como ação ou como transferência.

Dessa forma, qualquer experiência pode ter caráter traumático, qualquer fato coloquial da vida, dependendo da possibilidade de elaboração. O próprio amor pode ser traumático. A própria vida psíquica pode ser instada a se construir por um excesso que será ininterrupto, seja por estímulo que se origina no corpo, seja por estímulo que se origina no mundo. Somos seres talvez com demasiados neurônios, com sinapses em demasia, perdemos o paraíso das reações pré-figuradas, não temos o benefício da conduta instintiva. Somos, na natureza, os seres de dependência mais prolongada, os que precisam de mais tempo para desenvolver o aparato que dê conta da vida. Assim, não sobrevivemos sem o hábito e tampouco sem romper com ele. Para amar, precisamos das canções de amor; para acolher esse afeto, recorremos ao acervo da cultura e o relemos. Mas a insuficiência do hábito faz que necessitemos sempre de novas canções e novos poemas para representar os sentimentos. Uma canção por demais repetida torna-se insuficiente para acolher o afeto. Os sentimentos não cabem em uma definição ou em uma representação simbólica, exigem uma inescapável reconstrução de suas feições. A oscilação entre as memórias e a insuficiência das que temos em estoque será permanente. Dito de outra forma, oscilaremos permanentemente entre o neurótico e o traumático (abordei com exemplos clínicos essa dialética em *O método analítico: uma metáfora musical* (Nosek, 2012)).

Modernidade tardia

As considerações anteriores deixam-me desconfortável com a expressão "sociedades pós-traumáticas". Quando terei vivido em uma sociedade que não fosse traumática ou mesmo pós-traumática? Mais uma vez, sem grandes confissões, abro minha história pessoal. Nasci em 1947, em uma cidade da Polônia, e o registro mais antigo que tenho de mim é uma fotografia em um carrinho de bebê, aparecendo ao fundo a paisagem de uma cidade destruída. É, possivelmente, uma foto comum a toda uma geração europeia. Depois, histórias de imigração, também semelhantes às de tanta gente, seja nesta geração, seja em gerações precedentes. Como latino-americano, posso falar de uma juventude entre ditaduras militares cruéis e amedrontadoras. E, como todos da geração *baby boomer*, posso também descrever uma maturidade passada em meio à vertiginosa transformação econômica, política e tecnológica que testemunhamos a partir dos anos 1980. Assim, não houve, a rigor, um tempo social que eu poderia caracterizar como não traumático. Além disso, com meu corpo e minha ecologia psíquica, oscilei sempre entre momentos de me sentir estrangeiro em minha circunstância e momentos de me sentir em casa, relativamente em descanso.

Sinto-me confortável com a ideia de Adorno e Horkheimer (1947) segundo a qual o movimento do pensamento é a resposta a um perigo que assombra e apavora. Dizem que a verdadeira experiência, filosófica ou – por que não? – psicanalítica, é a de um sobrevivente que se submete ao choque de um perigo. Ou seja, é a experiência associada a um evento que força a pensar, que desloca o pensamento do hábito e do senso comum, que não se dobra aos nossos esquemas e categorias usuais de compreensão. Podemos dizer: é um movimento que surge da insuficiência das memórias ou do fracasso da solução neurótica. Assim, o traumático não apenas é parte integrante da experiência cotidiana, como é motor do desenvolvimento e da construção da mente. Nessa ideia, obviamente, sou seguidor de Laplanche.

O corpo propõe à mente um desenvolvimento ininterrupto – como diz Freud (1923), impõe a necessidade de trabalho psíquico. O mesmo faz nossa circunstância social e cultural, e isso equivale a dizer que, tanto quanto nossas formas de pensar e adoecer, o método e a clínica psicanalítica existem no interior da história.

O conjunto de transformações ocorridas a partir da década de 1980 costuma ser chamado de globalização. Prefiro a expressão "modernidade tardia", porque indica mudanças e permanências em nosso modo de viver. Autores como Bauman (2012) e Kurz (2004) colocam no centro desse estágio um fortíssimo movimento de acumulação do capital, acompanhado de uma revolução tecnológica sob a hegemonia do capital financeiro. Empresas privadas tornam-se maiores que estados nacionais, e a ideologia associada durante séculos à ideia de nação torna-se, ao mesmo tempo, obsoleta e radicalmente paroquial. Projetos utópicos de novas formas de organização social se quebram como que por um sopro, desfalecendo em uma espécie de corrida de competição capitalista. As perspectivas ideológicas que nos serviam para orientar a vida ou caducaram ou são mantidas em chave fundamentalista.

Destaco um dado econômico que nos diz respeito de muito perto: nos anos 1980, nenhuma companhia farmacêutica constava na lista das maiores empresas do mundo; a partir dos anos 1990, três delas alçaram-se à lista dos dez gigantes. Alguém duvida da influência que isso teria sobre nosso cotidiano profissional? Sobre como altera nosso modo de ver a doença, nosso modo de pesquisar, nossos modos de conceber a cura e a prática clínica, nossas instituições? Pensemos também em como reativamente nos apegamos a um passado que já não existe.

Vou me ater a um aspecto desse cenário para fazer avançar o argumento. A concentração do capital acentua a concorrência e aumenta a velocidade das transformações. A cada momento somos chamados a nos adaptar a novos produtos e a novas práticas. O trabalho, em outro polo, também requer expediente cada vez maior, e já não basta a formação universitária – é necessário o MBA, o doutorado, o pós-doutorado. Quem atua em áreas de vanguarda do sistema econômico cumpre jornadas de treze, catorze horas, e no tempo livre treina para correr maratonas, e mesmo nesse nível há desemprego. O progresso nos autoriza uma expectativa de vida de noventa anos, mas não é incomum que o mercado de trabalho torne as pessoas anacrônicas aos quarenta. Vemos crianças com agenda educativa de executivos. Tudo acontece em ritmo acelerado. Se antes se dispunha do espaço de uma geração para realizar as adaptações, hoje é preciso fazer face a múltiplas transformações no decurso de uma única geração. Antes, uma geração via a seguinte como ilógica; presa a seu hábito, era-lhe penoso acompanhar os modos de vida de seus sucedâneos. Hoje, a dificuldade de compreensão instala-se entre os membros da mesma geração.

Longe de mim fazer desta fala um apelo aos velhos tempos, como se as gerações anteriores vivessem em idílio ou, pelo menos, como se tivessem achado soluções melhores que as nossas. Além do mais, nostalgia do passado ou visões de um futuro utópico não serviriam para nada. Carecemos é de expediente para o atual. A velocidade de transformação escamoteou de nós o tempo de construir o sentido necessário para o viver no agora. Não há o tempo da construção de um acervo onírico que dê conta da sobrevivência no presente – e as memórias são insuficientes, não preenchem as lacunas.

Como corolário, as patologias ditas atuais propõem um novo desafio conceitual e técnico: são patologias com pobreza construtiva. Aonde foi parar a afirmativa de Freud de que os sintomas são maravilhosas construções estéticas? Bulimia, anorexia e outros distúrbios alimentares, pânico, patologias narcísicas e patologias *borderline* – cada vez mais, nossos pacientes vêm nos procurar com uma desconcertante pobreza de discurso. Não temos um mundo de fantasias a reconhecer; temos, sim, um psiquismo por construir. É quase como se devêssemos adotar uma nova divisa no trabalho: onde há o ato, que possa haver inconsciente. Na presença dessas mentes tão pobremente construídas, a vida se torna agudamente traumática no cotidiano. O trauma sai da obscuridade do passado e nos confronta em sua intensidade presente. Viver se torna excessivo. (Não é o meu tema aqui, mas, à diferença da escola lacaniana, não penso que fazemos face a uma sociedade sem Pai. Defrontamo-nos, sim, com uma sociedade carente de função materna.)

Faltam-nos narrativas pessoais para o atual, narrativas, como disse, que dependem sempre das memórias e do acervo cultural que herdamos. Quero lembrar dois autores que se detiveram sobre a utilização desse acervo. Em seu livro *Shakespeare: a invenção do humano*, Harold Bloom (1998) afirma que, mais do que qualquer autor anterior ou posterior, incluindo os filósofos, Shakespeare nos define, nos dá nosso repertório de conhecimento ético e moral. Não somos nós que lemos Shakespeare; são seus personagens que nos oferecem uma leitura de nós. Essa leitura nos contém, afirma Bloom, ela nos determina, do mesmo modo como somos determinados por grandes personagens da cultura, por criações literárias como Javé em Gênesis, Êxodo e Números, Jesus no Evangelho de Marcos e Alá no Alcorão. A exemplo desses personagens, os de Shakespeare moldam nossa invenção, nossas criações pessoais, os personagens de nossos sonhos.

Durkheim, o segundo autor, dirá que Deus é o protótipo do fato social, uma construção cultural que se oferece e se impõe ao indivíduo. Segundo Durkheim, tal como citado por Bauman (2012):

> Deus existe da mesma forma que todos os fatos sociais: não pode, por um simples esforço do pensamento, ser removido, nem inserido, desaparecer ou aparecer em função de nosso desejo, nem ser atacado ou defendido na base da razão. Deus "existe" porque se impõe e brota sem ser convidado nem convocado – piscando de cada espaço em branco, de cada *non sequitur* na cadeia de explicações e na sequência da compreensão, se esgueirando em cada vão da série de atos que separa o desejo da realização e a expectativa das coisas tais como elas são, recusando-se firmemente a sair do lugar. Deus existe enquanto existe a incerteza existencial humana,

> e isto quer dizer para sempre. Deus é outro nome que tendemos dar à prática da insuficiência humana. Como tal é correlato a inúmeras construções culturais, como: natureza, destino, teorias, sistemas de conhecimento, convicções de toda ordem, sistemas de governo ou qualquer construção que antagonize com nosso despreparo e desamparo (p. 78).

Deus é uma forma de enfrentar o traumático, o excessivo. Melhor dizendo, é um expediente para tentar eliminar e superar a inevitável desproporção entre as demandas a que o espírito faz frente e os recursos de que dispõe. Assim são todas as construções da cultura – recursos magníficos, parciais e insuficientes –, mas, assim como Deus, todas são também fato social: a roupa que visto, um quarteto de Beethoven, um poema de Eliot, um *tablet*, um sistema filosófico ou, enfim, nossa metapsicologia. No plano individual, a insuficiência desses recursos diante das demandas com que somos desafiados nos põe face a face com o traumático e, no plano social – podemos pensar, por que não? –, confronta-nos com todas as distopias e malformações religiosas, bem como com toda espécie de fundamentalismo ideológico.

Um breve trajeto teórico

Freud, já em 1923, premido por seu trabalho clínico, postulou uma área do inconsciente que não seria recalcada, mas constituiria como que um psiquismo por construir. Acredito que essa parte da segunda tópica só veio a ser devidamente explorada na década de 1970. Bion, Green e vários outros refletiram sobre o trajeto de construção do psíquico, sobre o intrincado caminho do "ainda não psíquico" até as complexas construções do espírito. Ao lado dessa vertente, manteve-se forte a ideia do trabalho analítico como identificação de fantasmas (construídos) habitando o território do inconsciente. Permanece a ideia de que a doença se caracteriza por sofrimentos ligados a reminiscências e a processos defensivos que as impedem de aflorar. É claro, esse território de trabalho continua a nos solicitar, mas temos outros desafios atualmente. Continuamos a ser interpretadores de sonhos, mas somos chamados muito mais agudamente para o papel de construtores de sonhos que deem conta do cotidiano.

Quero retomar aqui uma ideia clássica de Kant (1787), formulada na "Estética transcendental": vemos a realidade através de lentes que operam como fator organizador da experiência. Para Kant, essas lentes eram os conhecimentos *a priori* de tempo e espaço, conhecimentos que antecediam a intuição e a sistematizavam. Kant partia da física de seu tempo. Sua filosofia é denominada *crítica* porque põe em questão as possibilidades e as condições do conhecimento. Como isso seria visto a partir da ciência de hoje? Obviamente, essa é uma longa conversa, da qual tomarei apenas um traço parcial neste esboço a que me propus.

Para nós, espaço não é um conhecimento apriorístico, mas deriva do trabalho psíquico realizado na concepção ou concretização da ideia do lugar onde o objeto do afeto se encontrava. Implica reconhecimento do objeto e aceitação de sua ausência (Bion). A ideia de tempo provavelmente vem da percepção da alternância entre repetição e variação (examinei esse aspecto em trabalho anterior (Nosek, 1996)). Quais são, então, nossos pressupostos e organizadores do pensamento? Quais os nossos *a priori*? Talvez a resposta venha da afirmativa de Freud (1923) de que o ego é corporal. O corpo entra na mente por intermédio do que denominamos pulsões, que corresponderiam ao conhecimento *a priori* kantiano. As pulsões organizam-se como conteúdos psíquicos que, a exemplo das memórias, farão as vezes de uma nova lente através da qual receberemos novas intuições. Os modos sexuais – oral, anal, genital – são, assim, organizadores, lentes que nos permitem sistematizar a experiência atual. O modo tradicional de trabalharmos sobre as memórias equivaleria de fato a uma regulação das lentes, sem de modo algum eliminá-las, bem entendido.

Trato os modos sexuais como Freud (1905) definiu-os nos *Três ensaios sobre a teoria da sexualidade* e como Meltzer (1973) desenvolveu-os em seu livro *Estados sexuais da mente*. É a partir desses modos organizados como memórias que lidaremos com o novo colocado diante de nós. Assim fará o paciente e assim fará o analista. Em outra ocasião (Nosek, 2009), desenvolvi a noção de que a função de ligação e de construção de sentido vem da possibilidade de uma posição genital psíquica bem elaborada. Não estou longe de Bion (1962), quando ele adota uma simbologia sexual para representar a função continente-contido. O conhecimento, o sentido, surge no interior de relações mediante a construção e destruição de ligações entre intuições sensíveis e memórias. O sentido será sempre provisório e efêmero, aparecerá como centelha, e sua transposição para a linguagem já o tornará obsoleto. Como regra, sofreremos da mesma impossibilidade dos educadores: o propósito pedagógico far-se-á olhando para trás, projetando o passado no futuro. Como educar para o hoje? Lembro que o continente que abriga o conteúdo para criar o sentido (Bion, 1962) terá ele mesmo de ser abrigado por outro continente, que será necessariamente social e estará do âmbito da cultura. Em um de seus ensaios mais famosos, Giorgio Agamben (2008) nos diz:

> [O contemporâneo] deve manter fixo o olhar no seu tempo. Mas o que vê quem vê o seu tempo, o sorriso demente do seu século? [...] contemporâneo é quem mantém o olhar no seu tempo, para nele perceber não as luzes, mas o escuro. Perceber esse escuro não é uma forma de inércia ou passividade, mas implica uma atividade particular que, no caso, equivale a neutralizar as luzes que provêm da época para descobrir as suas trevas, o seu escuro especial, que não é, no entanto, separável daquelas luzes (p. 62).

O escuro é ativo, não é a ausência das luzes; é, sim, uma presença, a presença do obscuro. Lembro-me de Borges (2004): descrevendo sua cegueira, ele diz que se costuma imaginar que o cego vive em uma espécie de escuridão permanente. Nada mais longe da verdade, explica. Ao contrário, o cego vive em uma espécie de luz azul acinzentada que nunca se apaga. O cego anseia pelo escuro, que jamais ocorre – não há como fechar os olhos ou apagar essa luz que nada vê. Agamben (2008) nos ajuda a dimensionar melhor a descrição borgiana. Pertencer a seu tempo implica um deslocamento, um anacronismo, uma dissociação, ele diz. É "ser pontual num compromisso, quando se pode apenas faltar". "Contemporâneo é aquele que recebe em pleno rosto o facho de trevas que provém do seu tempo" (p. 64). Neurofisiologicamente, o escuro é o resultado da atividade das *off-cells* na periferia da retina, as quais, ao entrar em atividade, produzem um tipo particular de visão que é justamente o escuro. Assim, como recepção ativa, o escuro faz parte do que pode ser excesso, ou melhor, nos termos psicanalíticos, pode muito bem pertencer à área do traumático.

O contemporâneo vincula-se também com o arcaico, o próximo da *arké*, isto é, da origem. Significa estar ligado ao *passado* não como o ultrapassado, e, sim, como o embrionário, o qual não cessa de agir no organismo maduro, que é o contemporâneo. O embrião está no presente como alicerce invisível, é presença na construção da moradia atual.

A relação do atual com as memórias segue uma dialética inevitável: ao mesmo tempo que obscurecem o presente, as memórias são o presente, e a lente, o filtro pelo qual nossa visão se constitui. São também, em sua destruição, matéria-prima da construção do novo. Trauma e neurose têm de ser vistos nesse par e nesse movimento. O presente é excesso e, portanto, escuro. Seu leitor deverá ser encontrado na coragem de transformar esse escuro não em ausência, mas naquele real que está à espera de autoria, naquela intuição que está à espera de forma. Aí a coragem, muito pouco lembrada entre as qualidades psicanalíticas desejáveis.

Dois recortes clínicos

Quero apresentar a seguir duas pequenas concretizações da situação clínica que é objeto desta reflexão, não sendo elas uma "prova" e tampouco a origem desses pensamentos. No primeiro caso, trago uma modalidade de trabalho em torno de fantasias construídas; à parte as angústias que causam, elas configuram uma proteção ante o desamparo de uma situação atual. No segundo recorte, a quebra de certo hábito defensivo expõe a paciente a um excesso que é vivido como atual e induz o pensamento em direção ao novo.

Tenho permanentemente a dúvida: até que ponto minha teorização nasce da prática? Ou será a teoria que demarca o campo de minha observação? Enfim...

***

O paciente que chamarei A. está em análise há dois anos. Chega ao consultório e, como de praxe, inicia direto a sessão. Sem qualquer hiato que demarque a chegada, entra dizendo:

— Vinha para cá e, pensando com os meus botões...

Contrariando meu costume, interrompo sua fala e digo:

— Já que você conversa com frequência com os seus botões, talvez fosse útil eu os conhecer, saber como são e como dialogam com você.

Ele acolhe a proposta com evidente satisfação e me conta que seus botões são extremamente críticos, estão sempre dizendo como ele é agressivo, como é inadequado etc. Nossa conversa é fértil e trafega nessa área de sua autocrítica exacerbada, cujo pressuposto é a maravilha que ele tem de ser. À medida que ele a domina, a autocrítica o protege da destruição, ou melhor, da perda do direito à vida que se associa ao fato de ele não ser um super-herói. Não se sente com direito à existência, e tanto minha fala inicial quanto a permanência no diálogo funcionam como uma autorização – um ego auxiliar que lhe permite dar o próximo passo em seu percurso.

Esse é um estilo de trabalho que tem sido comum em nossos encontros. Percorremos as convicções de A. fazendo ligações com sua história, na qual aparecem referências frequentes à rigidez do pai, a um irmão morto muito precocemente, quando A. não era nascido ainda, e de quem ele tem em parte o nome (é um prenome composto). De alguma forma, vem fazendo progressos significativos e aprecia a análise. Isolo alguns outros dados a seu respeito: é muito competente e extremamente bem-sucedido em sua área profissional. Quando iniciou a análise, vivia recluso e não estava trabalhando; sustentava--se com recursos obtidos em atividades anteriores. Tem um casamento sem vida sexual. Não tem filhos.

Volto à sua nítida satisfação com a conversa desse encontro; mesmo que eu o tenha interrompido no início, era dele, afinal, que estava falando. Em outras ocasiões, já lhe dissera que sou como o Grilo Falante, fazendo as vezes de consciência de um menino que ainda não é um menino – estamos à espera de que se torne de carne e osso. Também esses comentários são recebidos com agrado, e A. se mostra satisfeito mesmo quando diz que algo deles o atinge e faz sentido. Diz sentir uma dor nas entranhas, o que parece verdadeiro. Em resumo, sempre que abordamos suas fantasias (e surgiram algumas aqui), parece tirar prazer da análise.

O que preferi registrar só agora é que A., quando chega para a sessão, sempre começa a falar ignorando minha existência, e se é interrompido tem uma reação catastrófica, com absoluta impossibilidade de me dar lugar ou de pensar essa questão. Minha presença e o encontro que se renova a cada vez não têm ainda possibilidade de elaboração. Assim, dialogando com seu solilóquio e participando da cena tal como ela me é proposta, aguardo que o traumático de nosso encontro possa encontrar alguma expressão. Aguardo que susto e assombro possam ter lugar nesse encontro, aguardo minha possibilidade de existir ali dentro. Posso inferir que, fora da análise, A. tem a mesma habilidade de fazer que seus próximos aguardem a vez de existir junto dele. Aliás, fui informado acerca dessa expectativa. É incapaz, por exemplo, de jogar uma partida de cartas; fica ao lado dos jogadores, comentando, secretamente assustado ante a eventualidade de um convite para participar. As aproximações sexuais que faz se interrompem tão logo seu desejo é transmutado em desejo da parceira.

***

Minha paciente B. está em análise comigo há muitos anos, em um ritmo de quatro vezes por semana. Devo dizer que alguém assim acompanhou inevitavelmente transformações de enfoque de minha parte. O episódio que relatarei começa de maneira inusitada, pois em todos esses anos é a primeira vez que ela me envia uma mensagem por celular. Sente-se horrivelmente angustiada. É sábado à noite e eu estou em outra cidade.

Transcrevo a mensagem: "Oi, Leo. Não consigo entender por que vem esta angústia tão grande. Eu saí daí bem. Não aconteceu nada de diferente. O J. [seu filho] tá melhorando. É horrível sentir isto".

Respondo aproximadamente meia hora depois: "Não tenho ideia. Tentei te telefonar e a caixa está lotada".

Uma hora e meia depois, recebo sua nova mensagem: "Obrigada por ter ligado. Não escutei o telefone, estou tentando melhorar e já tomei Rivotril. Vai passar, mas é horrível".

No dia seguinte, envio-lhe uma pergunta: "Como você está?".

Resposta meia hora depois: "Tô melhor, obrigada. Bom fim de semana. Tive que falar com você porque é horrível".

O que me é familiar é a preocupação dela em não incomodar, em não impor sua presença. É magra, e mesmo em sua forma de andar parece não querer ocupar espaço, quase como se não lhe fosse permitido caminhar pelas calçadas. Atualmente, fica muito evidente que me encara de maneira direta e que sorri com certa cumplicidade quando a recebo na sala de espera. Sua discrição não deixa de soar contraditória com o padrão econômico e social de que desfruta, e, pelo que me relata, parece-me que é mal compreendida, pois sistematicamente a consideram uma pessoa antipática. É uma mulher ainda bonita que, hoje, tem alguma noção disso, sobretudo no plano intelectual.

Não é difícil imaginar que, com tantos anos de análise, haveria um sem-número de situações que poderiam ser relatadas aqui, com variados desenvolvimentos, mas escolhi um recorte que evidencia principalmente minha perplexidade a certa altura da análise de B: o que teria feito que ela se permitisse me "incomodar"? O que teria mudado para que sua queixa se apresentasse não como depressão, que é o usual, mas como angústia insuportável?

O padrão, em linhas gerais, vinha sendo este: B. chega com queixa de depressão (e parece de fato deprimida), rapidamente começamos a conversar e logo a depressão se esvai. Seus médicos sempre tentam medicá-la, e ela não suporta os efeitos da medicação. Conforme nosso entendimento, em situações em que não é vista ou é incompreendida, ela faz um movimento autodestrutivo que torna proibida sua existência, aparecendo assim os sentimentos depressivos. Alguns diálogos analíticos e a depressão desaparece, para permanente surpresa de B.

Sua mãe é eficiente, mas incapaz de olhar o outro — "ela sequer vê as paisagens quando viaja", descreve B. Esta, por sua vez, manifesta um peculiar tropismo em relação a personalidades narcísicas que a coloca no estado que descrevi. Isso ocorre inclusive nos dois casamentos que teve.

Seu filho tem uma doença grave e é acompanhado por um médico em quem ela confia. Na sessão que precedeu essas mensagens, relata que o pai de seu filho interfere com seu poder materno; ele coloca o filho sob cuidados privilegiados em determinado hospital, com acompanhamento de um médico que tem também poder político, mas de cuja competência B. duvida.

Podemos pensar que, nessa situação, diferentemente de seu hábito, B. reage com grande angústia diante de uma possibilidade destrutiva. Como se trata de seu filho, a reação dela não é se diminuir, não é se desvalorizar. Recebe todo o impacto de uma situação potencialmente perigosa e não tem o expediente de elaborá-la. A intensidade da angústia extravasa – e, pela primeira vez em sua história comigo, traz o embrião de um pedido de socorro. A situação apresenta-se como traumática, com toda a clareza, e B. não consegue se proteger dela da forma costumeira, que é se imolar.

É o que tento mostrar aqui: a situação neurótica protegendo contra a situação traumática – para B., as memórias, por mais dolorosas e angustiantes que sejam, funcionam como formas usuais de reação, protegendo o espírito da irrupção do novo, do assombro, do sem forma, da inundação do excesso.

Finalizando

Quero centrar meu comentário final na famosa passagem de Walter Benjamin sobre *o anjo da história*. Faço um convite para que acompanhem a alegoria sem tentar transformá-la em uma sequência de analogias. Quero crer que o espírito dessa alegoria permeia o que vim dizendo até agora. Passo logo à citação:

> Há um quadro de Klee intitulado *Angelus Novus*. Representa um anjo que parece querer afastar-se de algo que encara fixamente. Seus olhos estão escancarados, sua boca dilatada, suas asas abertas. O anjo da história deve ter esse aspecto. Seu rosto está voltado para o passado. Onde vemos uma cadeia de acontecimentos, ele vê uma catástrofe única que acumula incansavelmente ruína sobre ruína e as dispersa a nossos pés. Ele gostaria de se deter para acordar os mortos e juntar os fragmentos. Mas uma tempestade sopra do paraíso e se prende com tanta força em suas asas, que ele não pode mais fechá-las. A tempestade o impele irresistivelmente para o futuro, ao qual ele dá as costas, enquanto o amontoado de ruínas cresce até o céu. Essa tempestade é o que chamamos *progresso* (Benjamin, 1940).

Neste trabalho, suponho ter enfatizado suficientemente que o futuro ou, melhor ainda, que o presente é para nós inescrutável, não temos sua figuração. Nosso olhar vê o passado, que inevitavelmente se constitui de ruínas, daquilo que já não é. Podemos chamá-lo restos diurnos, trajetos de memória. Por outro lado, é com essas ruínas que contamos para tentar figurar o atual, para ver o solo sobre o qual tentamos dar o passo seguinte da existência, para tentar ver quem somos ao dar esse passo. Essas ruínas são a matéria-prima dos sonhos e do pensamento. Para usá-las, é preciso que façamos seu luto, e nosso estado de espírito não será a melancolia, mas, sim, a nostalgia.

Nesse território, pensei colocar a inevitável dialética entre memórias e figuração atual, entre neurose e trauma. Construímos com dificuldade nosso hábito, é um processo árduo. Queremos morar nele e o defendemos dos estrangeiros que ousam avançar sobre nossas fronteiras. Por outro lado, esses estrangeiros, sem intenção, passam permanentemente pelo nosso território.

Eles chegam de toda parte – do mundo, do nosso corpo, do nosso espírito. Impõem-se como uma tempestade da qual queremos nos abrigar. Buscamos, então, mais intensamente, o que seria seguro e abandonamos o mundo. Mas é dessas ruínas, é dessas memórias que surge a matéria-prima da centelha que brilhará em meio à tempestade. Como um raio, algo se ilumina. Contra a nossa vontade, damos um passo à frente, e às vezes isso será um progresso.

Tomar o trauma como excepcional, como um distúrbio, sugere que se trata de uma ocorrência em lugares distantes, com pessoas com as quais não nos identificamos, ideia que pode nos levar para o duvidoso terreno da bondade. Insisto que faz parte da grandeza da psicanálise instalar em nosso cotidiano aquilo que uma vez foi identificado em situações extremas. Não somos propriamente terapeutas. Como outros de outras disciplinas, detemo-nos nos abismos e na grandiosidade da existência humana. Junto com nossos pacientes, buscamos criar sentidos, e a criação do sentido é precedida por um gesto ético.

A ética precede a ontologia, nos diz Lévinas (1961). A ética de receber o estrangeiro – ou o infinito do outro – não configura bondade. Significa submeter-se a seu domínio, aprender seu idioma, e não catequizá-lo no nosso. Nossa ética precede nossa técnica: livre associação significará submeter-se ao estranho. Significará, na medida das nossas possibilidades, submetermo-nos ao traumático que a presença dele inevitavelmente trará. Um encontro psicanalítico se abre para possibilidades; como nas religiões, podemos manter a ideia do infinito da alteridade, do que é impossível capturar em um nome ou uma definição ou tentar atribuir-lhe imagens que nos trarão o hábito e a paz. O ato de definir o outro destruirá sua alteridade tanto quanto a tentativa de definir o infinito destrói esse conceito. Susto e espanto são a marca de nossa presença na sala de análise.

Esse traumático cotidiano de nossas salas exige uma reflexão própria, e fiquemos então apenas com a pergunta: o saber analítico, sua teoria, serão impossíveis? Em vez de conhecimentos capturados, creio que o que podemos pretender é o anseio pelo infinito do outro, é o anseio metafísico (Lévinas, 1961) ou, no nosso caso, o anseio metapsicológico.

Referências

ADORNO. T. W. & HORKHEIMER, M. (1947) *Dialética do iluminismo* (Dialectic of Enlightenment). Rio de Janeiro: Zahar, 1994.

AGAMBEN, Giorgio (2008) *O que é o contemporâneo? E outros ensaios*. Chapecó: Argos/Unochapecó, 2012.

BAUMAN, Z. (2012) *Isto não é um diário*. Rio de Janeiro: Zahar, 2012.

BENJAMIN, W. (1940) Teses sobre o conceito de história (On the concept of history). In: *Obras escolhidas I*: magia e técnica, arte e política – ensaios sobre literatura e história da cultura. São Paulo: Brasiliense, 1987.

BION, W. R. (1962) *Aprendendo com a experiência* (Learning from experience). Rio de Janeiro: Zahar, 1966.

______. (1963) *Elementos de psicanálise* (Elements of psycho-analysis). Rio de Janeiro: Zahar, 1967.

______. (1973-1974) *Bion's Brazilian lectures* 1-2. Rio de Janeiro: Imago, 1975.

BLOOM, Harold (1998) *Shakespeare*: a invenção do humano. Rio de Janeiro: Objetiva, 2000.

BORGES, Jorge Luis (2004) *Borges oral & sete noites*. São Paulo: Companhia das Letras, 2011.

FREUD, S. (1905) Três ensaios sobre a teoria da sexualidade. *Edição standard brasileira das obras psicológicas completas de Sigmund Freud*. Rio de Janeiro: Imago, 1980; v. VII.

______. (1916-1917) Conferências introdutórias sobre psicanálise. *Op. cit.*, v. XV.

______. (1923) O Ego e o Id. *Op. cit.*, v. XIX.

GREEN, A (1977) O conceito do fronteiriço. In: *Sobre a loucura pessoal*. Rio de Janeiro: Imago, 1988.

______. (1990) *Conferências brasileiras:* metapsicologia dos limites *(Brazilian Lectures: Metapsychology of limits)*. Rio de Janeiro: Imago, 1990.

KANT, E. (1787) Estética transcendental. In: *Crítica da razão pura*. Lisboa: Fundação Calouste Gulbenkian, 1994.

KURZ, R. *Com todo vapor ao colapso*. Rio de Janeiro: UFJF, 2004.

LAPLANCHE, J. (2000-2006). *Le sexual: La sexualité* élargie au sens freudien. Paris: PUF, 2007.

LÉVINAS, Emmanuel (1961) *Totalidade e infinito*. Lisboa: Edições 70, 1988.

______. (1982) *Ethique et infini*: dialogues avec Emmanuel Lévinas and Philippe Nemo. Paris: Fayard, 1984.

MANN, Thomas (1924) *A montanha mágica*. Rio de Janeiro: Nova Fronteira, 1980.

MELTZER, D. (1973) *Estados sexuais da mente*. Rio de Janeiro: Imago, 1973.

NOSEK, L. (1996) Una reflexión sobre la temporalidad. In: LEMLIJ, M. S. (Ed.) *Historia, memoria y ficción*. Lima: Seminario Interdisciplinario de Estudios Andinos, 1996.

______. (2009) *Body and infinite: notes for a theory of genitality (Corpo e infinito: notas sobre uma teoria da genitalidade)*. The 46th IPA Congress, Chicago, July 29th-August 1st. Disponível em: <http://internationalpsychoanalysis.net/wp-content/uploads/2009/05/nosekbodyandinfiniteipa.pdf>. Acesso em: 5 ago 2014.

______. (2011) *Anxiety and allegorical narrative: notes on the construction of meanings in analysis* (Angústia e narrativa alegórica: notas sobre a construção de sentidos na análise). Apresentado na terceira plenária da 24th EPF (European Psychoanalysis Federation) Annual Conference — Copenhagen, April 2011.

______. (2012) O método analítico: uma metáfora musical. Comunicação apresentada no Primer Encuentro de Psicoanalistas de Lengua Castellana: *Vigencia y Actualidad del Método Psicoanalítico*. Madrid, fevereiro de 2012.

PROUST, Marcel (1913) *Em busca do tempo perdido*: no caminho de Swann. São Paulo: Globo, 1981, v. I.

A função integradora da neurose

3. Função integradora da neurose como defesa

Victoria Regina Béjar

É pertinente conjecturar que a neurose possa exercer uma função integradora na vida psíquica? Freud (1895), ao estudar o funcionamento psíquico das pacientes histéricas, descreveu as psiconeuroses. Foi a partir da observação de seus diferentes tipos de funcionamento que Freud construiu os alicerces da psicanálise. Quando os sintomas neuróticos se tornam predominantes no funcionamento mental, exercem influência significativa na vida do indivíduo, nos comportamentos, nas atitudes, no lidar com a vida, podendo gerar diferentes níveis de incapacidade.

Uma das contribuições da psicanálise contemporânea é criar um novo vértice de observação. A estrutura neurótica passa a ser considerada aquela na qual o desenvolvimento egoico é mais amplo e complexo. Green (1988) propõe organizar a psicopatologia psicanalítica segundo duas formas de subjetividade: a neurótica e a não neurótica. A não neurose seria a forma de subjetividade na qual não encontramos os elementos que caracterizam a neurose: algo falhou, algo não está presente. Abrange aquelas configurações psíquicas nas quais predominam os distúrbios na constituição do narcisismo, tanto as perturbações do investimento libidinal do self (conjunto de representações ou imago de si mesmo) quanto das fronteiras e funções do ego. Pauta-se por um modo de funcionamento psicótico mais ou menos circunscrito – desencadeado por situações de angústia –, que pode ser encontrado nas mais variadas estruturas psíquicas, inclusive na psicose. Deriva do comprometimento do funcionamento mental arcaico pelos fatores traumáticos.

Fazem parte dessa forma de subjetividade todas as patologias relacionadas aos problemas de constituição do eu, qualquer que seja a maneira pela qual aquela subjetividade tenha se organizado/desorganizado diante da angústia narcísica: compulsões e adições, distúrbios alimentares, patologias do vazio de feitio melancólico, patologias do ato coloridas por diversos tipos de violência, somatizações, perversões e uma gama de apresentações, chamadas por Freud de neuroses narcísicas e de caráter (Minerbo, 2009).

Neste trabalho tecemos considerações sobre os funcionamentos neurótico e não neurótico com base em alguns conceitos da Escola Francesa de Psicossomática Psicanalítica fundada por Pierre Marty.

Conceitos fundamentais da psicossomática psicanalítica

No início da década de 1950, um pequeno grupo de psicanalistas da Sociedade Psicanalítica de Paris se interessou pelo funcionamento psíquico dos enfermos somáticos: P. Marty, M. Fain, M. De M'Uzan e Ch. David. Foi criada uma nova clínica, a clínica psicossomática, no seio da qual certas modalidades do funcionamento psíquico se encontram frequentemente relacionadas ao desenvolvimento de somatizações.

O novo modelo teórico proposto foi o da desmentalização, que integra no interior de uma teoria unificadora o curso dos acontecimentos psíquicos e somáticos, na qual os conflitos são comuns a ambos. A revolução conceitual da Escola de Psicossomática de Paris reside no fato de que, a partir do estudo do funcionamento mental, é possível descrever com certa pertinência o grau de gravidade e o significado econômico dos sintomas de um paciente somático. Esquematicamente, esse modelo anuncia uma relação inversamente proporcional entre o valor funcional da atividade mental e a alteração somática. Quanto menos rica e evoluída é a atividade mental do doente, mais podemos prever que sua alteração somática será importante (Smadja, 2009).

É criado um novo olhar sobre o objeto psicossomático, com base no princípio de continuidade e mobilidade da energia, apta a investir em todas as funções do organismo, corporais e mentais. Essa concepção estabelece uma forma de causalidade circular e integrada cuja coluna vertebral repousa nas dimensões dinâmica e econômica, em ambos os níveis de expressão: psíquico e corporal. É como se as estruturas psicossomáticas se inscrevessem em um eixo que pode ser percorrido tanto na direção evolutiva quanto na regressiva. São as pulsões que põem em movimento o sistema. No trajeto evolutivo, são investidos níveis cada vez mais sofisticados de organizações, que adquirem maiores significações. O movimento é de vida e sua expressão é positiva. Ao contrário, quando a energia segue trajetória regressiva, esta se degrada qualitativamente e os sistemas que percorre perdem progressivamente suas significações de vida. Sua expressividade é negativa (Smadja, 2009).

Esse princípio é oposto ao ponto de vista dualista, cartesiano, da medicina psicossomática, que concebe o corpo e a mente como territórios distintos que se influenciam. A concepção dessa linha é de que as doenças orgânicas são psicogenéticas, que têm uma causalidade vertical.

A imagem de um eixo em torno do qual se dispõe uma variedade de organizações psicossomáticas denomina-se "espectro psicossomático", e elas diferem pelo valor do sistema defensivo, pelo nível evolutivo atingido e pela quantidade e qualidade das representações mentais. Em seus extremos encontram-se, de um lado, as organizações mais emaranhadas na expressão corporal, e, no outro, as mais próximas às organizações neuróticas. Quanto mais evoluído o sistema representacional, mais sofisticada é a capacidade de mentalização (simbolização) e maior a disponibilidade de defesas aptas a lidar com movimentos regressivos quando diante de uma situação traumática atual, geralmente uma perda significativa. O conjunto dos mecanismos de defesa neuróticos ou psíquicos são os que contribuem mais significativamente para a reinstalação do movimento evolutivo, quando diante de movimentos regressivos. As manifestações/sintomas sensórias, motoras e corporais também são consideradas sistemas de adequação defensivos e adaptativos, porém menos eficazes para deter os movimentos regressivos e reinstalar os movimentos da pulsão de vida.

A relação de objeto e a situação conflitiva são nucleares na organização psicossomática. A qualidade da relação objetal primária é determinante na estruturação da organização do aparelho psíquico, o qual depende dos fatores intrapsíquicos, peculiares a cada ser humano, mas fundamentalmente da qualidade das relações precoces com um ambiente facilitador. Se o vínculo afetivo com o ambiente – a mãe – for precário, instala-se o desenvolvimento psíquico traumático. Assim, uma situação traumática significativa atual pode levar ao desencadeamento de um movimento regressivo que reativa a situação traumática precoce, que, dos pontos de vista econômico e dinâmico, pode se expressar tanto no plano psíquico quanto no somático, como resultado das modificações no conjunto da estrutura psicossomática. O mecanismo defensivo de adaptação automaticamente aplicado pode ser do tipo neurótico, somático ou uma mistura de ambos. Assim, é possível entender os sintomas somático e psíquico como estatutos defensivos e adaptativos em resposta à situação conflitiva.

O princípio que rege o funcionamento psíquico peculiar aos pacientes que somatizam é a desorganização progressiva (Marty, 1967). São movimentos profundos que atravessam toda a estrutura psicossomática e a negativizam. Consiste no apagamento gradual de todas as formações psíquicas, das mais às menos evoluídas, em consequência da fragmentação generalizada do conjunto da rede representacional e da ruptura mais ou menos acentuada com as fontes pulsionais inconscientes. Para Marty (1967), esses movimentos desorganizadores são decorrentes da pulsão de morte. Green (1996) denomina processo de desobjetalização o ataque da pulsão de morte às cadeias representacionais ou matrizes simbólicas, o que leva ao retraimento afetivo e ao desinvestimento dos vínculos com os objetos.

A partir dos pontos de vista dinâmico e econômico, a desorganização progressiva desencadeia dois tipos de processos de somatização: a regressão somática e o desligamento psicossomático. A desorganização inicialmente é psíquica e leva a fracassos momentâneos ou duráveis da pulsão de vida em seu dinamismo construtivo.

Na regressão somática, a desorganização se detém em determinado órgão ou segmento corporal, que serve de platô de fixação para que os movimentos evolutivos reorganizadores da pulsão de vida reconduzam aos níveis psíquicos mais desenvolvidos. Geralmente se manifesta como uma disfunção fisiológica. A função do sintoma é deter o processo regressivo e criar as condições necessárias para que o psiquismo se reorganize. A regressão somática ocorre nas organizações psíquicas globalmente neuróticas, nas quais o pensamento é sustentado por representações e fantasias. Suas bases narcísicas mostram-se falhas, testemunhas de antigas feridas. Para Marty (1967), os movimentos de regressão somática são sustentados pela libido. É o salto do psíquico para o somático de Freud (1909). As condições psíquicas que determinam o movimento de regressão somática são testemunhas do que Marty considerava irregularidades do funcionamento mental na maioria dos seres humanos.

Já a desorganização progressiva caracteriza-se como um processo de longa duração no qual a regressão atinge os níveis mais arcaicos da vida emocional, o somático. Instala-se a doença somática, que se cronifica, conduzindo a graus significativos de incapacidade para a vida e até mesmo à morte. Esse processo procede da perda dos valores libidinais e de sua maior consequência: a liberação da destrutividade interna. O parâmetro narcisista e o quantitativo, por um lado, e a duração do estado de desligamento pulsional, por outro, concorrem para a instalação e a manutenção do estado psicopatológico e da doença somática.

Considerações sobre a função estruturante dos mecanismos de defesa

Há um novo "continente" a ser descoberto que nos leva a deixar de lado o âmbito das neuroses, o clássico território da psicanálise, que se constitui em torno do Édipo, da conflitiva vinculada ao desejo sexual e sua proibição. Trata-se de transitarmos por outros caminhos e nos encontrarmos com diferentes entidades psicopatológicas, as patologias narcísicas, que consistem, fundamentalmente, na falência do alcance da alteridade e nos transtornos importantes do desenvolvimento de si. A proposta é refletir sobre um tipo de narcisismo peculiar dos chamados pacientes *borderline* ou casos limites. Esse é o âmbito que pretendemos aprofundar e compreender (Schkolnik, 1992).

O modelo da psicossomática psicanalítica enfatiza a importância dos mecanismos de defesa neuróticos que pertencem aos níveis mais evoluídos do desenvolvimento egoico, pois são decisivos para a instalação da atividade integradora da pulsão de vida nos processos de desorganização, quando diante de situações traumáticas. Outros autores abordam esse campo como o funcionamento mental arcaico traumático. Para eles, nessas subjetividades houve falhas do mecanismo do recalque primário, instalando-se em seu lugar os mecanismos de cisão e recusa.

Matriz traumática

A matriz traumática é a marca das falhas significativas da "função materna", que compromete a instalação do recalque primário, instalando-se em seu lugar os mecanismos de cisão do ego e de recusa. Essa distorção dá lugar às configurações não neuróticas que não se expressam pela palavra, mas sim pela ação: *borderlines*, neuroses de comportamento, doenças psicossomáticas (Schkolnik, 1992).

P. Marty (1968 *apud* Tabacof, 2013) enfatiza a importância da função materna para recobrir o campo dos investimentos narcísicos do indivíduo. Se precária, gera a instalação da matriz traumática, pelos déficits na interiorização das funções maternas de para-excitação e de libidinização. A relação objetal primária tem a marca do "excesso" (presente ou ausente demais). Neste contexto traumático precoce, as excitações não elaboradas psiquicamente não podem integrar o circuito prazer-desprazer, não participam da organização das fantasias originárias e das representações recalcáveis, permanecendo indiferenciadas no id. A função da para-excitação é eminentemente econômica, serve para gerir as fontes de excitação somática e leva à gradual regulação dos aparelhos funcionais (alimentar, respiratório, de excreção etc.) que constituirão a unidade psicossomática. A função de libidinização cria a possibilidade de o corpo erógeno emergir do somático, pela infiltração da libido materna (na relação corpo a corpo com o bebê, nas projeções, nos diálogos tácteis, tônicos, sonoros, verbais e infraverbais). Essas circunstâncias propícias levam à erotização e à transformação das excitações provenientes das fontes somáticas em moções pulsionais (Tabacof, 2013).

É interessante remetermo-nos às condições nas quais os processos do recalque primário e secundário se dão para compreendermos a estruturação e organização do desenvolvimento egoico, tanto nas estruturas mais complexas, neuróticas, quanto nas mais arcaicas, não neuróticas.

No *Vocabulário de psicanálise*, Laplanche e Pontalis (1983) distinguem os mecanismos de repressão e de recalque. O recalque é o processo por meio do qual os conflitos pulsionais se tornam inconscientes, perdendo o acesso à consciência. Há uma mudança tópica, do sistema pré-consciente/consciente para o inconsciente. Já a repressão atua na tópica consciente/pré-consciente. Basta que as ideias armazenadas no pré-consciente atravessem a barreira da censura secundária para que se tornem conscientes.

Para Marty (1966), o funcionamento do sistema pré-consciente é precário no paciente que somatiza, isto é, as representações coisa não adquirem significado, não se tornam representações palavra, prejudicando significativamente o processo de simbolização.

A interessante contribuição de Laplanche (2008) – de que o recalque primário ou originário se daria em dois tempos – enriquece a possibilidade de compreendermos o funcionamento arcaico. Em um primeiro tempo produzir-se-iam as primeiras inscrições. No registro pré-consciente, as percepções, que de alguma maneira, se ligam às mensagens vindas do inconsciente e do ego, ficariam inscritas como sinais de percepção, configurando o registro dos significantes enigmáticos. No segundo tempo do recalque primário se constituir-se-iam o inconsciente e o ego e ocorreria a tradução do significante enigmático à representação coisa.

A partir da divisão na qual se instauram o inconsciente e o ego, novas transcrições e ressignificações continuarão acontecendo. Algumas das representações coisa permanecerão no inconsciente, e outras poderão ligar-se a representações palavra, mediante um complexo e permanente movimento metáforo-metonímico. Desse modo, há a gestação do processo de simbolização, que contribuirá à constituição do psiquismo pela ação permanente do recalque secundário, o pós-recalque que opera como um verdadeiro selo para sustentar o recalque originário, evitando a emergência massiva do pulsional. Quando a sustentação do recalque secundário falha, encontramo-nos na clínica do funcionamento psíquico arcaico, porque nos evoca as origens da constituição do sujeito, quando o âmbito representacional e a diferença sujeito-objeto não estavam ainda bem estabelecidas.

Como entender o papel da recusa como estruturante do psiquismo arcaico? Sem dúvida, estamos no terreno do narcisismo arcaico, no qual a recusa da separação eu/não eu consiste em uma defesa diante da impossibilidade de processar psiquicamente determinados estímulos internos e externos. O recusado é o intolerável, o que não é possível metabolizar e que permanece cindido no psiquismo (Schkolnik, 1992).

Diferentemente da recusa freudiana, vinculada essencialmente à angústia de castração com a consequente recusa da diferença anatômica entre os sexos, nos casos fronteiriços, trata-se da recusa da separação do outro, recusa da alteridade, e pertence, assim, a fases mais precoces do desenvolvimento, anteriores à constituição edípica. A recusa e a cisão do ego desempenham papel estruturante análogo ao do recalque nas neuroses, constituindo, porém, um ego malformado, com comprometimento da capacidade de simbolização e com sérias dificuldades para neutralizar os efeitos desestruturantes da pulsão de morte. A recusa da separação do outro, desmentido da alteridade, implica uma situação de indiscriminação com o objeto originário, portanto, é mais precoce que a castração. Sabe-se da existência do outro, mas atua-se desconhecendo-a. São geradas, assim, duas posturas resultantes da cisão do eu. Aquela que corresponde ao desconhecimento da alteridade dá lugar a um modo de funcionamento mais arcaico, que coexiste com a outra modalidade de funcionamento egoico que é capaz de uma maior discriminação do outro. Portanto, a cisão não é muito exitosa, e ambas as posturas, em algum grau, influenciam-se, dando lugar a características estruturais próprias que distinguem os não neuróticos do neurótico, do psicótico e do perverso.

Quanto ao mecanismo de cisão, somam-se à cisão fundante aquelas resultantes dos feitos das defesas primitivas. Nesse sentido, Green (1988) sublinha o papel das cisões nos fronteiriços referindo-se à falta de nexo entre o psíquico e o não psíquico e também na própria esfera psíquica, constituindo diferentes núcleos que não se comunicam entre si, os quais designa como arquipélagos (Schkolnik, 1992).

Marucco (1996) tece interessantes reflexões a respeito da importância da recusa no funcionamento mental "saudável". Para Freud (1923, 1924a, 1924b), o reconhecimento da castração leva ao recalque da pulsão sexual, e o recalque produz a aceitação da realidade objetiva. Marucco acrescenta que é possível equiparar a castração à realidade, porém, ao mesmo tempo, a recusa da castração possibilitaria a sobrevivência da pulsão sexual como defesa estruturante e não patológica. Portanto, certa recusa da realidade é necessária à sustentação da fantasia, e a recusa da castração leva à sobrevida da pulsão e tem, então, função estruturante em relação à obtenção do prazer. É condição necessária da vida humana, uma vez que dá fôlego à busca do prazer na fantasia que, embora se dê inicialmente em um movimento regressivo, na progressão psíquica se transforma na sustentação do psiquismo para atingir a satisfação, ao contrário da recusa patológica, que se exprime clinicamente sob a forma de sinistro. Portanto, se o recalque fosse a única defesa do aparelho psíquico, só seria possível obter prazer na fantasia de caráter regressivo. Porém, se com essa defesa coexiste uma recusa estrutural, poderíamos afirmar a existência de um prazer na fantasia – produto da recusa –, e a existência do prazer na realidade – produto do recalque.

Conclusão

Ao retomarmos a metáfora do eixo em torno do qual se encontram as organizações psicossomáticas, conjecturamos que os mecanismos defensivos psiconeuróticos funcionam como defesas complexas. Quanto mais desenvolvida a capacidade de mentalização (mecanismos de transformação psíquica), maior a possibilidade de esses mecanismos defensivos deterem os processos da desorganização progressiva (Marty, 1967). A organização psicossomática mostra-se mais suscetível às desorganizações, na presença de núcleos traumáticos precoces que levam à insuficiência na instalação do recalque primário, que é então substituído pela cisão e pela recusa, comprometendo o desenvolvimento da estrutura egoica. Concordo com os autores contemporâneos que defendem a ideia de que falhas do recalque originário levam a déficits e limitações importantes na associação da representação coisa com a representação palavra, no processo de simbolização, tanto a partir da perspectiva do estabelecimento da tópica psíquica quanto da discriminação eu/não eu. Na presença de núcleos psíquicos arcaicos, o manejo defensivo da recusa e da cisão predominam, e o recalcamento secundário, mesmo presente, encontra-se prejudicado.

Referências

FREUD, S. (1895) Estudos sobre a histeria. *Edição Standard Brasileira das Obras Psicológicas Completas*. Rio de Janeiro, Imago, 1969; v. II.

______. (1909) Notas sobre um caso de neurose obsessiva. *Op. cit.*, v. X.

______. (1923) O ego e o id. *Op. cit.*, v. XIX.

______. (1924a) Neurose e psicose. *Op. cit.*, v. XIX.

______. (1924b) A dissolução do complexo de Édipo. *Op. cit.*, v. XIX.

GREEN, A. *La metapsiologia revisitada*. Buenos Aires: Eudeba, 1996.

______. *Sobre a loucura pessoal*. Rio de Janeiro: Imago, 1988.

______. *Orientações para uma psicanálise contemporânea*. Rio de Janeiro: Imago, 2008.

LAPLANCHE, J. & PONTALIS, J.-B. *Vocabulário da psicanálise*. São Paulo: Martins Fontes, 1983.

LAPLANCHE, J. *La révolution Copernicienne inachevée*. Paris: Aubier, 2008.

MARTY, P. La dépression essentielle, *Revue Française de Psychanalyse*, 32 (3), pp. 595-598, 1966.

______. Régression et instinct de mort: hipothèses a propos de l'observation psychosomatique. *Revue Française de Psychanalyse*, v. 31, n. 5-6, pp. 1113 -1133, 1967.

MARUCCO, N. El placer en la fantasía y en la realidad: acerca de la pulsionalidad de la fantasía. *Rev. de Psicoanalisis*, v. LXII, p. 1, 1996.

MINERBO, M. Psicopatologia psicanalítica: notas críticas. In: *Neurose e Não Neurose*. São Paulo: Casa do Psicólogo, 2009.

SCHKOLNIK, F. Desmentida y escisión del yo. Trabajo presentado en lo I Encuentro sobre pacientes severamente perturbados. In: *Descubriendo un nuevo continente*. Buenos Aires: Asociación Psicoanalítica de Buenos Aires. 1992.

______. Lo arcaico en las neurosis. *Revista de Psicoanálisis*. Buenos Aires, Número Especial Internacional, pp. 74-82, 1998/1999.

______. Los fenómenos residuales y la represión originaria. *Revista Uruguaya de Psicoanálisis*, v. 94, pp. 48-58, 2001.

SMADJA, C. *La vida operatória: estudios psicoanalíticos*. Madrid: Biblioteca Nueva, 2005.

______. La investigación psicosomática In: *Los modelos psicoanalíticos de la psicosomática*. Madrid: Biblioteca Nueva, 2009.

TABACOF, D. Abertura à discussão da conferência de G. Szwec. 2° *Encontro de Psicossomática Psicanalítica*. Rio de Janeiro, 2013.

4. Função integradora da neurose

Isabel Mainetti de Vilutis

O título deste trabalho – "Função integradora da neurose" – desafia nosso pensamento, já que, intuitivamente, podemos pensar a neurose muito mais associada à patologia dos fenômenos psíquicos do que incumbida de alguma função de integração destes. Considero, no entanto, importante podermos trabalhar cada um dos conceitos e noções contidos no título, para evitar simplificações ou uma compreensão inadequada da complexidade da possibilidade de subjetivação neurótica.

Para tanto, vamos nos deter brevemente nos conceitos de *função* e de *neurose* e na noção de integração, fazendo uma leitura a partir do referencial teórico da psicanálise. Para pesquisarmos, ainda, a existência de alguma função organizadora e integradora nesse processo de estabelecimento da neurose, devemos nos interrogar, também, sobre a função do sintoma neurótico, os tipos de pulsão e sua intensidade e fazer um breve percurso pela constituição do sujeito e os modos de intervenção da clínica psicanalítica.

Da leitura do conjunto da obra de Lacan, depreende-se que o conceito de função é utilizado no mesmo sentido que ele tem em matemática, em que as funções descrevem relações matemáticas espaciais entre dois elementos. Mais precisamente, pode-se dizer que uma função estabelece uma relação entre dois conjuntos de elementos diferentes e entre os elementos de cada conjunto. Essa ideia de função, em psicanálise, adquire sentido pensando em uma estrutura na qual determinados lugares e funções são necessários para a obtenção de resultados como, por exemplo, a constituição do sujeito psíquico. Ao mesmo tempo, o conceito de função sugere que certas leis gerais devem ser observadas no estabelecimento das relações entre os elementos.

Exemplos de funções largamente teorizadas pela psicanálise são as funções paterna e materna. Frequentemente se confunde o estatuto teórico do conceito de função com a existência ou não de um homem e uma mulher que geraram um filho biológico. Esse filho, para tornar-se um sujeito psíquico, deverá percorrer um longo caminho de constituição e diferenciação, que só se torna possível na relação com outros que possam exercer as funções antes mencionadas.

Infelizmente, os nomes "materna" e "paterna" para essas funções carregam uma marca ideológica precisa que torna muitas vezes obscura a compreensão do conceito. Talvez, se pudéssemos falar das funções de acolhimento e separação ou das funções de erotização e inscrição na cultura, ficaria mais claro que elas não são uma atribuição de gênero, mas condições necessárias à constituição subjetiva, que podem ser exercidas por homens e/ou mulheres.

Sem dúvida, essas funções colocarão em evidência as marcas da própria constituição subjetiva de quem as exerce e estabelecerão correlações diferenciadas de elementos para cada sujeito. A ideia de correlação de elementos que pertencem a conjuntos diferentes pode nos aproximar do segundo item do título deste texto: *função integradora*.

A integração é uma noção que remete a processos de elaboração das clivagens iniciais do aparelho psíquico. No texto freudiano (Freud, 1920, 1938), as noções de coesão, reunião e síntese, no sentido de uma integração, são utilizadas como referência à ação da pulsão de vida, que integra diversos elementos em unidades cada vez maiores. Quando se refere às fases de organização da libido, Freud (1905) prefere o termo subordinação (das pulsões e zonas erógenas pré-genitais à genitalidade). De todos os modos, é o conceito de ressignificação o que prevalece no texto freudiano, para dar conta das correlações causais entre diferentes elementos.

É importante ressaltar que o conceito de *ressignificação*, em psicanálise, define uma forma de causalidade *a posteriori*, indispensável para entendermos que não se trata de um modelo evolutivo e cronológico. Os momentos de complexificação e de organização do sujeito não se sucedem espontaneamente, pelo simples decorrer do tempo: eles apontam para formas de organização do aparelho psíquico que são construídas na intersubjetividade e que, por sua vez, são constituintes de novas formas de funcionamento psíquico.

Entretanto, se integrar significa trazer para o conjunto elementos que estão dispersos ou a inclusão de novos elementos num sistema, podemos considerar que seu sentido, na psicanálise, não se altera significativamente em relação ao uso habitual do termo.

Continuando com a análise do título de nosso debate, o terceiro item em pauta é a neurose: *função integradora da neurose*. A definição psicanalítica de *neurose* remete-nos, inicialmente, a um conflito entre instâncias do aparelho psíquico. Freud (1924) define a neurose como um conflito entre o isso e o eu, ou seja, entre as aspirações e desejos inconscientes e as interdições impostas pelos mecanismos de defesa do eu. Esse conflito gera satisfações substitutivas, sintomáticas e muitas vezes angustiantes para o sujeito, instalando um processo patológico, repetitivo e empobrecedor da vida psíquica.

Parece existir assim, à primeira vista, uma contradição entre um processo que se caracteriza como um conflito empobrecedor da vida psíquica e sua possível função de organização e integração da mesma.

A descoberta da sexualidade infantil, que colocou Freud no caminho da formulação de uma etiologia sexual das neuroses, foi o primeiro passo de um longo percurso teórico que tentarei desenvolver em breves linhas e que culmina com a afirmação anterior, qual seja, a de definir a neurose como um conflito entre instâncias do aparelho psíquico.

Como se constitui a neurose? Como se constitui o sujeito?

Ao falar da constituição do sujeito, refiro-me ao complexo processo que inclui, no dizer de Freud (1905), os aspectos constitucionais e os adquiridos – principalmente por meio das vivências infantis – que serão, por sua vez, ressignificados ao longo da vida.

Podemos pensar neste processo de formas diversas:

- ao tomar seu aspecto de complexificação interna: "Ali onde era o isso, o eu deve advir" (Freud, 1932, p. 74);
- ao verificar o fenômeno de diferenciação do eu e do outro;
- ao estabelecer os limites de autonomia e de dependência em relação à cultura;
- ao pesquisar a apropriação do corpo e a erogeneização deste.

Esses fenômenos, separados de forma didática nesta exposição, estão, obviamente, indissoluvelmente unidos em seu percurso.

Seria impossível pensar na complexificação progressiva do aparelho psíquico sem a presença do outro que incide em sua formação, com seu amparo e, também, com sua agressividade. Outro que, por sua vez, está marcado por suas próprias vivências infantis, pela cultura da qual faz parte e pelos próprios limites de autonomia em relação ao seu desejo.

A intersubjetividade é constituinte para esse futuro sujeito que nasce no desamparo essencial característico do humano, que é dependente para sobreviver; portador de um nome que lhe foi imposto; herdeiro de uma genealogia que lhe transmite emblemas culturais; sujeito a um corpo que demanda satisfações de diversos tipos. Assim, o bebê que nasce terá pela frente um longo caminho de escolhas objetais e identificatórias antes de vir a se constituir como um "bom neurótico".

No pensamento freudiano são teorizados dois momentos muito importantes de ressignificação e constituição subjetiva que determinam, de alguma maneira, o estabelecimento das diferenças entre neurose, psicose, perversão e psiconeurose narcísica (melancolia). São eles: a instauração do narcisismo e o complexo de Édipo.

A constituição do eu pelo narcisismo é um belo exemplo de um momento de integração de elementos dispersos em um novo sistema. A possibilidade de reconhecer os limites do próprio corpo, mesmo que por meio de uma projeção imagética do mesmo, dá início ao árduo caminho da diferenciação entre o eu e o outro. Esse processo oferece um primeiro e precário invólucro às caóticas percepções que constituíam as experiências de prazer e desprazer presentes até esse momento, propiciando uma nova organização libidinal. É importante remarcar que se trata, ainda, de uma integração frágil e alienante.

Freud (1914) define o narcisismo como uma nova forma de organização libidinal que resulta na constituição de um eu precário, projeção da imagem do próprio corpo, primeira diferenciação – deformada ainda pelo desejo – dos limites entre o eu e o outro. Essa diferenciação baseada no princípio de prazer--desprazer confunde o eu com tudo que é bom e expulsa o mal para fora de seus limites. Nesse sentido, e para exemplificar, o seio que alimenta e dá prazer faz parte do eu. Boca-seio, em uma amálgama indiferenciada, constituem-se dentro dos limites da própria imagem do corpo projetada como eu.

Do ponto de vista teórico, o conceito de *narcisismo* inaugura uma nova leitura da constituição do eu, como instância do aparelho psíquico resultante do interjogo subjetivo dos pais com a criança[1].

---

[1] O narcisismo da criança nada mais é que o narcisismo redivivo dos pais, diz Freud (1914) em "Sobre o narcisismo: uma introdução".

Uma conceituação mais aprofundada do objeto de amor também se depreende da leitura do texto "Sobre o narcisismo: uma introdução" (Freud, 1914), retomando o que já fora dito anteriormente em "Pulsões e seus destinos" (Freud, 1915)[2].

A partir dos desenvolvimentos atuais sobre as questões de gênero, é lícito afirmar que a identificação de gênero, por exemplo, coincide com a fase de organização narcísica da libido. A diferença entre ser uma menina ou um menino é formulada pelas crianças muito antes que a angústia de castração determine a sexuação dos sujeitos e sem que necessariamente esta coincida com aquela[3].

A introdução do conceito de *narcisismo* na teoria psicanalítica, com a consequente reformulação teórico-clínica, remete-nos a várias questões cruciais da clínica e da teoria psicanalíticas, tais como a constituição do sujeito psíquico, a reformulação da teoria pulsional e o esboço das instâncias ideais do aparelho psíquico, prenúncio da segunda tópica formulada por Freud (1920).

Esse primeiro momento de organização do caos pulsional imperante até então, apesar de estar aprisionado nas malhas da deformação desejante e de impor ao sujeito identificações imaginárias e indiferenciadas, constitui uma primeira forma de integração subjetiva. A idealização é a marca dessa forma de subjetivação: eu ideal e objetos profundamente idealizados desenham o panorama do narcisismo.

Podemos nos perguntar se o sujeito descrito anteriormente pode ser considerado um neurótico. Para a psicanálise, é claro que não.

Construção: simbolização e interdição

O caminho para a neurose implicará uma nova reorganização pulsional, muito mais sofisticada, cujo efeito será produzir uma maior complexificação do aparelho psíquico e a sexuação do sujeito. Entende-se

---

2 Se, no texto de 1915 ("Pulsões e seus destinos"), o amado coincidia com o eu, e o odiado era tudo aquilo reconhecido como não eu, a formulação do narcisismo multiplica as opções do que entendemos como eu, incluindo as instâncias idealizadas.

3 Silvia Bleichmar (2006) trabalha essa questão e afirma, em relação à constituição da sexualidade masculina: "[Há] um primeiro tempo no qual se institui a identidade de gênero. Essa identidade não assume ainda um caráter genital, não se sustenta no reconhecimento da diferença anatômica, mas já implica, porém, uma posição em relação com a bipartição em cujo interior o outro significativo de forma geral determina os rasgos identitários correspondentes: 'você é menina ou menino'; e isso implica vestir-se de certa forma, preferir determinadas brincadeiras e, até, manifestar emoções de um ou outro jeito" (p. 27).

por isto a instauração de zonas erógenas preponderantes para a obtenção de prazer sexual (sempre lembrando que preponderante não significa exclusiva), a escolha do objeto sexual e o reconhecimento da diferença sexual anatômica.

No que se refere à complexificação do aparelho psíquico, as identificações secundárias, herdeiras do complexo de Édipo, darão nova consistência ao eu e originarão o supereu/ideal do eu.

Freud (1937a) afirma em "Análise terminável e interminável": "Os mecanismos de defesa tornam-se modos regulares de reação do caráter, que se repetem durante toda a vida, tão logo retorna uma situação parecida com a originária" (p. 239) e esclarece que, "a partir de um desses mecanismos, o recalque, teve início o estudo dos processos neuróticos em geral" (p. 238).

Estamos, então, aproximando-nos da neurose. O recalque secundário, decorrente da elaboração do complexo de Édipo, que tornará inconscientes os conteúdos sexuais e agressivos vinculados às primeiras escolhas de objeto, dividirá o sujeito para sempre.

O mal-estar decorrente do conflito entre suas aspirações desejantes e os limites impostos pela cultura e o princípio de realidade será inevitável. O sintoma neurótico faz sua aparição em cena como expressão do sofrimento acarretado pela neurose, mas também se oferece como objeto do investimento pulsional que não pode ser desviado para fora do aparelho psíquico. O recalcado retorna na neurose à procura de satisfação. As possibilidades defensivas do eu, a intensidade pulsional e a censura do supereu estabelecem um delicado equilíbrio constitutivo da subjetividade humana. Segundo Freud (1937a), o que pode marcar uma diferença entre neurose e normalidade é o fator quantitativo. Ainda segundo ele, a retificação *a posteriori* do processo de recalque diminui o hiperpoder do fator quantitativo que ele vincula à intensidade pulsional e, portanto, é considerada "a operação genuína da terapia analítica" (p. 230). Entendo, assim, que esse fator quantitativo refere-se tanto aos excessos pulsionais quanto à existência de recalque excessivo[4].

A retificação do processo repressivo realiza-se por meio da operação sobre os conteúdos recalcados e esquecidos, mas também sobre aquilo que, sem representação no aparelho psíquico, insiste em ser significado. Nomear, simbolizar e, às vezes, barrar a intensidade da pulsão de morte ou o efeito

[4] "Partamos do pressuposto de que a análise não consegue, no neurótico, mais do que a pessoa sã consegue sem o seu auxílio. Mas, no são, como ensina a experiência cotidiana, toda decisão de um conflito pulsional é válida somente para uma determinada intensidade de pulsão; ou seja, só é válida dentro de determinada relação entre a robustez da pulsão e a robustez do eu" (Freud, 1937a, p. 228).

traumático da pulsão sexual são as operações levadas a cabo durante o processo analítico, com o auxílio das interpretações e construções que se alternam na ressignificação da história do paciente.

Vale a pena ressaltar a diferença entre construção e interpretação, já que elas apontam a tipos de materiais psíquicos distintos.

Se a interpretação é a intervenção sobre um fragmento do material apresentado pelo paciente – como um sonho ou um ato falho –, a construção realizada pelo paciente e/ou pelo analista é a ressignificação de diferentes aspectos da história passada e do presente transferencial, que dá conta do material que nunca poderia ser lembrado porque jamais foi esquecido. É o que insiste como compulsão de repetição empobrecedora e mortífera.

O valor de verdade inconsciente desse tipo de construção equivale, para Freud (1937b), à verdade de uma lembrança efetivamente recuperada, e é confirmado pelas posteriores associações do paciente e pelos efeitos em sua subjetividade.

Podemos pensar que existe uma função integradora na construção em análise, na medida em que articula diferentes elementos que parecem não pertencer ao mesmo conjunto, outorgando um sentido novo a diversos fenômenos psíquicos?

Em certo sentido, a construção em análise se assemelha à constituição do sujeito que, como vimos anteriormente, ressignifica o caos pulsional inicial por meio de sucessivas releituras da realidade psíquica. Entretanto, é importante não restringirmos sua função à integração de elementos dispersos e prestarmos atenção, também, em seu papel de eliminação e desconstrução de imaginários, na procura da verdade inconsciente que insiste em ser representada. Lembremos que a intervenção analítica pauta-se por *la via de levare* e não *de porre*, assemelhando-se ao trabalho do escultor, que retira da pedra o excesso para descobrir a forma, e não ao do pintor, que coloca sobre a tela em branco sua criação.

No famoso exemplo de construção citado por Freud (1937b), em seu texto "Construções em análise", podemos ver tanto a articulação de elementos dispersos (o nascimento do irmão, a nova relação com o pai, a ambivalência afetiva em relação à mãe etc.) quanto o "nunca mais" formulado por Freud e a consequente referência à desilusão[5].

---

[5] "O senhor, até a idade X, considerou-se o único e irrestrito possuidor da sua mãe. Veio então um segundo filho e, com ele, uma séria desilusão. Sua mãe o abandonou por um tempo e, depois, nunca mais voltou a dedicar-se ao senhor com exclusividade. Seus sentimentos para

Há uma possibilidade de um novo sentido para fatos diversos, mas se faz presente a interdição daquilo que já não será possível. Instaura-se, assim, uma nova temporalidade: um antes, um depois e um nunca mais. Essa temporalidade se contrapõe ao presente contínuo da repetição e ao futuro idealizado do narcisismo. E essa dupla função de simbolização e interdição é o que permite integrar novos elementos a um conjunto e gerar uma verdadeira *neogênese*[6] no aparelho psíquico.

Nesse sentido, a neurose exerce uma função de integração que apresenta falhas, tanto na simbolização quanto na interdição dos excessos pulsionais de onde decorrem o sofrimento psíquico e a repetição que a caracterizam. Sem dúvida, outras formas de organização são ainda mais primitivas e alienantes, como o delírio da psicose, por exemplo.

Ainda que não exista um parâmetro que nos permita estabelecer uma diferença qualitativa entre a normalidade e a patologia, espero ter enunciado alguns critérios que podem nos orientar para estabelecer diferenças entre as patologias e ampliar nosso debate sobre a função de integração da neurose.

Referências

BLEICHMAR, S. *Clínica psicoanalítica y neogénesis*. Buenos Aires: Amorrortu, 1999.

______. *Paradojas de la sexualidad masculina*. Buenos Aires: Paidós, 2006.

FREUD, S. (1905) Tres ensayos de teoría sexual. *Obras completas*. Buenos Aires: Amorrortu, 1989; v. 7.

______. (1914) Introducción del narcisismo. *Op. cit.*, v. 14.

______. (1915) Pulsiones y destinos de pulsión. *Op. cit.*, v. 14.

______. (1920) Mas allá del princípio del placer. *Op. cit.*, v. 1

______. (1924) Neusrosis y psicosis. *Op. cit.*, v. 19.

---

com sua mãe tornaram-se ambivalentes, seu pai adquiriu uma nova significação para o senhor etc." (Freud, 1937b, p. 262).

6 "Quando se intervém em momentos estruturantes do funcionamento psíquico – o que eu chamo de intervenções analíticas – para produzir, por exemplo, uma passagem da relação binária a uma relação terciária em uma análise de crianças, inaugura-se um processo de neogênese: algo que não estava formado previamente e que não teria se instalado por si mesmo se produz por causa da intervenção analítica" (Bleichmar, 1999, p. 37).

______. (1932) Nuevas conferencias de introducción al psicoanálisi. Conf 31° La descomposición de la personalidad psíquica. *Nuevas conferencias de introducción al psicoanálisi*. *Op. cit.*, v. 22.

______. (1937a) Análisis terminable e interminable. *Op. cit.*, v. 23.

______. (1937b) Construcciones en el análisis. *Op. cit.*, v. 23.

______. (1938) Esquema del psicoanálisis. *Op. cit.*, v. 23.

5. A psicanálise do fronteiriço e a dissociação psicossomática[1]

Decio Gurfinkel

O tema dos "Estados-limite" surgiu, no campo psicanalítico, em decorrência de certos desenvolvimentos teórico-clínicos neste seu século de existência. A psicanálise foi construída, inicialmente, a partir da matriz clínica da psiconeurose, e mais especificamente da neurose histérica. O primeiro desenho de seu sistema conceitual – evidentemente freudiano –, assim como a invenção de seu dispositivo clínico de intervenção tão singular, estão em estreita relação com essa matriz clínica, predominante em sua origem. Estava longe da intenção de Freud criar uma "ciência da histeria", o que nos colocaria logo de saída o risco da tendência à especialização tão característica de nosso tempo, e que infelizmente parece ter infectado em demasiado o campo da medicina, entre tantos outros. Não, sua meta – ambiciosa – era criar uma teoria sobre o psíquico em geral, buscando uma descrição compreensiva da natureza de seu funcionamento que nos possibilitasse compreender tanto a saúde como a doença. Desde o início observamos sua preocupação de uma abordagem comparativa das diversas perturbações psíquicas, entendidas como neuropsicoses de defesa; mas a marca da psiconeurose é nítida nos primeiros modelos elaborados.

O estudo do sonho, conforme o encontramos no livro de fundação de nossa disciplina, é uma confirmação dessa origem. O fenômeno onírico é tratado como uma formação do inconsciente totalmente análoga ao sintoma neurótico. Somente a atração do inconsciente, resultante de uma associação entre pensamentos pré-conscientes da vigília e representações e impulsos inconscientes indomáveis – que "fazem barulho" nas entranhas da Terra à maneira dos Titãs, deuses vencidos do Olimpo – possibilita a refração dos pensamentos lógicos e certos de um Eu orgulhoso de sua força e de seu domínio em direção ao submundo. Neste, o pensamento é remodelado e retorcido segundo uma lógica arcaica e alheia ao mundo civilizado,

[1] Uma versão preliminar das ideias aqui desenvolvidas foi apresentada, anteriormente, no V Congresso Brasileiro de Psicopatologia Fundamental, em Campinas, em 2000.

sofrendo condensações e deslocamentos conforme o processo primário: "a partir daqui, o processo mental passa por uma série de transformações que já não reconhecemos como processos psíquicos normais e que nos oferecem um estranho resultado; isto é, um produto psicopatológico" (Freud, 1900, p. 706). Podemos figurar essa súbita mudança de meio dos pensamentos ciosos de coerência como Hans Staden caindo nas mãos dos canibais... Ora, nas entranhas da Terra pulsa o sexual infantil recalcado; daí a predisposição universal do homem à neurose.

Algumas implicações podem aqui ser brevemente apontadas. Primeiro, o lugar proeminente do recalcamento como mecanismo para compreender o psicopatológico e o psiquismo em geral; podemos considerar, hoje, o recalcamento como o eixo em torno do qual gravita o campo da psiconeurose, mas não podemos mais ignorar o fato de que este último não coincide com o amplo universo da psicopatologia. Em segundo, vale observar como a grande luta constituinte da ordem humana – ou, se quisermos, de nosso planeta Terra, do lugar onde vivemos – já ocorreu: Zeus tem seu trono oficialmente assegurado para todos os efeitos, e já sabemos, pois, a que e a quem nos remeter. Já possuímos o pai simbólico. Ora, isso nos permite constituir, reconhecer e até reivindicar territórios. Já existem fronteiras e delimitações de alguma forma conquistadas, mesmo que por vezes instáveis ou alvo de disputas infindáveis; é assim que Freud pôde conceber, um século atrás, uma primeira tópica psíquica. Ora, aqui não se concebem estados-limite.

Uma teoria da psicose estava presente no horizonte freudiano desde o início, se bem que com tratamento e destino bem diversos. A primeira concepção etiológica da psicose é bastante próxima daquela da teoria da neurose; tal quadro é pensado em extensão ao mecanismo básico do recalcamento, segundo um processo de defesa, porém, "muito mais enérgico e eficaz" (Freud, 1894, p. 175). O grande passo em direção a uma compreensão dinâmica específica da psicose se deu com o conceito de narcisismo, que, por meio de um acréscimo na teoria da libido, permitiu que esta se ampliasse até abarcar o problema do desligamento ou desinvestimento do objeto. No final de sua obra, Freud retoma, ainda, o conceito de dissociação do Eu – inicialmente proposto para o caso do fetichismo – como fator significativo também para as psicoses; a retomada de tal mecanismo é, a meu ver, de grande valia para a psicopatologia hoje (Gurfinkel, 2000).

O tema da psicose foi objeto de bastante atenção na psicanálise pós-freudiana, ganhando diversos desenvolvimentos teóricos significativos. Mas, ao que tudo indica, permanecia ainda um resto no campo da psicopatologia suficientemente significativo para que alguns propusessem a existência de outro quadro a ser estudado: os pacientes *borderline*, fronteiriços, ou casos-limite. Como o próprio nome já prenuncia, o grande problema de base é decidir se trata-se de uma região clínica autônoma – uma estrutura, como afirmam alguns[2] – ou de uma área de passagem, intermediária ou mista entre neurose e psicose; ou, ainda, se trata-se de uma espécie de "neurose mista", situação desde cedo concebida por Freud como bastante frequente e entendida como uma manifestação composta na qual é possível distinguirem-se fatores etiológicos específicos e concomitantes. Esse problema já foi enfrentado com muita propriedade na década de 1970 por André Green, que, a partir de um levantamento bibliográfico e histórico sobre o tema, propõe "uma hipótese ou estrutura conceitual concernente a pacientes fronteiriços" (1977, p. 80).

Minha contribuição do momento é propor algumas problemáticas características – não necessariamente exclusivas – dos estados-limite. Pensar em estados ou situações-limite – e não apenas em casos e pacientes fronteiriços – já nos ajuda a evitar uma nosologia classificatória no pior sentido, e coaduna bem com a natureza da psicopatologia psicanalítica. Uma das problemáticas centrais dos estados-limite situa-se justamente na questão da fronteira e do limite. Aquelas delimitações que são dadas como certas, e tomadas como ponto e partida no campo da neurose, apresentam uma falha em sua constituição, deixando de ser fundo ou enquadramento para os processos psíquicos para estar continuamente em foco, tornando-se, assim, a grande figura da experiência subjetiva. Ora, recalcamento é o delimitador por excelência dos espaços psíquicos, de maneira absoluta no modelo da primeira tópica e relativizado no da segunda. Evidentemente, outros processos de defesa vão sendo pensados com o desenvolvimento da metapsicologia freudiana, complementando e relativizando o papel do recalcamento; esse movimento não pode ser dissociado da progressiva ampliação da psicopatologia psicanalítica a partir da psiconeurose.

Bem, para trabalharmos clínica e metapsicologicamente a problemática dos limites, faz-se necessário uma nova ferramenta: o conceito de intermediário. Tal conceito foi muito bem trabalhado por Winnicott (1962) em sua teoria sobre os objetos e fenômenos transicionais, e tratada essencialmente em termos da função simbólica de separação e ligação entre o bebê e a mãe, constituindo uma área paradoxal, fundamental e sempre presente na natureza humana. Kaës soube

---

2 Kaës, por exemplo, distingue os funcionamentos psicótico, *boderline*, neurótico e perverso, denominando-os "as grandes estruturas fundamentais" (1994a, p. 89).

resgatar com acerto esse termo, acentuando sua vocação e seu alcance metapsicológico: "com efeito, o pensamento do intermediário (enquanto mediação) é uma das categorias mais pregnantes da história das ideias" (1994b, p. 1290). Trata-se, segundo propõe, de uma categoria identificável em diversos elementos da obra de Freud, tais como as formações de compromisso, os pensamentos e representações intermediárias na teoria do sonho – próprios do trabalho do pré-consciente –, o jogo do carretel em "Além do princípio do prazer" (Freud, 1920), a força misteriosa do hipnotizador na psicologia das massas e a função mediadora do Eu na segunda tópica. Essa breve enumeração de elementos nos dá uma ideia do interesse que tal leitura pode ter.

Como se constrói a articulação entre psique e soma no desenvolvimento emocional primitivo do bebê? Ou, ainda – trabalhando uma outra "passagem" –, como se dá a transformação de um ato em um gesto, ou seja, em uma ação que porta valor simbólico? A clínica dos estados-limite constitui um campo especial de investigação de tais questões, já que, conforme estou aqui supondo, caracteriza-se precisamente por um distúrbio na construção dessas formas de intermediação. Penso que o sonhar enquanto função simbolizante primordial cumpre um papel importante nessa construção; tal discussão, porém, não cabe nos limites deste trabalho. Assim, é próprio dos estados-limite pôr em questão a função de intermediação, tão vital para a saúde psíquica e, de certa forma, pouco problematizada na clínica das neuroses ou na clínica do recalcamento.

Deter-me-ei, neste trabalho, sobre um dos territórios de fronteira especialmente delicados nos estados-limite: o inter-relacionamento entre psique e soma. Iniciarei com um exemplo clínico, o fragmento da análise de uma paciente que poderia ser aproximada dos estados-limite, a fim de colocar em questão a constituição de um Eu-pele.

A história clínica de Penélope[3]

Penélope procurou análise em um estado bastante destroçado, caracterizado por intensa dor. Dor e angústia são afetos que a acompanham constantemente, em grau e intensidade bastante acentuados. A angústia, nesse caso, surge geralmente em um estado bruto ou em uma forma quase

[3] Caso apresentado anteriormente no livro *Sonhar, dormir e psicanalisar: viagens ao informe*, no capítulo "Tecimento do sonho e transicionalidade" (Gurfinkel, 2008b).

pura, distante da angústia ligada, tão característica dos quadros de histeria de angústia. No entanto, apesar de não ligada, a angústia costuma emergir a partir de situações desencadeantes, sendo as principais aquelas associadas à ideia da morte, da perda e do desamparo. Pequenas situações, mesmo que alheias – o caso de uma vizinha ou de um colega de trabalho, um velório ou uma história trágica – fazem sobrevir um período de desorganização interior, paralisia e choro intenso. A desestruturação é experimentada muito mais em um cenário interior, não caracterizando qualquer "cena" que mobilize seu meio circundante ou sintoma-sinal que chame atenção.

O desmoronamento que a trouxe à análise surgiu com o que chamaríamos de uma desilusão amorosa; mas tal situação merece uma descrição mais precisa. Penélope vivia um caso de amor; por muito tempo, porém, era-me impossível compreender de que natureza era. Até onde se tratava de um fenômeno que ocorria apenas em sua vida imaginativa? Ocorriam de fato "encontros"? O homem correspondia a seus sentimentos e atos? Que tipo de compromisso, reciprocidade ou pacto ocorria naquela relação? Um árduo e delicado trabalho permitiu-me perceber que se tratava de um homem de seu convívio diário, com quem Penélope se encontrava esporadicamente, fora da cena cotidiana, em um relacionamento estritamente clandestino. Mais do que isto: havia uma negação sistemática da realidade dessa relação no convívio social, e o efeito disto era um estatuto de *irrealidade* da mesma. Evidentemente, tal coisa – que se estendia por anos – só era possível a partir de um conluio a dois.

Minha hipótese, que foi se fortalecendo com o tempo, era de que se tratava de um fenômeno dissociativo. Penélope mantinha essa pseudorrelação absolutamente afastada do resto de sua vida, constituindo um universo separado. Esse padrão vinha se repetindo em todos os contatos que teve com homens, até se tornar, então, uma mulher de meia-idade.

Quando pequena, vivia em um ambiente familiar destroçado, e lembra-se de um momento especialmente marcante daqueles tempos: quando ia a pé para a escola, eram os instantes mais importantes de sua existência, pois podia fantasiar coisas maravilhosas que poderiam lhe ocorrer no futuro. Essa experiência permanecia absolutamente circunscrita e isolada do resto de seu cotidiano, não admitindo qualquer intrusão. Conservar a caminhada por tais quarteirões era uma questão de sobrevivência.

O padrão das pseudorrelações de amor era semelhante àqueles quarteirões sagrados. Tratava-se de um espaço de sonho? Creio que não, e seguindo uma distinção fundamental proposta por Winnicott (1971), considero tal fenômeno um *fantasiar dissociado*, uma atividade psíquica encapsulada, circular e ruminante que, ao contrário do sonhar, não se articula de modo algum ao viver criativo. A marca desses momentos dissociados era a absoluta falta de esperança de que aquilo que figurava no fantasiar pudesse se realizar ou, ainda, a convicção inconsciente de um destino impossível; tratava-se de uma formação absolutamente compensatória, à maneira de um objeto-fetiche ou de um falso objeto transicional, e a necessidade estrita de manter a dissociação era devida à ameaça de aniquilamento e de queda no vazio que acompanharia seu rompimento. Clarice Lispector (1977), em *A hora da estrela*, descreve bastante bem tal fenômeno, brilhantemente retratado no filme baseado no livro; a "hora da estrela" é o momento fugidio em que a personagem vai de encontro ao vazio de seu fantasiar, à ausência de uma relação significativa com o objeto no qual o brilho intenso do hiperinvestimento sobrepõe-se ao escuro mortífero do nada.

A relação de Penélope com seu homem era para ela de um intenso brilho, um momento maravilhoso e fugidio – como aquele do *flash* da intoxicação dos toxicômanos –, e por muito tempo não podia por mim ser tocada, tampouco conhecida.

Penélope não trazia sonhos para análise, e tudo indicava que efetivamente não os experimentava. Os poucos que surgiram, após um bom período, referiam-se a ruínas, casas em construção e, depois, a uma casa com portas e janelas que não fechavam. Uma dimensão para mim se descortinava nessas primeiras produções oníricas: a construção de um espaço interno e a reorganização de um Eu-pele bastante perturbado. Surgiu, à época, uma doença dermatológica persistente, rebelde à intervenção médica, que veio finalmente a desaparecer; eram irritações em torno dos olhos e boca, porta e janela do corpo. Ao mesmo tempo, Penélope dedicava-se bastante a reformas e a reparos domésticos: construiu um novo cômodo em sua casa e concentrou-se por muito tempo na instalação e na manutenção de um portão[4].

Alguns anos e muitas lágrimas se sucederam, nos quais se deu um doloroso cuidar das feridas de sua desilusão amorosa. Surgiu outro homem em sua vida e, surpreendentemente, desenvolveu-se um padrão de relacionamento inédito para ela. Pela primeira vez um homem – este Ulisses – transpunha os

4 Trabalhei sobre o sentido do elemento "porta" no material clínico, tanto em termos do processo dissociativo quanto em relação à quebra de tal processo, em "Clínica da dissociação" (Gurfinkel, 2000).

portões de sua casa e sentava no sofá da sala, conhecendo familiares e amigos. Paulatinamente, teceu-se um entrelaçamento entre dois mundos até então mantidos isolados. Isto não se deu sem conflitos, sem tensão; ao contrário, é só agora que pôde surgir, propriamente, *conflito*. Com o entrelaçamento dos dois mundos, acompanhamos a construção de uma verdadeira situação triangular. Até então, observava-se apenas um simulacro de triangulação: no fantasiar de Penélope, houve outra mulher que lhe roubava seu homem, que Penélope odiava de modo explosivo e com quem brigava em seu mundo interior; ouso afirmar que tal mulher "não existia", e que a situação triangular não era de fato experimentada. A defesa dissociativa não permite o embate com a realidade e com a castração.

Mais um par de anos, e Penélope tem um sonho. O conteúdo é simples: "Ulisses está presente, está por perto". Penélope diz ter acordado com uma sensação boa, de satisfação; associa com o fato de terem se visto pouco nos últimos dias, e que antes de dormir pensava que queria vê-lo, que queria notícias, pois estava um tanto apreensiva. Diz, dispensando qualquer interpretação minha: "Eu queria vê-lo, e ele apareceu no sonho...". Lembremo-nos da lição freudiana que, no breve Capítulo 3 de "A interpretação dos sonhos" – no qual inicia a defesa da tese de que o sonho é uma realização de desejo –, retoma a sabedoria popular contida em um provérbio: "Com que sonha a galinha? Com o milho" (Freud, 1900, p. 428)! Afinal, com que sonha Penélope? Com seu Ulisses... Freud nos apresenta os sonhos de crianças e os sonhos de comodidade, aqueles supostos sonhos simples, curtos e sem disfarce, e é dessa simplicidade que parte para desenvolver sua tese fundante da teoria psicanalítica dos sonhos. Na *clínica da dissociação*, não precisamos desprezar essa lição de simplicidade, pois trata-se justamente da *construção da possibilidade mesma do sonhar.*

Em seguida ao relato do sonho, o processo associativo conduziu-nos a uma cena do início do relacionamento entre Penélope e Ulisses. Estavam passeando em um lugar distante, em um clima agradável de namoro e intimidade, e em certo momento Ulisses se afastou. Foi fazer qualquer coisa que era do conhecimento de Penélope, não havia qualquer motivo de apreensão, mas ela viveu minutos de *terror*. Teve a certeza de que ele não voltaria, de que jamais o veria novamente; foi uma certeza delirante, acompanhada da conhecida experiência de desmoronamento interior.

O impacto da comparação das duas situações – a cena lembrada e o sonho – foram grandes, tanto para Penélope quanto para mim. Para ela, a descoberta de que nesse segundo tempo ela pode acreditar que Ulisses vai e vem, e pode criar psiquicamente a experiência da presença na ausência, na forma de um sonho. E ainda: acredita na *realidade* desse sonhar, a ponto de se sentir, ao despertar, aliviada e satisfeita pelo reencontro e, sobretudo, por perceber o próprio potencial criativo. Para mim, houve o impacto da confirmação do alcance da descoberta freudiana e da função realmente fundamental que cumpre o sonhar na vida psíquica. Na primeira cena, não havia capacidade de sonhar e nada que possibilitasse a comunicação entre Eu e objeto. Entre, havia apenas o nada. A contribuição de Winnicott vem complementar a freudiana ao esclarecer que na raiz do sonhar se encontra a construção bem-sucedida de um espaço transicional, como ocorre no exemplo do *Fort-Da*.

Uma das dimensões do processo analítico de Penélope pode ser descrita como a construção da possibilidade de sonhar, em substituição à defesa dissociativa do fantasiar. No sonhar, há *esperança*, conquista psíquica difícil para muitos, mas condição para o desenvolvimento da arte de esperar. Esperar, bem entendido, mantendo psiquicamente viva a presença do objeto; caso contrário, trata-se de um *desesperar*.

Deste material clínico, que voltarei a comentar adiante, quero destacar e trazer para a discussão um elemento que poderia parecer secundário e passar despercebido, mas que vem bem a propósito no caso do presente trabalho: a doença dermatológica de Penélope, entendida como um sintoma transitório relacionado ao processo da análise.

O conceito do fronteiriço: dissociação e vazio de sentido[5]

Retornemos, pois, à psicanálise do fronteiriço para, mais adiante, compreender um pouco melhor alguns aspectos do caso clínico descrito.

O conceito do *fronteiriço* é mais que a caracterização de um quadro psicopatológico ou a proposição de uma psicodinâmica característica; ele nasce, na verdade, da premissa proposta por Green de adotar o "limite" (ou a "fronteira") em si mesmo, como um conceito. Como veremos, retomar essa premissa possibilita-nos compreender com mais clareza os dois mecanismos

[5] A presente argumentação é apresentada de forma mais extensa em Gurfinkel (2013).

fundamentais que caracterizam a patologia fronteiriça: a dissociação e o esvaziamento de sentido.

Como visto no início deste trabalho, o "limite" enquanto conceito nasce na obra de Freud. É o que se vê no caso da pulsão como conceito-limite entre o somático e o psíquico, mas também, indiretamente, na referência aos limites entre instâncias, nas duas tópicas, como fronteiras – à maneira das cartas cartográficas – que são, também, zonas de elaboração, e na consideração pelos limites do Eu com o objeto, com a dimensão intersubjetiva que aí se coloca. Assim, é preciso "tomar consciência de que toda a concepção do aparelho psíquico contém uma referência a limites, que os limites são zonas de elaboração e que essas zonas de elaboração são tanto intrapsíquicas quanto intersubjetivas" (Green, 1999, p. 38). Green nos chama a atenção para o fato de que, em Freud, em nenhum lugar as divisões são nítidas ou estritas, nem entre o somático e o psíquico das pulsões nem na diferenciação do Eu com o id, o supereu e a realidade, e que, portanto, "temos de considerar o fronteiriço como uma fronteira *móvel* e *flutuante*, tanto na normalidade como na doença grave, e como o conceito mais básico da psicanálise" (Green, 1977, p. 80).

Bem, essa extensão do conceito de limite não é pouca coisa, e nos permite redescrever a concepção psicanalítica do psiquismo sob um novo ângulo[6]. O trabalho do psíquico pode ser descrito em termos da dialética entre processos disjuntivos e conjuntivos: se para obter a individuação e a autonomia é preciso separar, torna-se igualmente necessário ser capaz de, em seguida, reunir, estabelecendo-se, assim, uma comunicação entre os elementos divididos. Este é, de fato, o trabalho de simbolização: a divisão de dois elementos e sua conjunção, a fim de criar um terceiro elemento.

Como é sabido, a consideração pela dimensão intersubjetiva é essencial para uma psicanálise do fronteiriço, e nos remete à chamada tradição psicanalítica das relações de objeto. Para Green, a teoria da transicionalidade de Winnicott, que trata justamente dos processos de passagem e de intermediação e do paradoxo da união-separação Eu-objeto, é aqui extremamente valiosa. Se ela nos proporciona, por um lado, o fundamento para uma maneira de trabalhar com os pacientes fronteiriços muito operativa, ela também nos brinda, por outro, com "uma concepção de simbolização completamente diferente da de Lacan; a ideia de um espaço potencial para o psiquismo é

[6] Vale lembrar que uma reconfiguração semelhante da teoria dos processos psíquicos se encontra na obra de Kaës (1985), por meio do conceito de intermediário.

uma ideia absolutamente fundamental, pois dá acesso a toda dimensão da virtualidade" (Green, 1999, p. 39).

E o que se passa com os pacientes fronteiriços? Em síntese, podemos dizer que o que neles fracassa é o processo de simbolização. A tentativa de separar (bom e mau, prazeroso e desprazeroso, self e objeto, dentro e fora, somático e psíquico, fantasia e realidade), que deveria gerar a divisão de fronteiras e conduzir ao movimento subsequente de reunião em um novo espaço psíquico, resulta em uma exclusão radical: a *dissociação*. Essa "divisão radical" se distingue da separação inerente à simbolização, descarta fatores indispensáveis ao trabalho de representação e produz a amputação do Eu. Não podendo dispor de um espaço potencial de reunião dos elementos separados, é no abismo do vazio de sentido que o fronteiriço irá cair.

Green explora a patologia dissociativa do fronteiriço em diversos âmbitos.

Em primeiro lugar, deve-se considerar a problemática da perda-intrusão nas relações primárias da criança. A divisão está relacionada, aqui, à *confusão* gerada pelos problemas no processo de fusão-diferenciação Eu-outro, e é o resultado da reação da criança à atitude inadequada do outro cuidador, em geral a mãe. Esta pode ser incapaz de uma fusão com seu bebê, que depara com "seios em branco", ou ser excessivamente fusionante, impedindo o crescimento psíquico de seu filho. Nesses casos, ou alguma coisa será definitivamente excluída e extraviada ou os elementos divididos serão uma ameaça constante, na forma de uma intrusão persecutória; a divisão resulta, aqui, na polaridade perda-intrusão.

A dissociação incide, também, na relação entre psique e soma e no âmbito da ação. De um modo amplo e terrivelmente mutilador, observamos, nas patologias fronteiriças, um isolamento e desarticulação entre representação, afeto e pensamento e, de modo mais específico, a presença de diversos sintomas psicossomáticos que, ao contrário dos sintomas conversivos, não implicam o trabalho de simbolização que reúne a psique e o corpo a partir de um enlace libidinal de sentido[7]. Do mesmo modo, é característica desses pacientes o uso da ação como mera descarga e com a finalidade de expulsão da realidade psíquica, em contraste com todas as formas expressivas,

[7] Um dos méritos de Green, entre tantos outros, foi resgatar o valor da chamada "psicossomática psicanalítica", especialmente na figura de P. Marty, e de reintegrá-la ao corpo da psicanálise como um todo.

representacionais e simbólicas de uso da ação humana, que poderíamos qualificar como gestuais[8].

Bem, é especificamente na esfera intrapsíquica que a dissociação do fronteiriço se apresenta de maneira mais típica, incidindo justamente na estrutura do Eu; e é aqui que compreendemos o sentido mais profundo do eixo histórico-conceitual que vai de Freud a Winnicott, no qual o conceito de dissociação do Eu é o elemento-chave e o fio condutor. Os limites do Eu – sua membrana protetora – são, usualmente, bastante elásticos, produzindo uma situação de mobilidade e variabilidade nas fronteiras que enriquece a experiência continuamente. O fronteiriço, em contraste, sofre em função de uma extrema porosidade do Eu, e de uma extrema sensibilidade à intrusão do outro. Trata-se de um Eu hipervulnerável que se enrijece para se proteger das invasões, cujas fronteiras são sempre um escudo insuficiente, e para quem a mobilidade das fronteiras constitui uma constante ameaça de perda de controle.

Mas o aspecto mais dramático e característico do Eu do fronteiriço é a falta crônica de coesão. Green sugeriu que, nesses casos, o Eu é composto de núcleos diferentes e incomunicáveis, e propôs uma excelente metáfora para descrever tal estado de coisas: trata-se de um arquipélago. Mas as ilhas que compõem esse arquipélago não constituem um conjunto ou uma nação, e não são banhadas pelo mar que as une; não há possibilidade de conexão entre as ilhas, e o que se encontra entre elas é um *espaço vazio*. Essa falta de integração produz a fenomenologia típica do fronteiriço: ausência de vitalidade, futilidade, falta de consciência da presença, contato limitado, um discurso que parece um "colar de pérolas sem fio" e – retomando Winnicott (1962) – a lacuna básica do sentimento de que a vida vale a pena ser vivida. Como bem sintetizou Green (1977), esta é a "vacuidade básica que caracteriza a experiência da pessoa fronteiriça" (p. 85).

Assim, dos processos dissociativos somos conduzidos ao "branco" do psíquico, e chegamos ao segundo aspecto que caracteriza o funcionamento do fronteiriço: para além da perda do objeto, trata-se, mais radicalmente, da perda do sentido. Retomando sua descrição anterior, em conjunto com Donnet, de uma "psicose em branco", Green postula que deparamos aqui com uma espécie de "depressão primária": o "desinvestimento radical" que

---

8 Tratei deste tema em "Por uma psicanálise do gesto" (Gurfinkel, 2008a) e, mais extensamente, em *Sonhar, dormir e psicanalisar: viagens ao informe* (Gurfinkel, 2008b), em que proponho a "gestualidade do sonhar" como modelo para o trabalho de simbolização.

gera estados de mente em branco, sem quaisquer componentes afetivos, dor ou sofrimento. Os sintomas característicos são a dificuldade de representações mentais, o prejuízo na concentração e a dificuldade geral de pensar, denotando uma perda fundamental da capacidade de ligação psíquica. Esse estado de coisas pode se perpetuar na forma de um sentimento crônico de inexistência ou pode, ainda, ensejar uma série de tentativas desordenadas de fuga da depressão por meio de reinvestimentos aleatórios, que produzem atuações ruidosas e aberrantes, tais como perversões polimorfas e adição a drogas. Como pano de fundo de tudo isso, encontra-se uma "falha em criar subprodutos funcionais do espaço potencial" (Green, 1977, p. 86), ou seja, uma falha na área da transicionalidade; ao tratar de um paciente fronteiriço, estamos diante de uma série de ilhas cercadas pelo vazio, sem um mar que sirva com espaço potencial que as una.

O Eu como pele psíquica

Winnicott desenvolveu, já na década de 1940 e a partir justamente da experiência de análise de pacientes por ele mesmo reconhecidos como *borderline*, uma concepção sobre o desenvolvimento emocional primitivo de amplas consequências. Neste, a questão do inter-relacionamento psique-soma é colocada em destaque como um dos processos básicos concorrentes à formação do Eu, e por ele denominado *personalização*.

> A localização do si-mesmo no próprio corpo é muitas vezes pressuposta; ainda assim, uma paciente psicótica em análise veio a reconhecer que quando bebê ela pensara que seu gêmeo do outro lado do carrinho era ela mesma. Ela inclusive surpreendeu-se quando o seu gêmeo foi pego e ela permanecera onde estava. O seu senso de si mesma e do outro não havia se desenvolvido (Winnicott, 1945, p. 149).

É instigante esse exemplo escolhido por Winnicott, já que a situação de gêmeos coloca de saída a questão da confusão/discriminação com o outro; aliás, o tema tem sido explorado na literatura e no cinema para expressar a face sinistra do duplo. O campo de indagações que aqui se abre é imenso; quero apenas assinalar o complexo processo de formação de um "Eu Sou", e o seu negativo muitas vezes submerso indicado por uma diversidade de fenômenos dissociativos.

Ora, a experiência de si mesmo não se constrói em abstrato, e sim no concreto da experiência corporal. A função primordial do corpo e das representações a ele relacionadas na gênese do Eu foi pela primeira vez apontada por Freud em "O eu e o isso" (1923); em poucos parágrafos encontramos o germe de intuições teóricas geniais que não tiveram a oportunidade de germinar. Estas estavam, então, atreladas ao lugar primordial atribuído à percepção como porta de entrada do psiquismo, e à espessura descoberta no Eu em contraste com a Consciência, essencialmente superficial e bidimensional: "o Eu é, primeiramente, um ser corpóreo, e não apenas um ser de superfície" (Freud, 1923, p. 2709). Tangente e tangível, se quisermos complementar; vidente e visível, sujeito e objeto da percepção, o que o coloca necessariamente dentro do campo da experiência do existir no mundo, ocupando um lugar no espaço e uma perspectiva singular no mundo dos objetos e da trocas intersubjetivas; enfim, sendo carne[9].

Winnicott nos diz: "em circunstâncias favoráveis, a pele se torna a fronteira entre Eu e não Eu. Em outras palavras, a psique chegou a viver no soma e uma vida psicossomática individual teve início" (1962, p. 61). Ora, ao acompanhar mais detidamente o percurso das ideias de Winnicott, descobrimos que há nele um pressuposto de natureza monista que abriu caminho para todo o desenvolvimento ulterior do tema. No início, psique e soma só podem ser distinguidos de acordo com a direção a partir da qual se está olhando, sendo a psique a elaboração imaginativa das partes, sensações e funções somáticas (Winnicott, 1949).

A pele é, no nível corporal, a região de fronteira. Ela separa o dentro e o fora, protegendo-nos do horror de estar em carne viva, mas também permite e possibilita as trocas. É nela, como ser de superfície, que se encontram os órgãos sensoriais, destinados a coletar daquilo que aflui ao corpo elementos a serem recebidos e assimilados, amostras do universo exterior obscuro. A função de proteção, seleção e recepção já havia sido assinalada por Freud (1920) em "Além do princípio do prazer". Neste trabalho é apresentado o modelo da vesícula viva e de sua capa protetora, no qual a função de paraexcitação tem seu oposto na situação de invasão traumática que rompe a pele psíquica e coloca todo o sistema em estado de emergência. Se refletirmos

[9] Sobre a dialética da percepção e sua relação com o corpo, consultar Merleau-Ponty (1996).

um pouco, notamos que o desenho imaginado por Freud para o aparelho psíquico é uma esfera, mas uma esfera viva: um organismo unicelular. Sua superfície, que protege e se comunica com o meio – separa e une –, é o protótipo da função psíquica, que nos organismos mais complexos teria "entrado para dentro" e mantido seus representantes nos órgão sensoriais de superfície. Ora, essa especulação nos interessa quando notamos que o desenho da segunda tópica – apresentado em "O eu e o isso" – é mais bem esférico e tridimensional que o da primeira, apresentado graficamente na "Interpretação dos sonhos"[10]; ele segue, neste sentido, o esqueleto do modelo de 1920, recheando-o sobremaneira.

O espírito desse esqueleto do aparelho psíquico é incorporado por Winnicott (1952) e reutilizado em suas próprias representações gráficas dos estágios primitivos do desenvolvimento emocional. A forma esférica é usada para expressar o indivíduo, mas é envolvida em um círculo maior que representa o ambiente; a dialética desses dois círculos concêntricos fornece as bases da saúde e da doença em termos de psicose. A esfera viva pode constituir-se una e envolvida por uma pele psíquica – este é o trabalho da integração na formação do Eu – ou pode, em reação a invasões ambientais e como processo de defesa contra angústias impensáveis, sofrer uma dissociação estrutural entre um falso e um verdadeiro si-mesmo. Ora, é no "entre" estes dois círculos – o indivíduo e o ambiente – que poderá se construir ou um verdadeiro espaço intermediário de diferenciação e de troca, ou uma ferida aberta na pele psíquica.

O alcance dessas considerações pode ser vislumbrado em um caso clínico descrito por Winnicott. Trata-se de uma mulher de meia-idade que sofria de doenças crônicas de pele, o que, para Winnicott, estava relacionado, de modo não evidente à primeira vista, a um transtorno psicótico da personalidade.

> Grosso modo, proponho que a irritação ou desconforto crônicos da pele enfatizam a membrana limitadora do corpo – e portanto da personalidade – e que subjacente a elas está a ameaça de

[10] Refiro-me ao desenho do aparelho psíquico proposto por Freud (1900) na parte "B" ("A regressão") do capítulo VII da "Interpretação dos sonhos", concebendo um investimento psíquico que percorre um caminho progressivo do polo perceptivo ao motor, e por vezes regressivo no sentido inverso. Ora, o problema da percepção e das trocas com o mundo exterior está aqui também tematizado, buscando algum encaminhamento conceitual; podemos notar, porém, as limitação de um modelo bidimensional. Entre elas, não há lugar para um Eu corporal na primeira tópica.

> despersonalização e de perda dos limites do corpo, e de angústias impensáveis quase físicas que fazem parte do reverso do processo que é chamado de integração (Winnicott, 1969, p. 115).

Tal angústia seria, segundo ele, aquela de um quadro sem moldura; lembro-me aqui do sonho de um paciente no qual essa angústia emergia na forma do sangue que escorre *para fora* da pele. O trabalho analítico descrito por Winnicott concentrava-se na questão da separação entre a paciente e sua mãe, tendo como meta que esta pudesse se dar em termos de cicatrizes, e não mais em termos de mutilação, já que, até então, a parte que unia as duas estava faltando em ambas[11].

A relação entre Eu e corpo está, sem dúvida, em causa na clínica dos estados-limite. A pele pode ser tomada como o lugar virtual prototípico para se pensar o fronteiriço, sendo ela mesma borda, mas constituindo ao mesmo tempo um campo específico[12], pois é uma superfície que concentra todo o problema do dentro/fora e da gênese do Eu, sendo, portanto – e paradoxalmente –, uma região, um campo também ele espesso. É somente considerando a tridimensionalidade da pele psíquica – um verdadeiro espaço de intermediação, terceira área – que podemos pensar o caso *borderline* como quadro clínico singular, que pode ocupar um lugar na psicopatologia. Nem que seja um lugar errante, desterrado, o lugar daquele cujo problema maior é a construção da pele psíquica e de um lugar para viver.

Ora, a pele – ou mais especificamente as mucosas – são também fonte de excitações de natureza sexual. Quando Winnicott afirma que a psique é a elaboração imaginativa das partes, sensações e funções somáticas, creio que tenha se inspirado na teoria freudiana do desenvolvimento psicossexual, segundo a qual um complexo universo de fantasia vai sendo construído a partir das excitações que se originam no corpo, ou seja, nas zonas erógenas. Não me parece casual que as zonas corporais de trocas com o mundo sejam especialmente erogeinizadas, como é o caso da boca e do ânus. Bem, com

[11] Diga-se de passagem que toda a sexualidade feminina desta mulher ficou atravessada por essas questões, já que a mutilação era ressignificada em termos da fantasia de uma mulher de segunda classe.

[12] O trabalho de Anzieu (1988) sobre o assunto deve ser lembrado tanto por sua originalidade e por seu caráter precursor quanto pela maneira sistemática com que procurou abordá-lo. O que aqui está sendo enfocado por mim pode ser aproximado à sua concepção do Eu-pele considerado uma interface.

a teoria do narcisismo, qualquer parte ou função corporal é passível de ser erotizada, inclusive o próprio Eu como expressão imagética da síntese de toda experiência corporal, mas reencontrado paradoxalmente como objeto. Estamos aqui diante de um instigante debate sobre a teoria psicanalítica da psicose, em que são confrontadas duas concepções que enfatizam, de um lado, o desenvolvimento pulsional, e do outro, a emergência de um Si-mesmo; creio que ambas as linhas podem, potencialmente, se encontrar, mas não se trata de tarefa metapsicologicamente fácil. Ficamos, ainda, com uma importante questão em aberto: como pensar a questão da personalização ou da integração psique-soma em conexão com o desenvolvimento psicossexual humano? Nos casos fronteiriços, como entendemos o corporal e o sexual? Podemos tomar o *sexual* da mesma forma como o tomamos na clínica da neurose, na qual as bases do si-mesmo no corpo não é o foco do problema?

A relação entre a pele e a função erógena – universo do desejo – é sugestivamente trabalhada no filme *Instituto de beleza Vênus*, dirigido por Tonie Marshall. A história se passa justamente em um instituto de beleza onde as atenções se concentram nos tratamentos de pele; ao mesmo tempo, o que é tematizado é a busca do amor e do encontro com o outro. Ironicamente, o filme começa com uma desilusão e um abandono e termina com um beijo, a personagem principal estando vestida de princesa para a noite de *réveillon*. É essa mesma personagem, funcionária do salão de beleza, que acompanha as mazelas, sofrimentos e buscas de diversas pessoas que passam por suas mãos durante as sessões de aplicação de cremes e massagens. Aqui, a pele é o próprio órgão de contato e de excitação sensual, que anseia pelo outro como objeto de desejo. Trata-se, porém, de uma zona de conflito no sentido que Freud (1910) nos propõe quando trata da conversão histérica, resultado de um conflito entre as funções sexuais e autoconservativas: é justamente a "dupla função" do órgão corporal que permite tal expressividade do conflito no sintoma psiconeurótico. Não creio ser isto que está em jogo, porém, nos estados-limite, em que a pele é ressaltada como função a ser construída; zona que inicia sendo experiência de transicionalidade que separa e une Eu e objeto para, tendo um Eu corporal como apoio, constituir-se gradativamente em zona erógena propriamente dita.

O Eu-pele e a construção dos processos intermediários de passagem: a travessia de Penélope

Retornemos, por fim, ao caso Penélope.

Em primeiro lugar, devemos considerar que a ausência de sonhos de Penélope é, em si mesma, um fato significativo. Trata-se de uma falha nas funções intermediárias de ligação, que traz como consequência o esgarçar da função simbolizante que o sonhar comporta. Trata-se, ainda, do efeito da quebra da esperança, ou seja, uma decorrência da ruptura da capacidade psíquica de esperar e acreditar em um futuro – um futuro no qual desejos poderão ser realizados e, assim, projetados na tela do sono. Na clínica da desesperança, não há lugar para a realização de desejo e, portanto, o sonho não vinga.

Bem, os primeiros sonhos que surgiram em análise nos mostram o trabalho de construção de um Eu-pele. A casa do sonho representa o corpo próprio, conforme, aliás, Freud já havia nos indicado na "Interpretação dos sonhos". A ausência e a precariedade de portas e janelas nos falam de um limite mal constituído, no qual as funções de troca dentro-fora estão prejudicadas. Como sabemos, as angústias que assombram esses pacientes fronteiriços são justamente aquelas ligadas à ameaça de invasão e intrusão; que horror não poder dormir em paz, na segurança de que a fortaleza está protegida!

Ora, é notável como a doença dermatológica de Penélope se relaciona com o mesmo universo de questões!

Assim, os olhos e bocas irritados nada mais são que as portas e janelas do Eu-pele, e a rebeldia do corpo aos tratamentos médicos nos falam da importância constitutiva do sintoma enquanto parte de um processo de construção; ali, no corpo, havia um trabalho psicossomático em curso e, como nos dizia Winnicott (1969), nestes casos é fundamental a tolerância ao sintoma e a sustentação de um tempo de espera até que a integração psicossomática possa ser verdadeiramente atingida. Trata-se de um sintoma *sui generis*, pois, enquanto correspondente somático dos sonhos incipientes que se apresentavam em análise, ocupa um lugar intermediário entre uma somatização e uma conversão, operando, assim, no limite entre o somático e o psíquico. Ele é, além de transitório, essencialmente referido à análise e, por isso mesmo, também transferencial – e aqui é preciso conceber a transferência como um espaço intermediário de experimentação, construção e criação. Afinal, o Eu-pele constrói-se à maneira de uma "estrutura enquadrante" (expressão de Green), ou seja, por meio da internalização do *holding* e cuidados maternos ou seu correspondente, na transferência com o analista.

Segundo penso, pudemos aqui ter a sorte de observar ao vivo e *in loco* o processo de construção de um Eu-pele. O sintoma dermatológico, hipoteticamente constituído em análise, é, antes de tudo, a expressão simbólica e simbolizante desse processo.

Referências

ANZIEU, D. *O eu-pele*. São Paulo: Casa do Psicólogo, 1988.

FREUD, S. (1894) Las neuropsicosis de defensa. *Obras Completas*. Madrid: Biblioteca Nueva, 1981; v. 1.

______. (1900) La interpretación de los sueños. *Op. cit.*, v. 1.

______. (1910) Concepto psicoanalítico de las perturbaciones psicopatógenas de la visión. *Op. cit.*, v. 2.

______. (1920) Más allá del principio de placer. *Op. cit.*, v. 3.

______. (1923) El "Yo" y el "Ello". *Op. cit.*, v. 3.

GREEN, A. (1977) O conceito do fronteiriço. In: *Sobre a loucura pessoal*. Rio de Janeiro: Imago, 1988.

______. (1999) Génesis y situación de los estados fronterizos. In: ANDRÉ, J. (Org.) *Los estados fronterizos*: nuevo paradigma para el psicoanálisis? Buenos Aires: Nueva Visión, 2000.

GREEN, A. & DONNET, J.-L. (1973). *L'enfant de* ça. Paris: Minuit.

GURFINKEL, D. Clínica da dissociação. In: FUKS, L. & FERRAZ, F. C. (Org.) *A clínica conta história*. São Paulo: Escuta, 2000.

______. Por uma psicanálise do gesto. In: VOLICH, R. M., FERRAZ, F. C. & RANÑA, W. (Org.) *Psicossoma IV*: corpo, história, pensamento. São Paulo: Casa do Psicólogo, 2008a.

______. *Sonhar, dormir e psicanalisar*: viagens ao informe. São Paulo: Escuta, 2008b.

______. A psicanálise do fronteiriço: André Green, entre Freud e Winnicott. *Percurso*, 49/50, jun. 2013.

KAËS, R. La catégorie de l'intermédiaire chez Freud: un concept pour la psychanalyse? *L'evolution Psychiatrique*, v. 50, n. 4, pp. 893-926, 1985.

______. (1994a) La histérica y el grupo. In: *La invención psicoanalítica del grupo*. Buenos Aires: Associación Argentina de Psicología e Psicoterapia de Grupo, 1994.

______. (1994b) La categoría del intermediario y la articulación psicosocial. In: *La invención psicoanalítica del grupo*. Buenos Aires: Associación Argentina de Psicología e Psicoterapia de Grupo, 1994.

LISPECTOR, C. *A hora da estrela*. São Paulo: Francisco Alves, 1977.

MARSHALL, T. *Instituto de beleza Vênus* [Venus Beauté]. Filme. França, 1998.

MERLEAU-PONTY, M. *Fenomenologia da percepção*. São Paulo: Martins Fontes, 1996.

WINNICOTT, D. W. (1945) Primitive emotional development. *Through paediatrics to posychoanalysis – collected papers*. London: Karnac, 1992.

______. (1949) Mind and its relation to the psyche-soma. *Op. cit.*

______. (1952) Psychoses and child care. *Op. cit.*

______. (1962) Ego integrations in child development. In: *The maturational processes and the facilitating environment*. London: Karnac, 1990.

______. (1969) Addicional note on psycho-somatic disorder. In: *Psychoanalitic explorations*. London: Karnac, 1989.

______. (1971). Sonhar, Fantasiar e Viver: Uma História Clínica que Descreve uma Dissociação Primária. In: *O Brincar & a Realidade*. Rio de Janeiro: Imago, 1975.

O sujeito-corpo

6. O corpo doente no divã

Maria Helena Fernandes

A necessidade de enfrentar os desafios que a clínica psicanalítica nos propõe no cotidiano nos convida a encarar a questão dos limites. Não se trata apenas de promover uma discussão a respeito da especificidade teórico--clínica dos estados-limite nem apenas de nos contentarmos em assinalar, a cada vez, os limites das subjetividades contemporâneas que chegam com frequência aos nossos consultórios. Trata-se, a meu ver, sobretudo, de começar admitindo os próprios limites de nossa escuta psicanalítica, muitas vezes aprisionada aos nossos modelos teóricos, arraigados e, no mais das vezes, idealizados. Sendo assim, o objetivo deste artigo é propor uma discussão a respeito dos limites de nossa escuta diante da presença do corpo doente na situação analítica.

Meu interesse pela questão do corpo na psicanálise se originou justamente no contato com o corpo doente na Escola Paulista de Medicina (Unifesp), muitos anos atrás, no contexto do meu trabalho no Departamento de Psiquiatria, onde, naquela época, exercia atividades clínicas, de ensino e de pesquisa, divididas entre o ambulatório e o Hospital Geral (Fernandes, 1986). No ambulatório, concentravam-se as atividades clínicas – atendimento psicoterápico individual e de grupo – e as de pesquisa: atendimento a grupo de pacientes somatizadores e deprimidos. No Hospital Geral, integrava a equipe de supervisores do Serviço de Interconsultas e coordenava trabalhos de grupo com algumas equipes de saúde ligadas ao hospital (Semer & Fernandes, 1990).

À época eu tinha, então, à disposição três "enquadres de escuta" diferentes, ou seja, o ambulatório, o Hospital Geral e o atendimento psicoterápico em consultório particular. Foi justamente a heterogeneidade dessa prática que me motivou, através da especificidade de cada um desses "enquadres de escuta", a buscar distinguir a especificidade de uma abordagem propriamente psicanalítica do corpo. Apesar dos impasses e das inúmeras dificuldades com as quais nos defrontamos nessa prática, não posso deixar de assinalar que o trabalho cotidiano em uma instituição médica certamente mostra-se um campo precioso para enriquecer, com a complexidade da experiência de contato com o adoecimento do corpo, os questionamentos a respeito das relações entre o psíquico e o somático (Fernandes, 1999).

Desde a Antiguidade, a história que nos conduz da filosofia à psicossomática, passando pela religião, é atravessada pelos questionamentos que dizem respeito diretamente às relações entre o psíquico e o somático. A história da filosofia nos oferece uma variedade de tentativas de compreensão dessas relações, fundadas tanto em teorias monistas quanto dualistas, tentativas que fundamentaram, mesmo que nem sempre explicitamente, as disciplinas ditas modernas.

Nas últimas décadas, as relações entre o psíquico e o somático têm despertado um interesse renovado e têm sido objeto de diversos estudos em domínios muito diferentes, domínios estes que pertencem tanto às ciências biológicas quanto às ciências humanas, por exemplo, a medicina, a biologia, a psicologia, a antropologia e a sociologia. No seio de cada um desses diversos domínios desenvolveram-se novas disciplinas (por exemplo: neuroimunologia, medicina comportamental, neurobiologia, biologia molecular, psicologia da saúde[1], antropologia médica, sociologia médica etc.) interessadas sempre, de uma maneira ou de outra, na exploração do caráter enigmático dessas relações.

Sendo assim, pode-se insistir que salientar a especificidade da contribuição da psicanálise à compreensão das enigmáticas relações entre o psíquico e o somático interessa duplamente:

- Primeiro, pelas contribuições epistemológicas que pode trazer ao saber da psicanálise sobre ela mesma. Isto é, na medida em que serve para bem caracterizar a abordagem psicanalítica, salientando a especificidade de seu objeto e de seu método, garantindo a autonomia do discurso psicanalítico mediante o discurso dos outros campos do conhecimento que também se interessam pelo estudo dessas relações.
- Segundo, na medida em que serve para bem caracterizar a contribuição da psicanálise na compreensão de uma série de fenômenos atuais decorrentes dos desenvolvimentos espetaculares das técnicas modernas em biologia, genética e na medicina em geral (por exemplo:

[1] Remeto aqui o leitor ao artigo de M. Bruchon-Schweitzer "Psychosomatique et maladie: l'apport de la psychologie de la santé"(1992), no qual a autora estabelece uma clara e útil diferenciação entre o campo de estudo e abordagem da psicologia da saúde, da psicossomática, da psicologia médica e da medicina comportamental.

procriação artificial, cirurgia transexual, transplantes de órgãos etc.). Essas técnicas modernas vêm transformando em profundidade as questões relativas à relação do sujeito com o próprio corpo, com a identidade sexual e com as formas de parentesco e a filiação. Nesse sentido, deve-se salientar também a necessidade de contribuir para instrumentalizar o saber psicanalítico para participar da atualidade do debate ético, que naturalmente se faz urgente, face aos avanços da tecnologia a serviço do corpo.

Foi a partir dessa perspectiva que realizar uma leitura sobre o lugar do corpo na teoria freudiana pareceu-me uma necessidade eminentemente clínica, oriunda de minha experiência na instituição de saúde com os pacientes acometidos de uma doença somática e também com aqueles que procuravam uma análise supostamente motivados por uma queixa somática. Nesse sentido, a problemática do corpo representa, a meu ver, um ponto fundamental nas distinções epistemológicas que devem ser sistematicamente enfatizadas, de modo a garantir não apenas a fertilidade das relações entre psicanálise e medicina, mas também a especificidade da metodologia psicanalítica (Fernandes, 2003).

Sendo assim, pretendo retomar a seguir uma discussão sobre a posição freudiana diante da complexa questão das relações entre o psíquico e o somático, que tem como palco o corpo, com um duplo objetivo. Inicialmente, enfatizar a especificidade da abordagem psicanalítica do corpo e seus modos de relação com o inconsciente para, a partir daí, propor uma reflexão sobre a escuta analítica a fim de melhor instrumentalizá-la para lidar, particularmente, com os impasses e limites colocados pelo corpo doente no divã[2].

O corpo: lugar de inscrição do psíquico e do somático

Sabemos que Freud, que sempre levou em conta o corpo e sua diversidade expressiva, teve também a preocupação constante de se ater ao que é fornecido pelos materiais psíquicos para avançar na construção de suas hipóteses sem perder de vista as fronteiras epistemológicas que ele começava a traçar com a biologia de sua época. Diferentemente de Ferenczi, que não

---

2 Reproduzo a seguir alguns extratos de meu livro *Corpo* (2003), assim como de alguns outros artigos publicados nos últimos anos (Fernandes, 2002, 2004, 2006).

hesitou em conceber o projeto de criar uma metabiologia, Freud mostrou-se bem mais prudente, evitando claramente distanciar-se das bases sobre as quais repousa o método psicanalítico. Se o que se expressa por meio da palavra do paciente constitui o material de trabalho do analista, é em relação à especificidade desse material que Freud afirma, de um lado, que a psicanálise deve produzir diretamente seus próprios modelos e, de outro, que estes não poderiam ser confrontados com os modelos pertencentes a outras disciplinas e, como tal, elaborados por meios estranhos àquilo que funda o método psicanalítico: a situação analítica.

A psicanálise, então, não poderia ser incluída na categoria das "disciplinas" médicas, como é, por exemplo, a psiquiatria. É do conhecimento de todos a insistência com que Freud afirmava que a psicanálise não pertencia a nenhuma "disciplina" , situando-se, antes, no interior de duas fronteiras: o psicológico e o biológico. A *psicologia do inconsciente*, segundo ele, só pode se encontrar "entre" a expressão do psíquico consciente e a do biológico. Assim, a psicanálise afirmava sua extraterritorialidade, não pertencendo nem à psicologia nem à biologia (Freud, 1926, 1938).

Entretanto, sabemos que Freud cria uma série de modelos inspirados na biologia de sua época e jamais deixa de reivindicar a pertinência da psicanálise às ciências naturais, em harmonia com seu contexto histórico-cultural que dividia as ciências em ciências do espírito e ciências da natureza[3]. Tal posicionamento favoreceu um confuso normativismo em psicanálise, alimentado pelo sonho de uma determinação biológica do psiquismo, supostamente universal. Não se deve deixar de salientar que a crítica empreendida por Lacan aos destinos que tomava a psicanálise pós-freudiana contribuiu para afastar a pesquisa psicanalítica de um caminho marcadamente biologizante, enfatizando a complexidade de elementos que são necessários considerar quando se pretende abordar o corpo em psicanálise.

Se Freud nunca destruiu as pontes que o ligavam à biologia, cabe salientar que, seguindo a metapsicologia até seus últimos escritos, constata-se que o que ele guardou da biologia não foram os mecanismos experimentais *mensuráveis*, e sim as leis e esquemas gerais do funcionamento do sistema nervoso, que lhe serviram precisamente de modelo para a criação metapsicológica[4].

---

3 Sobre as relações de Freud com a biologia, remeto o leitor ao artigo "O biológico em Freud: 'corpo estranho' ou heresia?", de D. Delouya (1992).

4 Sobre essa questão, remeto o leitor às seguintes publicações: "Recension du corps", de G. Rosolato (1971); "Sur la formation des concepts freudiens de psychique/physiologique",

A propósito do interesse da psicanálise para a biologia, Freud (1913) se exprime da seguinte forma:

> Apesar de todo nosso esforço para não deixar os termos e os pontos de vista biológicos chegarem a dominar o trabalho psicanalítico, não podemos deixar de utilizá-los para a descrição dos fenômenos estudados por nós. Não podemos deixar de considerar a pulsão como conceito limite entre a concepção psicológica e a concepção biológica. [...] Eu me consideraria satisfeito se essas poucas observações chamassem a atenção para a importante mediação edificada pela psicanálise entre a biologia e a psicologia (p. 204).

Além de chamar a atenção para a operacionalidade do conceito de *pulsão* na mediação entre biologia e psicologia, Freud (1913) enfatiza aqui seu esforço epistemológico, isto é, sua preocupação em "não deixar os termos e os pontos de vista biológicos" (p. 204) dominarem a pesquisa psicanalítica, reconhecendo, no entanto, não ter podido evitar o emprego desses termos "para a *descrição* dos fenômenos estudados" (*Ibidem*). Trata-se, nessa ocasião, de um trabalho de nominação e fundação dos alicerces metodológicos e conceituais daquilo que estava sendo criado.

Devemos nos lembrar de que, sendo médico, Freud privilegia sua própria língua para nomear suas descobertas, para fazer um trabalho de nominação daquilo que não podia ser nomeado senão a partir de uma linguagem já adquirida. Entretanto, as metáforas que ele utiliza não se limitam às relações analógicas com a biologia; ele vai também buscar na física de sua época as palavras necessárias para a continuação do trabalho de nominação de suas descobertas (Fernandes, 2004).

Em meu segundo livro, ao procurar especificar o lugar do corpo na teoria freudiana, parti da hipótese de que, se o corpo que a construção teórica de Freud anuncia não se confunde com o organismo biológico, objeto de estudo e intervenção da medicina, ele se apresenta, ao mesmo tempo, como o palco onde se desenrola o complexo jogo das relações entre o psíquico e o somático, e como personagem integrante da trama dessas relações. Essa dupla inscrição evidenciar-se-ia no conceito de pulsão, o conceito-limite

---

de P. Bruno (1971); "Quelques éléments de recherche sur la place du biologique dans la théorie psychanalytique", de F. Gantheret (1975) e "Pour une métapsychologie analogique. Fécondité de l'hétérogène", de P. Fédida (1994).

entre o psíquico e o somático, ao colocar o corpo ao mesmo tempo como fonte da pulsão e como finalidade, lugar ou meio da satisfação pulsional. Assim, a teoria freudiana permitiria colocar em evidência que o somático, isto é, o conjunto das funções orgânicas em movimento, habita um corpo que é também o lugar da realização de um desejo inconsciente.

Essa hipótese me permitiu enfatizar que, ao mesmo tempo que Freud recusa ao corpo biológico a importância que este tinha na época, enquanto fonte causal do distúrbio psíquico, revestindo inicialmente esse corpo de uma operação de linguagem, ele o reencontra ao afirmar seu papel capital enquanto *lugar* da manifestação do psíquico e do somático (Fernandes, 2003).

Ora, se o corpo aparece enquanto *lugar*, palco onde se encenam as relações entre o psíquico e o somático, isso equivale a dizer que Freud produz aqui uma importante ruptura na concepção do corpo ao distingui-lo do somático, isto é, o corpo em Freud efetivamente não se confunde com o organismo biológico. Se o adjetivo *somático* se refere, como salienta Assoun (1993), "a *processos* determinados que se organizam segundo uma racionalidade ela própria determinável" (p. 162), o corpo em Freud não se rege segundo uma racionalidade única e determinada, a racionalidade somática. Ele se rege segundo uma dupla racionalidade, a do somático e a do psíquico. Em Freud, a racionalidade que rege o psíquico fundamenta-se no encontro do ser humano com a trama das relações parentais, que constrói o psíquico na primazia da erogeneidade. Sendo assim, pode-se dizer que a grande inovação freudiana foi, precisamente, considerar essa dupla racionalidade como estando articulada pelo desejo inconsciente (Fernandes, 2006).

O corpo doente e a psicanálise: precisões metodológicas

Apesar de a clínica analítica ser abundante em exemplos surpreendentes de implicações psíquicas que permitem o surgimento e a permanência de um estado de doença somática, ela também é rica em exemplos de reações psicopatológicas importantes que surgem em consequência de uma doença orgânica. Freud parece ter se interessado mais por esse último caso, o que mostra sua prudência em relação à etiologia psíquica de certas doenças somáticas. A seguir, são citados três momentos do discurso freudiano que ilustram bem essas afirmações.

Nas *Conferências introdutórias sobre psicanálise,* Freud (1916-17a) escreve:

> Nas pessoas que, embora tendo uma predisposição à neurose, não sofrem de nenhuma neurose declarada, acontece frequentemente que uma alteração corporal mórbida, por inflamação ou lesão, desperta o trabalho de formação de sintomas, de tal forma que o sintoma fornecido pela realidade, torna-se imediatamente o representante de todas as fantasias inconscientes que buscavam uma primeira ocasião para se manifestar (p. 369).

Vê-se aqui que a realidade orgânica é complacente, dando ocasião à neurose de se declarar. Em outras palavras, ela oferece um meio de expressão às fantasias inconscientes que procuram uma ocasião para se manifestar. Devemos notar que, em sua fórmula, Freud não fala da passagem de uma doença somática a uma doença psíquica, mas simplesmente de uma transformação somática que desperta a neurose que, até então, jazia no silêncio absoluto.

Em outra ocasião, quando Freud (1924) procura mostrar a importância da economia masoquista, ele escreve:

> É igualmente instrutivo ter a experiência de que, contra todas as teorias e expectativas, uma neurose que desafiou todos os esforços terapêuticos pode desaparecer quando a pessoa cai em uma situação de infelicidade devida a um mau casamento, perde sua fortuna ou *contrai uma doença orgânica grave*. Uma forma de sofrimento é então substituída por outra, e vemos que a única coisa que importava era a necessidade de manter certa dose de sofrimento (p. 18).

Nessa citação, o que chama a atenção, logo de início, é o fato de a doença orgânica, sendo um exemplo da realidade de uma infelicidade, ser capaz de substituir a neurose na manutenção de uma economia de sofrimento. É o masoquismo que está em ação. Devemos observar, porém, que Freud não diz que o sujeito contrai aqui uma doença orgânica *por* masoquismo, ou seja, *não é* o masoquismo que *causa* a doença. Ele mostra, com prudência, que, uma vez tendo se manifestado a doença orgânica, o sujeito *a utiliza* para regular sua economia de sofrimento.

O alcance de seu raciocínio é o seguinte: o sujeito tem necessidade do sofrimento para sustentar sua economia psíquica. Não é, portanto, um acaso se a doença somática se torna para alguns um meio privilegiado de restabelecer essa economia psíquica, a qual se sustenta nesse sentimento de si mesmo dolorido e masoquista, como se a dor pudesse ser o testemunho da existência de um corpo vivo. Já em "Luto e melancolia" (Freud, 1917, p. 278) e, em seguida, em outras ocasiões, a dor orgânica aparece nos escritos de Freud relacionando-se diretamente com a dor psíquica. Devemos, nesse sentido, lembrarmo-nos de que a dor aparece em Freud (1923) como "o protótipo da maneira como se chega de uma forma geral à representação de seu próprio corpo" (p. 270). É, então, a dor que, atraindo nossa atenção para o corpo, dando acesso ao conhecimento de nossos órgãos, permite-nos uma representação do mesmo sob o signo de um sofrimento que nos afeta.[5]

O terceiro extrato escolhido data de 1937; nele, Freud (1937) relata o caso de uma paciente que, tendo se curado de uma patologia histérica, permaneceu bem por volta de catorze anos, até que a aparição de um mioma, que justificou a retirada total do útero, precipitou-a novamente em um estado patológico:

> Depois dessa operação, a jovem ficou doente novamente. Ela se apaixonou pelo cirurgião, se entregou a fantasias masoquistas em relação às terríveis modificações no interior de seu corpo, com as quais dissimulava seu romance, mostrou-se inacessível a uma nova tentativa analítica e nunca mais voltou ao normal até o fim de sua vida (p. 237).

Freud formula aqui a hipótese de que a segunda manifestação psicopatológica provinha da mesma fonte da primeira. Em outras palavras, tratava-se da "expressão modificada das mesmas moções recalcadas que haviam encontrado na análise uma solução parcial" (Freud, 1937, p. 238). Nessa época, estando convencido da importância do ponto de vista econômico, Freud concede um lugar importante ao trauma, acrescentando que, sem o novo trauma, a nova manifestação psicopatológica não teria acontecido. Nesse caso, é legítimo supor que o novo trauma ao qual se refere Freud seja

[5] A respeito da problemática da dor na clínica psicanalítica remeto o leitor ao artigo "De uma dor que não pode ser duas", de Rubens Volich (1999).

a eclosão do mioma e a consequente retirada do útero, um acontecimento que toca o real do corpo da paciente. Vemos aqui a importância que Freud concede à manifestação somática e suas consequências enquanto potencialidade traumática que atinge a economia psíquica do sujeito.[6]

Esses três fragmentos mostram que a patologia psíquica pode, depois de uma patologia somática, tanto retornar à cena como aparecer pela primeira vez ou até desaparecer. Pode-se notar que o que interessa a Freud, nos momentos em que observa a ligação entre a eclosão de uma doença somática e o aparecimento de sintomas psíquicos, é esboçar possibilidades de articulação entre a posição psíquica inconsciente e a eclosão da doença somática. Em outras palavras, o acontecimento somático seria um momento eminente de verdade para o sujeito no plano inconsciente, o que coloca em evidência que a economia somática é atravessada pela economia libidinal engendrada pela alteridade.

Além disso, a leitura de Freud deixa claro que, para ele, a relação entre o psíquico e o somático é de reciprocidade, isto é, o que afeta o soma pode produzir alterações na psique e, consequentemente, o que afeta a psique pode produzir alterações no soma. Atualmente, parece óbvio que tais alterações não se restringem apenas ao campo das conversões histéricas, cujas alterações corporais encontram no psíquico sua causalidade originária. O que a clínica nos ensina é que os acontecimentos da vida podem afetar simultaneamente os dois registros, o psíquico e o somático, sem que se consiga, muitas vezes, determinar que ordem de causalidade teve a primazia. Trata-se, portanto, de processos interdependentes que agem de forma recíproca, não se confundem um com o outro, embora estejam estreitamente conectados entre si. A questão que permanece é, certamente, saber como se operam essas conexões. Várias hipóteses vêm sendo elaboradas pelos diversos campos do conhecimento, mas elas continuam a operar como hipóteses, e não como certezas.

Por tudo que vimos até aqui, deve-se insistir que refletir sobre os limites de nossa escuta diante do corpo doente implica considerar que a psicanálise não pode ser transformada nem em uma teoria psicológica do somático nem em uma interpretação simbólica direta das doenças do corpo, o que significa dizer que o psíquico não pode ser definido como o mestre absoluto que reina sobre os destinos do corpo biológico e, consequentemente, que o somático não pode ser definido meramente enquanto substrato causal.

6 Sobre a questão do trauma e seus desdobramentos clínicos, remeto o leitor ao artigo "A insistência do traumático", de Lucía Fuks (2000) e ao livro *Neurose traumática*, de Myriam Uchitel (2001).

Clínica médica e clínica psicanalítica

Ao pensar na especificidade da clínica médica, faz-se necessário mencionar o que caracteriza a própria natureza da clínica cotidiana dos médicos com seus pacientes. Segundo eles, é comum os pacientes lhes confiarem não apenas seus sintomas orgânicos, mas também suas angústias, frustrações, fracassos, desejos e incertezas, cabendo a eles, de certa maneira, participar e intervir nesse universo. Entretanto, de forma geral, os médicos veem aí apenas um obstáculo à sua prática e, muitas vezes, não conseguem deixar de pensar, seja com humor ou com complacência, como bem expressou certa vez um deles, que "a arte de tratar e curar se vê desafiada por muitos tipos de interferências que escapam ao médico".

As muitas dores, os problemas funcionais do sono, da vida sexual, as mudanças de humor e, sobretudo, a angústia, bem como tudo que constitui uma reivindicação permanente e loquaz, não justificável medicamente, são recebidos, em geral, com boa vontade por um médico que, em silêncio consigo mesmo, não tem muita certeza do que pode fazer com isso. Não é raro que, precisamente no momento em que algo dessa ordem lhe escapa, ele solicite a ajuda do psicanalista.

O psicanalista, por sua vez, precisa ser lembrado de que seu paciente não é um ser exclusivamente "psíquico"? Eis uma pergunta pertinente: com que ouvido o psicanalista ouve o corpo de seus pacientes?

Se, de um lado, deve-se insistir que é no confronto com o adoecimento do corpo e com os enigmas a partir daí suscitados que a subjetividade do corpo, enfatizada pela psicanálise, adquire uma positividade teórico-clínica dificilmente negável, de outro, não podemos deixar de salientar que os psicanalistas discordam em relação à maneira de responder a uma demanda de análise fundada sobre um sofrimento que se exprime primordialmente em termos de doença somática. Alguns responderão que, em tais casos, a psicanálise pode ser associada aos tratamentos médicos, outros defenderão uma psicanálise modificada, e outros, por fim, considerarão o estado do sujeito organicamente doente uma contraindicação para a análise[7].

Na clínica médica, os conhecimentos teóricos do médico vão ajudá-lo a inscrever o sofrimento do paciente em um discurso médico, dando a este

---

[7] Com relação às indicações de análise, ver os argumentos desenvolvidos no artigo "Bornes ou confins?", de J.-B. Pontalis (1974).

um sentido, um nome e um tratamento, visando suprimir a demanda que gerou a consulta médica. Na análise, não é raro que, sobretudo os pacientes acometidos de uma doença somática, dirijam-se ao seu analista da mesma maneira que o fazem com seu médico, esperando ver seu sofrimento e seus sintomas inscritos em um discurso capaz de torná-los inteligíveis para eles. Na clínica analítica, ao contrário da clínica médica, a sustentação da demanda é o motor do trabalho, não apenas durante as entrevistas preliminares, mas também durante a própria análise. Essa demanda, que se mantém, é o que levará a uma pesquisa do material inconsciente, dando acesso ao infantil e estabelecendo, assim, uma espécie de continuidade capaz de construir elos entre a história do paciente e sua vida atual. Trata-se, na verdade, de descobrir e recontar *velhas* histórias que, na novidade da repetição instaurada pela transferência, permitem a criação de *outras* histórias.

Os pacientes que apresentam uma doença somática e que são enviados a um analista, às vezes chegam à análise como se se tratasse de tentar um novo remédio ou, simplesmente, um novo tratamento prescrito. Na maioria dos casos, um médico lhes recomenda a análise, sem que eles próprios tenham experimentado esse desejo. A passividade inerente a essas situações – que consiste em se deixar administrar uma nova droga ou prescrever um novo tipo de tratamento – é, em sua própria natureza, de certo modo, contrária à aventura psicanalítica. Esta exige, por meio da regra fundamental da associação livre, uma atividade que, se pode parecer desmentida pela posição deitada do paciente, não é menos importante. Ao paciente é pedido que fale livremente, procurando afastar todos os julgamentos críticos. Ora, essa demanda solicita de sua parte um esforço já considerável em si. A associação livre implica um engajamento ativo na constituição do trabalho analítico, engajamento que, como sabemos, está sempre em relação direta com a transferência.

Ao contrário, receber um novo medicamento ou se submeter a um novo tipo de tratamento médico não exige necessariamente do paciente tal participação. No tratamento médico, o paciente é, a princípio, passivo; ele recebe em seu corpo as marcas impressas pelo outro sem ser, necessariamente, convidado a participar. A perspectiva da mudança de registro da passividade para a atividade pode, portanto, estar na origem da recusa de alguns pacientes a se engajarem em uma análise ou, simplesmente, de sua decepção em relação ao que esperavam do processo analítico. A exigência de trabalho psíquico que uma análise requer parece, assim, considerável em relação às marcas que esse encontro – esse corpo a corpo, ousaria dizer – deixa no analista e no paciente.

Certos pacientes, porém, exprimem claramente o sentimento de que a experiência de ser escutado pelo analista lhes foi benéfica. Poderíamos pensar que falar com alguém e ser escutado por essa pessoa lhes remete à sensação de receber cuidados passivamente, mesmo que esse dizer seja já atravessar um espaço, o que supõe uma ação. Se assim for, pode-se dizer que é a própria *escuta* que é vivida como o benefício dos cuidados dispensados pelo analista. De fato, há um investimento do paciente pela escuta do analista, na medida em que esta reflete a presença do analista.

Se, de um lado, a análise coloca problemas a seus pacientes, de outro, é importante não se esquecer de que os pacientes também colocam problemas para a psicanálise. É com grande desconfiança que ouço as muitas vozes que se erguem, entre os analistas, em favor de um remanejamento do enquadre analítico segundo certas categorias de pacientes. No entanto, reconheço, de qualquer forma, que seria importante remanejar *a disponibilidade de escuta* do analista. É essa disponibilidade que pode nos permitir construir rupturas naquilo que nos é familiar, a fim de que possamos questionar a regularidade aparente do próprio discurso psicanalítico.

A doença somática no processo analítico

Então, para encararmos os limites que se colocam à nossa escuta diante do corpo doente no divã, não posso deixar de enfatizar que o adoecimento do corpo, qualquer que seja sua etiologia, é uma realidade da qual nem o paciente nem o analista podem fugir e, às vezes, nem mesmo esquecer. Sendo assim, é importante questionarmos justamente a maneira como acolhemos o corpo doente de nossos analisandos, pois é disto exatamente que se trata.

Vale ressaltar que esse acolhimento só será possível se o analista permanecer atento às ressonâncias contratransferenciais de suas próprias representações ante a doença somática apresentada pelo paciente. Essas ressonâncias remetem não apenas aos fantasmas do analista, mas também à sua posição diante da eventualidade de sua própria morte, sobretudo quando se trata de uma doença realmente grave.

No que diz respeito à transferência, não é raro, alguns pacientes alimentarem o pressuposto de que o analista está à espera de explicações psicológicas para designá-las como *causa* de sua doença, o que desperta neles uma espécie de reação "paranoica", aliás, bastante compreensível. Em tais condições, o paciente não pode se comportar de outra forma senão tentando se proteger, a todo custo, de qualquer relação de sua doença com sua história pessoal, para manter, assim, sua condição de "estar doente de verdade", de ter realmente uma doença somática.

Nada mais violento, quando se está doente, que se ver exposto a intervenções explicativo-causais de cunho psicológico que, aliás, nada têm de analítico, e que parecem hoje muito difundidas na linguagem do senso comum. Além disso, não se deve esquecer que a resistência do paciente a se desprender de seus sintomas se justifica em muitos casos. Essa resistência é bem diferente da recusa ao tratamento médico e, às vezes, é a proteção mais eficaz contra os excessos interpretativos de certo imperialismo psicanalítico.

No que se refere à doença somática na análise, na maioria dos casos assistimos ao seu processo de criação sem poder fazer muita coisa. Outras vezes, porém, pode ocorrer que o trabalho analítico consiga reconstruir alguns circuitos antes bloqueados, permitindo que o paciente encontre novas saídas em relação à sua doença e, consequentemente, em relação ao que está vivenciando e tendo de enfrentar.

Uma doença somática, uma lesão que afeta um órgão, é uma realidade, mas não é, por isso, menos singular e particular para cada sujeito. Cada um se serve dela e resiste a ela de maneira sempre pessoal. Os médicos notam, muitas vezes, que uma mesma doença não se exprime com sintomas sempre idênticos em duas pessoas diferentes. Ora, se, conforme Pierre Marty (1994), o sintoma somático é fechado em si mesmo, ou seja, se ele não remete a uma significação oculta como no modelo da conversão histérica, a experiência clínica nos ensina que ele ocupa, não obstante, um *lugar*, um espaço na economia psíquica do sujeito. É o espaço que a doença somática ocupa na economia psíquica do sujeito e o que isso nos informa sobre seu funcionamento psíquico, que deve interessar à psicanálise.

Dito isso, é prudente não se esquecer de que a etiologia das doenças orgânicas permanece, em princípio, como competência das disciplinas médicas, cabendo a uma abordagem psicanalítica do corpo tudo aquilo que o toca na palavra, mesmo que essa palavra não seja pronunciada com facilidade, mesmo que ela seja mais "atuada" que "falada", mesmo que seja muda, ela não se faz menos presente.

Em *Estudos sobre a histeria*, o material que Freud (1895) utiliza para distinguir o doente orgânico, o hipocondríaco e o histérico é o discurso, as particularidades discursivas desses pacientes. Ele chama a atenção, já nessa ocasião, para a especificidade de nosso *instrumento de trabalho*: é exatamente da relação da palavra com o corpo que devemos nos ocupar.

No entanto, o que a clínica contemporânea nos ensina é que a expressão verbal e metafórica frequentemente utiliza o corpo como imagem, solicitando do analista um *olhar* e uma *escuta* capazes de figurar essa imagem e descrevê-la em palavras. Faz-se necessário, então, um verdadeiro trabalho de *nominação/ligação*, essa colocação em palavras que reenvia sempre a alguma outra, criando, dessa forma, uma cadeia associativa que visa ligar os elementos do discurso em um verdadeiro trabalho de *construção de sentidos* (Fernandes, 2003).

Muitos analisandos parecem necessitar que o analista os acompanhe na busca das palavras capazes de acolher os detalhes mais fortuitos da sua fala e colocá-los em relação com o que se passa em seu corpo, permitindo, desse modo, que um sistema simbólico possa ir lentamente se estabelecendo em torno não só da doença somática que acomete o sujeito, mas também de todo evento que solicita o corpo.

Do lugar que ocupa, o analista, por sua vez, não pode deixar de refletir sobre o alcance da invasão da situação analítica por essa realidade específica que são as doenças somáticas. É o que veremos a seguir.

Um modelo de escuta do corpo na situação analítica

A partir daí, para conseguir ampliar as possibilidades do instrumental psicanalítico perante o corpo doente no divã, devemos considerar que, particularmente a doença orgânica, talvez por sua carga de realidade, muitas vezes inexorável e cruel, afeta sempre, mais ou menos intensamente, o analista. A intensidade dessa afetação interfere, certamente, na condição psíquica determinante da escuta do analista, uma condição que se instaura e se desfaz sem cessar.

A violência com a qual às vezes o corpo irrompe o espaço analítico dificilmente pode deixar o analista indiferente. Se os males do corpo têm o poder de alterar tragicamente os destinos de uma vida, o que dizer dos pretensos destinos de uma análise? Uma bela jovem de 25 anos, atônita pela descoberta inesperada de um câncer grave, certa vez me disse: "Já não falo mais das mesmas coisas, já não me preocupo mais com as mesmas coisas, já não me pareço mais comigo. A doença mudou meu discurso!" Fica claro que o discurso funciona, aqui, como o patamar da subjetividade. Uma subjetividade inexoravelmente transformada pelo aparecimento da doença somática.

A intensidade dessas experiências solicita do analista a *delicadeza* de tentar manter-se no espaço de um "entre", isto é, não cedendo cegamente às demandas imediatas nem se ausentando demais em um silêncio sem eco, tentando permanecer no espaço suspenso e aberto da palavra. Não posso deixar de lembrar do conhecido episódio da criança com medo do escuro relatado por Freud (1916-17b). Ele diz assim:

> Uma criança, ansiosa por se encontrar no escuro, dirige-se à sua tia, que se encontrava no quarto vizinho – Tia, fala comigo, eu estou com medo! A tia responde: Do que adiantaria, você não pode me ver! A criança então retruca: Fica mais claro quando alguém fala! (p. 384).

Isto pode nos servir para ilustrar o fato de que, diante da escuridão que se abate sobre certos pacientes quando do aparecimento de uma doença grave, um silêncio rígido do analista pode enviar o paciente a uma solidão muda, remetendo-o à sua própria morte e à incapacidade de lidar com os traços traumáticos de sua própria história. Não é por acaso que alguns pacientes têm necessidade de constatar a presença viva do analista; é essa presença que lhes assegura que o analista não está "morto". É interessante notar que simples expressões sonoras que emanam do analista, muitas vezes, são suficientes para reassegurar o paciente, permitindo, assim, o desenrolar do trabalho associativo.

Sendo assim, gostaria de defender aqui a hipótese de que o trabalho analítico, seja ele realizado no consultório ou à beira do leito nos hospitais, pode funcionar como um reorganizador da libidinização do corpo. Assim, como salienta Joel Birman (1997), em muitos casos: "A presença viva do analista é necessária para que ele possa acolher o impacto das forças pulsionais, se constituindo assim como esse Outro através do qual a libidinização torna-se possível" (p. 26). Ora, no início da vida, quem acolhe o impacto das forças pulsionais, procurando dar-lhes nome e sentido, é a mãe (ou seu substituto). Trata-se, aqui, não apenas de acolher, mas de *acolher* e *nomear*; é esse acolhimento e essa nomeação que dão ao bebê a experiência da presença da mãe.

Para que a mãe possa escutar o corpo do bebê e interpretar-lhe os sinais, ela precisa dar provas de uma capacidade de investir libidinalmente esse corpo. Esse investimento é o que permite à mãe "escutar" um corpo que não pertence mais ao seu, tornando-se capaz de interpretar esse corpo, nomeando-lhe as demandas. Não posso deixar de chamar a atenção, aqui, para uma analogia possível justamente com a *escuta analítica*.

No que se refere às hipóteses esboçadas até aqui, posso afirmar, então, que, diante dos pacientes que nos confiam seu sofrimento somático e psíquico, o sucesso que às vezes reconhecemos ao processo analítico em sua capacidade de amenizar a evolução de uma doença somática ou de facilitar uma recuperação até então difícil parece basear-se no fato de que a análise constitui, além de tudo, *uma operação de libidinização*. Ora, tomando justamente a escuta do corpo do bebê realizada cotidianamente pela mãe como um modelo de escuta do corpo na situação analítica, pode-se enfatizar que é o Outro-analista que, à semelhança da alteridade materna, pode investir o corpo do paciente, acolhendo e nomeando as sensações desse corpo, transformando-o em um "corpo falado", aberto à abordagem psicanalítica (Fernandes, 2002).

Tudo se passa como se a palavra do analista devesse incentivar o analisando a desenvolver seu poder imaginativo de tal forma que o acontecimento que toca o corpo não fique privado de possibilidades metafóricas. A metáfora, disse P. Fédida (1977), "é uma morada, e o psicanalista tem necessidade do poema para habitar" (p. 131).

Ora, se o psicanalista tem necessidade do poema para habitar, então, é na figura do poeta que devemos buscar inspiração para tentar preservar nossa capacidade de devanear com as palavras, criar imagens a partir do silêncio e conseguir, assim, caminhar, com *delicadeza*, ao lado de nossos pacientes no árido terreno da doença, da dor e da morte. Pois é isso que caracteriza o cotidiano do trabalho do analista diante do corpo doente, seja ele realizado no consultório ou nos hospitais e nas instituições de saúde em geral. Aqui, a *delicadeza* é necessária, pois, como disse René Char (2011) "Um poeta deve deixar vestígios da sua passagem, e não provas. Só os vestígios fazem sonhar" (p. 7).

Sendo assim, como diz ainda Fédida (1977)

> [...] se o médico pode se abstrair de seu corpo e permitir, assim, que o doente faça o mesmo, para que possa se exercer sobre ele um saber e um poder, *o analista não pode se esquecer de que seu corpo é o cenário no qual vêm atuar os fantasmas do paciente* ou, ainda, o lugar imaginário dos desejos de acordo com a economia primitiva da troca com o corpo dos pais (p. 24).

Posso dizer, então, para finalizar, que no corpo do analista se encenam os jogos apaixonados da infância, que não poderiam deixar de se atualizar na transferência. E é isso precisamente que faz da situação analítica o lugar por excelência capaz de abrigar essa intensidade libidinal que constitui o *motor* do processo analítico.

Aqui, P. Fédida expressa a preciosa ideia de que o que se passa na situação analítica, sobretudo, eu diria, em certos momentos de uma análise, dirige-se ao corpo do analista. Ora, uma melhor compreensão dos processos transferenciais implica, então, considerar que *o analista escuta também com o corpo* e, à semelhança da alteridade materna, acolhe em seu próprio corpo os efeitos da dor do outro. Creio que levar em conta a especificidade da psicanálise implica levar isso a sério, garantindo, assim, ao trabalho de teorização sobre a clínica a possibilidade de incluir as consequências de seu próprio instrumento metodológico.

Referências

ASSOUN, P-L. Le corps: l'autre métapsychologique. In: *Introduction à la métapsychologie freudienne*. Paris: PUF, 1993.

BIRMAN, J. Le corps et l'affect en psychanalyse: une lecture critique du discours freudien. *Revue du Cercle Freudien – Che vuoi?*, v. 7, pp. 13-26, 1997.

BRUCHON-SCHWEITZER, M. Psychosomatique et maladie: l'apport de la psychologie de la santé. *Revue Internationale de Psychopathologie*, v. 8, pp. 535-539, 1992.

BRUNO, P. Sur la formation des concepts freudiens de psychique/physiologique. *Nouvelle Revue de Psychanalyse*, v. 3, pp. 127-134, 1971.

DELOUYA, D. O biológico em Freud: "corpo estranho" ou heresia? *Percurso*, v. 4, n. 8, pp. 39-45, 1992.

FÉDIDA, P. *Corps du vide et espace de séance*. Paris: Jean-Pierre Delarge, 1977.

______. Pour une métapsychologie analogique: fécondité de l'hétérogène. In: BILLIARD, I. (Org.) *Somatisation, psychanalyse et sciences du vivant*. Paris: Eshel, 1994.

FERNANDES, M. H. S. A função e a inserção do psicólogo nas equipes multiprofissionais. *Boletim de Psiquiatria*, v. 19, n. 1-2, pp. 21-24, 1986.

______. *L'hypocondrie du rêve et le silence des organes*: une clinique psychanalitique du somatique. Villeneuve d'Ascq: Presses Universitaires du Septentrion, 1999.

______. A hipocondria do sonho e o silêncio dos órgãos: o corpo na clínica psicanalítica. In: AISENSTEIN, M., FINE, A. & PRAGIER, G. (Org.) *Hipocondria*. São Paulo: Escuta, 2002.

______. *Corpo*. São Paulo: Casa do Psicólogo, 2003.

______. A "feiticeira metapsicologia". *Percurso*, v. 31, n. 32, pp. 99-110, 2004.

______. Entre a alteridade e a ausência: o corpo em Freud e sua função na escuta do analista. In: ULHÔA CINTRA, E. M. (Org.) *O corpo, o eu e o outro em psicanálise*: ciclo de palestras na clínica dimensão. Goiânia: Dimensão, 2006.

FREUD, S. (1895) Études sur l'hystérie. Paris: PUF, 1996.

______. (1913) L'intérêt de la psychanalyse. In: *Résultats, idées, problèmes I*. Paris: PUF, 1995.

______. (1916-17a) La nervosité commune. In: *Introduction à la psychanalyse*. Paris: Payot, 1961.

______. (1917) Deuil et mélancolie. In: *Oeuvres Complètes*. Paris: PUF, 1988; v. 13.

______. (1916-17b) L'angoisse. In: *Introduction à la psychanalyse*. Paris: Payot, 1961.

______. (1923) Le moi et le ça. In: *Oeuvres Complètes*. Paris: PUF, 1991; v. 16.

______. (1924) Le problème économique du masochisme. In: *Oeuvres Complètes*. Paris: PUF, 1992; v. 17.

______. (1926) La question de l'analyse profane. In: *Oeuvres Complètes*. Paris: PUF, 1992; v. 18.

______. (1937) L'analyse avec fin et l'analyse sans fin. In: *Résultats, idées, problèmes II*. Paris: PUF, 1995.

______. (1938) *Abrégé de psychanalyse*. Paris: PUF, 1992.

FUKS, L. B. A insistência do traumático. In: FUKS, L. B. & FERRAZ, F. C. (Org.) *A clínica conta histórias*. São Paulo: Escuta, 2000.

GANTHERET, F. Quelques éléments de recherche sur la place du biologique dans la théorie psychanalytique. *Psychanalyse à l'Université*, v. 1, n. 1, pp. 97-104, 1975.

MARTY P. (1990) *A psicossomática do adulto*. Porto Alegre: Artes Médicas, 1994.

PONTALIS, J.-B. Bornes ou confins? *Nouvelle Revue de Psychanalyse*, v. 10, pp. 5-16, 1974.

ROSOLATO, G. Recension du corps. *Nouvelle Revue de Psychanalyse*, v. 3, pp. 5-28, 1971.

SEMER, N. L. & FERNANDES, M. H. S. O psicólogo no hospital geral: ensino e atuação. In: MIGUEL FILHO, E. C. (Org.) *Interconsulta psiquiátrica no Brasil*. São Paulo: Astúrias, 1990.

UCHITEL, M. *Neurose traumática*: uma revisão crítica do conceito de trauma. São Paulo: Casa do Psicólogo, 2001.

VOLICH, R. M. De uma dor que não pode ser duas. In: BERLINCK, M. T. (Org.) Dor. São Paulo: Escuta, 1999.

7. O corpo na psique, sua imagem inconsciente

Sidnei José Casetto

Sempre fiquei inquieto com a noção de imagem corporal. O que seria isso? Uma imagem de si mesmo? Do próprio corpo? Necessariamente visual? Ou um conjunto de sensações corporais? Poderia ser outra forma de representação que não a imagética, como uma ideia do corpo? Faria parte da consciência de si[1]? Do Eu psicanalítico? Proponho que partamos, então, dessas dúvidas elementares.

Antes, porém, de nos debruçarmos sobre a literatura, sugiro que façamos um contato com as produções do Gutai, grupo lançado pelo artista japonês Jirō Yoshihara em 1954. Não sendo aqui o caso de tratar das características complexas desses trabalhos, destacaria que os artistas desse grupo por vezes experimentavam o corpo diretamente sobre os materiais na feitura da obra: deslizando os pés sobre a tinta ou atirando-a sobre uma superfície (Shozo Shimamoto), jogando-se seminus na lama (Kazuo Shiraga em *Challenge to mud*, 1955); atravessando e rompendo grandes telas de papel (Murakami Saburo em *Laceration of paper*, 1955).

Shimamoto fazia *performances* com os materiais de pintura, de modo que suas telas poderiam ser tomadas como memória dos movimentos que a compuseram. Uma delas, de 1955, intitulada *Work*, em que se vê tinta jogada e escorrendo, sugere uma ação não completamente controlada e um resultado não previsto, em busca de algo diferente da submissão do material à intenção do pintor. De acordo com o *Manifesto Gutai*:

> Quando as habilidades do indivíduo foram unidas com o material escolhido na mistura do automatismo psíquico, fomos ultrapassados pela forma do espaço ainda desconhecida por nós, nunca

[1] Este não é um conceito psicanalítico, mas remete ao termo *Selbstgefühl*, que Freud usa, em "Introdução ao narcisismo" (1914), traduzido por Luiz Alberto Hanns como "autoconceito" (2004, p. 115), e por Paulo César de Souza como "amor-próprio" (2010, p. 31).

> ainda vista ou experimentada. O automatismo naturalmente fez a imagem que não nos havia ocorrido. Em vez de nos fiar em nossa própria imagem, temos lutado para encontrar um método original de criar esse espaço[2] (Yoshihara, 1956).

O automatismo, portanto, estava a serviço de encontrar uma forma que não fosse a da própria imagem conhecida. E isso fazia que se valorizasse o processo de fazer. Mas Yoshihara, em seus últimos anos de vida, passou a desenhar círculos e círculos. Em contraste com as tintas atiradas de Shimamoto, os círculos de Yoshihara mostram formas estruturadas, de grande equilíbrio, embora sem fixidez. Eles são levemente imperfeitos, o que os aproxima de configurações orgânicas.

Uma tradução possível para "*gutai*" seria "corporificação". Penso que esses artistas produziram imagens corporais com seus corpos. Mas não imagens das que se veem no espelho: imagens da experiência do corpo (como nas *performances*) e imagens simbólicas dessa corporeidade (como nos círculos): ao mesmo tempo representação e experiência. Essa simultaneidade quase paradoxal será uma pista em relação à noção de imagem corporal que queremos abordar. Retornemos, então, ao nosso tema.

Outra noção inquietante para mim é a de distorção da imagem corporal. Tal noção tem sido utilizada como um dos critérios para definir transtornos mentais nos últimos DSM, e corresponderia a uma "perturbação significativa na percepção da forma ou tamanho" (DSM IV, 2013) do próprio corpo. Com ela, procura-se descrever o inconformismo da jovem anoréxica com a gordura de seu corpo, esquelético aos olhos de outros. Essa noção supõe que, fora do transtorno, temos uma imagem não distorcida de nosso corpo. E, portanto, supõe também que existiria sua imagem objetiva.

Recentemente, um produto de beleza lançou uma propaganda em que convidava um desenhista forense, desses que fazem retratos falados, para compor o retrato de pessoas que se descreviam para ele, sem que ele as visse, e, depois, dessas mesmas pessoas a partir de informações de outras que as tinham visto. Os resultados iam na mesma direção: eram rostos parecidos,

2 *"When the abilities of the individual were united with the chosen material in the melting-pot of psychic automatism, we were overwhelmed by the shape of space still unknown to us, never before seen or experienced. Automatism naturally made the image which did not occur to us. Instead of relying on our own image, we have struggled to find an original method of creating that space."*

mas diferentes. Outros exemplos: o estranhamento que temos com nossa imagem ao espelho ou quando escutamos a própria voz (Freitas, 2008). Pois bem, que parâmetro é esse que nos faz estranhar o que o espelho ou o registro sonoro nos devolve?

Visitemos, então, dois trabalhos clássicos em busca de ajuda para nossas dúvidas tão básicas: *A imagem do corpo: as energias construtivas da psique*, de Paul Schilder (1935), e *A imagem inconsciente do corpo*, de Françoise Dolto (1984).

A imagem do corpo

Paul Ferdinand Schilder (1886-1940) publicou o texto supracitado, que se tornou clássico, em 1935. Teria se baseado na fenomenologia e na Gestalt (Roudinesco & Plon, 1998). Nesse trabalho seminal, organizado em três partes, "A base fisiológica da imagem corporal", "A estrutura libidinal da imagem corporal" e a "Sociologia da imagem corporal", propõe a noção da imagem do corpo como figuração do corpo à mente ou "o modo pelo qual o corpo se apresenta para nós" (Schilder, 1935, p. 11). Por essa formulação, tenderíamos a tomá-la como representação, constructo psíquico. Mas, na sequência dessa frase, segue outra em que se refere à experiência imediata da unidade do corpo, alertando ser mais que percepção, e a designa por "esquema corporal", definindo-o como "a imagem tridimensional que todos têm de si mesmos" (*Ibidem*). E quando pensamos que Schilder estaria diferenciando imagem de esquema corporal, este último sendo um conceito com existência prévia na literatura, ele os equivale: "[tal imagem tridimensional] podemos chamá-la de imagem corporal" (*Ibidem*). Em síntese, imagem e esquema corporal formando um conjunto de representação e experiência.

Um aspecto importante para o qual Schilder chama a atenção é a composição da imagem corporal pelas trocas com imagens alheias:

> Incorporamos partes ou a totalidade da imagem corporal dos outros. [...] Mas podemos igualmente abrir mão de nossa imagem corporal, projetando-a então nos outros. O paciente projeta suas próprias dificuldades e toda sua imagem corporal no analista. [...] A construção da imagem corporal se baseia não apenas na

> história individual da pessoa, como também em suas relações com os outros (Schilder, 1935, p. 123).

Tal ideia merece destaque: a formação de nossa imagem corporal está longe de restringir-se ao envelope corporal; antes, ela solicita outras, que, por sua vez, interagem com ela. Schilder indica que as fronteiras dessas imagens são porosas; guardemos essa contribuição.

Schilder enfatiza a relação da imagem corporal com o movimento, por supor que toda impressão leva à expressão. Assim, imagens estimulariam ações: "numa linguagem mais simples, quando vemos ou imaginamos algo, mudamos de atitude, imitando o objeto ou nos preparando para uma ação em relação a ele" (Schilder, 1935, p. 154). Mas não só: imagens estariam ligadas também a funções vegetativas. Por exemplo, a imagem de calor pode alterar o metabolismo de forma correspondente a ela. Esse processo, comum em todo acontecer psíquico, seria constituinte na conversão histérica. No sentido inverso, a vivência de doenças orgânicas, ao longo da vida, permitiria que identificássemos diversas "representações-chave" de nossos múltiplos órgãos, que oportunamente utilizaríamos para alterar – voluntária ou neuroticamente – nossa fisiologia.

Toda alteração funcional produziria efeitos na imagem corporal, completando o círculo de determinação. Assim, considerando-a estímulo para ações e funções vegetativas e, reciprocamente, afetada continuamente pelos estados corporais, Schilder parece tomar a imagem corporal como um operador de fronteira psique-soma, um articulador favorecido pela sua constituição bilíngue: representação e experiência.

A imagem inconsciente do corpo

Se Schilder pensa a imagem corporal como fenômeno de interface, Dolto apresenta-a como mediador de Eu, Supereu e Isso: "O mediador destas três instâncias [...] nas representações alegóricas fornecidas por um sujeito, mostrou ser específico. Eu o chamei de imagem do corpo" (Dolto, 1984, p. 2). Freud havia tomado o sonho como o resultado efêmero de um complexo compromisso das instâncias psíquicas; em contraste, Dolto parece pensar a imagem corporal como o operador estável de articulação entre elas. Para compreender essa proposição, avancemos em suas ideias.

No livro, Dolto distingue três modalidades da imagem do corpo: imagem de base (experiência de densidade e continuidade), imagem funcional (sensações orgânicas) e imagem erógena (prazer e desprazer em contato com o outro). Para os fins deste escrito, não utilizaremos essa distinção, e, sim, a que faz entre imagem e esquema corporal, considerando o esquema corporal algo comum à espécie, e a imagem corporal, algo peculiar a cada um, na medida em que constituída na história das relações do sujeito: "a imagem do corpo é a síntese viva de nossas experiências emocionais: inter-humanas, repetidamente vividas através das sensações erógenas eletivas, arcaicas ou atuais" (Dolto, 1984, p. 15). É o esquema corporal que dá expressão "objetiva" à imagem corporal, mas é esta que possibilita tal expressão. Se o esquema corporal é consciente, pré-consciente e inconsciente, a imagem é eminentemente inconsciente, podendo tornar-se parcialmente pré-consciente.

Seria possível ter uma imagem corporal preservada, pensa a autora, mesmo com um esquema corporal deficiente. E, de maneira inversa, um esquema corporal saudável não garantiria uma imagem corporal sem bloqueios. Sendo constituída de modo intersubjetivo, a imagem corporal dependeria mais da relação com a mãe que do corpo físico do sujeito. Assim, no caso de deficiência, a imagem corporal poderia ser preservada, caso a mãe possa reconhecer um eventual déficit físico da criança, ao mesmo tempo que aceitar a expressão de seus desejos como legítimos, ainda que no contexto de um jogo de imaginação.

Comparemos a determinação de um rapaz com focomelia (anomalia em que braços e pernas não se desenvolvem) que pratica surfe (há diversas fotos dele na Internet), com as palavras de uma criança em idade escolar que, após ter feito, ficado descontente e amassado seu desenho, escreveu um pedido de desculpas para a monitora, estudante de um projeto de extensão universitário:

Fonte: acervo pessoal do autor.

A menina não tem qualquer problema motor ou cognitivo, mas não é cuidada pelos pais, embora estes sejam vivos e jovens. No lugar do desenho (uma imagem), ofereceu um pedido de desculpas por avaliar não ter correspondido à suposta expectativa.

Dolto percebeu que, falando sobre seus desenhos, as crianças davam acesso à sua imagem corporal. Não tomava os desenhos como figurações diretas da imagem corporal; como no caso dos sonhos, era preciso a palavra do autor como chave para decifrá-los: "[...] *a imagem do corpo não é a imagem que é desenhada ali, ou representada na modelagem; ela está por ser revelada no diálogo analítico da criança*" (Dolto, 1984, p. 9, grifos da autora). Em corolário, considera a imagem corporal não somente da ordem do Imaginário, mas também da ordem do Simbólico, tomando-a como "*a encarnação simbólica do sujeito desejante*" (*Ibidem*, p. 14-15, grifos da autora).

Sendo desejante, a imagem corporal estaria atravessada pela castração. Dolto concebeu um processo de castrações "simbolígenas" em que os pais, interditando o gozo do corpo, permitiriam à criança, em sucessivas fases, a transformação de sua pulsão. Esse processo possibilitaria o desejo e a ação, sinais de uma imagem do corpo preservada. Desejo e ação dariam ao sujeito acesso aos outros: "*É graças à imagem do corpo* [...] *que podemos entrar em contato com outrem*" (Dolto, 1984, p. 15, grifos da autora).

Um exemplo interessante poderiam ser os resultados de uma pesquisa que comparou os desenhos de figura humana de um grupo de deficientes físicos que praticavam esporte aos de outro cujos integrantes não praticavam (Pap, 2011). À feitura dos desenhos seguiam-se questões que solicitavam que fossem descritos um desejo e uma ação do personagem desenhado. Surpreendentemente, a maioria do grupo que praticava esporte (72,7%) desenhou somente a cabeça, contra a maioria do outro grupo, que desenhou o corpo inteiro.

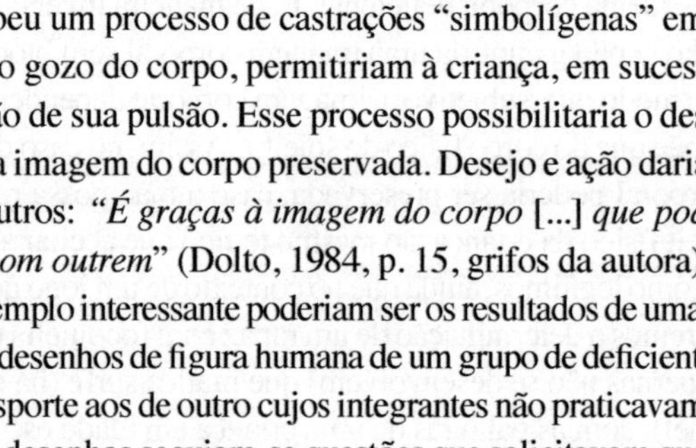

Fonte: acervo pessoal do autor.

Qual a explicação para esse fato? Aparentemente, o grupo que pratica esporte teria possibilidade de explorar potencialidades de ação e de prazer que justificassem uma imagem corporal preservada. Mas, então, por que a figuração de somente parte do corpo? Deveríamos supor que isso significasse, nos termos de Dolto, um reconhecimento da deficiência nos termos de uma "castração simbolizadora"? De fato, os desenhos do primeiro grupo tendiam a ser mais elaborados, com sugestões de tridimensionalidade, ao passo que os do outro grupo mostravam-se esquemáticos. Além disso, os praticantes de esporte descreviam mais facilmente desejos e ações. A compreensão proposta pelo estudo foi que se tratava de um processo correspondente à figura de linguagem denominada sinédoque: a parte pelo todo. Rodin, em sua célebre escultura *O homem que anda*, fez algo semelhante: representou apenas a bacia e os membros inferiores. Desse processo, hipoteticamente, resulta o caráter simbólico dos desenhos dos esportistas, e uma imagem corporal favorecedora da relação com os outros, exercitada, por exemplo, na atividade do basquete.

O contato com outrem supõe um si mesmo. Dolto entendia a imagem do corpo como suporte do narcisismo, mas não a equiparava à imagem especular referida no estágio do espelho de Lacan. Daí não a qualificar como alienante. Por outro lado, reconhecia que era o espelho que possibilitava um importante processo de individuação, separando o bebê dos esquemas corporais da mãe. Mas seria um choque[3] para a criança perceber que a imagem que os outros viam de si não era a que ela própria tinha, e sim a do espelho: "o sujeito descobre, então, em relação ao outro, que ele só é autêntico em sua imagem do corpo inconsciente [...]. [...] o espelho permite à criança se observar como se fosse um outro que ela nunca encontra (Dolto, 1984, p. 124).

Em contraste com a imagem especular, a imagem inconsciente seria lastro de identidade, e dessa função resulta sua importância para dar presença às demandas pulsionais do sujeito:

> As pulsões, que emanam do substrato biológico estruturado sob a forma de esquema corporal, só podem efetivamente passar para a expressão no fantasma, assim como na relação transferencial, através da imagem do corpo. *Se o lugar fonte das pulsões é o*

[3] Um choque, e não um júbilo, como para Lacan. Para uma comparação entre as ideias de Lacan e Dolto acerca da imagem especular, ver Nasio (2009, pp. 125-129).

> *esquema corporal, o lugar de sua representação é a imagem do corpo* (Dolto, 1984, p. 28, grifos da autora).

Por que Dolto não considerou a imagem do corpo apenas um aspecto do Eu, uma representação sua?[4] Bem ao contrário, afirmou-lhe como mediador das três instâncias conhecidas. Estaria propondo a existência de uma quarta? Deveríamos redesenhar a segunda tópica? Se o conceito de Schilder levou-nos a pensar em operador da interface psique-soma, a noção de Dolto parece trazer o corpo para o âmbito psíquico. Não somente as pulsões, que já estavam representadas ali desde Freud, mas o corpo histórico e dinâmico, próprio e relacional, em contínua presença e expressão de si:

> A imagem do corpo é, a cada momento, memória inconsciente de todo o vivido relacional e, ao mesmo tempo, ela é atual, viva, em situação dinâmica, simultaneamente narcísica e inter-relacional: camuflável ou atualizável na relação aqui e agora, por qualquer expressão "linguageira", desenho, modelagem, invenção musical, plástica, assim como mímica e gestos (Dolto, 1984, p. 15).

Portanto, também para Dolto a imagem do corpo seria representação e experiência, constituída de forma relacional e, assim, não limitada ao contorno da pele. Ela não estaria no Eu, mas no "entre" as instâncias e os sujeitos. Nesse sentido, não seria uma instância como as outras; antes, seria o continente do psíquico, sua tópica, seu palco de possibilidades.

Para concluir

Se retomássemos agora nossas questões iniciais, poderíamos considerar os estranhamentos perante as imagens especulares ou as dos outros como menos enigmáticos: é que não coincidiriam com nossa imagem corporal, trama complexa tecida de memórias e em tensão contínua de atualização.

---

4 Nasio (2009) foi nesta direção: "[...] *eu considero a imagem do corpo a própria substância de nosso eu*" (p. 54, grifos do autor) e "Proponho-lhes então admitir que o eu freudiano seria, antes de tudo, a imagem inconsciente ou consciente, não -figurativa, em mosaico e esburacada, de sensações corporais ou, para resumir, que *o eu é a imagem do corpo*" (Nasio, 2009, p. 101, grifos do autor).

No mesmo sentido, não haveria imagem objetiva de nosso corpo. As imagens fotográficas ou eletrônicas não seriam destituídas de algum viés; elas também seriam representações e dependeriam de um sujeito que as interpretasse segundo sua própria imagem corporal.

Não faria sentido, portanto, falar em distorção da imagem corporal, na medida em que questionamos o ilusório parâmetro objetivo. Em troca, as diferenças percebidas com a imagem especular ou com a visão dos outros, avaliadas de forma positiva ou negativa, seriam pistas para nossa referência inconsciente. Estados corporais vividos, ação, relação com o outro, também estariam relacionados a ela.

Poderíamos lembrar a afirmação de Schilder de que as imagens tendem a se materializar em fisiologia e ação. Mas talvez seja mais que isso. Semelhante aos artistas do grupo Gutai, exploradores do processo de corporificação, buscamos dar um "corpo" à experiência. Então, a imagem inconsciente do corpo seria não somente a representação psíquica do corpo, mas também a corporificação do psíquico. Daí o título deste escrito, que agora talvez pudéssemos mudar para "o corpo *da* psique, sua imagem inconsciente".

Referências

DOLTO, F. (1984) *A imagem inconsciente do corpo*. Trad. Noemi Moritz e Marise Levy. 2. ed. São Paulo: Perspectiva, 2004.

DSM IV. *Manual diagnóstico e estatístico de transtornos mentais*. Disponível em: <http://virtualpsy.locaweb.com.br/dsm_janela.php?cod=11>. Acesso em: 2 jun. 2013.

FREITAS, N. K. Esquema corporal, imagem visual e representação do próprio corpo: questões teórico-conceituais. *Cien. Cogn*. v. 13, n. 3, pp. 318-324, 2008.

FREUD, S. (1914) À guisa de introdução ao narcisismo. In: *Escritos sobre a psicologia do inconsciente*. Coordenação geral da tradução Luiz Alberto Hanns. Rio de Janeiro: Imago, 2004; v. I.

______. (1914) Introdução ao narcisismo. In: *Introdução ao narcisismo, ensaios de metapsicologia e outros textos (1914-1916)*. Trad. Paulo César de Souza. São Paulo: Companhia das Letras, 2010.

NASIO, J.-D. *Meu corpo e suas imagens*. Trad. André Telles. Rio de Janeiro: Jorge Zahar, 2009.

PAP, A. D. *Imagem corporal em deficientes físicos que praticam esporte*. Trabalho de Conclusão de Curso de Psicologia. Santos: Unifesp Baixada Santista, 2011.

ROUDINESCO, E & PLON, M. *Dicionário de psicanálise*. Rio de Janeiro: Jorge Zahar, 1998.

SCHILDER, P. (1935) *A imagem do corpo*: as energias construtivas da psique. Trad. Rosanne Wertman. São Paulo: Martins Fontes, 1980.

YOSHIHARA, J. (1956) *Gutai Art Manifesto*. Disponível em: <web.guggenheim.org/exhibitions/gutai/data/manifesto.html>. Acesso em: 9 set. 2013.

Excessos, violências e desorganização psicossomática

8. O outro em excesso e o paradigma imunitário

Éline Batistella

Em psicanálise aprendemos que, para pensar sobre a constituição e as manifestações subjetivas, faz-se necessária a consideração das formações e dinâmicas que se estabelecem a partir do encontro com um outro significativo. O equilíbrio psicossomático do ser humano se dá por meio de uma economia complexa dos recursos pulsionais empregados na busca de satisfação de necessidades e de prazer e na tentativa de evitar o sofrimento do qual participam o mundo relacional e cultural. Sabemos que é por meio deles que se obtêm tanto a satisfação como o impedimento de satisfações pulsionais.

Lembremo-nos de que, em "O mal-estar na civilização", Freud (1930) escreveu sobre a regulação das satisfações das exigências pulsionais por meio das restrições da cultura, na qual a substituição do poder individual pelo poder da comunidade foi um passo decisivo para a formação da civilização. Sua proposição é a de que, por intermédio da renúncia à satisfação pulsional narcísica e objetal direta, surge a possibilidade dos pactos sociais. Renúncia que só se torna possível pela vantagem que o vínculo com o grupo oferece – proteção contra a natureza e a regulação dos vínculos entre os homens – e que também proporciona investimentos e representações que asseguram a base da identificação do sujeito ao grupo social ao qual pertence.

Dessa forma, a participação no grupo social contribui para uma regulação endopsíquica. Da regulação e também da constituição do psiquismo. Operando uma inibição às pulsões sexuais diretas, o processo civilizatório faz que a batalha de forças entre o que se configura como a essência do indivíduo e o social e cultural seja deslocada para os confins da psique individual.

No mesmo trabalho, Freud descreveu três fontes de sofrimento que ameaçam o homem: do próprio corpo, condenado à decadência e dissolução; do mundo externo, capaz de voltar-se destrutivamente contra ele; e do relacionamento com os outros, que o frustram e o abandonam. Ainda que ofereçam satisfação e segurança, por outro lado, constituem possibilidades de sofrimento das quais o ser humano tenta escapar. No melhor dos arranjos, ele diminui suas pretensões de felicidade e se contenta em escapar do que lhe parece insuportável. Há algo, no entanto, de que não é possível escapar: marcado por sua condição inicial de desamparo, o homem necessita do outro para sobreviver, proteger-se, constituir-se como sujeito e ter seus desejos parcialmente satisfeitos.

Se, de um lado, o estado prematuro de desamparo e vulnerabilidade que submete o homem faz que os recursos disponíveis vindos de fora, que encontram seus protótipos nas relações humanas primárias enriquecidas pela cultura de onde emergem, se estabeleçam como essenciais para a sobrevivência e constituição do sujeito, contudo, também o ameaçam pela dose de estrangeiridade que carregam.

Observamos, assim, que a experiência da entrada de um outro – que comporta, paradoxalmente, uma violência pelo excesso que introduz, retirando o ser humano de um estado estabelecido que oferecia certa acomodação – pode ser mais ou menos tolerada. Desse modo, o outro de fora opera um duplo efeito: é tanto apaziguador das necessidades e anseios quanto invasivo e excitante.

Ambos os efeitos, gerados pelo investimento (a)efetivo do outro, revestem e transformam as experiências iniciais de desamparo, formatando as bases do aparelho psíquico.

Da proposição do estrangeiro no eu decorre o fato de o ser humano não ser constituído de sólidas integrações, mas passível de desconstruções pelas fronteiras e alteridades que lhe são próprias. Aspecto que igualmente lhe garante uma área potencial de novos arranjos subjetivos.

Esse valor paradoxal do outro faz que se conservem, no ser humano, duas tendências diante dos objetos, sejam eles procedentes do mundo objetivo, concreto ou interno, subjetivo: a de ligação e eliminação das diferenças e a de desligamento e diferenciação, formando permanentemente um impasse entre a necessidade de preservação do sujeito e a do objeto. Na obra freudiana de 1930, acima referida, o autor afirmou que o homem sempre defenderá sua exigência de liberdade individual contra as exigências do grupo.

No artigo "Insuficiência imunológica psíquica", Berlinck (1997) lança mão do modelo da imunidade para discutir a capacidade humana de resistência às invasões ou, como igualmente nomeia o autor, aos ataques violentos vindos do exterior. Berlinck reafirma a psicanálise na tradição do pensamento de que há, na origem da subjetividade, a ameaça do extermínio por insuficiência imunológica psíquica contra ataques virulentos vindos originariamente do exterior. Lembrando-nos de que o psiquismo é uma construção que responde à violência primordial que ameaça a existência física do homem, e da espécie, o autor contrapõe que o mesmo sistema é, no entanto, insuficiente para protegê-lo de ataques, sejam eles externos ou internos. Partindo da afirmativa da existência de um desamparo originário que é responsável pela constituição e, ao mesmo tempo, por certa insuficiência do aparelho psíquico, Berlinck (1997) irá chamar de insuficiência imunológica psíquica um a mais de desamparo que vulnerabiliza em especial o sujeito aos ataques, colocando-o em risco de extermínio.

Investigando a organização sociopsíquica de populações que foram massacradas ou escaparam aos ataques virulentos externos – o que lhe deu parâmetros sobre a qualidade da insuficiência imunológica psíquica –, Berlinck (1997) identificou as condições necessárias para que os povos sobrevivessem, ou não, aos ataques tanto de colonizadores quanto virais. Retomaremos essas condições um pouco mais adiante.

Mais recentemente, o filósofo italiano Roberto Esposito (2010) desenvolveu um trabalho bastante interessante a respeito das relações entre sujeito e comunidade ou, melhor dizendo, sobre esse impasse que se coloca no ser humano entre a preservação de si e o cuidado com o outro, debruçando-se sobre os conceitos de imunidade e comunidade.

No percurso e campo de intersecção entre o corpo individual e o corpo social estaria, para o referido autor, a questão da imunidade. A imunização fazendo parte da conservação da vida, mas, talvez mais ainda, de sua potência e afirmação, ou seja, de seu crescimento e incrementação. Imunização que é do corpo biológico, mas também político que, no entanto, explicará o autor, abriga um caráter paradoxal.

O paradoxo a que se referiu o autor está posto quando afirma que ambas as palavras – comunidade e imunidade – etimologicamente derivam do termo *múnus*, que significa "ofício" (profissão) e "obrigação" (compromisso), mas em sentidos opostos. Enquanto *communitas* expressa o cuidado com o outro, as obrigações perante a comunidade, *immunitas* diz de quem está ao abrigo de tais obrigações. Melhor explicando, *communitas* é a relação entre os membros de uma comunidade em uma ligação a um objetivo de doação recíproca, já *immunitas* dispensa essas obrigações com a rede social, em uma ruptura com o circuito social, colocando-se fora dele.

Esposito (2010) encontra no paradigma da imunização uma forma de compreender o conceito de biopolítica proposto por Foucault, de modo que envolve em simultaneidade os dois elementos que lhe são constitutivos. No paradigma da imunização, vida e política não estão um sobre o outro ou justapostos, mas formam uma unidade, incindível, que só faz sentido a partir da relação entre esses elementos. Diz o autor que "a imunidade não é apenas a relação que liga a vida ao poder, mas o poder de conservação da vida" (Esposito, 2010, p. 74).

Do mesmo modo que a vacinação do corpo individual, a imunização do corpo político refere-se à introdução em seu interior de um fragmento da mesma substância patógena da qual se quer proteger e, dessa forma, contraria ou bloqueia seu desenvolvimento natural. Relembrando o caráter inibitório da civilização no pensamento freudiano, Esposito (2010) pondera que a imunização, fruto do contato com o outro, salva, assegura, conserva o organismo, individual ou coletivo, mas não de uma maneira direta, frontal. Submete-o, pelo contrário, a uma condição que ao mesmo tempo lhe nega ou reduz a força expansiva. Vale destacar que o conflito e as contradições, dentro do paradigma da imunização, não são eliminados, mas surgem produzidos como antígenos, destinados a reativar seus anticorpos.

Esposito (2010) sustenta a hipótese de que, apesar de sempre na história do homem ocidental ter havido demandas por autoproteção, somente após o fim da modernidade é que estas se transformaram em um eixo em torno do qual foram construídas práticas e o imaginário de toda civilização. Cita como exemplo o que a Aids significou em termos de normalização, tanto de experiências individuais quanto coletivas, não somente relativas a medidas de higiene ou de saúde, mas erguendo barreiras socioculturais e instalando, assim, fantasmas da doença nas áreas de todas as inter-relações.

Não nos seria difícil levantar outros desdobramentos dessa formulação de Esposito ao nos debruçarmos sobre a cultura contemporânea e formas de constituição e expressão subjetiva. Podemos lembrar de modos de manifestação da violência mais recentemente assistidos e dos dispositivos que são erigidos para enfrentá-la, quanto também de reações coletivas ou individuais ante o diferente, como as de dominação ou de eliminação, assim como expandirmos os modos de pensar sobre as patologias da imunidade, por exemplo. No entanto, enveredar por tais questões conduziria este trabalho por uma trilha extensa e complexa que avançaria seus limites. Assim sendo, optamos por levantar alguns desenvolvimentos possíveis do paradigma da imunidade dentro do campo da clínica psicanalítica.

Para tal, retomaremos o artigo de Berlinck (1997). Nele, abordando as organizações sociopsíquicas de determinadas populações invadidas, o autor percebeu que as populações que foram massacradas possuíam uma longa tradição comunitária, oposta à tradição societária, a qual se caracteriza por uma ausência de individualismo e por posições fixas, previamente determinadas.

Nessas populações, a mobilidade social é determinada por normas rígidas, igualmente predefinidas, e os membros dessas comunidades não se deslocam a partir de critérios pessoais. Aos desvios das normas cabe punição, restringindo a área de liberdade pessoal. As comunidades assim organizadas desconsideram as possibilidades de deslocamento no espaço social e de ocupação de diversificadas posições, tampouco de criar novos modos de relações sociais.

Berlinck encontrou, ainda, em manuais de luta armada, aspectos que colaboram para que determinado grupo seja bem ou malsucedido quando submetido a ataques virulentos. Resumidamente, é bem-sucedido o grupo que mantém com o invasor uma relação que não seja de pequeno e grande, ou seja, de submissão ligada a uma identificação do poder ao invasor que, em termos psicanalíticos, seria a permanência em uma posição de destituído do falo (Berlinck, 1997). Nos referidos manuais, encontra-se que é igualmente necessário manter uma autonomia em relação à natureza comunitária das relações sociais e a possibilidade de deslocamento. A autonomia mencionada pelo autor é poder permanecer em uma identificação menos fixa a uma pátria ou identidade social, com possibilidade, inclusive, de abandonar hábitos ancestrais – até mesmo o próprio nome, se necessário.

No entanto, o autor alerta para o fato de que os processos de autonomia e mobilidade resultam em perdas que podem, em um sentido inverso, provocar insuficiência imunológica psíquica. Vale lembrar que, para a psicanálise, tem-se como condição de desamparo e, paradoxalmente, de acesso do sujeito ao desejo e à liberdade, a experiência da perda[1].

Outro ponto destacado pelos manuais de guerrilha é a necessidade da "criatividade imaginativa ativa e da improvisação". Explica Berlinck que se trata da disposição onírica de combinar, ativamente, recursos escassos não habitualmente relacionados.

Finalmente, o autor prossegue em seu artigo fazendo referência ao corpo. Compreendido como indistinto da psique, seria um importante território a ser protegido dos invasores virulentos indesejáveis – ideia que nos

---

[1] Lembremo-nos de que a concepção de identidade em Freud passa pela identificação e pela perda do outro em simultaneidade.

faz lembrar do sentido de biopoder proposto por Foucault (1977), ou seja, do poder sobre a vida que se dá sobre o corpo.

Berlinck fundamenta que a tradição ocidental de separação entre corpo e alma, ou soma e psique – e que promove desconhecimento a respeito do próprio corpo, tanto pela falta de intimidade como até mesmo pelo não reconhecimento da existência do próprio corpo –, torna-se campo fértil para fantasias melancólicas ou maníacas, enfraquecendo as defesas contra os ataques virulentos. Nesse sentido, a apropriação do próprio corpo é entendida como recurso de defesa contra as invasões virulentas ou enquanto território com recursos naturais – na concepção da *physis* grega[2], brotação. O sentido de brotação aqui traduz um lugar de emergência, inversa à concepção do que haveria de mais fixo nesse corpo.

Assim, tomando em consideração os pontos expostos, levantaremos a seguir algumas questões sobre nossas práticas clínicas, utilizando o paradigma da imunidade como modelo para pensarmos o encontro que se dá no contexto analítico.

Sabemos que a situação analítica implica o encontro com um outro, o que pressupõe deixar-se afetar mutuamente, constituindo um campo que – apreciado a partir dos elementos aqui apresentados – cabe observarmos:

- Se o campo analítico está configurado, ou não, nos moldes das relações de poder.
- Se o dito encontro mantém os participantes em posições fixas, predeterminadas, ou se há garantia de certa autonomia – se necessário, podendo até mesmo abandonar alguns princípios comunitários ou institucionais a favor de posicionamentos mais individualizados e, desse modo, mais ativos e criativos.

Como mantermos preservada certa capacidade onírica, mesmo que potencial, mas fundamental ao ato criativo, diante dos ataques virulentos – sejam oriundos do sofrimento de quem acolhemos, de nós mesmos ou surgidos de fontes institucionais?

Como manter o encontro vivo, ou seja, o corpo em permanente apropriação?

---

2 A palavra *physis*, segundo os filósofos pré-socráticos, indica aquilo que é essencial nas coisas e que por si brota, emerge. No conceito de *physis* estão implícitas as ideias de origem e a capacidade de se desenvolver. Diz respeito à natureza e à realidade não fixas, mas em movimento e transformação: o desabrochar que surge de si próprio e se manifesta neste desdobramento, pondo-se no manifesto (Koyke, 1999).

O sujeito se faz em constante transformação e na abertura à experiência humana, isto é, por um processo que se efetiva em uma história que se abre e não se fecha em estruturas definitivamente determinadas. O que se dá em uma relação dinâmica, de aproximação e afastamento de um outro, formando um campo no qual à excitação e provocação do sujeito pela sua presença se intercale o vazio de sua ausência. A essa concepção de constituição da subjetividade vincula-se a ideia de ética – uma ética que enuncia um sujeito que encontra sua razão de ser na transformação; possibilidade esta referida, em Winnicott, à vida digna de ser vivida, ligada à capacidade de criar.

É sabido que o sistema imunológico tem como função básica a discriminação entre os antígenos próprios (self) e os não próprios (non-self). Isso faz que se evite um ataque ao que é próprio ou útil ao organismo. Nesse sentido, como observou Esposito (2010), o conflito e as contradições – que, sob a ótica da psicanálise, nascem do contato com o outro dentro do paradigma da imunização – não são eliminados, mas surgem produzidos como antígenos. Valor do conflito, mas, sobretudo, da presença do outro, da alteridade, como motor da vida, e também como ameaça, pois criando antígenos contribui para a constituição do próprio. No entanto... há de se ter cuidado!

Referências

BERLINCK, M. T. Insuficiência imunológica psíquica. *Boletim de Novidades*, ano X, n. 103, pp. 5-14, 1997.

BIRMAN, J. Corpos e formas de subjetivação em psicanálise. In: *Estados Gerais da Psicanálise – Segundo Encontro Mundial*. Rio de Janeiro, 2003.

ESPOSITO, R. *Bios*: biopolítica e filosofia. Lisboa: Edições 70, 2010.

FOUCAULT, M. *A Vontade de Saber*. Rio de Janeiro: Graal, 1977.

FREUD, S. (1930) O mal-estar na civilização. *Edição Standard Brasileira das Obras Psicológicas Completas de Sigmund Freud*. Rio de Janeiro: Imago, 1974; v. XXI.

KOIKE, K. Aspectos da "*physis*" grega. *Revista Perspectiva Filosófica*, v. VI, n. 12, pp. 165-178, jul.-dez. 1999.

VILELA, E. *Silêncios tangíveis*: corpo, resistência e testemunho nos espaços contemporâneos de abandono. Porto: Afrontamento, 2010.

9. O silêncio e os gritos do corpo: a clínica do transbordamento

Denise D. Moreira, Ali I. Ayoub, Ana Maria Soares, Anna Silvia B. P. Rotta, Claudia R. Mello, Cristiana R. Rua, Clara C. Castro, Maria Carolina Nogueira, Maria José R. da Cruz, Mariana M. Camarote, Mônica Y. Moromizato, Rosângela P. da Fonseca e Vanderlei C. Freitas[1]

No início, o caos. O bebê emerge das águas profundas do ventre materno, totalmente desamparado, de acordo com Winnicott (1945), em um estado de não integração primária. Excitações produzidas por estímulos endógenos e exógenos, sentidos presentes, mas não ligados entre si, incapaz por ele mesmo de organizar de alguma forma essas moções por vezes tão violentas...

De acordo Marty (1993), pouco a pouco, intermediados pela função materna, esses "fragmentos" são associados em um mosaico, ainda não organizados em um sistema comum e autônomo, e o bebê progressivamente vai tomando para si esse "poder de organização", ampliando e organizando em sistemas cada vez mais complexos.

Este trabalho, escrito a tantas "mãos", representa como "escutamos" o mundo interno dos sujeitos atendidos. Nossa escuta parte de fragmentos desordenados, buscando associá-los, organizá-los como em um mosaico, na direção de construir com o paciente uma história e, quem sabe, progressivamente capacitá-lo a tomar para si essa função, esse "poder de organização". Acompanhá-lo no processo de integração que se apresenta na busca de (re)encontrar o ponto na via evolutiva para onde regrediu ou de onde nunca saiu.

---

[1] Membros do Projeto de Psicossomática, Clínica Psicológica do Instituto Sedes Sapientiae. Inspirado no Ambulatório do Instituto de Psicossomática de Paris (IPSO), o Projeto funciona desde 2000 na Clínica Psicológica do Instituto Sedes Sapientiae, constituído por uma equipe interdisciplinar composta de 11 psicólogos e 2 médicos. Surgiu como criação de um espaço clínico de reflexão e atendimento psicoterápico especializado em pessoas portadoras de afecções orgânicas.

Nossa matéria-prima são "fragmentos" de três casos clínicos que acompanhamos em tempos diferentes no Projeto Clínico de Psicossomática, no Instituto Sedes Sapientiae. Tempos em vários níveis. Diferentes na cronologia, no eixo evolutivo dos pacientes, no tempo de funcionamento do grupo, no tempo do tratamento... Cada caso clínico em sua singularidade nos dá a dimensão da delicadeza envolvida em uma clínica dos excessos pautada primordialmente por desorganizações em vários níveis.

No primeiro caso abordado, temos uma das condições mais dramáticas que podemos vivenciar em nosso ofício, que é ficar sem possibilidade de intervenção, pela precariedade dos vínculos estabelecidos, neste caso, não pela paciente, mas por seus responsáveis legais.

No segundo fragmento clínico, temos o corpo como anteparo para tudo o que vem do ambiente... como defesa contra uma aproximação e, ao mesmo tempo, corpo dos excessos vivenciados pelas práticas esportivas excessivas, de alto impacto. Que corpo é esse que busca os impactos apesar da dor?

No terceiro fragmento, o corpo que consegue encontrar no tratamento uma forma de expressão que já passa pelas palavras, e a diminuição dos sintomas somáticos em vários momentos do tratamento. Nesse caso, que é o mais antigo em tratamento no Projeto, temos a demonstração magistral de como um feliz encontro com a terapeuta pôde mudar, em diversos aspectos, a forma como a paciente se coloca nas situações do cotidiano, abrindo a possibilidade do investir de um outro (o terapeuta), o que fez a diferença em seu destino.

Procuramos organizar os elementos de forma inteligível, atentos ao equilíbrio entre tornar compreensível, sem, contudo, omitir a fragmentação e a desorganização. Qualquer sensação de confusão e desordem não é mera coincidência!

O caos...

Daniela, 16 anos, diagnosticada com lúpus eritematoso sistêmico aos 14, foi encaminhada para o Projeto pela psicóloga do hospital em que ficou internada com crise de lúpus, desencadeada pela falta de uso dos medicamentos indicados, abuso excessivo de alimentos proibidos após uma crise renal e tentativa de suicídio.

Na primeira entrevista, vem com a mãe, e a tensão entre as duas é palpável. A indiferenciação também; a mãe diz "é como se a doença estivesse dentro de mim, desde que Daniela adoeceu não tenho vida própria, só me preocupo com ela, devo estar prejudicando, agora vou abrir mão". Conta que as duas brigaram e a mandou morar com o pai.

Os pais se separaram quando Daniela tinha 11 meses, e se casaram em seguida com outros cônjuges, e em um ano já tinham outros filhos. Que lugar ocupou para os pais nesse tempo?

Conseguiu ir a quatro sessões, acompanhada do namorado. Apresenta-se como uma bonequinha; impecavelmente arrumada, sempre em tons de branco e rosa bebê. É bem miudinha, baixinha e magrinha.

Na primeira sessão, fechada como um tatu-bola no início, em pouco tempo conseguiu abrir-se, falar de si, de seus sintomas no corpo, do terror de engordar e de como os remédios engordam; de como foi "zoada" pelas amigas quando engordou e não confia em mais ninguém... Na semana seguinte, surpreende sua expressão menos tensa, e conta como não suporta esperar, e se desespera; que precisa estar colada na mãe ou em outra pessoa, não anda sozinha, não consegue falar com ninguém fora de casa, e se tiver de andar sozinha, abaixa a cabeça e sai correndo. Das dificuldades em dormir com a "cabeça cheia" ou a sensação do corpo que incha e desincha. Com brilho nos olhos, fala da avó, sua queridinha, com quem dormiu muito tempo e fez companhia quando o avô morreu (antes de ela nascer!). Na sessão seguinte, conta que o bilhete único vai vencer no final do mês; precisa de uma declaração médica com CID e só pode renovar com um responsável. Tudo muito confuso e esquisito, mas sem ele não terá como continuar o tratamento. Na sessão que desconhecíamos ser a última, chega feliz contando que foi ao médico, conseguiu entrar sozinha e falar tudo! Associa conseguir falar com estar longe da mãe; a mãe a trata como bebezinho, faz tudo por ela, e quando nervosa, só grita. Na saída, o namorado se dirige à terapeuta sorridente: "ela está melhorando, né?".

Então, sumiu. A mãe não atende; quando atende diz que ela está com o pai, "deve ter faltado porque o cartão [Bilhete Único] acabou". "O telefone do pai?" Não tem, vai procurar. Após muita insistência, a terapeuta consegue o telefone do pai e descobre, conversando com ele, que Daniela está internada com uma crise grave de lúpus. Semanas depois, que teve alta hospitalar, mas ficou retida no hospital por ordem judicial; o juiz considerou tentativa de suicídio. Este determina que ela fique com a mãe, pois o pai não tem recursos para cuidar e dar continuidade aos tratamentos, físico e psicológico. Seis meses depois, a analista consegue contato com a mãe, que confirma que ela está em tratamento em um local próximo de casa, mas "está sem o papel e não sabe onde".

Agora, quatro anos depois, o tema "excessos, violências e desorganização psicossomática" nos remete ao caso de Daniela e começa a revelar a repercussão da violência deste sobre a analista e a equipe. A amnésia, os atos falhos... A analista refere-se ao caso em que a paciente ficou retida sob ordem judicial, pelo adoecimento ter sido considerado "tentativa de homicídio!"; "os brancos na memória se devem ao tempo", e se esquece de procurar os registros feitos na época. Toda a equipe lembra-se do caso, mas ninguém lembra o que aconteceu. Até que um membro da equipe anuncia: "é o efeito da violência na transferência!". "Que caos, do que ela está falando?".

Ao enfim buscar os registros, a analista se surpreende ao encontrar registros "obsessivos" de todas as sessões, tentativas de contato, impressões, sentimentos, processos de elaboração... tentativas infrutíferas de organizar dados inorganizáveis, de diferentes formas para entender, construir alguma história, suportar a angústia... Começa a ficar compreensível o efeito da violência!

Impacto no corpo, corpo anteparo, dor defesa

O segundo fragmento é sobre Laura, uma mulher que sofreu diversas violências físicas e pulsionais em sua vida. A maior delas foi talvez não contar com a proteção e continência da mãe ante um pai extremamente violento. A mãe, ela mesma exposta às violências de um marido infiel, alcoólatra e extremamente agressivo, não conseguia se proteger, deixando a filha exposta e desamparada. Laura vive intoxicada de uma raiva, por tudo e todos que de alguma forma ocupem um lugar de cuidador; o Estado e o próprio analista, por exemplo.

Chega ao Projeto buscando ajuda psicológica para auxiliar no tratamento de um reumatismo e uma artrose que se manifestam principalmente nos pés, mãos e punhos. Percebe uma relação direta entre suas dores e seu estado emocional. Em seu dia a dia, vive muita raiva e medos difusos, referentes às mais diversas situações, sentindo-se tensa o tempo todo, como se estivesse em estado de alerta caso precise se defender. Ao deitar-se para dormir, momento em que o corpo naturalmente deveria entrar em estado de relaxamento, sente as dores mais fortes.

É como se a falha no cuidado protetor na função materna a tivesse submetido a um desamparo tal que a condenasse a viver o resto de sua vida em alerta, com medo, sentindo-se ameaçada o tempo todo diante de um excesso que não consegue nomear. Apesar das dores crônicas, Laura pratica diversos esportes, em uma tentativa desesperada de se livrar de todo o excesso que experimenta dentro de si, por meio da descarga motora como um procedimento autocalmante (Sczwec, 2013).

A raiva, em dado momento da terapia, está dirigida ao analista. No início dos atendimentos, relatava sentir tanta raiva de precisar se "expor", chegando a sutilmente fazer uma ameaça, ao dizer que no término da sessão "a raiva é tão grande que não sabe o que seria capaz de fazer caso encontrasse o analista na esquina". Aqui, a contratransferência como instrumento leva a uma análise original da situação. Diferentemente do que se poderia prontamente imaginar, essas ameaças não amedrontam o analista, pelo contrário, ao falar sobre a raiva é como se esta tivesse aos poucos podendo ser tocada, e a meio caminho de uma elaboração em que o peso da violência pulsional fosse cada vez mais possível de ser carregado por meio da fala, saindo do registro concreto do ato.

O analista como objeto, depositário dessa raiva, anuncia a possibilidade de reviver na transferência a raiva perante o desamparo, dá à paciente a possibilidade de ressignificar essa violência pulsional (Dejours, 1991), poupando o corpo que sofre, e desta vez podendo contar com a continência de uma figura que, além de resistir à violência, oferece um cuidado e a possibilidade de nomeação, propiciando um caminho diferente para a excitação, agora a partir da elaboração psíquica.

Contratransferencialmente, o analista preocupa-se em não expor a paciente a alguma situação que possa se constituir como violenta ou excessiva, submetendo-a novamente a uma falha da proteção diante da violência, o que pode ser verificado por sua enorme preocupação ao dividir essa vinheta com os colegas.

Do impensável à constituição da subjetividade

Ana, 48 anos, em acompanhamento há cinco anos no Projeto. Encaminhada com artrite reumatoide, com deformidades importantes nas mãos, pés e articulações do quadril, e por se mostrar resistente à maioria dos tratamentos medicamentosos tradicionais.

No início do trabalho psicoterapêutico, parecia não ter contato com seu mundo interno, seus sentimentos e emoções, e dizia não sentir raiva. No decorrer do trabalho, começa a perceber e associar que suas dores e inchaço dos nódulos surgiam em momentos emocionais mais conflitivos. A falta de contato com a raiva e violência que transbordam em seu mundo interno produz uma desorganização em sua economia psicossomática, encontrando no corpo uma via de escoamento dessa violência por meio da dor e do sofrimento, revelando a dissociação mente-corpo.

No caso de Ana, a violência materna se apresenta principalmente na desautorização de suas percepções e sentimentos. A filha percebe a agressividade, a mãe desmente. Ao invalidar as percepções da filha, a mãe impõe a ela de forma ativa uma desmentalização, levando a falhas importantes em sua capacidade de reconhecer suas percepções e pensamentos, conduzindo à expressão de sua agressividade para um caminho somático. Como afirma Dejours (1991), a violência do desmentido sobre o que é percebido e negado na relação com o outro primordial conduz a uma impossibilidade de pensar sobre o que é percebido. A maneira que Ana encontrou de sobreviver psiquicamente foi abrindo mão de suas próprias percepções, do que lhe é próprio por meio de uma "recusa" perceptiva.

Após um ano de psicoterapia, mudanças importantes se apresentam. Passa a relatar uma sensação de estranhamento em relação a seus familiares, como se não reconhecesse a mãe e as irmãs como tais. A mãe ambígua e contraditória faz uma maldade e depois desmente, como se nada daquilo tivesse acontecido, como se o que Ana sentisse e percebesse não fosse real, e sim loucura. Essa passagem ilustra a violência do desmentido. Mas agora o estranhamento já pode ser reconhecido fora dela, no mundo externo, e o estranhamento no corpo se acalma.

Em diferentes períodos de interrupção devidos a férias, Ana adoecia, demonstrando que a necessidade de suporte e paraexcitação da psicoterapia eram sustentados pela presença real do terapeuta. Além disso, as férias coincidem com a época de maior proximidade familiar, em que os conflitos são extremamente perturbadores.

Após um longo período em tratamentos diversos para uma sinusite crônica resistente, a analista sugeriu a ela que fizesse uma consulta com um médico, membro de nossa equipe, para tentar um tratamento homeopático. Ele a acompanhou por alguns meses, período no qual houve a remissão dos sintomas, possibilitando a realização de uma cirurgia de quadril há muito adiada por causa do risco de infecção que a sinusite representava.

Pensamos na contratransferência que esses casos mobilizam, o que nos fez incluir esse "casal de terapeutas" para cuidar da paciente, podendo fazer uma paraexcitação em um momento tão delicado, dando outros sentidos para o cuidar, possibilitando uma reorganização em sua economia psicossomática.

Nas últimas férias, pela primeira vez conseguiu distanciar-se do contato familiar e foi encontrar o filho na Europa, onde passou um mês. A temperatura era muito baixa, e mesmo assim não sentiu dor, apesar de estar sem o imunossupressor, o qual não foi levado, pois poderia lhe trazer complicações na alfândega.

Esse caso permite-nos observar a alteração no sentido evolutivo (Volich, 2010) em relação ao destino das excitações corporais. Ana, que no início tinha a somatização como via única de expressão da violência não representada, hoje, muito mais mentalizada, apresenta claramente vias de transformação psíquica, com melhor possibilidade perceptiva e associativa.

Do caos à subjetividade. Caminho possível?

Nessas vinhetas, vimos o poder desorganizador da violência, a dor e o sofrimento que gritam no corpo, silenciando o pensamento. A luta dessas mulheres com doenças autoimunes, que vêm com um tremendo esforço buscar na escuta de suas dores um espaço de existência e reconhecimento interno, uma via de transformação.

Qualquer elemento inter ou intrapsíquico pode ser importante para (re)construir os pedaços que faltam nesses mosaicos. Pedaços que faltam, pedaços esfacelados de tantos impactos que já não sabemos onde encaixar... Como o trabalho de um arqueólogo, que escava com precisão e delicadeza; qualquer desatenção pode comprometer um fragmento muito delicado, e em meio a tanta areia é muito fácil deixar passar elementos significativos.

A violência assustadora que nos faz pensar nos estudos de Spitz (1965) que demonstram que o bebê sem afeto morre. Qual afeto constituiu a vida desses bebês? A violência? Estariam, então, as primeiras marcas pulsionais intrincadas com a violência, e sua existência, ligada à violência? Se a violência for retirada, nada sobra na existência. Esses sujeitos, então, repetem a situação de violência não por prazer, mas por ter sua matriz de identificação colada à violência e desorganização? Colada porque era a característica da relação com o outro primordial?

A clínica do transbordamento. Podemos também chamá-la a clínica do limite; o limite entre o não verbal e o verbal, nos limites da simbolização, em que os conflitos só podem ser comunicados de forma não verbal; a comunicação é do corpo, e não da palavra. A contratransferência tem aqui papel primordial, ao captar o que o sujeito pré-verbal "fala" sem saber (Bollas, 1992).

Fragmentos destroçados em pó. Esses casos de insuportável violência, que penetra nas entranhas de nossa perceptoriedade, são um convite a uma viagem experiencial extremamente angustiante, que o trabalho clínico, na busca de estabelecer uma comunicação com regiões tão regressivas, determina. As vias defensivas na contratransferência aprontam-se para expulsar o caso. Aqui, comparece a importância da equipe no acompanhamento do caso, no apoio atuando na elaboração das angústias e na montagem da história; torna talvez possível percorrer esse caminho...

Referências

BOLLAS, C. Usos expressivos da contratransferência. In: *A sombra do objeto*. Rio de Janeiro: Imago, 1992.

DEJOURS, C. *Repressão e subversão em psicossomática*: pesquisas psicanalíticas sobre o corpo. Rio de Janeiro: Jorge Zahar, 1991.

FREUD, S. (1895) *Projeto para uma psicologia científica*. Rio de Janeiro: Imago, 1975.

______. (1905) Três ensaios sobre a teoria da sexualidade. *Edição Standard Brasileira das Obras Psicológicas Completas*. Rio de Janeiro: Imago, 1980, v. VII.

______. (1915) O instinto e suas vicissitudes. *Op. cit.*, v. XIV.

______. (1920) Além do princípio do prazer. *Op. cit.*; v. XVIII.

KREISLER, L. *A nova criança da desordem psicossomática*. São Paulo: Casa do Psicólogo, 1999.

LACAN, J. (1948-1949) O estádio do espelho como formador da função do eu, tal como nos é revelado na experiência psicanalítica. In: *Escritos I*. Rio de Janeiro: Zahar, 1980.

MARTY, P. *A psicossomática do adulto*. Porto Alegre: Artes Médicas, 1993.

MCDOUGALL, J. A contratransferência e a comunicação primitiva. In: *Em defesa de uma certa anormalidade*: teoria e clínica psicanalítica. Porto Alegre: Artes Médicas, 1983.

MOREIRA, D. D. *Estranho, familiar, estrangeiro – doenças autoimunes:* suas relações com o feminino e com falhas no processo de diferenciação psíquico. Monografia apresentada para o Curso de especialização em Psicossomática. Instituto Sedes Sapientiae, São Paulo, 2007.

PIAGET, J. (1970) *Epistemologia genética*. São Paulo: Martins Fontes, 1990.

SPITZ, R. A. (1965) *O primeiro ano de vida*. São Paulo: Martins Fontes, 1979.

SZWEC, G. *Sobre o uso autocalmante do pavor.* Apresentado no 2º Encontro de Psicossomática Psicanalítica, Rio de Janeiro, 9 mar. 2013.

TABACOFF, D. *Abertura à discussão da conferência de G. Szwec*. Apresentado no 2º Encontro de Psicossomática Psicanalítica, Rio de Janeiro, 9 mar. 2013.

URRIBARI, F. André Green: a clínica contemporânea e o enquadre interno do analista. Entrevista realizada por Fernando Urribari. *Revista Brasileira de Psicanálise*, v. 46, n. 3, pp. 215-225, 2012.

______. O pensamento clínico contemporâneo: uma visão histórica das mudanças no trabalho do analista. *Revista Brasileira de Psicanálise*, v. 46, n. 3, pp. 47-64, 2012.

VOLICH, R. M. (2000) *Psicossomática*: de Hipócrates à psicanálise. São Paulo: Casa do Psicólogo, 2010. (Coleção Clínica Psicanalítica).

WINNICOTT, D. W. (1945) Desenvolvimento emocional primitivo. In: *Textos selecionados da pediatria a psicanálise*. Rio de Janeiro: Francisco Alves, 1978.

10. Psicossomática: uma saída masoquista para a culpa?

Myriam Uchitel

Embora o título da mesa na qual foi apresentado este trabalho incluísse a expressão "desorganizações psicossomáticas", considerei a *manifestação psicossomática* um fenômeno que cabe nas distintas organizações psíquicas. Pensei nela como expressão dos esforços mobilizadores do sujeito para dar conta da presença iniludível do trauma.

Depois de uma breve introdução, na qual gostaria de insistir sobre a necessidade de um olhar integrado psiquismo-corpo, buscarei explorar a relação entre o fenômeno psicossomático, a culpa e o masoquismo.

Pergunto-me: em que medida a manifestação psicossomática fixada na tensão, na dor e no gozo[1] pode ser uma saída masoquista para a culpa, manifestando-se como autopunição ou uma tendência reparadora[2]? Em outras palavras, pergunto-me se o fenômeno psicossomático, associado a uma saída reparatória, pode ser pensado como uma "vitória das pulsões de vida sobre as pulsões de morte", como conclui Melanie Klein (*apud* Laplanche & Pontalis, 1977, p. 381) ao falar dos efeitos da reparação; ou se tratar-se-ia, então, de uma genuína expressão da falha do princípio do prazer e, portanto, representante do circuito da pulsão de morte?

No primeiro volume da série *Psicossoma*, Wilson Vieira afirma que "uma função fundamental da mente humana está na assimilação dos traumatismos que a vida apresenta vez ou outra" (1997, p. 15). Embora reconheçamos a pertinência dessa colocação, gostaria de acrescentar que entendo que não apenas a mente, mas o psicossoma como um todo é chamado

---

1 Refrimo-nos ao gozo como uma tentativa de restauração do narcisismo, em um campo situado para além do princípio do prazer: prazer na dor.

2 Segundo Laplanche e Pontalis (1977), o mecanismo da reparação definido por Melanie Klein vincula-se à angústia e à culpa depressiva. Ele tenta "reparar os efeitos de seus fantasmas destruidores sobre o objeto de amor [...], permite superar a posição depressiva, assegurando ao ego uma identificação estável com o objeto benéfico". Pensamos que é um tanto falho porque embora "salve o objeto", "martiriza" a si mesmo (pp. 380-381).

a processar os traumatismos. Desde as neuroses atuais até as conversões histéricas, a psicanálise atesta isso.

Pergunto-me ainda: quais são as relações, determinações, conexões e interconexões entre psiquismo e soma? De que maneira a lógica dualista, tal como Freud a apresenta à luz da influência da física mecanicista da época e da teoria do conflito, pode elucidar essas relações? E, fora dessa perspectiva dualista, o que nos resta? Será que os novos modelos da física e a multidisciplinaridade, ou transdisciplinaridade, podem prestar serviços produtivos para pensarmos esses fenômenos de outra forma?

Em uma alusão pouco ortodoxa, mas expressiva e poética, Thich Nhât Hanh (*apud* Tamas, 2013, grifo nosso), monge budista, em um esforço explanatório, do qual extraio algumas linhas, tenta abordar a complexidade que nos cerca:

> Se você for poeta, verá nitidamente uma nuvem passeando nesta folha de papel. Sem a nuvem, não há chuva. Sem a chuva, as árvores não crescem. Sem as árvores, não se pode produzir este papel. A nuvem é essencial para a existência do papel. Se a nuvem não está aqui, a folha de papel também não está. Portanto, podemos dizer que a nuvem e o papel "intersão". *Interser* é uma palavra que ainda não se encontra no dicionário, mas se combinarmos o radical inter com o verbo ser, teremos um novo verbo: *interser*. [...] O fato é que esta folha de papel é composta apenas de elementos *não papel*. Se devolvermos estes elementos a suas origens, não haverá papel algum. Sem estes elementos *não papel*, como a mente, o lenhador, o sol e assim por diante, não haverá papel. Por mais fina que esta folha seja, tudo o que há no universo está nela.

Pode-se pensar algo similar quando se trata da relação entre psiquismo e corpo. Psique e corpo *intersão*. E a contribuição dessa perspectiva, mais a do pensamento complexo, e outros trabalhos, como os da recente fisiologia, que assinalam a existência de um conjunto de neurônios minicérebros, alocados em órgão vitais, pode acender mais luzes sob a órbita de novos paradigmas.

A noção de integração já aparece em Groddeck (1966), contemporâneo de Freud e precursor dos esforços teóricos das elaborações da psicossomática. Embora a produção desse autor encontre-se permeada pelo pensamento freudiano, a separação psíquica e orgânica não está presente, e o *Isso*, em sua teoria, diferentemente do *Id* freudiano, não é meramente tópico. Ele atravessa o psiquismo-corpo em sua totalidade. "Somos vividos por um *Isso*" (p. 32), diz ele, para quem não existe nem corpo nem alma. Para Groddeck, em maior ou menor grau, o pulsional e o simbólico atravessam todos os âmbitos da constituição humana. Segundo ele, "todo ato de pensar e agir consciente é uma consequência inevitável da simbolização inconsciente, [...]" (1966, p. 31). A partir daqui, para Groddeck, o método psicanalítico pode ampliar suas fronteiras para além do típico sintoma neurótico e do retorno do recalcado.

Duas citações, às quais volto recorrentemente, em que a preocupação e o mistério dessa relação "psicocorpo" ficam potenciados, estão presentes no *Diário clínico* de Ferenczi (1932), e em "Além do princípio do prazer" (Freud, 1919-1920). Neste último, quando Freud descreve a neurose traumática, e mais precisamente a "neurose de guerra", ele afirma "[...] uma grave ferida simultânea, produzida pelo trauma diminui as probabilidades da gênese da neurose [...]". E explica: "a ferida simultânea, ligaria pela intervenção de uma sobrecarga narcisista do órgão ferido o excesso de excitação [...]", concluindo que "perturbações tão graves da distribuição da libido como a de uma melancolia se interrompem temporalmente por uma doença orgânica intercorrente, e que até uma *dementia praecox* em seu total desenvolvimento pode experimentar em tais casos uma melhora transitória" (Freud, 1920, p. 2523).

É possível pensar que a sobrecarga presente no fenômeno psicossomático atuaria como uma ferida, concentrando o excesso de excitação sobre o órgão afetado, impedindo o desenvolvimento de um quadro psíquico.

O conceito de libido[3], embora não totalmente claro na teoria, pode ser o elo necessário para compreender os deslocamentos das cargas, que, pela via da regressão[4] narcísica, investem o corpo, produzindo a manifestação psicossomática. Nenhuma experiência vital, acredito, é alheia ao registro do

---

[3] Este é, sem dúvida, um ponto a ser explorado mais amplamente. Tomamos aqui o conceito de libido por ser o que Freud coloca no parágrafo citado e por pensar que podemos falar das pulsões como pulsões sexuais de vida e pulsões sexuais de morte. Benno Rosenberg (2003) sugere que a agressividade também estaria ligada libidinalmente, entendendo que a pulsão de morte está libidinalmente ligada. Mas esta é outra discussão.

[4] Uma referência importante para aprofundar esse conceito em sua relação com a psicossomática são os escritos de Decio Gurfinkel, entre eles o texto "Psicanálise, regressão e psicossomática: nas bordas do sonhar" (1997) e o livro de sua autoria, *Do sonho ao trauma: psicossoma e adicções* (2001).

psicossoma, e quando essa inscrição é dominada pela sobrecarga em relação à capacidade do sujeito de poder absorver, integrar e processar o acontecido, como ocorre sob o efeito de um acontecimento que se torna traumático, tal intensidade, quando não processada, provoca uma desorganização psíquico-orgânica, produzindo, neste caso, a doença psicossomática.

Impressiona a última carta de Ferenczi, em seu *Diário clínico*, de outubro de 1932, quando, às voltas com a teoria do trauma, e tomado pelo sentimento de desaprovação, antecipa a própria morte, que ocorre poucos meses depois. Em seu dilema entre resistir ou se entregar a uma "potência superior", escreve:

> É assim como devo agora reconstituir novos glóbulos vermelhos, será que devo (se puder) criar para mim uma nova base de personalidade e abandonar, como falsa ou pouco confiável, a que eu tinha até agora? Terei neste ponto a escolha entre morrer e me reorganizar e isso aos 59 anos? Por outro lado, viver sempre a vida (a vontade) de outra pessoa terá isso algum valor, uma tal vida não será já quase a morte? Perderei demais se me arriscar a ter essa vida? (Ferenczi, 1932, pp. 260-261).

No último parágrafo, acrescenta: "*uma certa força da minha organização psicológica parece subsistir, de modo que em vez de adoecer psiquicamente, só posso destruir ou ser destruído nas profundezas orgânicas*" (*Ibidem*, pp. 260-261, grifo da autora).

Com cautela, referindo-nos a esses fragmentos, trazemos à tona a proposta inicial: contemplar as manifestações psicossomáticas como expressão de uma produção masoquista, enquanto mecanismo que interdita o sujeito e dissipa a culpa despertada pelas pulsões sexuais e agressivas.

Durante seu adoecimento, Ferenczi trabalhou com a ideia do trauma e com as respostas que ele desencadeia. No *Diário clínico* (1932), define o conceito de trauma e explica duas formas de resposta: "O que é o trauma? Comoção, reação a uma excitação externa ou interna em um modo mais autoplástico (que modifica o eu) do que aloplástico (que modifica a excitação). A neoformação do eu é impossível sem uma prévia destruição parcial ou total, ou sem a dissolução do eu precedente" (*Ibidem*, p. 227).

Kahtuni e Paraná Sanchez (2009) explicam que, enquanto na reação aloplástica o sujeito modifica o meio preservando o eu, na reação autoplástica o eu modificado fica comprometido, provocando o "autodilaceramento que implica cisões, fragmentações, pulverização ou atomização do ego e até mesmo o suicídio em casos extremos" (p. 312).

Junto à saída autoplástica e para além do princípio do prazer, observamos em Ferenczi o movimento paulatino da desintrincação pulsional e a prevalência triunfante do "masoquismo mortífero", que traz como consequência o desinvestimento da relação com o mundo e o "enfraquecimento da libido objetal" (Rosenberg, 2003). Castiga o outro e castiga a si mesmo, pois só o autossadismo ou o masoquismo são capazes de apaziguar a culpa. Segundo esse autor, a mesma culpa que é responsável pela transformação do sadismo em masoquismo, reproduz a punição infligida pelo pai edipiano. Nesse movimento masoquista se instala a doença, como forma de assumir o castigo por meio do sofrimento.

O ataque ao outro, ao tratamento, e a persistência no sofrimento tomam forma na reação terapêutica negativa, a fonte de resistência mais tenaz em análise e a demonstração mais nítida da opção pelo masoquismo, pelo sofrimento e pela doença. A reação terapêutica negativa expõe, além do agravamento dos sintomas, a resistência e a transferência, deixando claro que o sofrimento se impõe para não renunciar ao castigo.

Podemos pensar, em relação a Ferenczi, que sua doença e morte trazem a presença *in-desmentível*[5] do trauma, o mesmo trauma que havia sido desmentido pela Associação Psicanalítica. Embora possa haver certo exagero, temos a impressão de que Ferenczi, com sua doença e morte, apresenta de maneira inabalável e imperativa a realidade do trauma.

Acreditamos que a doença não traz, ou não traz apenas, o retorno do recalcado, mas sim o retorno do recusado, do traumático, do in-desmentível do trauma. E, assim, como diz Nasio (1997, p. 77), "a dor passada ressurge [...] em outro lugar que não o espírito [...] convertida em outra dor ou encarnada numa lesão psicossomática".

Uma pincelada sobre o processo de análise

Penso que um dos maiores desafios da clínica da psicossomática, a partir da perspectiva colocada, é o trabalho com a reação terapêutica negativa,

[5] Expressão da autora, que faz referência ao desmentido de Ferenczi.

que inclui, sem dúvida, os dois fatores decisivos que definem qualquer tratamento psicanalítico: a resistência e a transferência.

A resistência que não aparece particularmente em relação a conteúdos recalcados, mas como resistência à mudança, como insistência em manter a doença, na perpetuação não do desejo, mas do gozo. Gozo entendido como reafirmação da desintrincação pulsional e da insistência da pulsão que trabalharia em direção à restauração do narcisismo, no campo do além do princípio do prazer: no campo do "prazer na dor", no gozo ante a ameaça e o temor do "silêncio do corpo".

Como afirma Lacan (*apud* Braunstein, 2006):

> *Lo que yo llamo goce en el sentido en que el cuerpo se experimenta es siempre del orden de la tensión, del forzamiento, del gasto, incluso de la hazaña. Indiscutiblemente, hay goce en el nivel en que comienza a aparecer el dolor, y sabemos que es solo en ese nivel del dolor que puede experimentarse toda una dimensión del organismo que de otro modo permanece velada*[6] (p. 21).

De novo o paradoxo, o paradoxo da pulsão: ao mesmo tempo que vai, volta, ao mesmo tempo que deseja, goza, ao mesmo tempo que busca a dor e a morte, busca a reafirmação da vida, da vida psíquica.

Uma vez mais, Ferenczi, que com seu conceito de "autotomia" (o prefixo "auto" significa "de si mesmo", e o sufixo "tomia", corte) traz a ideia da morte de uma parte para que a outra viva.

Conclusões, comentários e novas perguntas

Ao acompanhar a questão de Decio Gurfinkel (1997): "Será a psicossomática um novo campo do saber que se distingue nitidamente da psicanálise, ou podemos considerá-la como extensão ou desenvolvimento da mesma?" (p. 39), penso, depois deste percurso, que a psicossomática não só é suscetível

[6] Tradução da autora: "O que eu chamo gozo no sentido do experimentar do corpo é aquilo que acontece na ordem da tensão, do forçamento, do gasto, inclusive da façanha. Indiscutivelmente há gozo no nível em que começa a aparecer a dor, e sabemos que é só nesse nível da dor que pode ser experimentada toda uma dimensão do organismo que de outro modo permanece velada".

de ser trabalhada pela psicanálise, mas que ela se revelou mais próxima da neurose do que esperávamos.

Embora considere que nem todo *produto psicossomático* tem uma mesma origem e uma mesma função (aglutinadora dos excessos, objeto das angústias, autointerdição em ato, processador do masoquismo, retorno do traumático, retorno da recusa e, arriscaria dizer, presença do inominável, ou a caminho da simbolização), acredito que ele pode ser explorado a partir do modelo das séries complementares, modelo de compreensão da neurose, em que o fator "disposicional", a história infantil e o acontecimento desencadeante são também responsáveis pelas manifestações. A expressão psicossomática inclui, como vimos, a partir do fragmento de Ferenczi, a dinâmica das pulsões, a dinâmica do conflito, a história infantil edípica e pré-edípica, além dos dois mecanismos de defesa anteriores ao recalque (a transformação no contrário e a volta sobre si mesmo) e a recusa do acontecimento traumático. Sabemos que o processo de elaboração do sintoma neurótico corresponde a uma lógica e a uma dinâmica diferentes das da produção psicossomática. No entanto, não mais diferentes que outras manifestações psicopatológicas que não deixam de fazer parte do campo da problemática e da clínica da psicanálise.

Uma das consequências e, talvez a mais importante, de pensar de maneira integrada corpo-psiquismo pode traduzir-se na ampliação da prática do método psicanalítico. O corpo, assim como a palavra, é também expressão do inconsciente, e como diz Groddeck, ele também pode usar, como formas de expressão, doenças e distúrbios orgânicos.

Considero que nenhuma manifestação humana se localiza fora dos contornos de uma pulsionalidade vital e mortífera; que não seja atravessada pelo outro, pela linguagem, pela sexualidade, pela libido ou pela energia que flui sem nome, pelas pulsões destrutivas. Será, então, que é possível imaginar alguma expressão psicossomática fora de qualquer nível de tradução, transposição ou dialeto (mesmo não tendo em mãos um código que o decifre), que escape por inteiro ao plano das simbolizações da construção individual ou pré-individual-coletiva?

Não me parece que a manifestação psicossomática responda exclusivamente a uma organização cuja falha central seja, de maneira genérica, a insuficiência simbólica (embora esta possa ser a realidade em alguns casos). Inclino-me a pensar na possibilidade de que a manifestação psicossomática não seja fruto da falta de simbolização, mas do processamento do trauma pela recusa. A recusa, tal como Figueiredo (2000) a entende, como "desautorização do processo perceptivo" ou, mais precisamente, como desautorização do caráter transitivo e processual da percepção que impede, a partir de uma primeira percepção, a abertura para o acolhimento de novas percepções e sentidos. Entendo que não se trataria, aqui, fundamentalmente, da impossibilidade de simbolizar, mas sim do impedimento de incluir, por obstrução da recusa, a simbolização em uma trama significativa. A recusa, como agrega Figueiredo (2008), nessa acepção, não seria de uma dada percepção, mas do que vem ou viria depois: seja outra percepção, a possibilidade de uma simbolização ou a lembrança que a percepção poderia reativar.

Tanto Freud (1924) quanto Rosemberg (2003) mencionam os riscos de confundir a culpa com o masoquismo. Mas ambos tratam de uma relação que acontece entre o Eu e o Super-Eu e ambos trazem no cerne de sua expressão a necessidade ou o desejo de satisfazer o sofrimento pela punição (doença).

Finalizando, com relação à pergunta inicial: sim, acredito ser possível pensar a psicossomática como uma saída para a culpa pela via masoquista. Que seja possível, pelo menos para a manifestação psicossomática que cabe em uma organização neurótica.

Se assim for, quem sabe podemos insinuar um avanço na leitura dos sentidos para as marcas no corpo.

Referências

BRAUNSTEIN, N. (1990) *El Goce*: un concepto lacaniano. Buenos Aires: Siglo XXI, 2006.

FERENCZI, S. (1932) *Diário clínico*. São Paulo: Martins Fontes, 1990.

FIGUEIREDO, L. C. Verleugnung: a desautorização do processo perceptivo. In: *Psicanálise*: elementos para a clínica contemporânea. São Paulo: Escuta, 2008.

FREUD, S. (1919-1920[1920]) Más allá del principio del placer. *Obras Completas de Sigmund Freud*. Madrid: Biblioteca Nueva, 1973; v. III.

______. (1924) El problema económico del masoquismo. *Op. cit.*, v. III.

GRODDECK, G. (1966) *Estudos psicanalíticos sobre psicossomática*. São Paulo: Perspectiva, 1992.

GURFINKEL, D. Psicanálise, regressão e psicossomática: nas bordas do sonhar. In: FERRAZ, F. C. & VOLICH, R. M. *Psicossoma I: Psicanálise e Psicossomática*. São Paulo: Casa do Psicólogo, 1997.

______. *Do sonho ao trauma*: psicossoma e adicções. São Paulo: Casa do Psicólogo, 2001.

KAHTUNI, H. & PARANÁ SANCHEZ, G. *Diccionário do pensamento de Sándor Ferenczi*. Rio de Janeiro: Campus/Elsevier, 2009.

LAPLACHE, J. & PONTALIS, J. B. *Diccionario de psicoanálisis*. Barcelona: Labor, 1977.

NASIO, J.-D. *O livro da dor e do amor*. Rio de Janeiro: Jorge Zahar, 1997.

ROSENBERG, B. *Masoquismo mortífero e masoquismo guardião da vida*. São Paulo: Escuta, 2003.

TAMAS, E. *Thich Nhât Hanh*: o papel, a nuvem e o interser. Disponível em: <http://www.forademim.com.br/site/2011/11/thich-nhat-hanh-o-papel-a--nuvem-e-o-interser/>. Acesso em: maio 2013.

VIEIRA, W. A psicossomática de Pierre Marty. In: FERRAZ, F. C. & VOLICH, R. M. *Psicossoma I:* psicanálise e psicossomática. São Paulo: Casa do Psicólogo, 1997.

Desafios à integração psicossomática na infância

11. Desafios à integração psicossomática na infância e a clínica da constituição da subjetividade: a privação, o excesso e a exclusão

Wagner Ranña

A psicossomática psicanalítica é uma das pioneiras na clínica que hoje chamamos de "clínica dos estados-limite", ou das patologias-limite, chamadas também de "estruturas não neuróticas" (Green, 1999). Estão nesse grupo os *borderlines*, as perversões, as somatoses, as psicopatias, certas depressões e estados autísticos. Uma questão central, que desde sempre se apresentou no que tange aos limites da psicanálise, diz respeito à resistência inicial desta em abordar os fenômenos ligados às expressões corporais do sofrimento e à importância do corpo na constituição da subjetividade. Na contemporaneidade, diante das infinitas formas de subjetivação e das novas modalidades psicopatológicas, o corpo e o ato tomam lugar central. A "neurose atual" está em evidência. Atual aqui tomado em seu duplo sentido: histórico, opondo-se a antigo; e psicopatológico, que estabelece a diferença entre neurose de transferência – na qual o sintoma remete ao retorno do recalcado – e neurose atual – relacionada a um processo diverso, uma vez que implica um excesso pulsional associado a uma experiência atual não elaborada psiquicamente. Freud estabelece, assim, a diferença entre neurose de transferência e neurose atual, e essa diferença será um ponto de partida para as construções teóricas da psicossomática psicanalítica (Ferraz, 1997).

A constatação de que o processo psíquico implicado na somatização é de ordem diversa do que ocorre nas neuroses, não sendo, portanto, um retorno do recalcado – embora esse processo possa até estar presente em algumas somatizações, como veremos adiante –, contribuiu de forma importante para o trabalho clínico com o fenômeno psicossomático passar a ser desenvolvido a partir da concepção fundamental de que estávamos diante de processos da ordem dos excessos pulsionais, diretamente descarregados no corpo ou no ato. Nesse sentido, a função integradora do psiquismo sobre a economia psicossomática deixou de ser exercida e as diversas faces da desorganização psicossomática passaram a dominar a clínica.

O conceito de mentalização é central no paradigma psicossomático, e a concepção de que a mente pode não dar conta de criar novas representações para o constante bombardeio de estímulos, acontecimentos, imagens e desafios simbolizantes enfrentados nas experiências do sujeito é relativamente nova. Também é nova a concepção de que esses excessos pulsionais, quando não metabolizados pelo aparelho psíquico, resultam em somatizações ou contribuem para a evolução negativa de doenças e distúrbios do organismo. Posteriormente, foram incorporadas a essa categoria outras manifestações, tais como a passagem ao ato, a alucinação, o retraimento autístico e alguns aspectos da clínica das adicções. Enfim, estamos hoje sendo muito mais demandados a trabalhar na clínica com os chamados casos-limite, ou não neuróticos.

O que pode ser encontrado em comum nessas denominações é que os processos de formação das manifestações mórbidas, decorrentes de uma defesa ao sofrimento psíquico, escapam da simbolização ou de serem apreendidos pela linguagem, por falhas nesses mecanismos ou, simplesmente, por extravasamento pulsional. O que escapa da apreensão pela linguagem é o real[1]. A experiência existencial é sempre um constante embate com o real, e não restam dúvidas de que vivemos hoje bombardeados por estímulos, demandas, acontecimentos que nos fazem estar em constante processo de metabolização psíquica dessas experiências, colocando na ordem do dia o paradigma do extravasamento e do excesso.

Rassial (1999) afirma, com muita propriedade, que aquilo que é da ordem do real e coloca o psiquismo em seu limite, desafiando o equilíbrio psicossomático e criando a possibilidade da ocorrência de expressões fora da linguagem, são: o nascimento, a adolescência, a doença e a morte. Podemos dizer que essas são as verdadeiras situações-limite para o homem.

É disso que se trata na clínica com as estruturas-limite. Mas de que nascimentos, adolescimentos, adoecimentos e morte se tratam?

---

[1] Real: em Freud, encontramos o conceito de realidade psíquica, que se contrapõe à realidade material. Na ciência contemporânea, a realidade é indeterminada e indeterminável. Em Lacan, o Real faz parte de uma estrutura que se articula com o Simbólico e o Imaginário, o estado da coisa, *das ding*, que é imaginarizada e falada, mas é uma representação, e esse Real tem um resto inapreensível.

A prática clínica com casos-limite encontra-se na área da interdisciplinaridade e da complexidade[2]. Estamos no limite do analisável, no limite entre corpo e mente, no limite entre o pensável e o impensável e no limite com outras disciplinas.

Podemos, então, definir esses limites:

- O epistemológico e o metapsicológico. Os limites dos conceitos psicanalíticos. A criação de novos conceitos.
- O clínico. Limites da analisabilidade e as descobertas de novos dispositivos para a atuação da psicanálise diante de patologias novas ou novas situações da existência subjetiva.
- O interdisciplinar, que coloca a psicanálise e as disciplinas que lhe fazem fronteiras.

Pensar nos limites é saber até onde podemos ir, mas é também criar novos conceitos para superá-los.

Nesse cenário, as pesquisas e avanços conceituais a respeito da constituição da subjetividade, em outras palavras, do nascimento psíquico, têm um lugar básico e fundamental. A criação de novos paradigmas e ferramentas clínico-teóricas para a psicanálise contemporânea tem na teoria e clínica da constituição da subjetividade um importante aliado.

Em decorrência disso podemos afirmar que a psicossomática na infância é um tema no qual essas questões estão sempre colocadas. O infantil, até a publicação de 1914 de Freud, "Sobre o narcisismo: uma introdução", era conceituado como o inconsciente que estava recalcado e retorna no sintoma neurótico após o sujeito em constituição passar pelo recalque secundário, determinado pelo complexo de Édipo. Depois dessa publicação e de outras após 1920, os processos primitivos da constituição da subjetividade passam a ser pensados a partir de uma abordagem direta de crianças ou bebês, destacando-se, então, os processos fundamentais para a instalação das primeiras inscrições psíquicas e sua dinâmica. Dessa forma, os encontros intersubjetivos, o conceito de desamparo primordial do humano e sua dependência dos cuidados do outro da função materna e da função paterna serão considerados para que um aparelho psíquico venha a se constituir no sujeito. O infantil deixa de ter sua conceituação pela via indireta, concebido pelo que é escutado e interpretado na análise de adultos e crianças, para ter uma

[2] Complexidade: refere-se aqui ao conceito filosófico que destaca o fato de que um tema não pode ser reduzido a uma única disciplina, sendo, portanto, e necessariamente, abordado por várias disciplinas.

abordagem direta pela observação de bebês, pela ludoterapia e pela escuta dos pais e outros cuidadores. Da sexualidade infantil passamos a enfrentar na clínica o nascimento psíquico que está presente ao longo da vida, pois o aparelho psíquico está em constante dinamismo entre forças organizadoras e desorganizadoras.

Essas constatações vão ampliar os limites do analisável, pois os processos pelos quais o aparelho psíquico humano se constitui darão os subsídios teóricos para a clínica *per via di porre,* e não só *per via di levare* (Freud, 1904) – retomando a comparação que Freud faz da psicoterapia como uma produção artística, em que a pintura se faz pela colocação dos pigmentos coloridos sobre a tela, e a escultura, pela retirada da pedra que resultará na estátua. A infância vai deixar de ser apenas aquilo que se descobre de infantil nos sintomas neuróticos, *per via di levare*, a criança mítica, para ser apreendida a partir de observações dos bebês em interação com seus cuidadores, assim como pelas cenas lúdicas e a escuta desses cuidadores, *per via di porre*, que aqui comparecem com suas histórias, fantasias e desejos narcísicos não realizados e que vão inscrever o organismo infantil no registro simbólico.

Rosine Debray (1988) afirma que acompanhar a constituição psíquica da criança, principalmente por meio da transferência construída nas terapias conjuntas pais-bebê, é estar em contato de forma muito clara com pulsões integradoras e desintegradoras do equilíbrio psicossomático e com a força viva da dinâmica pulsional, que de um lado tem a potência destrutiva das falhas nesse processo, e de outro, a potência constitutiva e terapêutica quando essas falhas são supridas.

Evidenciado pelas situações de graves desorganizações, revertidas de forma espetacular, o equilíbrio psicossomático entre as pulsões de vida, integradoras, e as pulsões de morte, desintegradoras, fica evidente nos tempos da infância, como afirma Debray.

A clínica exercida com pessoas nessas etapas da vida sempre exigiu novos dispositivos, sendo as terapias conjuntas pais-bebê, ou pais-crianças, uma das mais eficientes formas de aplicação da psicanálise. O psiquismo humano em sua origem é desprovido de uma matriz genética que possa orientar o caminho da subjetivação e torna-se, então, dependente de operadores que estão em seu campo relacional. Foi a partir da década de 1950, quando as escolas psicanalíticas passaram a pensar nos processos de constituição psíquica a partir desses pressupostos, que a psicanálise deu um salto em seu desenvolvimento.

O trabalho com a infância é sempre interdisciplinar, implicando a psicanálise, a pediatria, a psiquiatria, a neurologia, a genética, a linguística, a antropologia, a filosofia, entre outras.

A psicossomática na infância, sob a perspectiva da clínica da subjetividade, vai abordar os processos que resultam na constituição de um sujeito, sendo fundamental para a estruturação de um aparelho psíquico e rica referência para a psicopatologia. Como afirma A. Green (1999), o psiquismo é efeito da relação entre dois corpos, um dos quais está ausente.

Estabelecidos esses pressupostos, cuidemos, então, da psicopatologia na infância e suas referências para os adultos. A psicopatologia está em evidência; é tema bastante discutido na atualidade, principalmente pelas questões ligadas à medicalização, consequência do uso indiscriminado dos manuais para diagnósticos de problemas psíquicos nessa faixa etária. O modelo biomédico vem ocupando uma posição hegemônica sobre classificação e suposições etiológicas dos problemas psicopatológicos na infância, por meio do DSM e suas sucessivas gerações. O DSM baseia-se em uma forma de classificar os chamados transtornos mentais, pretensamente de forma isenta, mas vai além, quando fica evidente que seu paradigma principal é reduzir o sofrimento psíquico às bases genéticas e neuroquímicas, e sua aplicação tem como resultado uma excessiva patologização da vida e do sofrimento humano. E é exatamente nesse contexto que uma psicopatologia estrutural, pensada com base nos processos que resultam em um aparelho psíquico e na subjetivação, que a psicanálise tem um importante papel.

Estamos hoje diante de uma suposta epidemia de "TDAH" e "TEA". Muito ainda está por ser descoberto para explicar as alarmantes e crescentes prevalências desses problemas da infância. Mas uma coisa parece estar correta: o modelo do *check-list*, ou do *diagnóstico pela classificação de sintomas* dos sucessivos DSMs tem sido um dos responsáveis.

Nesse cenário, ao considerar o campo da psicopatologia, penso ser importante reconhecer a ascendência dos aspectos da psicogênese e sua potência, tomando os dois significados da psicogênese: primeiro, associado à origem do sofrimento psíquico, e segundo, à constituição da subjetividade. Em um cenário de desconsideração e ataques à psicogênese psicanalítica, creio que sua potência deve ser destacada e integrada às outras formas de determinação do sofrimento humano, desde que concebemos o sofrimento psíquico humano a partir da complexidade que lhe é essencial.

A psicopatologia deve ser sempre pensada sem que se perca a perspectiva de que não existem limites claros entre o normal e o patológico. Existem, sim, a imprecisão, a fluidez e a impossibilidade. É própria da psicopatologia psicanalítica essa fronteira pouco delimitada com o sujeito e seu "mal-estar na cultura", sendo as modalidades psicopatológicas uma variação quantitativa do não patológico, se é que esse limite pode ser estabelecido.

Devemos destacar também o fato de que a infância é um devir e de que nada é definitivo ou não estruturado. A atuação psicoterapêutica na infância tem esta importante característica: reverter ou aliviar quadros em sua origem para que não se estabeleçam na vida posteriormente. Mas, por outro lado, acolher e reconhecer as infinitas formas do "vir a ser", do "devir criança", isso que faz da infância o tesouro da diversidade humana. Estamos diante de um problema delicado, pois se por um lado é preciso antecipar o suposto sujeito em uma imagem positiva, por outro, não podemos deixar de reconhecer um caminho que coloca em risco a subjetivação. É preciso antecipar e atuar preventivamente, ou precocemente, nas situações de risco psicopatológico na infância, mas não devemos patologizar nem medicalizar[3] as diferenças.

Doença, transtorno e sintoma

Quando se fala da relação entre psiquismo e organismo, é importante considerar que existem a psicossomática médica, a psicológica e a psicanalítica, como afirma P. Schiller (2003) em *Psicossoma III*. Estas têm recortes radicalmente diferentes, podemos dizer: incompatíveis. Para a elaboração de uma psicopatologia abrangente, primeiro precisamos diferenciar o que se entende por doença, transtorno e sintoma.

Doença, no modelo biomédico, é o que tem uma base patológica no organismo. Para a medicina, os restos não explicáveis pela evidência orgânica ou por exames clínicos e laboratoriais são provisoriamente psicossomáticos, mas os fenômenos psíquicos são destacados da anatomia. Nessa perspectiva reducionista, os automatismos e processos funcionais do organismo não têm a ver com as excitações pulsionais. Mais adiante veremos como a

[3] Medicalizar: refere-se aqui ao fato de reduzir o diagnóstico aos manuais classificatórios e o cuidado às intervenções referidas ao modelo biomédico. Diferente de medicar, que é o ato de realizar uma intervenção médica em um contexto interdisciplinar e multiprofissional.

transformação de um organismo em corpo vai ocorrer exatamente pela passagem do organismo infantil, da ordem dos instintos, para a ordem pulsional.

A existência de um aparelho psíquico, sistema lógico-simbólico, que nos retira da natureza para nos colocar na ordem simbólica, inviabiliza esse postulado cartesiano da anatomia e da fisiologia desintegrados da mente. A ideia de que se há lesão, ou um marcador biológico, não pode ser psíquico, está implícita nessa concepção e cria artificialmente uma dicotomia empobrecedora sobre o adoecimento e o sofrimento humano. A psicossomática psicanalítica, entre outras disciplinas, tem mostrado, por meio de grande experiência clínica e teórica, o quanto o adoecimento humano é um fenômeno complexo da ordem do biopsicossocial, relacional, histórico e interdisciplinar. Os inegáveis avanços na subjetivação e na inclusão social de muitas síndromes, tal como a síndrome de Down, demonstram muito bem que não podemos reduzir as doenças às suas bases biológicas.

Transtorno, para o DSM, é um conceito cunhado exatamente porque a maior parte das manifestações psíquicas definidas nesse manual não tem marcadores biológicos estabelecidos de forma definitiva, não podendo, portanto, ser consideradas doenças segundo suas próprias premissas.

Pelo lado dos conceitos psicanalíticos, os transtornos são expressões que ocorrem em função de uma sobrecarga, tanto econômica quanto em seu sentido de desafio à simbolização que, por excesso dessa sobrecarga ou por insuficiência dos mecanismos de defesa mentais, vai desencadear manifestações no corpo. Os estudos dos distúrbios funcionais são ricos em evidências clínicas desses fenômenos (Ranña, 1997). Tem uma relação próxima ao conceito de neurose atual de Freud (1895).

Para Silvia Bleichmar (2005), transtorno pode ser pensado como um conceito para dar conta de manifestações anteriores à constituição da tópica psíquica ou da clivagem entre consciente e inconsciente, id e ego, significante e significado. Nessa perspectiva, o conceito de transtorno, na infância, orienta as intervenções terapêuticas que vão agir nas falhas do processo constitutivo, por suplência da função materna ou por estabelecimento da função paterna, para citar algumas, mas que são diferentes das intervenções baseadas nas interpretações, mais apropriadas para as expressões neuróticas ou para os sintomas, como veremos a seguir, e que ainda não operam nas etapas iniciais da constituição psíquica.

Sintoma é a expressão possível de ser deslocada pela interpretação; é o retorno do recalcado. Os sintomas psicossomáticos também podem ser considerados como tal, sendo possível deslocá-los, atenuá-los ou eliminá-los pela palavra. O sintoma necessita de um aparelho psíquico constituído.

Aquilo que escapa de forma radical à linguagem, à simbolização ou, ainda, à defesa neurótica, vai ter efeito no real por meio de um fenômeno psicossomático, uma passagem ao ato, uma alucinação ou uma clivagem do ego. A estes acrescentaremos o fenômeno de "apagamento", de "exclusão do semelhante" (Jerusalinsky, Pereira & Lambert, 2012), que vai ganhando importância crescente na contemporaneidade a partir da clínica com os estados autísticos, que abordaremos adiante.

Sabemos que a integração entre esses conceitos está no fato de que o homem é psicossomático, e de alguma forma o sujeito psíquico e sua existência estão implicados no adoecimento. Doença, transtorno e sintoma coexistem na prática, e a interdisciplinaridade deve ter, aqui, um papel integrador. Para a construção de uma psicopatologia sintonizada com esses pressupostos, temos de pensar nos processos de avaliação do sofrimento humano para além das classificações nosológicas, incorporando a análise estrutural e longitudinal, ou seja, o sujeito e os processos que levam a sua constituição.

Psicogênese e psicopatologia: sua potência e seus limites

Tomaremos como base a *constituição do sujeito* e as evidências clínicas decorrentes do exercício da clínica da subjetividade para definir as estruturas psicopatológicas e destacar a psicogênese e sua potência.

O processo que resulta na constituição do sujeito psíquico na criança é irredutível aos processos biológicos e maturativos, assim como a qualquer outro determinismo, colocando-se, portanto, como da ordem da complexidade (Jerusalinsky, 2012). No entanto, tomada como objeto de estudo da psicanálise, a constituição da subjetividade vai se revelar uma de suas principais contribuições para as ciências da saúde em geral.

A constituição do sujeito implica o estabelecimento de uma rede de representações articuladas ponto a ponto entre as funções desempenhadas pelo outro da maternagem e o equipamento biológico de base no bebê[4]. A incidência das representações e modulações afetivas sobre o equipamento

[4] Sobre o conceito de "equipamento de base" do bebê remetemos ao capítulo "Psicossomática e o infantil: uma abordagem através da pulsão e da relação objetal", em Rañña (1997).

genético e neurofuncional em constituição vai resultar em um fenômeno de torção naquilo que é instintivo, que pelo efeito do encontro com as representações vai se transformar em pulsões.

Transformação do *instinto em pulsão*, de *organismo em corpo* e a emergência de um *sujeito*, alienado pela identificação imaginária e especular ao outro e posteriormente subjetivado, já no registro simbólico, são os três momentos desse processo.

Esse processo que leva à constituição subjetiva – que, em outras palavras, é também o que leva à constituição das estruturas psíquicas, das tópicas e suas clivagens – vai depender de operadores presentes na vida relacional do indivíduo: função materna e função paterna. Essas funções, embora referidas ao desempenho da mãe e do pai, não se restringem à pessoa da mãe e do pai. A função materna diz respeito às funções de narcisização, paraexcitação e fusão pulsional. Se quisermos adotar o referencial de Winnicott, isso implica os processos de integração, personalização e realização. Por outro lado, a função paterna refere-se à implicação da criança na lei, no mundo além da família e na cultura.

A constituição do sujeito psíquico pode ser estudada a partir de três eixos: o eixo pulsional, o simbólico e o intersubjetivo (Raña, 2003).

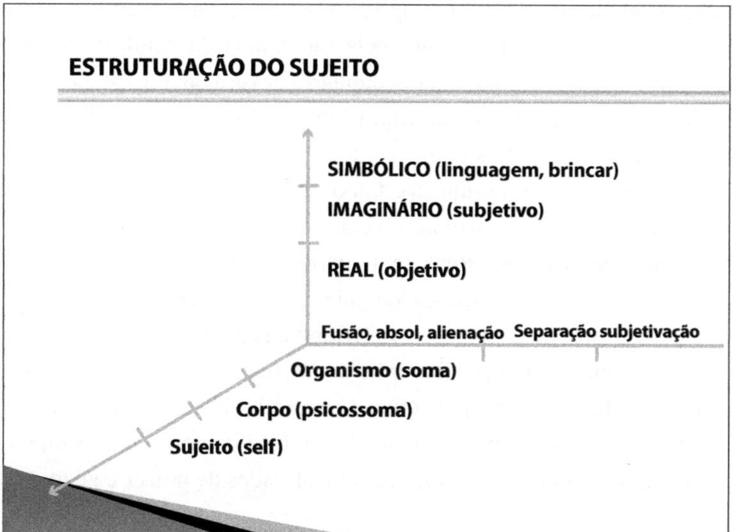

O eixo pulsional é o que vai estruturar um corpo, com sua imagem e seu investimento narcísico. Podemos dizer que é o estádio do espelho. O eixo simbólico vai estruturar a inscrição simbólica, com a substituição do outro primordial pelas suas representações e pela substituibilidade dos objetos. O eixo intersubjetivo é o relacional, do encontro com o outro e com o real.

Esse processo é psicossomático, pois é do corpo, marcado pelas representações, ou seja, pela linguagem, que emerge um aparelho psíquico. Para esse processo acontecer, o outro primordial deve comparecer e o faz como sujeito psíquico também. Supõe um sujeito no bebê e identifica suas demandas, estabelecendo um diálogo com a cria, mesmo que esta não possa ainda compartilhar os códigos da linguagem nem tenha se constituído ainda como um sujeito.

Em um primeiro tempo, o mosaico primordial integra-se em um todo, o corpo, que para se constituir precisa da imagem psíquica determinada pelo olhar do outro. A imagem antecipa e estrutura o corpo. É o estádio do espelho (Lacan, 1949).

Em um segundo momento, pela alternância entre presença e ausência, o vazio e o desamparo, característicos do humano, vão ser substituídos por objetos simbólicos. O bebê no jogo do *Fort-da* (Freud, 1920).

Em um terceiro momento, pela incidência da conflitiva edípica, instala-se a clivagem, o recalque secundário passa a operar, estabelecendo a tópica e suas instâncias. O recalque é, então, possível como defesa. Aqui, podemos dizer que já existe um sujeito.

Mas de qual tópica psíquica estamos falando? A primeira ou a segunda das freudianas? A tópica winnicottiana: Soma, Psicossoma e Mente? Ou, ainda, a tópica lacaniana: Real, Imaginário e Simbólico?

O importante a ser destacado aqui é que a incidência desse processo sobre o organismo em maturação vai criar uma rede de representações que desloca o sujeito de um funcionamento automático, ou instintivo, para o funcionamento da ordem pulsional. O aparelho lógico-simbólico assim constituído vai, de forma singular, determinar como o sujeito interage consigo mesmo, com o mundo, suas modalidades de prazer e gozo.

Epigenética e neuroplasticidade: complacência somática ou a permeabilidade ao significante

Em *Psicossoma IV* (Ranña, 2008), ressaltou-se que essas inscrições deixam marcas na "carne". Mas de que carne se trata? Hoje sabemos que o que é estruturado são as cadeias sinápticas. É o processo pelo qual nosso cérebro ganha o *status* de mente. Mente que tem uma singularidade. A arborização e a rede sináptica são determinadas pelas interações com o semelhante. As interações são da ordem do contato *corporal*, das *palavras* e *fantasmáticas*, como afirma Lebovici (1987).

Seria, então, possível o organismo estar alheio a esse processo, existindo, cartesianamente falando, um corpo e uma mente que não se implicam um no outro?

Seriam a genética e o neurofuncionamento alheios a esse processo? Impossível, pois uma das funções do aparelho psíquico é exatamente controlar os automatismos e colocar o sujeito, pelo menos em parte, já que existe um inconsciente indomável, no domínio de seus impulsos, podendo viver em uma dada cultura e podendo lançar mão de defesas quando o "mal-estar na cultura" se torna muito grande.

A integração psicossomática pode, atualmente, apoiar-se na epigenética, que vem demonstrando o quanto o genoma é interativo e como os genes podem ser ligados ou desligados.

Por outro lado, já são clássicos os trabalhos de Luria (1992), neurologista especializado em funções neurológicas superiores, sobre a neuroplasticidade. Luria constata que a função precisa de uma estrutura que é adquirida quando incidem sobre o organismo experiências significantes.

Aprofundando essas descobertas, Eric R. Kandel[5], citado por Jerusalinsky e Lasnik (2011), cria a teoria da poda neuronal, pois os neurônios que não se ligam na rede sináptica morrem, sendo que esse processo ocorre do nascimento até os três anos, mais ou menos.

Então, nosso cérebro pode ser moldado pelas experiências vividas. Isso nos coloca diante de ricas possibilidades de intervenções, mesmo quando uma síndrome – ou uma suposta dificuldade do organismo – venha a interferir na estruturação psicossomática do sujeito.

[5] Vencedor do Prêmio Nobel de Medicina em 2000.

Psicopatologia e a clínica da constituição do sujeito. O não estruturado e o devir

Podemos construir uma psicopatologia para a infância tomando por referência as possíveis falhas na constituição do sujeito. Mas podemos também pensar não só em falhas, mas em subjetividades e suas defesas necessárias para estar na cultura. Na perspectiva da constituição da subjetividade, tudo é não estruturado e estruturante. O infantil encarna de forma absoluta o devir, sendo que as estruturas não estão decididas (Bernardino, 2011).

As neuroses, como afirmamos, necessitam do recalque, o qual ocorre somente depois de completada a constituição do aparelho psíquico. Portanto, para quem exerce a clínica nesses momentos da constituição, a neurose infantil tem uma dupla leitura, como afirma Silvia Zornig (2000): de um lado, representa um sofrimento psíquico e, de outro, sinaliza a presença das defesas pelo recalque, indicando a ação de um aparelho psíquico constituído.

A psicose infantil, que tem relação com a psicose adulta talvez só no nome, também não é decidida, tendo como mecanismo a foraclusão da separação do outro da maternagem, impedindo a instalação da ordem simbólica. O bebê, ou a criança, fica preso em uma estrutura imaginária, quer pela ausência ou falha na função paterna, quer por sua captura em uma relação de completude narcísica com o outro da maternagem, ficando retido na malha imaginária e com dificuldades na relação com o real, não deslocando os excessos narcísicos para o ego ideal ou o ideal de ego.

A perversão tem como diferencial o mecanismo da denegação, em que o sujeito que poderia se instalar na lei simbólica a denega, faz de conta que ela não existe e desliza por uma cadeia de transgressões, defendendo-se da angústia pela clivagem do ego. Na atualidade, a questão da transgressão nos remete às possibilidades de o sujeito singular encontrar formas criativas de estar no mundo ou até mesmo de se colocar criticamente diante de padrões da subjetivação empobrecidos, colocando muitas dúvidas no valor psicopatológico do conceito de perversão.

Sob a ótica desses processos da constituição da subjetividade e de suas manifestações ao longo da vida, a presença de um sintoma neurótico aponta a instalação do recalque secundário e, quando ocorre em um percurso terapêutico, pode representar uma evolução. Da mesma forma, quando na psicoterapia de um autismo eclode uma somatização ou uma fobia, também podemos considerar que houve uma evolução.

Esse dinamismo, próprio da infância, deve ser considerado, pois do contrário estaremos congelando estruturas a partir de um diagnóstico classificatório, sendo o que ocorre quando se utilizam de forma exclusiva os manuais classificatórios, reduzindo o diagnóstico a uma classificação botânica, quando seria necessário, e até indispensável, o diagnóstico estrutural, possível a partir desses referenciais psicanalíticos.

A psicossomática infantil na psicopatologia e na clínica da constituição da subjetividade

A somatização pode estar presente em todas as situações anteriormente descritas, mas podemos dizer que trazem para o nosso cenário a questão da privação e do excesso.

Mas privação e excesso de quê?

A privação

A psicossomática psicanalítica do adulto deu sustentação para que L. Kreisler (1999) e Rosine Debray (1988) estabelecessem suas contribuições à psicossomática infantil.

A depressão essencial dos adultos na infância foi denominada por Kreisler de depressão branca. Sua antecessora foi a depressão anaclítica, conceituada como o quadro de regressão e atonia vital total da criança que, após ter vivido um tempo com suas mães, foram abandonadas. Se a separação durasse mais de três meses esse quadro seria irreversível, segundo as afirmações de Spitz. Menos de três meses de separação as suas manifestações poderiam ser recuperadas, também segundo Spitz. As constatações evidenciaram que essas afirmações não podem ser consideradas de forma absoluta na prática clínica, pois na clínica da primeira infância só podemos saber sobre o potencial de reversão dos quadros psicopatológicos *a posteriori*.

Spitz (1979) resolve duas questões de uma só vez: primeiro descobre a depressão na infância e, depois, o papel das relações afetivas na constituição do sujeito psíquico, bem como o efeito destrutivo da carência afetiva. Isto é, quando a deslibidinização e a ausência dos investimentos narcisizantes sobre o bebê desencadeiam uma retração da pulsão de vida e a desfusão pulsional, a desorganização psicossomática pode ser mortal.

A depressão anaclítica relaciona-se com a melancolia, pois são entidades psicopatológicas que precisam de um aparelho psíquico constituído o suficiente para que o objeto seja concebido como externo, desencadeando os efeitos de sua perda.

Diferente da depressão branca, que, tal como na depressão essencial, é determinada por um vazio de investimento, que no adulto pode levar à retração da libido, mas na criança, ou no bebê, leva a uma não libidinização, a uma falha na constituição do narcisismo primário, muito mais devastadora para o psiquismo.

Vemos, então, pela perspectiva da depressão anaclítica e da depressão branca, que a privação é do investimento libidinal, narcísico e afetivo, sendo uma violência considerá-las apenas na "lógica das deficiências em neurotransmissores cerebrais".

Violante (2002), estudando a depressão infantil, levanta a hipótese da *potencialidade melancólica*, conceito criado para destacar uma possível marca, profundamente deixada no aparelho psíquico, quando nas origens um grande vazio relacional e libidinal ocorre. Essa marca manter-se-ia como uma predisposição à depressão, esta sim bem mais evidente que as supostas deficiências de neurotransmissores, defendidas pela psiquiatria de orientação biológica.

O excesso

A outra situação descrita na psicossomática é a do comportamento vazio e da neurose de comportamento, que podem ser também chamadas de distúrbios de comportamento. Essas modalidades psicopatológicas são contrapontos críticos para os supostos transtornos de atenção e impulsividade, muito em moda hoje.

A excitação pode ter uma vertente somática, comportamental ou mental. Quando existe uma falha na vertente mental, o corpo e o agir tomam a dianteira e são usados como defesa, evitando danos psíquicos ou psicossomáticos mais sérios.

Baseando-se na teoria de Spitz, L. Kreisler, M. Fain e M. Soulé, no clássico trabalho *A criança e seu corpo* (1981), descrevem os distúrbios funcionais da criança como relacionais. Apontam o fato de que a função materna tem o papel de uma prótese psíquica, paraexcitando as tempestades pulsionais ou metabolizando os processos psíquicos primários da criança, evitando uma sobrecarga traumática sobre a mente ou o corpo do infante.

No entanto, a função paraexcitadora pode ter seu oposto, excitando e transbordando o equilíbrio psicossomático da criança.

O bebê e a criança podem ser tomados por projeções de fantasmas inconscientes dos cuidadores e imaginariamente antecipados como sujeitos protagonistas de um trauma transgeracional.

Podemos dizer que estamos diante de um excesso de espelhamento e excesso de intrusão da conflitiva do outro. Se na depressão branca temos de reconstruir vínculos perdidos, aqui o trabalho é de separação dessa fusão imaginária. Temos, aqui, uma aproximação com as psicoses infantis, sendo que quadros de somatizações estão presentes em psicoses não decididas.

A exclusão

A exclusão tem como paradigma o autismo. Nesses casos, enfrentamos uma grande complexidade, mas atualmente, a partir do que podemos aprender com a clínica da subjetividade, existe uma estrutura própria em sua conceituação psicopatológica, que é a da exclusão do semelhante (Jerusalinsky, Pereira & Lambert, 2012). Tal exclusão ocorre por uma falha no organismo e/ou na função materna, falha hoje vista como secundária à indiferença do bebê, mas que também pode ser primária. Temos, aqui, um bom exemplo de uma "conjunção explosiva".

O processo de estruturação da subjetividade fica retido em sua origem, e o organismo resiste à inscrição de um aparelho psíquico, de uma captura imaginária. Laznik (2004) destaca esse fenômeno no autismo, apontando que nesses casos o que faz falta é a alienação, que estaria em excesso nas psicoses não decididas e nas somatizações.

Vemos aqui outra forma de compreender o dinamismo constitutivo na psicopatologia. Se um autista apresenta aspectos de uma psicose não decidida ou uma somatização, dependendo do momento do processo de sua estruturação da subjetividade, podemos dizer que já há interação e implicação na filiação.

Hoje, muito além dos excessos das concepções da psicanálise do passado – como a das "retrações autísticas" defensivas e das "fortalezas vazias", metáforas muito utilizadas para configurar o autismo no início das pesquisas sobre esses casos –, sabemos que atuam nesse quadro uma complexidade que nos coloca diante de um limite. Problemas no organismo, desde síndromes até supostos problemas genéticos ou neurológicos, embora não definitivamente comprovados, e problemas nas relações parentais estruturantes coexistem.

Então, os automatismos estão presentes, mas secundários à não incidência da ordem pulsional.

As descobertas da epigenética e da neuroplasticidade contribuem de forma importante para as novas conceituações nesse campo, necessariamente transdisciplinar.

Na clínica do autismo, de uma polêmica desintegradora entre organogênese e psicogênese, hoje o paradigma é o da detecção e o da intervenção precoce. E, nisso, a importância da psicanálise é indispensável, tendo para tanto evidências inegáveis.

Referências

BERNARDINO, L. A questão da psicose na infância, seu diagnóstico e tratamento, diante do seu "desaparecimento" da atual nosografia. In: JERUSALINSK, Alfredo & FENDIK, Silvia (Org.) *O livro negro da psicopatologia contemporânea*. São Paulo: Via Lettera, 2011.

BLEICHMAR, Silvia. Transtorno psicossomático requer uma simbolização mínima para sua "psiquização". In: *Clínica psicanalítica e neogênese*. São Paulo: Annablume, 2005.

DEBRAY, Rosine. *Mães e bebês em revolta*. Porto Alegre: Artes Médicas, 1988.

FERRAZ, F. C. Das neuroses atuais à psicossomática. In: FERRAZ, F. C. & VOLICH, R. M. *Psicossoma I*: psicanálise e psicossomática. São Paulo: Casa do Psicólogo, 1997.

FREUD, S. (1894[1895]) Sobre os fundamentos para destacar da neurastenia uma síndrome denominada "neurose de angústia". *Edição Standard Brasileira das Obras Psicológicas Completas*. Rio de Janeiro: Imago, 1996; v. III.

______. (1905[1904]) Sobre a psicoterapia. *Op. cit.*, v. VII.

______. (1914) Sobre o narcisismo: uma introdução. *Op. cit.*, v. XII.

______. (1920) Mais além do princípio do prazer. *Op. cit.*, v. XVII.

GREEN, A. "El analista, la simbolización e la ausencia en el enquadre analítico", veintecinco años después. Colóquio com el doctor André Green, Elsa Rapaport y otros. *Revista de Psicanálise*, t. VI, n. 2, Buenos Aires, 1999.

______. Sur la discrimination et indiscrimination affect-representation. In: *La pensée clinique*. Paris: Odile Jacob, 2002.

JERUSALINSKY, Alfredo. *Psicanálise do autismo*. São Paulo: Instituto Langage, 2012.

JERUSALINSKY, A. & LASNIK, M-C. Uma discussão com a neurociência. In: JERUSALINSKY, Alfredo & FENDIK, Silvia (Org.) *O livro negro da psicopatologia contemporânea*. São Paulo: Via Lettera, 2011.

JERUSALINSKY, Alfredo; PEREIRA, Mario Eduardo Costa & LAMBERT, Maria T. A gestação e o primeiro ano de vida. In: *Psiquiatria da infância e da adolescência*. Barueri: Manole, 2012.

KREISLER, L. *A nova criança da desordem psicossomática*. São Paulo: Casa do Psicólogo, 1999.

KREISLER, L., FAIN, M., & SOULÉ, M. *A criança e seu corpo*. Rio de Janeiro: Zahar, 1981.

LACAN, J. (1949) O estádio do espelho como formador da função do eu. In: *Escritos*. Rio de Janeiro: Jorge Zahar, 1998.

LAZNIK, Marie-Christine. Do fracasso da instauração da imagem do corpo ao fracasso da instauração do circuito pulsional: quando a alienação faz falta. In: *A voz da sereia*: o autismo e os impasses na constituição do sujeito. Salvador, BA: Ágalma, 2004, p. 49.

LEBOVICI, S. *O bebê a mãe e o psicanalista*. Porto Alegre: Artes Médicas, 1987.

LURIA, A. R. A construção da mente. São Paulo: Ícone, 1992.

RANÑA, W. Psicossomática e o infantil: uma abordagem através da pulsão e da relação objetal In: Ferraz, F. C. e Volich, R. M. *Psicossoma I* – Psicanálise e psicossomática. São Paulo: Casa do Psicólogo, 1997.

______. Distúrbios funcionais da criança na clínica pediátrica. In: MARCONDES, E. (Org.) *Pediatria básica*. São Paulo: Sarvier, 2002.

______. A criança e o adolescente: seu corpo, sua história e os eixos da constituição subjetiva. In: VOLICH, R.; FERRAZ, F. C. & RANÑA, W. (Org.) *Psicossoma III*: interfaces da psicossomática. São Paulo: Casa do Psicólogo, 2003.

______. Psicossomática e intersubjetividade: a fundação do inconsciente, a subversão libidinal e a metáfora paterna. In: VOLICH, R.; FERRAZ, F. C. & RANÑA, W. (Org.) *Psicossoma IV*: corpo, história e pensamento. São Paulo: Casa do Psicólogo, 2008, p. 71-92.

RASSIAL, J-J. *O adolescente e o psicanalista*. Rio de Janeiro: Companhia de Freud, 1999.

SCHILLER, P. As psicossomáticas. In: VOLICH, R.; FERRAZ, F. C. & RANÑA, W. (Org.) *Psicossoma III: interfaces* da psicossomática. São Paulo: Casa do Psicólogo, 2003.

SPITZ, R. A. *O primeiro ano de vida*. São Paulo: Martins Fontes, 1979.

VIOLANTE, M. L. Psicanálise e psiquiatria: campos convergentes ou divergentes? In: VIOLANTE, Maria Lucia (Org.) *O (im)possível diálogo psicanálise e psiquiatria*. São Paulo: Via Lettera, 2002.

ZORNIG, Silvia Abu-jamra. *A criança e o infantil em psicanálise*. São Paulo: Escuta, 2000.

12. À flor da pele na flor da idade: um olhar da psicossomática sobre a dermatologia infantil

José Atilio Bombana

A proposta deste trabalho é levantar algumas questões a respeito das possibilidades de abordagem da psicossomática psicanalítica no campo da dermatologia de crianças e adolescentes.

A clínica psicossomática da criança abrange um grande leque de quadros, com gravidades diferenciadas. A estruturação da constituição psíquica de um indivíduo determinará em grande parte sua capacidade de resistência física aos eventos agressores que possa vir a sofrer ou, como diz Léon Kreisler (1999), a desorganização das defesas psíquicas traz consigo a das defesas biológicas.

A patologia psicossomática dirige a reflexão e a prática para as faltas, falhas, vazios do pensamento afetivo e, quando se trata de um bebê, para as modalidades interativas geradoras de buracos relacionais ou de distorções que introduzem falhas objetais.

Para fazer uma grande generalização, podem ser considerados quadros psicossomáticos comuns nas crianças, da primeira infância à adolescência: asma, dermatites, distúrbios do sono e do apetite, infecções respiratórias e atrasos do crescimento. Considerando apenas os quadros mais presentes na primeira infância, merecem destaque as patologias funcionais e a asma.

As primeiras investigações clínicas assumem grande importância, podendo inclusive ter valor terapêutico. Tradicionalmente, na psicossomática psicanalítica de crianças utilizam-se entrevistas, jogos, desenhos, e para os bebês, atendimentos conjuntos para a criança e sua mãe ou seus pais. Certos tratamentos devem continuar depois do desaparecimento dos sintomas somáticos, ao passo que outros podem ser interrompidos mesmo que persistam os sintomas. Esses tratamentos podem durar anos ou ser breves (semelhantes às consultas terapêuticas).

O atendimento de crianças, de modo geral e também na psicossomática, confere importância fundamental ao meio no qual ela vive, destacando-se, dado o lugar central, as interações mãe-filho.

A importância do início da vida e do amor da mãe para que se constitua o sentimento de ser alguém em um corpo foi enunciada por Winnicott (1970) da seguinte forma: "ser amado no início da vida significa ser aceito [...] no princípio a criança possui um projeto de normalidade que, em grande parte, é uma questão de forma e funcionamento de seu corpo [...]. É verdadeiramente no princípio que a criança necessita ser aceita como tal para que possa se beneficiar dessa aceitação" (p. 264).

Os problemas da relação mãe-criança podem abarcar tanto situações de exagero como de falta de participação materna. Podem-se mencionar como situações de exagero as problemáticas advindas do excesso de contato, por vezes sobrecarregadas de erotismo com o corpo da mãe. Já em uma perspectiva oposta, apontam-se os estados depressivos maternos, podendo desencadear depressão também na criança.

Passando agora ao cenário relativo à pele, convém lembrar da embriologia, para a qual tanto a pele como os órgãos dos sentidos e o sistema nervoso, são formados a partir do ectoderma, o folheto embrionário externo, o que os torna, portanto, em certo sentido, "seres de superfície".

As crianças, por meio das sensações cutâneas, são introduzidas, ainda antes do nascimento, em um contexto de grande riqueza e complexidade que, embora ainda difuso, desperta o sistema percepção-consciência e, finalmente, um espaço psíquico originário.

Retomando os apontamentos de Didier Anzieu (2000) em seu inspirado ensaio *O Eu-pele*, a pele, sendo de origem orgânica e ao mesmo tempo imaginária, opera tanto como um sistema de proteção da individualidade quanto como o primeiro instrumento e lugar de troca com o outro. Nos recém-nascidos é a epiderme que assegura a dupla função de paraexcitação e sensibilidade tátil. Pode-se também entender o Eu, em uma comparação com a pele, como composto por uma dupla película – uma como paraexcitação, e a outra, como superfície de inscrição. Dentro desse contexto, concebe-se a pele como capaz de proteger o equilíbrio do meio interno das perturbações exógenas, mas em sua forma, textura, coloração e cicatrizes, conservar os sinais por elas deixados. São justamente essas marcas que se tornarão o alvo dos procedimentos estéticos, como as cirurgias plásticas e os cosméticos. A pele pode ser fonte tanto de prazer como de dor.

As afecções da pele mantêm estreitas relações com as demandas da vida, com dificuldades emocionais, mas também com aspectos mais estruturais, como as falhas narcísicas e as insuficiências de estruturação do Eu. Costuma-se ver a profundidade das alterações da pele como proporcional à profundidade dos danos psíquicos.

É pertinente mencionar o papel que pode assumir o ato de coçar nos quadros dermatológicos, pois, podendo tomar um aspecto compulsivo, tende a perpetuar a patologia. Pode representar um conflito entre autoerotismo e autopunição.

Em um recente filme de Werner Herzog, *A caverna dos sonhos esquecidos*, pode-se admirar, certamente com emoção, o registro da primeira "assinatura" na história humana por meio da pele da mão, impressa em rochas. A pele continua possibilitando a identificação ainda na atualidade, por meio das marcas digitais nos documentos.

Os quadros dermatológicos podem ter um caráter transitório ou crônico, com implicações diversas quanto a sua origem e consequências para o seu portador. As situações crônicas implicam um sofrimento constante e uma perspectiva sombria, estando os pacientes sujeitos a maiores desgastes. Tende-se a considerá-las correspondentes a psiquismos mais comprometidos.

Outra consideração relevante diz respeito ao fato de a origem dos quadros ser de natureza adquirida ou congênita. Tradicionalmente, consideram-se patologia psicossomática os quadros orgânicos (apenas funcionais ou com lesão) que têm uma gênese e evolução com uma predominante participação de mecanismos psíquicos, o que dá margem a questionamentos quanto ao lugar conceitual ocupado pelos quadros congênitos na psicossomática, uma vez que haveria uma determinação predominante de herança genética. Esse aspecto será retomado em reflexões posteriores.

Também o aspecto preconceituoso que certos quadros dermatológicos podem despertar, pela aparência e visibilidade das lesões, com graves consequências na vida da criança, deve ser considerado.

Será relatada agora uma experiência clínica institucional, no Programa de Atendimento e Estudos de Somatização da Unifesp (Paes-Unifesp). Esse programa, iniciado há mais de vinte anos, tem como objeto de atenção a questão da somatização e aqueles que a manifestam, os chamados pacientes somatizadores. Ao longo desse período, foram atendidos pacientes adultos, em psicoterapia de grupo, psicoterapia individual, atendimento medicamentoso e atendimentos terapêuticos baseados em recursos artísticos como fotografias e trechos de filmes, os quais operam como objetos mediadores. A equipe de trabalho reúne profissionais de diferentes áreas, compondo um grupo voltado à psicossomática psicanalítica, inserido em uma instituição universitária pública.

Há cerca de três anos surgiu o desejo de ampliar o trabalho para o campo da infância e da adolescência. Dentre os inúmeros cenários possíveis, o Departamento de Dermatologia apareceu como uma possibilidade atraente, por ser um conhecido campo de fenômenos psicossomáticos. Há aproximadamente dois anos iniciaram-se os atendimentos nas próprias instalações da Dermatologia, o que trouxe inúmeras consequências. Um dos objetivos, uma aproximação com esse Departamento, tem sido lenta e gradativamente conseguido. Os contrastes entre o *modus operandi* de lá e de cá são grandes. Enquanto os atendimentos psicológicos a um paciente duram em torno de 45 a 60 minutos, os dermatologistas nesse período costumam atender a um número muito maior de pacientes; habitualmente, eles "perguntam menos" (segundo o olhar de um psicanalista), privilegiando a observação visual. É frequente a entrada na sala, durante o atendimento, de um funcionário da limpeza ou de um médico à procura de outro colega. A consulta em um local em que agulhas, gaze e outros materiais médicos podem por vezes permanecer nas mesas ou no chão (criando uma questão ao atender crianças pequenas que amiúde brincam no chão) imprime um cenário distinto do habitual. Pretende-se, aqui, fazer uma descrição do local dos atendimentos com suas decorrências, e não um juízo de valores em relação ao serviço, que, aliás, destaca-se pela competência e dedicação aos pacientes e que se mostrou receptivo a tais propostas.

Os encaminhamentos podem ser motivados pela compreensão por parte do médico de que o quadro dermatológico tem um importante fator psíquico associado ou desencadeante, como também por alguma questão que incomoda os pais, no que, então, há uma aproximação com os encaminhamentos habituais para o atendimento psicológico de crianças: dificuldades escolares e perturbações do comportamento (na escola ou no meio familiar). Nesse período, foram recebidos principalmente pacientes com vitiligo, alopécia, tricotilomania, psoríase e dermatite atópica, entre vários outros.

Para ilustrar a experiência supradescrita, serão apresentadas duas breves vinhetas clínicas, que trarão elementos para uma reflexão.

A primeira é o atendimento de Maria, uma garotinha de quatro anos e meio, filha única, que teve uma irmã natimorta. Fez tratamento por quadro de vitiligo, localizado ao redor do olho. O relato da mãe a respeito do início do quadro é de que, um ano antes, Maria foi internada com bronquite. Acabou sendo contida e amarrada ao leito. Ficou trêmula e logo surgiu uma mancha avermelhada na região do olho direito. A mancha foi crescendo e após três a quatro meses tornou-se esbranquiçada, circundando o olho.

De acordo com a mãe, a gravidez foi planejada. Teve aleitamento materno exclusivo até os seis meses de vida, tendo mamado até um ano e meio. Andou com um ano e, conforme a mãe, falou precocemente, já construindo frases com um ano. Usou fraldas até os dois anos e ainda usa chupeta. Quando Maria tinha seis meses, a mãe foi trabalhar fora, enquanto a menina foi para o berçário. Era uma criança calma, mas ficava "nervosa" e adoentada quando a mãe trabalhava, melhorando quando esta abandonava o emprego. A mãe dizia que não podia se ausentar e que Maria chorava por tudo. Aos dois anos e meio voltou a frequentar uma escolinha, mas chorava muito, ficou triste e abatida, dizia que apanhava das outras crianças. Tratava-se de uma criança com quadros alérgicos: com alergia à proteína do leite de vaca e a medicações, e com quadro de bronquite.

A mãe, com 29 anos no momento da consulta, fora criada por uma tia e pela avó, tendo seus pais se separado quando ela tinha dois anos. Apanhou bastante quando criança. Já adulta, trabalhou com cobranças, dizendo gostar dessa atividade. O pai, 28 anos na época, trabalhava em uma concessionária de veículos e cursava faculdade. Maria e sua mãe dormiam na mesma cama, e o pai, em outra. A primeira filha do casal teria sido muito desejada, e sua morte, de difícil superação. Estavam casados há um ano e meio. Depois disso a mãe engordou, não saía de casa, tendo feito tratamento com antidepressivos e psicoterapia. Para o pai, a perda foi ainda mais difícil, tendo ele também ficado deprimido e com medo de que esse fato se repetisse.

Os atendimentos a Maria foram feitos por uma dupla de terapeutas, com quem estabeleceu uma boa relação transferencial. Ela participava bastante das brincadeiras, era muito ativa, permanecia no chão, o que levou à providência de um tapete para a sala. Apresentava uma característica repetitiva: assumia papéis autoritários. Eram frequentes as situações de papai (o autor), mamãe (Maria) e filhinha (a outra terapeuta) nas quais se mostrava uma mãe sempre pronta a dar broncas, castigos e falar alto. Bastante solta, demonstrava razoáveis recursos psíquicos. Compareceu irregularmente por onze meses, até ser desligada por faltas.

O segundo caso é de um adolescente de treze anos, João, que morava com os pais, uma irmã de três anos e um tio, e que estudava na sétima série de uma escola pública. Fazia tratamento na Dermatologia há doze anos, por quadro de eritrodermia ictiosiforme congênita, o qual tem origem genética e cursa com eritema generalizado e descamação. Como diretriz básica do tratamento, não deveria se expor ao sol, o que poderia agravar seu quadro. A mãe, de 36 anos, inicialmente foi quem o trouxe para os atendimentos. Queixava-se de que ele não queria passar o creme indicado nem escovar os dentes, ficava muito tempo na TV, estava com notas ruins, não tinha interesse pela escola e tomava banhos muito quentes (o que comprometia seu quadro). Quando ficava irritado e "nervoso", havia piora do quadro dermatológico. Na rua, as pessoas paravam para olhá-lo. Quando mais novo, João aparentemente tinha um comportamento "normal", mas desde a quarta série estaria mais difícil. "Você quer voltar a ser bebê?", queixa-se a mãe, pois há pouco tempo ele quis ficar no colo do pai. Ele, às vezes, dizia não ter vontade de fazer nada. Via os amigos brincarem fora de casa, e ele não podia. Às vezes se coçava, chegando a se machucar. Gostava de ficar com os amigos para conversar, jogar futebol (quando isso era possível) e videogame. O pai, de 44 anos, trabalhava em uma metalúrgica no período noturno, e foi quem passou posteriormente a trazê-lo para os atendimentos, quando chegava do trabalho. Contava que, quando João era bebê, o quadro era mais grave, mas que já estaria bem melhor. Repetia algumas queixas da mãe, como os banhos quentes e as notas ruins (sua maior preocupação), mas disse uma vez, de modo muito afetivo, "que o filho é o seu xodó". A avó materna e o avô paterno são primos. O pai falou do parentesco e da doença do filho, questionando se haveria relação entre elas. Os pais diziam ter um bom relacionamento entre si.

Nos atendimentos, João interagia bem e iniciou-se um vínculo, embora ele não parecesse ficar inteiramente à vontade. As sessões começavam com conversas sobre diferentes assuntos, mas que geralmente tocavam nas questões da escola, dos amigos, do futebol que ele frequentemente tinha de evitar e sobre sua família. O garoto se queixava da mãe, que, segundo ele, "chegava a ameaçá-lo". Durante um período a mãe viajou para Pernambuco com a filha, e ele parecia estar bem apenas com o pai. Depois ele desenhava, fazia-se algo próximo ao "jogo do rabisco", um jogo da memória (que ele sempre ganhava), e, ainda, alguns jogos no computador que o autor passou a levar para as sessões (no qual ele também era mais eficiente). João frequentou os atendimentos por quatro meses, não retornando após as férias, pois mudara de período escolar.

Uma reflexão a partir dos dados apresentados deve, já desde o início, considerar os limites das observações feitas. Elas ainda contemplam um período relativamente curto, em um contexto novo, a Dermatologia. Despertam, todavia, questões de diferentes ordens.

Inicialmente, coloca-se uma indagação a respeito da estrutura psíquica presente nesses jovens pacientes e as possíveis particularidades que os diferenciam das demais crianças. Citou-se no início a questão da falta, falhas e vazios do pensamento afetivo, e considera-se que Maria representa bem esse ponto, já que nasce em um contexto de reparação e substituição de uma perda anterior. Também salientou-se o papel dos pais (especialmente das mães) no surgimento e evolução dos quadros clínicos, apontando o papel da carência ou excesso de presença materna. Maria pede a presença contínua da mãe, sugerindo alguma falta, talvez de uma mãe anteriormente deprimida, enquanto João sente-se bem longe de uma mãe por vezes hostil. Diante da importância dessa questão, tem-se cogitado iniciar um grupo terapêutico com os pais.

Ainda no caso de Maria, há o relato de uma manifestação somática a partir de um evento traumático. A consideração a respeito da desorganização das defesas psíquicas trazendo consigo a das defesas biológicas parece adequada. Significativa ainda foi a observação da transferência rapidamente estabelecida durante os atendimentos, nos quais vivências edípicas permeadas por manifestações de caráter autoritário, possivelmente provenientes de identificações com a mãe, fizeram-se presentes. No segundo caso, trata-se de uma situação clínica diversa, pois seu quadro dermatológico é de origem genética. Pode-se considerá-la um quadro psicossomático? Ele não corresponde estritamente ao conceito expresso anteriormente de um quadro orgânico com gênese e evolução em que predominam mecanismos psíquicos, entretanto, aí está um caso no qual o somático e o psíquico estão profundamente entrelaçados, especialmente quando se pensa na evolução futura de João. A questão da parentalidade entre os pais tem papel relevante em toda a situação, despertando incômodos e culpas tanto em um nível objetivo, como em outro imaginário. O nascimento da filha caçula saudável certamente foi motivo de alívio. Nos atendimentos, João não se queixava diretamente do quadro dermatológico, mas frequentemente da mãe, que o pressionava.

Os dois breves relatos dão a dimensão de uma clínica rica e diversificada. Está presente a diferença na origem dos quadros, com elementos traumáticos em um e genéticos no outro. Tanto os quadros congênitos como os adquiridos têm lugar nessa clínica, mas talvez apontem para universos clínicos diversos, com uma compreensão diferenciada, o mesmo ocorrendo quanto à perspectiva evolutiva. João parece sair perdendo nesse ponto. Tudo isso não impede que um atendimento analítico revele conflitos e possibilite intervenções em ambos os casos. Como ilustração, pode-se citar que Maria posteriormente passou a conseguir dormir na própria cama sem a mãe, enquanto esta pôde sustentar um trabalho no período em que a filha permanecia na escola.

Além destas, surgem indagações de ordem institucional, como o reconhecimento das particularidades da interação entre setores tão distintos, trazendo a necessidade de adaptações e certo "jogo de cintura" por parte da equipe que passou a frequentar o novo local. É necessário uma relativa tranquilização interna para a convivência com o diferente, respeitando as características de cada prática, com objetivos e procedimentos próprios. Lembrando que a pele opera tanto como um sistema de proteção de nossa individualidade como o primeiro instrumento e lugar de troca com o outro, talvez se possa inspirar nela nessa relação de cooperação. Muitas vezes, atendimentos tão prolongados para aquele contexto, no qual os dermatologistas intervêm tão rapidamente em um número tão grande de pacientes, geravam um autoquestionamento ou talvez até uma vivência de inveja, contrastada com a observação de situações em que eles se mostravam genuinamente interessados nas intervenções psicológicas. Inúmeras vezes surgiu o desejo de passar a atender as crianças em outro local, mais familiar e confortável. Entretanto, estar lá, "fora de casa", também tem suas vantagens: o contato com outros profissionais com suas contribuições e conhecimentos, possibilitando múltiplas trocas. Considera-se que talvez todos tenham a ganhar se for mantida uma atitude aberta de curiosidade e interesse. Sabe-se, desde Winnicott (1964), que o fenômeno psicossomático com frequência gera a múltipla divisão do paciente entre os profissionais envolvidos no tratamento. Pacientes com importantes divisões internas exploram e são explorados pelas cisões próprias de grandes e complexas instituições, servindo isso como um precioso alerta para essas interações.

A possibilidade de uma ação preventiva ao intervir precocemente nos quadros dermatológicos infantis é um dos focos de interesse deste trabalho.

A partir de uma prática de atendimento aos somatizadores crônicos adultos, em que se observa a frequente persistência das manifestações patológicas, espera-se que a abordagem, ainda durante a constituição de quadros como os mencionados, possa evitar futuras cristalizações.

Referências

ANZIEU, D. *O Eu-pele*. São Paulo: Casa do Psicólogo, 2000.

KREISLER, L. *A nova criança da desordem psicossomática*. São Paulo: Casa do Psicólogo, 1999.

WINNICOTT, D. W. (1964) Psycho-somatic illness in its positive and negative aspects. In: WINNICOTT, C., SHEPHERD, R. & DAVIS, M. (Org.) *Psycho-analytic explorations*. London: Karnac Books, 1989.

______. (1970) On the basis for self in body. *Op. cit.*

13. A clínica da constituição do laço: o caso da bailarina

Eloisa Tavares de Lacerda

"Os elementos não verbais da comunicação, que correspondem ao discurso ancorado no corpo através do qual a mãe (ou outro adulto) escreve seu próprio alfabeto pulsional no corpo do bebê, implicam em si mesmos uma "coescritura", já que também o bebê funda sua própria caligrafia, sendo ao mesmo tempo sujeito passivo e ativo na construção de sua subjetividade. Este circuito de "coescritura" persiste ao largo de toda a vida, uma vez que, na relação com os outros, tanto o que corresponde aos elementos suprassegmentares da linguagem como à gestualidade têm tanto valor quanto o conteúdo verbal da comunicação. Desta maneira, a sensibilização ocasionada pela observação do bebê nos abre um caminho para o reino do não verbal presente em todo ato comunicativo e/ou terapêutico."

Guerra, 2009

Mais uma vez escrevo sobre a prática clínica com bebês que, inicialmente, parafraseando Marie Christine-Laznik (2013), chamei de tratamento psicanalítico pais/bebê, quando o exerço em meu consultório. Adotei sem reservas a expressão que essa psicanalista nos fala em seus cursos para se referir ao atendimento clínico do bebê com seus pais, pois ela calou fundo em mim, já que aponta claramente uma das principais características desse trabalho com o bebê: o fato de não se poder tomar somente o bebê em análise. É necessário pelo menos um de seus pais na cena clínica; ou, ainda, é necessária, ao menos, a presença de seu cuidador primordial. Há, no entanto, outra modalidade do tratamento pais/bebê-criança pequena que organizei e instituí a partir de minhas vivências clínicas com crianças que se mostravam em sofrimento não só do ponto de vista psíquico, como também do neurológico. Essa veio a ser uma modalidade de tratamento que reúne na mesma cena clínica profissionais de vários campos, a qual intitulo clínica interdisciplinar da constituição do laço. Essa prática, que vem sendo exercida por mim e por outros colegas ao longo de quase dez anos[1], atualmente se configura, entre os profissionais de diversos campos, como parcerias, e não mais como uma equipe interdisciplinar fixa. Apesar da alentadora oportunidade de dividir com os leitores esse caso clínico, nessa introdução cabe a mim fazer algumas ressalvas.

O impacto gerado pela intensidade das cenas clínicas, que nos remetem à sobrevivência psíquica nos primórdios, causa tamanha angústia que sempre precisamos de um tempo entre nossos atendimentos para nos refazer de tanto "empréstimo". Nessas cenas – em que, na maioria das vezes, como aponta o poeta Rilke, "nenhuma palavra nunca pisou" – precisamos de tempo para colocar em palavras as histórias, vivenciadas em nosso corpo, que os bebês nos contam. Onde a palavra inexiste, os bastidores do trabalho devem gerá-la, produzi-la secundariamente de modo profícuo, pois é necessário encontrar recursos de elaboração e sustentação do sentido dessas situações, tanto para mim quanto para os profissionais que se emprestam – corpo, psiquismo e palavras – nesses encontros. Ou seja, muitas vezes sustentamos a intensidade das cenas clínicas a partir do *ritmo* e da *organização* do corpo do bebê, pois é por meio dos gestos dele e dos de sua mãe que podemos nos aproximar de suas experiências mais arcaicas que nos são contadas pela linguagem do corpo, do ato e das vivências ligadas aos traumatismos precoces já vividos por ele e, consequentemente, também por sua mãe! Sabemos que essas vivências não têm, ainda, representação para o bebê, mas mesmo assim elas já nos aparecem em contratransferências maciças, muitas vezes em nosso próprio corpo, porque são as tentativas do bebê de nos contar suas experiências vivenciadas nas trocas com seu primeiro objeto. Portanto, são essas tentativas do bebê e de sua mãe que reorientam nossa escuta (que em muitos desses momentos é visual!) para sua dinâmica sensório-motora, pois

---

1 Prática que, inicialmente, foi formalizada no Serviço de Acolhimento Relação Mãe/Bebê (Sambe). Esse serviço funcionou oficialmente dentro da Derdic/PUC-SP e foi implementado e coordenado pela autora ao longo dos anos, de agosto de 2004 a dezembro de 2011. Passaram por lá vários profissionais das áreas do desenvolvimento/neurologia infantil e da psicanálise. Uma troca riquíssima de experiências múltiplas em que não somente transmiti meus conhecimentos dentro dessas duas áreas, como também aprendi com todos eles. Atualmente, está sendo formalizada junto a outros profissionais em consultório particular.

também sabemos que a associação livre nessa modalidade de tratamento não é feita por palavras, e sim por gestos, pelas modificações do tônus, pelas atitudes corporais e, ainda, pelas modulações vocais.

Diga-se de passagem, essas cenas são sempre muito difíceis, se não pelas limitações das duplas mãe/bebê, ao menos pelas nossas em sustentar vários encontros em uma única cena! Impressões intensas, sempre muito primitivas, de tempos muito primeiros em nossa existência, impossíveis de serem lembrados depois que crescemos... Sobrando-nos, no entanto, a angústia – resto e registro mnêmico desses momentos de alto risco e delicadeza. Passamos pela extrema angústia para dela extrair outra possibilidade de afeto. Modulamos a angústia para essas mães. Aliviamos as mães de seu "*quantum* insuportável de angústia" para que elas possam voltar e nos trazer seu bebê! Essa é uma das marcas presentes nesses relatos clínicos e também na transmissão que venho oferecendo já há alguns anos. Nesse tipo de tratamento feito à primeira infância, em que a escuta do psicanalista e dos outros clínicos presentes nas cenas (quando o sofrimento do bebê pede outros profissionais das áreas relacionadas ao desenvolvimento físico) engloba as questões fantasmáticas da mãe, o manejo clínico não aponta somente na direção daquilo que se diz ao bebê nos primeiros momentos do trabalho, mas sim, e concomitantemente, para a direção da fantasmática materna (e, por que não, paterna também?).

Sabemos que existem outras formas de transmissão de um fazer para quem trabalha com bebês, como os atendimentos que se dão separadamente em cenas clínicas distintas, aprendendo cada clínico com seus próprios pares. Como exemplo posso citar os atendimentos do bebê e sua mãe com o psicanalista, o fisioterapeuta, o fonoaudiólogo e o terapeuta ocupacional – profissionais do campo do desenvolvimento infantil. Também existem as formas de transmissão a partir da observação dos bebês com suas mães a partir da observação de vídeos, com as discussões clínicas em um tempo do "só-depois". Neste capítulo, porém, apresento aos leitores a forma de atendimento e/ou transmissão desse fazer clínico interdisciplinar, com suas múltiplas transferências, em que somos obrigados a nos deixar tomar pelo que nos traz o bebê e sua mãe em "tempo real". E por que não considerar nossa contratransferência, isto é, o que nos trazem os bebês que fomos um dia e as mães que um dia tivemos, aqueles tempos tão arcaicos e fundamentais...

Nesse tipo de intervenção, lido desde o primeiro momento com uma possibilidade de acolhimento que incide diretamente sobre a compreensão da dinâmica interativa mãe/bebê. Após escutar aquilo que faz ruído na circulação de afeto entre a dupla, pondero se ainda há problemas de desenvolvimento a serem remetidos para outros serviços. Ou, ainda, se seriam necessárias intervenções simultâneas, acreditando, porém, que estas deveriam ser realizadas durante o estabelecimento do vínculo mãe/bebê pelo psicanalista, ou depois dele, sempre que a ocasião assim o exigir. Embora nos casos nos quais é de extrema urgência priorizar atendimentos sem que o profissional tenha de incidir em um primeiro momento de seu atendimento clínico no manejo vincular, como as situações extremas dada a urgência relacionada aos transtornos alimentares e/ou respiratórios, tenho por princípio que sustentar condições para o estabelecimento do vínculo é o procedimento primeiro porque irá, a partir dele, favorecer a saúde física e psíquica do bebê e de seus pais.

No caso que relato a seguir, a marca de uma patologia orgânica ou de uma alteração funcional se fazia presente, já que tanto pelas intercorrências ao longo da gestação que afetaram de forma contundente a formação do bebê quanto pelas que surgiram no momento do parto e levaram a uma lesão neurológica importante, acarretando o diagnóstico de encefalopatia crônica por anóxia (geralmente chamada de Paralisia Cerebral) – dados que me foram passados não só pela pediatra que me encaminhou a dupla mãe/bebê, como pelo relato da mãe sobre o parto/nascimento de sua filha. Nesse sentido, penso que também se tratava de uma patologia do laço porque, frequentemente, uma internação do bebê em uma UTI neonatal em suas primeiras horas de vida acarreta uma separação precoce que geralmente é muito traumática para o bebê – que passa por procedimentos muito invasivos e dolorosos – e também para sua mãe – que precisa lidar com questões a mais nessa passagem à maternidade, ligadas à sobrevivência de seu bebê. Mesmo quando o recém-nascido não apresenta sequelas ao deixar a UTI neonatal, o corte abrupto nessa ligação da mãe com seu bebê e as condições de uma internação (muitas vezes prolongada) que os mantêm afastados fisicamente faz que a mãe perceba que outros cuidam de seu filho melhor do que ela cuidaria, já que ele necessita de cuidados muito específicos. Sabemos, ainda, que muitas mulheres já sofrem com a separação que se dá no momento do parto, mas entendemos também que isso pode ser passageiro e completamente assimilável e ajustável pela mãe que se relaciona com seu bebê de forma satisfatória para ambos.

Minha prática clínica com pais e bebês que apresentam problemas orgânicos importantes, que recebem um diagnóstico muito sombrio já ao nascimento e, principalmente, que já mostram marcas orgânicas que levam às alterações em sua funcionalidade (como os problemas relacionados à coordenação da sucção/deglutição/respiração) revela que essas situações dramáticas marcam a condição subjetiva desse bebê. Isso porque sua mãe fica presa naquele trauma inicial que marcou tanto a vida do bebê quanto a dela, e com isso se sente impossibilitada de entrar livremente na relação com ele e de investir nele como sujeito, muitas vezes exercendo os cuidados maternos de modo a reproduzir em seus gestos e em suas ações os cuidados semelhantes feitos pela equipe da UTI neonatal. Muitas delas relatam que não se permitem entrar em contato com os afetos intensos e naturais dessa época do nascimento de seu bebê por medo e insegurança e, com isso, movimentam-se em uma maternagem completamente operacional, se é que posso falar assim. Muitas mães me relatam que, por terem medo de que seu bebê não sobreviva, mesmo já tendo recebido alta hospitalar, procuram não se apegar a ele.

Dessa forma, a partir da escuta do vínculo precoce, e não dos aspectos neurológicos, pude fazer uma leitura do pedido do bebê endereçado à sua mãe, ao mesmo tempo que constatei a gravidade de seu sintoma orgânico – mais uma vez a questão neuromotora nas cenas clínicas com a primeira infância! Quero deixar claro que a mãe também endereçou-me um pedido, por demais angustiado, para que eu deixasse de escutá-lo: havia algo que a impossibilitava de transitar livremente em sua nova função, a materna, e que a impedia de ter prazer em suas tentativas de encontro com sua filhinha em um momento da vida no qual a presença corporal é tão carregada de sentidos quanto o são as palavras. Então, passo a narrar a experiência da psicanalista que acompanha a mãe no "cuidar" de sua filha oferecendo uma mediação por meio da palavra e do diálogo tônico-postural – empréstimos necessários quando o corpo a corpo entre mãe e bebê é vivido como gerador de angústia.

Caso da bailarina[2]

> "Observar um bebê e seu entorno implica uma forma particular de aproximação da construção do psiquismo, como também

[2] Caso clínico apresentado pela primeira vez (com uma construção teórica mais abrangente) no Departamento de Psicanálise do Instituto Sedes Sapientiae de São Paulo, em 2005, como parte dos requisitos necessários para passar a membro deste. Foi também apresentado em 2009 no *Colóquio 100 anos de Hans*, do Departamento de Psicanálise da Criança do mesmo instituto e, em 2008, na Jornada *A terapêutica dos vínculos pais/bebê: o ritmo, os sonhos e os pesadelos na música da vida*, com o psicanalista Victor Guerra, na Derdic/PUC-SP.

implica uma forma de participação em experiências primárias que acarretam uma mobilização emocional, ao colocar em suspenso os mecanismos de pensamento próprios do processo secundário, além de facilitar uma impregnação emocional, sensorial e afetiva da experiência."

Guerra, 2009

Chamo o bebê e a mãe na hora da primeira consulta esperando encontrar uma cena "biafrense", dada a urgência estampada na fala da pediatra: "esse bebê vai morrer porque não consegue comer nada e está perdendo peso muito rapidamente!" A nenê vem no colo de sua tia, e sua mãe vem ao lado das duas. Ao vê-la, imediatamente me esqueço da distante Biafra[3] e de todas aquelas crianças desnutridas do continente africano. Com um enorme alívio, sorrio diante da cena que vejo. A bebê é muito pequena mesmo, mas é "um arraso de tanto charme!" Ela está com um vestido branco e rosa todo "fru-fru", tem uma fita vermelha de três centímetros de largura em volta da cabeça (semelhante àquelas que as bailarinas usam nos ensaios) e, por cima da fralda, uma calcinha branca cheia de fileiras de rendinhas no bumbum. Noto que minha expressão facial de apreensão diante da expectativa de um encontro muito difícil e pesado se dissolve. Sorrio com admiração, e meu olhar procura o dela, mas esbarro em uma total ausência de contato visual. Ela olha para o nada e sua expressão é de intenso sofrimento. A fisionomia da mãe é muito tensa, melhor dizendo, é dramática, e ela também não me olha. A da tia não é muito melhor, mas noto o esforço que faz para "segurar a onda", – melhor dizendo, o *tsunami*!

Entramos as quatro na sala e, assim que meu olhar encontra seu rostinho, a bebê chora. Procuro acalmá-la, chegando mais perto dela, e a mãe me diz, com um fio de voz, que ela está com fome, mas não consegue mamar. Diz que é sempre assim, mas fala tão baixinho que não sei se o que ouvi era mesmo o que ela me falou. Peço a mamadeira e digo à bebê que irei segurá-la.

Acho interessante que, apesar de a situação ser dramática, a mãe é capaz de atribuir um sentido ao choro de sua filha, diferenciando-o de outros choros dela, como aquele choro de quando ela apresenta um espasmo e sua

[3] Biafra (1967-1970), um pedaço da Nigéria que se separou (guerra Nigéria-Biafra), tornando-se um país, mas que depois foi reintegrado à Nigéria. Era sabido, à época, que em todo seu tempo de existência, a fome lá corria solta. Costumava-se utilizar "Biafra" ou "biafrense" como uma figura de linguagem para designar uma pessoa desnutrida.

cabeça é jogada para trás, como vai aparecendo mais adiante na sessão. Noto, ainda, que apesar de todo o drama alimentar – sua filha tem o diagnóstico médico de refluxo gastroesofágico –, a mãe não ficou presa ao organismo disfuncionante e pôde simbolizar algo para seu bebê. Mas noto também que a mãe, não podendo apaziguar o território biológico da necessidade – a fome de sua pequena filha –, não consegue entrar no território da satisfação para nenhuma das duas, e as palavras da mãe não comparecem nessa relação.

Ali a situação era de uma urgência extrema. Como o bebê já não ficava mais no colo da mãe e não fazia contato com o olhar, percebi que tal urgência não se restringia ao aspecto nutricional. Sua mãe me dava a impressão de que, além de não poder mais segurá-la, talvez também não tivesse nem um fio de voz para falar com ela. Troca de olhares, então, nem pensar! Ao final da segunda sessão, as falas da mãe vêm confirmar essas minhas primeiras impressões.

Pego a neném marcando um ritmo bem lento nessa passagem do colo da tia para o meu. Sento-me, muito lentamente, em frente à sua mãe com o propósito de manter as duas à minha frente e em um contato face a face direto comigo – quer dizer, reservando esse propósito para um momento futuro, quando ambas pudessem me olhar. "Servir de espelho" para essa mãe é algo que considero necessário nas cenas clínicas em que percebo na mãe a perda da representação interna de uma expressão de encantamento por seu filho. Sabemos que a "mãe suficientemente boa" de Winnicott é o primeiro espelho para seu bebê.

A mãe ainda não me olha, mas, apesar de sua cabeça abaixada, noto que acompanha meus movimentos com sua filha ao colo. Já é possível antever que ficarei conectada com meu olhar grudado no bebê por um bom tempo nessa sessão até que ela possa me olhar... Importante marcar a importância do tempo/temporalidade nessa clínica com os bebês e seus pais. As duas primeiras sessões duraram em média duas horas e meia. Noto que, quando atendo um bebê que precisa se constituir "via trabalho do analista no exato momento desse encontro mãe/bebê/analista (terceiro)" para poder existir subjetivamente, o tempo da sessão é outro: é o tempo da constituição presentificado na duração das cenas clínicas. As sessões são muito mais demoradas, ou seja, muito mais tempo é necessário quando acompanho um bebê e seus pais/mãe – principalmente se estes apresentam constituição psíquica precária (um dos pais ou os dois). Ou, ainda, quando o bebê não é reconhecido pelos pais como sujeito, mas está presente, sobretudo em seu discurso, na forma da patologia pela qual foi designado pelo profissional que o diagnosticou.

Inicialmente, quando passei a atender pais/bebê como psicanalista (e não mais como fonoaudióloga especialista no Conceito NDT Bobath[4]), eu me perguntava por que não conseguia finalizar esse tipo de sessão no mesmo tempo de uma sessão com sujeitos constituídos, mesmo que precariamente. A clínica nos ensina, e muito!

O *olhar* tem uma relevância enorme para a psicanálise, uma vez que, conceitualmente, está diretamente relacionado ao circuito pulsional. Assim, penso ser fundamental salientar, nesta vinheta clínica, que procuro capturar o bebê via olhar, porque esse manejo é um tipo de intervenção que contempla tanto a direção do desenvolvimento quanto a da constituição subjetiva. É diferente quando atendo uma criança muito pequena, mas que não é mais um bebê e, principalmente, quando já apresenta algum tipo de evitamento ativo que se expressa pela impossibilidade de olhar e/ou de ser olhada. Voltando aos bebês, tenho em mente que o olhar é fundamental para a formação do laço mãe/bebê (assim como a voz da mãe). Mas sei também que, quando procuro trazer o olhar do bebê para meu rosto (utilizando, inclusive, manuseios específicos para isso), faço-o não somente porque sua musculatura ocular interfere diretamente no posicionamento da cabeça, mas por saber que, do ponto de vista biomecânico, a posição da cabeça organiza o alinhamento da coluna cervical por meio da articulação da primeira vértebra cervical com a base do crânio, engrenagem esta que favorece o posicionamento do osso hioide, o qual interfere diretamente tanto na organização da boca (funções orais e expressão facial) quanto na organização global do corpo do bebê. Nos casos diagnosticados de distúrbio global do desenvolvimento (DGD) ou transtorno invasivo do desenvolvimento (TID), comparece aquela expressão facial marcada pela ausência de contato visual: o olhar da criança virado para cima, boca completamente aberta e saliva escorrendo. O evitamento ativo do contato visual com o outro acarreta, na dinâmica neuromotora, um prejuízo importante tanto do ponto de vista do desenvolvimento para o funcionamento das funções (visão, alimentação/deglutição e fala) quanto do ponto de vista da constituição (fazer laço com o outro).

Segurando a bebê, noto uma enorme tensão naquele corpinho tão pequenino. Percebo uma hipertonia importante ante a torção de seu corpo, que

[4] Conceito NDT (*Neuro Develpmental Treatment*), que é o Método Bobath, como é mais conhecido pelos profissionais que atuam dentro da área da neurologia infantil e no qual tenho especialização.

acaba ficando totalmente assimétrico em meu colo. Ela faz muita força para um mesmo lado e, a intervalos pequenos e regulares, sua cabeça estremece ao ser lançada para trás e ela, assustada, chora muito nessas horas. Vou procurando acalmá-la no meu colo, fazendo um suave movimento de balanceio com a intenção de organizar seu tônus corporal, que está muito alto. Ela está toda contorcida em um clássico reflexo tônico cervical assimétrico (RTCA), o qual se expressa no corpo do bebê por uma atitude muito assimétrica, de acordo com o posicionamento que a cabeça dele assume: extensão do lado do corpo para o qual a face está voltada e flexão para o lado occipital (posição do esgrimista). Esse reflexo aparece em tempos mais inicias da vida e é muito importante para o desenvolvimento neuromotor, pois com ele o bebê vivencia coisas fundamentais, como a alternância de extensão e flexão laterais, a transferência de peso e o olhar para sua mão. Mas a permanência para além da época e, ainda, com um tônus muito alto, trará consequências difíceis para o bebê, como a impossibilidade de o bebê levar sua mão à boca e a de pegar algo que está vendo e querendo.

Minha impressão é a de que seguro um "parafuso". Fico assustada e me preocupo, pois essa impressão não é um bom começo para um profissional acompanhar um bebezinho. Sei que um bebê tão pequeno não consegue olhar para um rosto deprimido ou assustado... Mais uma vez, um importante aprendizado clínico! Então, lembrando-me de meu primeiro olhar para ela com sua fita vermelha, resolvo apostar em uma metáfora mais "dinâmica e cheia de vida" e, ainda, mais simbólica que a de um parafuso. Então, sem precisar fazer qualquer esforço, recupero meu encantamento inicial de quando a vi pela primeira vez e sorrio, pois logo me vem a imagem de uma minúscula bailarina e já a imagino se contorcendo em piruetas, como Margot Fonteyn nos palcos da vida. Dessa forma, procurei dar contorno à "minha *prima ballerina*", física e simbolicamente falando, para que aquele corpinho tão estranho para sua mãe pudesse ser olhado e também investido com uma aposta em um futuro mais apropriado ao das menininhas, já desde sua tenra idade, ou seja, levando-a às aulas de balé.

Vou falando calmamente com Margot. Digo que achei-a muito lindinha, mas que sei que ela está sofrendo com tudo isso que está acontecendo em seu corpinho. Digo-lhe, então, que vou poder ajudá-la e à mãe dela também enquanto falo procurando reproduzir aquela curva melódica tão característica da voz materna, o *manhês*, que nós psicanalistas tomamos emprestado dos estudos com os linguistas:

"Sabe que você já me parece uma bailarina? Mas você precisa saber que ainda é muito cedo pra fazer tanta força e pra se contorcer assim. A mamãe me disse que você é muito lenta, mas eu tô achando você muito rápida! Antes de se contorcer feito uma bailarina, você precisa ganhar músculos... Então, você precisa comer primeiro."

Parece até que ela me compreende, porque dá uma leve acalmada naquela enorme torção e suspira profundamente. Relaxa um pouco em meu colo até um novo espasmo, e aí chora forte. A mãe, com uma cara de pavor, pergunta se ela sente dor. Decido tranquilizá-la e digo-lhe que "nossa bailarina não sente dor, mas ela se assusta muito com esse tranco que sua cabeça dá nesses momentos, e é por isso que chora". Volto meu olhar para minha minúscula Margot Fonteyn e falo:

"A mamãe também está sofrendo muito vendo você assim. Ela me pediu ajuda e vou ajudar vocês, mas preciso que você não faça tanta força assim... Agora não é o momento de você querer se alongar desse jeito. Calma! Primeiro, aqui comigo, você precisa passar pela fase do tatu-bolinha... e precisará comer, para depois você fazer os alongamentos e as piruetas de uma bailarina."

Nesse exato momento, percebo que sua mãe ri e olha para a tia de Margot falando: "Olha como ela fala engraçado com ela!". E as duas riem do meu jeito de falar com Margot. A mãe estava começando a se encantar com sua filhinha. Sinto que consegui enganchar a mãe e continuo procurando normalizar o tônus corporal de Margot, enquanto percebo que seu olhar ainda está ausente. Margot tem, então, um novo espasmo, mas não se assusta e, portanto, não chora. Nesse momento, a mãe me pergunta: "O que é esse tranco que a cabeça dela faz? A senhora acha que tem jeito pra evitar? O que eu posso fazer?". Digo-lhe que aquilo era um "curto-circuito" que dava dentro da cabecinha dela e que não havia o que fazer, além do que ela já sabia, que era levar ao médico e dar o remédio, como ela já estava fazendo. Disse-lhe que era impossível mexer dentro da cabeça da neném para interromper o "curto-circuito". Falei que se ela conseguisse fazer aqueles balanceios ritmados que eu estava fazendo enquanto brincava com sua filha, e daquele jeito devagar que era gostosinho para nossa bailarina e para quem brincasse com ela assim, isso já ajudava muito. Disse-lhe que não podíamos mexer lá dentro, mas que podíamos fazer assim...

Enquanto tudo isso vai acontecendo, percebo que a mãe se desligou um pouco da mamadeira que ela havia me passado ao início de nosso encontro.

Vou procurando ganhar tempo enquanto faço delicados manuseios no corpinho de Margot com movimentos lentos e ritmados, no intuito de baixar ainda mais seu tônus e de ganhar mais simetria, para que ela possa conseguir comer de uma forma mais prazerosa. Do jeito que seu corpo se encontrava ao início de nosso encontro, quando lhe dei a mamadeira pela primeira vez, atendendo a um pedido de sua mãe, ela tentou mamar, mas não conseguiu ritmo de sucção nem de coordenação do sugar com o deglutir, e não pôde tomar o pouquinho de leite que conseguiu sugar. Dessa forma, resolvi não fazer nova tentativa até que Margot estivesse não só com melhor controle corporal, como também que já estivesse podendo me olhar.

Vagarosamente, seu tônus global foi baixando e ela foi ficando mais simétrica em meu colo, respondendo bastante bem aos meus manuseios e às minhas falas "explicativas", que procuravam acalmar os estranhamentos de sua mãe em relação a tudo de diferente que acontecia em seu corpo e em seu jeito de funcionar. Expliquei-lhe que sempre que um lado do corpinho de sua filha ficasse na mesma posição que o outro, aqueles trancos iam diminuir bastante, e que ela ficaria calminha e satisfeita como estava naquele momento. Mostrei-lhe que agora a expressão de Margot era de satisfação e que ela até já estava me olhando. E fui falando:

"Eu tô gostando de brincar com você... Você pode me olhar que eu não tô assustada com você, não! Está gostoso a gente brincando assim de balanceio, e vai ficar mais gostoso ainda... Você quer ver?" – e mostro-lhe sua mamadeira – "Qué mamá? Hum! Nhamm Minhami!!! Eu tô vendo um leite tão gostosinho, hum... Quem será que preparou ele pra você? Você qué mamá agora?"

E continuo fazendo os pequenos balanceios que ajudaram-na a soltar aquela enorme tensão corporal e, com menor tônus, ela parece prestar uma enorme atenção em tudo o que lhe falo. Noto que sua mãe também presta atenção e, sorrindo, fala para a tia de Margot: "Olha como ela fala com ela! Olha como ela faz tudo devagar...", e, virando-se para mim, pergunta: "a senhora acha que ela vomita porque eu faço tudo rápido com ela?" Respondo dirigindo-me a Margot:

"A mamãe tá querendo saber se o que ela faz com você está certo... Será que a mamãe tá confusa? Ela tem muitas dúvidas, sabe? Eu acho que é porque ela não sabe o que acontece com você. Parece que a mamãe nem sabe mais o que fazer com você! Será que ela acha que já tentou de tudo e nada deu certo? Vamos mostrar pra ela que, se você não se esticar tanto, você vai gostar do leite que ela fez pra você?"

Ofereci a mamadeira a Margot e fui mantendo-a globalmente simétrica e "enroladinha" como um tatu-bolinha[5] em meu colo, dando-lhe de mamar. Precisei ajudar Margot a fazer um ajuste de sua boquinha no bico da mamadeira e ela foi, gradativamente, conseguindo mamar. Eu parava a intervalos regulares, dando-lhe tempo para que ela pudesse, ao se alimentar, curtir sua mamada. Fui sinalizando para sua mãe que ela acertou quando percebeu que sua filha estava gostando de um ritmo mais lento e que assim ela podia ir fazendo tudo: comer, brincar e dormir, igual aos outros bebês, porém mais devagar. Disse-lhe que eu não estava preocupada com o tempo que estávamos levando nessa mamada porque eu sabia que ela estava gostando de mamar e a mãe dela estava gostando de vê-la mamar. Muito lentamente ela mamou e muito lentamente fui posicionando seu tronco mais na vertical depois da mamada, até que soltou um sonoro arroto. Para surpresa de sua mãe, Margot mamou com aparente satisfação 140 mililitros. Ainda sustentou meu olhar por mais alguns minutos e adormeceu profundamente em meu colo. Mãe e tia não cabiam em si de encantamento para com a pequena bailarina adormecida e riam à solta, quando a mãe se virou para mim e perguntou: "O que a senhora fez, que em casa a gente dá sessenta na mamadeira e ela vomita 140? Aqui ela mamou 140 e não vomitou nada! Eu nunca tinha visto ela arrotar! Ela também nunca dormiu assim! O que a senhora fez?" Encerro esse primeiro encontro, que durou exatamente duas horas e dez minutos, dizendo: "Você prestou tanta atenção no que fiz e no que ela gostou, que eu aposto que você vai saber como fazer com ela em casa..."

Quando vou buscá-las na sala de espera para nosso segundo encontro uma semana depois, sorrio encantada: Margot vem acordada no colo de sua mãe, que a está carregando com todo o cuidado, mantendo-a em uma posição simétrica e com aparente conforto para ambas. Imediatamente percebo que ela já me olha ainda do colo de sua mãe. Ainda não é o olhar mais profundo que já vi dela, mas é um olhar que me olha! Dessa vez, ao entrarmos na sala, espero o momento em que sua mãe me entrega Margot e percebo que essa passagem se dá em um ritmo bastante lento. A mãe pareceu-me mais ajustada ao ritmo corporal mais lento e mais necessário

[5] Tatu-bolinha é como nomeamos para as mães a posição de enrolamento em que o bebê é colocado quando precisa ser posicionado assim. Em relação a essa temática, sugiro a leitura de Béziers e Hunsinger (1994).

para que sua filha possa ir colocando em funcionamento suas funções mais básicas com alguma satisfação para ambas. Embora eu tenha percebido que sua expressão facial está mais distensionada, assim como o corpinho de sua filha está menos hipertônico e menos assimétrico, a mãe ainda demonstra muita preocupação. Acho natural!

Dessa vez, Margot reage mais imediatamente ao meu manuseio *slow motion*, mas ainda apresenta aqueles espasmos, embora em menor grau de intensidade. Isso não parece mais assustá-las tanto, mas me preocupo, e muito. Ela mama menos dessa vez, mas sua mãe me diz que, em casa, ela continua mamando sem voltar o leite e que ainda continua dando-lhe o "remédio do refluxo". Como minha pequena bailarina dorme mais rapidamente nessa sessão, depois de um longo contato visual comigo, aproveito para ir colocando em palavras o que aconteceu em nosso primeiro encontro, já que a mãe não para de repetir que ainda não sabe o que aconteceu que agora sua filha come e dorme.

Soube pela mãe de Margot que, depois de nosso primeiro encontro, elas voltaram à pediatra que, espantada com as modificações ocorridas com as duas, pediu meu telefone à mãe e me ligou. Diz que está querendo entender o que se passou e o que fiz com sua pacientezinha e com a mãe dela. Ela intui que algo caminha noutra direção, mas não percebe qual. Acho que ela também precisa colocar palavras e abrir suas cenas clínicas para outros campos além da pediatria e da neurologia. De saída, gosto da postura dessa médica, que pede socorro para entender o que acontece com sua paciente, em vez de lhe prescrever imediatamente uma sonda nasogástrica ou uma gastrostomia – alternativas em que a criança é alimentada sem que o alimento passe pela sua boca. Na primeira, a comida vai do nariz ao estômago por um tubo; na segunda, o alimento vai direto ao estômago por um "botão". Essa pediatra é especial. Conseguiu fazer comigo uma rede para que, juntas, pudéssemos dar sustentação ao trabalho com as situações tão dramáticas relacionadas à alimentação da bebê e à maternagem de sua incansável mãe. E pôde me dizer que, apesar de não saber o que se passou com sua paciente na sessão comigo, a pequena Margot ganhou oitenta gramas em uma semana, e esse ganho de peso em um tempo tão curto é algo inusitado na vida desse bebê!

Considerações finais

Os encontros com a bailarina e sua mãe, além de muitos outros semelhantes, fazem-me pensar que os outros profissionais que tratavam desses bebês, até o momento em que suas mães me procuraram, não deviam fazer uma leitura semelhante à minha em relação a tudo aquilo que, para mim e para meus parceiros dessa clínica interdisciplinar, vem a ser a constatação da triste realidade desses bebês e de seus pais, a de que nessas cenas já estávamos diante de um sujeito e de mães que, desesperadas, os procuravam mas, no entanto, encontravam "somente" diagnósticos e procedimentos... Dessa forma, finalizo este capítulo afirmando que este texto se insere na área da detecção precoce de sofrimento físico e psíquico dos bebês que, junto a suas mães e seus pais, nos procuram para atendimento.

Essa possibilidade de intervenção em tempos tão primeiros nos possibilita ações transdisciplinares focando a prevenção de riscos a que os bebês estão expostos. Tanto na direção de seu desenvolvimento físico (aproveitando a plasticidade neural desses tempos), que se expressa na aquisição de sua funcionalidade neuro-sensório-motora, quanto na direção da construção do psiquismo do bebê e, ainda, na da promoção da saúde da relação mãe/bebê. Trata-se de um trabalho com a primeira infância que incide diretamente no laço que une o bebê ao seu primeiro cuidador e que tem a psicanálise como campo conceitual e a clínica interdisciplinar da constituição do laço como foco. Foi a partir desse tipo de prática clínica, exercida por mim já há muitos anos e que culminou com a possibilidade de transmitir esse fazer clínico aos profissionais que trabalham diretamente com bebês – muitas vezes em uma UTI neonatal –, que me pareceu sensato e também fundamental combinar dois campos do saber: o do desenvolvimento infantil, isto é, a medicina e áreas afins, levando em conta as questões orgânicas, já que os sintomas se fazem com e no corpo do bebê; e o da constituição do sujeito, que envolve a psicanálise e áreas afins, como a linguística e a fonoaudiologia, que consideram as questões da linguagem, da voz e da constituição da fala das crianças pequeninas.

Ao final, penso que deixei aqui minhas mais fortes impressões dessas cenas clínicas com minha pequena bailarina para que os leitores possam manter seu foco clínico, tanto na comunicação com os bebês e com suas mães e pais por meio das palavras que permitem circular os afetos silenciados quanto na disponibilidade interna para suportar essas cenas clínicas sem saturá-las com interpretações, mas encorpando-as sobretudo por meio de antecipações simbólicas de algo que ainda não pôde acontecer – dada a paralisação dos pais perante seu bebê e do estado deste de susto e também de paralisia diante da incompreensão de seus pais no tocante ao sofrimento de sua pequena criança. Por fim, a intervenção do psicanalista nessas cenas consiste, primeiro, em conceber um bebê transformado – transformação esta que acontece na mente do analista e que é fruto de seu pensamento clínico – e, a partir daí, colocar palavras nos gestos ou inaugurar gestos prenhes de palavras que interrompam o silêncio mortífero capaz de calar as famílias que se encontram desesperadas e cansadas quando procuram o atendimento.

Referências

ARAGÃO, R. O. De mãe para filha: a transmissão da maternidade. In: *A ética na atenção ao bebê*: psicanálise – saúde – educação. São Paulo: Casa do Psicólogo, 2006.

______. Os bebês do mundo ou o mundo dos bebês. *Alter – Revista de Estudos Psicanalíticos*, v. 29, n. 2, pp. 131-140, 2011a.

______. *Tornar-se mãe de seu próprio filho*. Curitiba: Honoris Causa, 2011b.

ATLANI-SOYEZ, E. Testemunho: do lado dos bebês eles falam com seus corpos. In: BUSÑEL, M-C. (Org.) A *linguagem dos bebês*: sabemos escutá-los?. São Paulo: Escuta, 1997.

BARRIGUETE, J. A. & LEBOVICI, S. *et al.* A função do pai: na consulta terapêutica pais-bebê e no tratamento dos transtorno alimentar na criança. In: SILVA, M. C. P. (Org.) *Ser pai, ser mãe – parentalidade*: um desafio para o terceiro milênio. São Paulo: Casa do Psicólogo, 2006.

BÉZIERS, M. M. & HUNSINGER, Y. *O bebê e a coordenação motora*. São Paulo: Summus, 1994.

CRESPIN, G. C. *A clínica precoce*: o nascimento do humano. São Paulo: Casa do Psicólogo, 2004.

DAVID, M. A atividade psíquica e corporal pré-verbal ou 18 minutos da vida de Tamara, com 3 meses e 16 dias (texto da Conferência filmada de Myriam David em Paris, outubro de 2002).

DES JARDINS, V. *A respeito das crianças que não conseguem encontrar seus interlocutores*: reflexão sobre o autismo infantil e sobre os precursores corporais e interativos do acesso à linguagem e à comunicação. Mimeo.

DOLTO, F. A gênese do sentimento materno: esclarecimento psicanalítico da função simbólica feminina, In: *O jogo dos desejos*: ensaios clínicos. Trad. Vera Ribeiro, 2ª ed., São Paulo: Ática, 1996.

ELIACHEFF, C. *Corpos que gritam*: a psicanálise com bebês. Trad. Sônia Goldfeder. São Paulo: Ática, 1995.

GREEN, A. O outro e a experiência de self. In: KHAN, M. *Psicanálise*: teoria, técnica e casos clínicos. Rio de Janeiro: Francisco Alves, 1997.

GUERRA, V. Las angustias del dormir y diferentes tipos de insomnio en la primera infancia, 2009, Mimeo[6].

LAZNIK, M. C. *A hora e a vez do bebê*. São Paulo: Instituto Langage, 2013.

ROCHA, P. Algumas considerações sobre a constituição psíquica. *Psicologia Argumento*, v. 8, n. 61, pp. 167-174, abr./jun., 2010.

TOLEDO, S. Diálogo tônico: a silenciosa comunicação mãe-bebê. *Cadernos de Psicanálise – CPRJ*, ano 31, n. 22, pp. 193-205, 2009.

[6] Trabalho gentilmente cedido pelo autor quando veio ao Brasil trabalhar com a autora e sua equipe, elaborado a partir da experiência de observação de bebês em consultas terapêuticas realizadas durante anos na Creche Maternalito e em consultório particular.

Adolescência: limites estruturantes e limites desestruturantes

14. Adolescentes na fronteira: em busca de uma morada

Mirian I. Rejani

Os adolescentes capturam nosso olhar. Barulhentos ou silenciosos, agitados ou isolados, expansivos ou retraídos, envergonhados ou extravagantes, não passam despercebidos. A exibição de seus corpos, posturas, roupas, maquiagens causa impacto e, como imagens, são mais reveladoras que palavras.

Assim, à primeira vista, o que chamava atenção em Renata era seu corpo com formas definidas, com a aparência de um corpo de mulher adulta. Ela tinha apenas 12 anos. Juliana, outra adolescente, com 15 anos de idade, vestia-se sempre com roupas escuras e largas, preocupando-se em esconder seu corpo e suas formas. Seu olhar refletia muita tristeza. Rafael, também com 15 anos, chamava atenção pela estatura de mais de 1,80 m, que ficava em desarmonia com seu rosto de criança. Ele aparentava bem menos idade.

Nos três casos, observamos que o corpo entra em cena antes da palavra. Segundo Fernandes (2005), "ele se apresenta, ao mesmo tempo, como o palco onde se desenrola o complexo jogo das relações entre o psíquico e o somático, e como personagem integrante da trama dessas relações" (pp. 33-34). Ainda de acordo com a autora, o corpo pode ser um veículo de expressão de dor e sofrimento.

A adolescência traz à tona a problemática do corpo que se transforma, às vezes, rapidamente demais, além dos limites que a psique possa suportar ou integrar, o que nos leva a pensar nas angústias de fragmentação e de despersonalização. Winnicott (1970) aborda o conceito de personalização enfatizando o inter-relacionamento entre a criança em desenvolvimento e seu corpo. A personalização implica a morada da psique no corpo, o que propicia a aquisição do esquema corporal e do sentimento de si mesmo. A psique chega a um acordo com o corpo, e as fronteiras do corpo são também as da psique. Winnicott diz, ainda, que, em determinados momentos da vida – e a adolescência pode ser um deles –, em virtude das intensas transformações internas e externas e da tarefa de encontrar e enfrentar o mundo, a psique pode ficar desalojada do corpo, e o caminho de volta à não integração, à dependência, não necessariamente é sinal de patologia, mas, sim, uma forma de o jovem se reorganizar, se reestruturar e de reencontrar o sentido do self.

Kernier e Cupa (2012) pensam a adolescência em termos de "muda: mudar de pele" (p. 452), apoiadas na metáfora do Eu-Pele, de Anzieu, em que os adolescentes seriam convocados a "despossuírem-se da epiderme infantil" (p. 457) para fazer pele nova. Esse trabalho de reconstrução de si mesmo, de acordo com as autoras, implica um processo de individuação e de separação e suscita a necessidade de continentes em níveis intrapsíquico, social e familiar, fundamentais à estruturação do sujeito adolescente. O texto aponta que, na falta dos continentes, o adolescente pode se sentir despossuído de seu corpo.

Jeammet e Corcos (2005) atentam para o fato de que o adolescente sente-se estrangeiro com relação ao seu corpo, ainda mais que se trata de um corpo sobre o qual ele não tem mais controle, deixando de ser uma barreira protetora entre seu interior e o exterior. O adolescente defronta-se, assim, com a tarefa de se reapropriar de seu corpo para que possa garantir sua identidade. A integração do novo corpo à psique é fundamental para o processo de constituição do eu, que está associado às vivências relativas à história pessoal, à intensidade pulsional e ao ambiente familiar e social no qual o jovem está inserido, que pode ser facilitador ou não.

São esperados por parte dos adolescentes comportamentos de oposição e de confrontação com os pais, o que provoca o afastamento destes e a aproximação do grupo de amigos, com os quais fazem programas distantes do território familiar. Isso lhes garante a criação e a apropriação de seu espaço. A passagem adolescente pressupõe certa dose de agressividade com relação às figuras parentais. A agressividade, aqui, é entendida como movimento, como gesto criativo, como descoberta do mundo, como algo constitutivo, em consonância com a concepção de Winnicott sobre esse tema. Segundo ele (Winnicott, 1975a), a "rebelião é própria da liberdade que concedemos a nossos filhos, criando-os de maneira tal que ele ou ela existem por seu próprio direito" (p. 196), acrescentando que a passagem para a vida adulta se faz sobre "o cadáver de um adulto" (*Ibidem*). Na adolescência, continua o autor, está contida a fantasia do assassinato, sendo que os pais necessitam sobreviver aos ataques de seus filhos, o que faz parte do processo de maturação.

A adolescência pode ser entendida como um estado de transição ou, para usarmos a linguagem de Winnicott, como um espaço transicional entre o interno e o externo, entre a dependência e a independência, entre a agressividade e a passividade, entre a rebeldia e a submissão. Esse terceiro espaço amplia a noção de limite que, segundo Green (1990), implica movimentos, em deslocamentos das fronteiras, em passagens de um território a outro. É um espaço de experimentação e trocas que permite o livre trânsito entre as instâncias internas e externas, entre a psique e o soma, entre a necessidade de independência e a de dependência, que no caso da adolescência pode resultar em um espaço protegido, em que se podem experimentar a espontaneidade e a criatividade, como afirma Outeiral (2008).

Observamos que, quando a mobilidade entre as fronteiras fica prejudicada, os jovens deparam-se tanto com as angústias de desamparo, de abandono, de separação e de perda, como com as de invasão ou engolfamento pelo objeto ou, ainda, ambas – conceitos e imagens estes utilizados por Green (1994) ao se referir aos estados fronteiriços. Nesses estados, o espaço potencial perde sua funcionalidade e é substituído pela criação de sintomas.

Retomo neste ponto os três pacientes citados no início deste texto: jovens em situação de intenso sofrimento psíquico, do qual tentavam se defender e encontrar uma unidade, quer por meio da passagem ao ato, quer pela total impossibilidade da ação.

Renata assustava-se com suas formas femininas adquiridas tão precocemente. Ela não se harmonizava com seu novo corpo, apresentando sentimentos contraditórios com relação a si mesma, ora se via como muito adulta e independente, ora como criança muito pequena, dependente e desamparada.

A mãe, também impactada com a súbita transformação física da filha, não foi continente às suas angústias no sentido de favorecer a integração e a ressignificação de seu novo corpo; ela decidiu, então, proibir Renata de usar roupas que as meninas adolescentes geralmente vestem. Observávamos que as roupas de Renata não eram "provocantes" ou "inadequadas", termos usados pela mãe ao descrevê-las. A mãe demonstrava medo de que o corpo da filha, agora apto a exercer a sexualidade, despertasse o desejo dos homens e, para "protegê-la", passou a restringir sua liberdade. Como resposta, Renata começou a cabular aulas, a ficar agressiva com os colegas de escola e com a mãe, a experimentar drogas. Uniu-se a uma gangue de meninos que praticava pequenos atos de vandalismo e passou a ter interesse por rapazes bem mais velhos que ela. Tais comportamentos, que tinham como função o confronto com a mãe, só fizeram aumentar a vigilância desta, que passou a levar Renata, após o horário das aulas, para o seu trabalho. A conduta desafiante persistia e, como dito por Jeammet e Corcos (2005), na oposição, o adolescente apoia-se no adulto com o qual ele se confronta, como afirmação de sua diferença.

Renata cobrava da mãe o contato com o pai, de quem era distante desde os cinco anos de idade, época da separação do casal. A mãe, que assumiu desde então total responsabilidade sobre a educação da filha, não facilitava o encontro de Renata com o pai, o que só aumentava a agressividade entre as duas. O trabalho de elaboração psíquica das angústias da adolescência, marcadas pelas transformações corporais e pela revivência do Édipo, não foram elaboradas e representadas mentalmente, restando a Renata a descarga pelo comportamento.

Cabe ressaltar, também, que a agressividade dirigida à mãe não foi entendida por esta como um movimento próprio da adolescente para expressar suas angústias. A mãe não sobreviveu aos ataques de Renata, como diria Winnicott (1975b), ao contrário, reagiu também pela agressividade. Talvez por causa de dificuldades no enfrentamento de sua própria adolescência (foi mãe muito jovem), não pôde ser continente às angústias da filha, que solicitava seu olhar e sua presença para que pudesse se reorganizar. Sem o suporte ambiental, Renata ficava refém do sofrimento e tentava aplacá-lo pela ação. A organização pelo comportamento, de acordo com Jeammet e Corcos (2005), é uma das formas de resposta do adolescente a situações de vulnerabilidade e de intensidade pulsional. Ao mesmo tempo que rivalizava com a mãe, Renata queixava-se de dores no peito e no estômago, as quais não recebiam atenção e cuidado por parte da mãe. A adolescente dizia: "Minha mãe não se importa". Em determinado dia, ela não quis ficar em sua sessão e foi embora sozinha, sem esperar pela mãe que estava em atendimento em um grupo de pais. No caminho, Renata começou a chorar e telefonou para que a mãe fosse buscá-la, pois estava "perdida". Naquele momento, não era mais a menina independente, "descolada", mas sim a criança frágil, desamparada, dependente, que tinha muito medo e solicitava a presença materna.

Renata transitava entre dois espaços – dependência e independência – e entre duas angústias – separação e intrusão. Cardoso (2001) aborda o desamparo dos adolescentes associado às vivências de ruptura e perda dos pais da infância, do corpo de criança, das referências identificatórias, implicando um excesso pulsional de energia não ligada que, no caso de Renata, por ultrapassar os limites do representável, era descarregado via ação.

Neste ponto, retomo a adolescente Juliana, cujo corpo era emoldurado pela tristeza e pelas marcas com gilete que fazia em seus braços e pernas, comportamento que teve início na idade de 12 anos. À época, ela menstruou, engordou, seu pai separou-se de sua mãe e foi morar em outro estado, retornando à família depois de um ano. Sobre os cortes, Juliana dizia: "Minha mãe chora pelas marcas horríveis que eu tenho no corpo. Ela diz que eu a deixo doente, que a pressão sobe, o *diabetes* descompensa, a hérnia de disco piora. O meu pai fala que eu sou doida". Juliana considerava o pai distante, e a mãe, invasiva. "Minha mãe quer arrancar de mim porque eu me corto, mas ela nunca saberá", comentava a adolescente. A mãe de Juliana considerava que a filha não teria motivos aparentes para se automutilar e, assim, perguntava-lhe repetidas vezes se teria lhe acontecido algo de muito grave que não era de seu conhecimento. Juliana respondia a esses questionamentos com o silêncio. Ela entendia que a mãe queria invadir sua privacidade, e era pelo silêncio e pelos cortes que afrontava a mãe, preservando sua individualidade.

Juliana comunicava-se na análise por meio de desenhos em tons sombrios que retratavam a morte, a solidão, o desamparo e por letras de músicas com teor melancólico, que se constituíam em veículos de expressão de seu sofrimento e exerciam algum controle sobre o ato de se cortar. Ela trouxe por algum tempo a letra da música "Clarisse", da banda Legião Urbana, que retrata a violência sexual contra adolescentes. Juliana prendia-se aos versos que falavam sobre os cortes:

> E Clarisse está trancada no banheiro
> E faz marcas no seu corpo com seu pequeno canivete
> Deitada no canto, seus tornozelos sangram
> E a dor é menor do que parece
> Quando ela se corta ela se esquece
> Que é impossível ter da vida calma e força
> Viver em dor o que ninguém entende.
> (Legião Urbana, 1997)

Os desenhos e essa música, que depois foi associada a outras, constituíam-se em objetos intermediários, por meio dos quais Juliana falava sobre o abandono, a falta do olhar do pai e a invasão da mãe, que vasculhava seus cadernos, nos quais desenhava e escrevia músicas, chegando a jogá-los fora inúmeras vezes. Juliana dizia que sua mãe não entendia seu jeito de ser, queria que ela usasse roupas brilhantes, que cuidasse da aparência, que fizesse regime alimentar para emagrecer. "Ela diz que eu não me visto como uma moça. Ela só se preocupa com a aparência." Os cortes ficavam mais profundos, e Juliana reclamava que a família não os via. Dizia ela: "Eles não me enxergam, querem que eu seja outra pessoa. Minha mãe quer que eu goste das mesmas coisas que ela. Eu gostaria de ser aceita do jeito que eu sou". Os cortes pareciam ser tentativas de marcar a diferença, de encontrar um lugar, de se separar, principalmente da mãe, que invadia seu espaço e não a aceitava como ela era. Sobre os cortes, a mãe não tinha controle, e era por meio deles que Juliana expressava sua singularidade. O corte, como ação violenta, traduzia o excesso que não podia ser metabolizado pela psique, que, nesse caso, parecia ser a angústia de não ser reconhecida como sujeito. A ação instaurava um processo de separação, de ruptura, de diferenciação abrupta com o outro, como dito por Jeammet e Corcos (2005). Eram marcas que faziam borda em sua relação com o ambiente, com o outro e com a realidade, conforme apontado por Costa (2003). Mas eram marcas dolorosas, pois expressavam o sofrimento psíquico que não encontrava respaldo no olhar do outro. Os pais não davam importância aos cortes da filha, mesmo após um deles ter quase resultado no rompimento de um tendão, assim como também não demonstraram apreensão pelas duas tentativas de suicídio decorrentes da ingestão de medicamentos.

O que era tão insuportável para Juliana que se traduzia nas marcas em seu corpo? Pedia um lugar dentro da família e mostrava para o pai as letras de música que compunha, mas ele as desvalorizava. As composições falavam da necessidade de ter uma existência própria, de poder ser tolerada em sua tristeza e em seu isolamento, de não precisar estar sempre feliz, como a família desejava, enfim, de poder expressar seu self.

Juliana revoltava-se com a invasão da família, especialmente a da mãe, sentia-se aprisionada, queria se libertar, ao mesmo tempo que solicitava o olhar de aceitação que pudesse lhe dar contornos, favorecendo, assim, a integração psicossomática. Os cortes pareciam ter dupla função, a de separação e a de chamar atenção sobre si, mas, paradoxalmente, despertavam o horror, a aflição e o afastamento.

Os cortes eram um pedido de socorro que foi expresso em uma letra de música com o título "Corpo em pedaços" e em alguns de seus escritos trazidos para a sessão: "Salva-me. Quem vai me ajudar? Quero voltar ao colo de quem possa cuidar de mim". Juliana pedia uma regressão à dependência, solicitava alguém que pudesse integrar e dar sentido ao seu corpo em pedaços. Na falta de alguém que a contornasse e a ajudasse a elaborar psiquicamente seu novo corpo, ficava em contato com "angústias impensáveis", o "cair para sempre", como descreve Winnicott (2006).

O processo de análise, com a música, o desenho e a poesia ocupando o espaço intermediário, proporcionou certa regressão à dependência, em que as angústias de separação e de intrusão foram adquirindo significado simbólico, não precisando mais ser descarregadas pela ação.

Em Juliana e Renata, as angústias relativas à separação, à diferenciação e à autonomia eram expressas pelo ato – que tinha a função de proteção ante a ameaça de fragmentação e de despersonalização. Em Rafael, observávamos um retraimento das ações. O adolescente aparentava bem menos idade, o que era perceptível tanto por sua aparência física quanto por seus comportamentos.

Rafael queixava-se de não ter amigos e de ser chamado na escola de "filhinho da mamãe". Ele reagia a esse comentário dizendo que os "outros meninos não tinham família", mas, ao mesmo tempo, questionava: "Como fazer para ter amigos?". Rafael e a mãe tinham uma ligação muito próxima e, para ele, o afastamento dela era visto como ameaçador e perigoso. Rafael tinha medo de sair sozinho na rua, por considerá-la perigosa. Ele comentava: "Posso ser esquartejado, ter o pescoço arrancado e cortado". A mãe, por sua vez, não fazia qualquer movimento no sentido de favorecer a independência do filho. O pai, que era visto como alguém fraco, incapaz, malsucedido, do qual Rafael não se orgulhava, também não interferia na relação do filho com a mãe para fazer o corte e colocar limites.

A passagem do espaço privado para o público, que seria um dos objetivos da adolescência, não se processava. Tudo acontecia em casa e em família. Como poderia ter amigos se não podia sair de casa? Rafael, como apontado por Cardoso (2011), ficava aprisionado na angústia de passividade, retraído e limitado em seu contato com o mundo externo. O adolescente recusava-se a agir, ficava inerte e impotente diante da intensidade da violência materna, que não favorecia a ruptura, a rebeldia, que não promovia a independência. O processo de individuação e de separação não se processava.

No decorrer da análise, Rafael começou a trazer questões sobre a sexualidade, passando a se interessar por sites pornográficos e por programas de televisão que exibiam mulheres com pouca roupa. Ele ficava muito assustado com a força da pulsão sexual sobre a qual não tinha controle. Seu corpo reagia como um corpo de adolescente, mas ficava dissociado da psique, que se assustava com as excitações que dele advinham.

Em paralelo, Rafael começou a ter comportamentos típicos de adolescente. Fez um corte de cabelo que estava em voga, passou a ir e a voltar sozinho da escola. "Fiquei mais rebelde", dizia. Nessa mesma época, fazia associações do tipo: "Quero cortar a cabeça da Medusa, pois ela petrifica os homens". Passou a ficar mais rebelde, demonstrando alguma agressividade mediante as determinações da mãe – movimentos estes que ela não avaliava como positivos. Nesse período, foi operado às pressas de apendicite e voltou aos atendimentos "em surto", um surto entendido como "organizador". Rafael estava expansivo, conversava com todos, fazia piadas, questionava a mãe diante das pessoas, queria fazer tatuagem. Falava de um sonho do qual se lembrava da frase: "Independência ou morte" e de um filme, que mesmo sem saber o enredo, o atraiu pelo título: *Até que a sorte nos separe*.

A cirurgia e o corte no corpo iniciaram o processo de diferenciação, de construção de um lugar distinto da figura materna. O jovem queixava-se da mãe, que não o deixava fazer o que tinha vontade, como ficar na rua, por exemplo. Ele falava de sua fantasia de sair de casa e de ter um lugar só seu, mas dizia o quanto isso era difícil em razão da atitude invasiva da mãe, que não permitia seu crescimento, o que era evidenciado inclusive pela desconexão entre seu corpo e seu comportamento. Rafael precisava fazer um trabalho de luto com relação ao objeto e ao corpo infantil, "um efetivo trabalho de alteridade", como dito por Cardoso (2011), uma verdadeira mudança de pele, conforme apontado por Kernier e Cupa (2012).

Nos três casos apresentados, observamos que os adolescentes oscilavam entre as angústias de separação e de intrusão, entre a necessidade de proximidade e de distanciamento do outro, o que despertava sentimentos de desamparo e de perda do sentido do self. A adolescência, a princípio, não foi experimentada por esses jovens como um espaço capaz de favorecer a espontaneidade e a criatividade; dada sua precariedade, o espaço de fronteira limitava a mobilidade e o livre trânsito entre as instâncias psíquicas, entre o interno e o externo, entre a psique e o soma. Cabe acrescentar que o ambiente, nesses casos, quer pelo excesso de presença ou de ausência, inibiu e não acolheu a expressão do gesto espontâneo, o que facilitou a criação de sintomas e o comprometimento da transicionalidade.

Na falta de um continente facilitador capaz de conter e acolher as angústias dos adolescentes, o transbordamento pulsional não metabolizado pela psique deixava os jovens expostos às angústias de fragmentação e de despersonalização. Cabe introduzir, neste ponto, algumas das falas das mães dos três pacientes. "Ela não era assim", dizia a mãe de Renata. "Ela era doce e meiga", falava a mãe de Juliana. "Quero meu filho de volta", reivindicava a mãe de Rafael, por ocasião do "surto". Segundo Winnicott (2011), como estado de imaturidade, a adolescência caracteriza-se pela alternância entre a independência rebelde, que envolve uma violência saudável e criativa, dependência regressiva, até a coexistência dos dois estados no mesmo momento. As falas das mães mostravam que os três jovens não foram aceitos em sua imaturidade, restando-lhes, para o enfrentamento da situação, a passagem ao ato ou à passividade, que parecem constituir os dois lados de uma mesma moeda, colocando em evidência a fragilidade dos limites entre a separação e a intrusão, entre o eu e o outro, entre a dependência e a independência, entre a psique e o soma.

Entretanto, entendemos os sintomas desses adolescentes como verdadeiros pedidos de socorro, como recursos utilizados à procura de um espaço em que pudessem reconstruir seu esquema corporal e exercitar seu verdadeiro self, encontrando, assim, uma nova morada. Para finalizar, retomo os últimos versos da música "Clarisse", lembrada inúmeras vezes por Juliana e entendida por ela como um sinal de esperança diante da situação na qual se encontrava.

> Eu sou um pássaro
> Me trancam na gaiola
> E esperam que eu cante como antes
> Eu sou um pássaro
> Me trancam na gaiola
> Mas um dia eu consigo existir e vou voar pelo caminho mais [bonito
> Clarisse só tem 14 anos...
> (Legião Urbana, 1997)

Referências

CARDOSO, M. R. Violência e alteridade: o mal-estar na adolescência. *Revista Latinoamericana de Psicopatologia Fundamental*, v. 4, n. 1, pp. 27-36, 2001.

______. Recusa ao ato na adolescência: uma reação subjetiva negativa? *Ágora*, v. 14, n. 1, pp. 21-23, 2011. Disponível em: <http://www.scielo.br/scielo.php?script=sci_arttext&pid=S1516-14982011000100002>. Acesso em: 20 abr. 2013.

COSTA, A. C. *Tatuagens e marcas corporais*. São Paulo: Casa do Psicólogo, 2003.

FERNANDES, M. H. *Corpo*. São Paulo: Casa do Psicólogo, 2005.

GREEN, A. *Conferências brasileiras de André Green*: metapsicologia dos limites. Rio de Janeiro: Imago, 1990.

______. *De locuras privadas*. Buenos Aires: Amorrortu, 1994.

JEAMMET, P. & CORCOS, M. *Novas problemáticas da adolescência*: evolução e manejo da dependência. São Paulo: Casa do Psicólogo, 2005.

KERNIER, N. & CUPA, D. Adolescência: muda psíquica à procura de continentes. *Ágora*, 15, v. 15, n. spe., pp. 453-467, 2012. Disponível em: <http://www.scielo.br/scielo.php?script=sci_arttext&pid=S1516-14982012000300007&lng=en&nrm=iso&tlng=pt>. Acesso em: 20 abr. 2013.

OUTEIRAL, J. *Adolescer*. Rio de Janeiro: Revinter, 2008.

WINNICOTT, D. W. (1970) Sobre as bases do self no corpo. In: *Explorações psicanalíticas*. Porto Alegre: Artes Médicas, 1994.

______. Conceitos contemporâneos de desenvolvimento adolescente e suas implicações para a educação superior. In: *O brincar e a realidade*. Rio de Janeiro: Imago, 1975a.

______. O uso de um objeto e relacionamento através de identificações. In: *O brincar e a realidade*. Rio de Janeiro: Imago, 1975b.

______. *Os bebês e suas mães*. São Paulo: Martins Fontes, 2006.

______. Adolescência: transpondo a zona de calmarias. In: *A família e o desenvolvimento individual*. São Paulo: Martins Fontes, 2011.

15. Duas adolescentes às voltas com os limites: Dora e a jovem homossexual

Adela Stoppel de Gueller

Partindo dos casos de Dora e da jovem homossexual, este trabalho propõe uma reflexão sobre os limites que resultam estruturantes ou desestruturantes ao sujeito na adolescência. Ambas as jovens tinham 18 anos quando Freud as atendeu[1] e chegaram por imposição dos pais, ou seja, sem uma demanda própria e em situações-limite: o tema do suicídio perpassa os dois casos e parece ter impelido os pais a pedir a ajuda de Freud.

Suicídio, anorexia, toxicomanias, delitos e fugas são sintomas da adolescência, respostas do sujeito ao real a partir do novo corpo e desse novo lugar social em que não se é mais criança nem se é ainda adulto. Sintomas, então, do tempo e do trabalho que dá fazer essa travessia para se afirmar em uma nova posição como sujeito.

A partir dessas ideias, e em uma espécie de brincadeira de faz de conta, propomo-nos a pensar: se esses casos chegassem hoje a nosso consultório, o que faríamos? Agiríamos do mesmo modo que Freud ou faríamos outro tipo de intervenção?

Uma diferença importante entre o que Freud fez naquele momento e a intervenção que faríamos hoje seria a de acolher os pais no trabalho. Sabemos que possibilitar aos pais que ouçam a mensagem do filho em momentos de urgência ou que suportem não se esquivar dela pode fazer grande diferença para o sujeito adolescente, permitindo que ele se reestruture, responsabilize-se por suas escolhas e reelabore o modo como vê os pais.

Nesses dois casos, os genitores impuseram às filhas o tratamento analítico e, ao fazê-lo, estavam de algum modo dizendo "basta". O limite imposto foi, ao mesmo tempo, um corte e um reconhecimento de que, naquele momento, eles não conseguiam conter a situação. Como funcionou esse limite? Favoreceu que as jovens saíssem do impasse em que se encontravam,

[1] Freud viu Dora pela primeira vez quando ela tinha 16 anos, mas o tratamento foi efetivamente realizado dois anos mais tarde.

permitindo-lhes caminhar na direção de orientar seu fantasma ou as reenviou a uma posição infantil?

O pai de Dora confiava em Freud como médico, porque tinha sido seu paciente, ao passo que o da jovem homossexual foi procurá-lo completamente descrente da psicanálise, mas pagar pelo tratamento não era um problema para ele. Isso quer dizer que, já de início, os pais tinham posições transferenciais muito diferentes em relação a Freud e ao tratamento psicanalítico.

Por outro lado, as jovens não tinham interesse algum pela análise. Do que dependia que se instaurasse essa possibilidade? Da habilidade de Freud, de sua criatividade? Qual é o papel do analista nesse momento? Um eventual trabalho preliminar com os pais teria propiciado uma entrada diferente? Acolher a angústia dos pais teria aberto um espaço para repensar sua demanda, a princípio reeducativa, em ambos os casos?

A clínica com adolescentes sai dos padrões clássicos e obriga os analistas a inventar. Como os adolescentes são subversivos, idealistas e questionadores, os analistas não caminham muito, ficando calados diante deles, em uma suposta neutralidade, nem bancando o lugar de um Outro consistente e sabedor, muito menos quando chegam à posição de recusa de Dora e de Sidonie[2]. Caso a caso, é necessário pensar como fazer para que as questões do sujeito e do saber fiquem abertas e possam ser colocadas em um tratamento psicanalítico com adolescentes.

Em *O mal-estar na civilização* (*El malestar en la cultura, 1930*), Freud comenta o trabalho de Aichhorn, *Juventude desamparada*[3], e situa dois métodos patógenos na educação: a excessiva severidade e a falta de limites. Diz que o pai excessivamente brando engendraria um supereu muito severo, porque, pelo amor que recebe, a criança não poderia exteriorizar agressividade contra ele e, portanto, voltá-la-ia contra si (transposição do sadismo a masoquismo); e que, inversamente, o pai excessivamente severo impediria que se criasse a tensão entre o eu e o supereu, resultando disso uma criança abandonada que dirigiria sua agressividade para fora. Podem essas pistas ajudar-nos a pensar em uma intervenção com os pais?

---

2 Nome adotado por Ines Rieder e Diana Voigt, biógrafas da jovem homossexual em *Desejos secretos: a história de Sidonie C., a paciente homossexual de Freud*.

3 Primeiro psicanalista a lidar com adolescentes delinquentes, Aichhorn trabalhou em tribunais de menores, o que o levou a se interessar pela psicanálise. Seu primeiro livro foi publicado em 1925 e prefaciado pelo próprio Freud. No prólogo, H. Tizio esclarece que o título em alemão, *Verwahrloste Jugeng*, remete "tanto a um lugar como a um sujeito que não contou com o cuidado e a preocupação do Outro", daí a ideia de desamparo (Tizio, 2006, p. 9).

Tentaremos pensar nessa borda delicada que se estabelece entre os pais da realidade e as funções parentais: que lugares são possíveis e necessários à estruturação do sujeito nesses momentos particulares de urgência, quando é importante que o pai ou a mãe intervenham a partir de outro lugar? A que pai se refere Freud, nos casos de Dora e de Sidonie?

Nesses momentos, pode fazer toda a diferença pensar com os pais se é conveniente que eles ocupem o lugar de destinatários da mensagem que o sujeito endereça ao Outro para dar uma resposta a partir daí, já que suas intervenções costumam ser muito mais eficazes que as nossas – mas, para isso, eles precisam se corresponsabilizar pelo que está acontecendo.

O lugar dos pais nos casos Dora e a jovem homossexual

Depois dessas considerações introdutórias, ponhamos no tabuleiro as peças do jogo. O que Freud fez com esses pais?

1. Recolheu suas falas, que trouxeram elementos para construir os casos.
2. Ouviu suas hipóteses sobre o que estava acontecendo.
3. Chegou a pensar em como eles poderiam estar concorrendo para que a situação tivesse chegado a esse ponto.

O que ele não fez foi falar a respeito com os pais (especialmente sobre o terceiro ponto). Freud anunciou-lhes que se pronunciaria, mas essa segunda parte do ato não aconteceu ou, em todo caso, não consta da história clínica.

Nesse sentido, podemos pensar que a fala dos pais e as intervenções de Freud com eles ficaram situadas em uma borda exterior ao caso, já que Freud deixou de ouvi-los em um momento em que o jogo nem tinha começado. Assim, ele não pensou em apontar-lhes de que modo eles poderiam favorecer esse momento de trânsito ou apontar se eles estavam obstaculizando-o em uma intervenção com eles nem cogitou em sua participação no trabalho, tampouco na possível eficácia terapêutica de uma mudança de posição dos pais nesse momento tão delicado.

No entanto, no caso Dora, ao distinguir conceitualmente o benefício primário do benefício secundário do sintoma, Freud subdivide o primário em duas faces: uma interna (a satisfação pulsional obtida pelo sujeito) e outra externa. A parte externa do benefício primário do sintoma estaria vinculada à colaboração dos pais na manutenção do sintoma. Isso significa que, se eles mudam de posição, os sintomas da adolescente não têm mais como se sustentar, já que "os estados patológicos se encontram geralmente destinados [*bestimmen*] a certa pessoa, de maneira que desaparecem quando ela se distancia" (Freud, 1905 [1901], p. 40)[4].

A finalidade de incluir os pais no trabalho psicanalítico com adolescentes seria poder intervir desse modo, principalmente nesses delicados momentos de urgência, em que um limite ao gozo se impõe como necessário.

Vejamos o que podemos pensar sobre essas questões em cada um desses casos.

A versão do pai de Dora

Após fazer um histórico dos sintomas e das dificuldades da filha, o pai de Dora expôs a Freud suas hipóteses. Disse que a inteligência do pai fez que ele mesmo não precisasse procurar como se havia configurado a neurose da moça – o pai já explicara tudo. Freud não o questionou nem emitiu um veredito, mas, colocando-se como um juiz imparcial, disse que escutaria a outra parte, isto é, a própria Dora.

Era a segunda vez que o pai levava Dora ao consultório dele. A primeira fora dois anos antes, quando ela estava com 16 anos. Dora estava afônica e com tosse, mas, após Freud indicar tratamento, seus sintomas desapareceram. Dessa vez, o pai contou que tinha encontrado uma carta em que ela se despedia da vida e que, depois de um "ínfimo intercâmbio de palavras" com a filha, Dora teve um ataque e perdeu os sentidos. Apesar de ele não ter suposto que fossem sérias as intenções suicidas da filha, pediu a Freud que a pusesse "no bom caminho" e decidiu impor o tratamento a Dora, que não queria saber de se curar.

Quer dizer que o pai tinha uma pergunta que endereçou a Freud: "Como devo entender essa carta? Como um drama ou como uma tragédia? Quanto devo me preocupar?".

O pai continua falando. Conta da amizade com os K, diz que a Sra. K tinha cuidado dele em uma doença e que ele era eternamente grato por isso. Diz que o Sr. K era amável com a filha e a levava para passear – o que

[4] Dessa mesma condição extrai sua força a transferência analítica.

poderia ter isso de errado? Dora também cuidava dos filhinhos do casal K, "fazendo-se de mãe" (Freud, 1905, p. 34). Em umas férias nos lagos alpinos, o pai quis deixá-la com eles, mas Dora, então com 16 anos, prontificou-se a voltar com o pai. Contou mais tarde a sua mãe que o Sr. K lhe tinha feito uma proposta amorosa. O pai disse que, nesse momento, ele e o tio pediram imediatamente uma entrevista ao Sr. K, para que se explicasse. Este negou peremptoriamente que isso tivesse acontecido e ainda acusou Dora de ter fantasiado o episódio. O pai, então, concluiu: "Eu não duvido que esse fato seja a causa de sua irritabilidade e suas ideais suicidas. Desde aquele dia, ela me pede que rompa relações com o Sr. K e, em particular, com a Sra. K, que antes ela venerava. Eu não posso atender a esse pedido". E enumera suas razões (Freud, 1905 [1901]):

a) considero que, o relato de Dora sobre o Sr. K é uma fantasia sua, ou seja, acredito na versão do Sr. K;
b) coitada da Sra. K! Não posso romper a amizade com ela. Ela é infeliz com o marido, de quem não tenho uma boa opinião. Ela se apoia muito em mim. Doutor, você sabe da minha saúde precária, logo, sabe que nada ilícito acontece com ela. [Refere-se à impotência sexual de que Freud tinha cuidado como médico anos antes.] Ela me consola, e você sabe que não posso contar com minha mulher para isso. Dora está tentando controlar minha vida e se metendo com minhas amizades. Em outras palavras, Dora está querendo me manipular. Não vou ceder a suas exigências, mas até onde ela está levando isso? A carta é para ser levada a sério? Seu último ataque sobreveio após uma conversa em que ela voltou a pedir que nos afastássemos dos K. Por favor, Doutor, coloque-a no bom caminho (p. 25).

É Freud, então, quem se pergunta: "Que estranho! Nas outras vezes, o pai tinha dito que toda a culpa do caráter insuportável da filha era da mãe... Agora, ele vem com essa história do Sr. e da Sra. K? Por que ele mudou de opinião?" (p. 26).

Pensa mas não diz, ou seja, não devolve a questão que o pai lhe endereça. A pergunta que o pai não formula é "por que ela me pede que rompa com os K?" Para o Sr. K, ele até deu uma justificativa, mas e a Sra. K, a quem ela tanto admirava, o que lhe deu agora com ela?

Se hoje recebêssemos esse pai interviríamos no sentido de abrir aí uma interrogação, perguntando ao pai o que o teria levado a mudar de opinião e por que a família K tinha um lugar tão importante para eles. Esse é o ponto que não foi franqueado porque, com a justificativa da manipulação, o pai preferiu mostrar sua firmeza. E foi assim que justificou por que não cederia à demanda da filha. À primeira vista, esse *não* – não cederei à demanda de minha filha – é a imposição de um limite. Mas esse limite foi estruturante ou desestruturante para Dora?

O pai decidiu manter sua posição e tentou colocar a filha na dela. Deixou claro que tinha interesses pessoais e disse a Dora: "Não se meta na minha vida. Você está na idade de namorar; se não quer, é problema seu".

Pontuemos que essa intervenção marca a entrada em cena do pai real, que é fundamental no terceiro tempo do Édipo. Ou seja, não se trata, aqui, nem do pai imaginário nem do simbólico. "O pai real é um pai retirado de todo magistério". Não é o pai simbólico que sabe tudo ou que porta as insígnias de nobreza ou poder, nem o pai imaginário fantasiado de rei ou de ogro que se impõe pela força. Ele "introduz a diferença de gerações, se fecha em seu quarto e permite que seu filho/a se relacione com alguém de sua geração, e é por isso que instaura a proibição do incesto. [...] O pai real é o agente da castração que instaura para o filho voltar-se para a sua geração" (Jullien, 1999, p. 40-41).

E, como pai de carne e osso, mostra sua fragilidade. Assim, também podemos dizer que o pai real é o pai que está nu.

É por isso que, meio cabisbaixo, ele pergunta a Freud: "Será que estou certo? Posso me permitir ter assuntos pessoais sem precisar me preocupar com a imagem paterna ou com a perda de autoridade perante minha filha? Minha filha já está na idade de saber que eu fraquejo por uma mulher que não é sua mãe?" E, se a pergunta do pai era essa, Freud tinha de ouvir Dora, pois de outro modo não tinha como se pronunciar, já que essa pergunta só pode ser avaliada a cada vez e, ainda, momento a momento. A variável tempo é fundamental. Não dizia Freud que a sexualidade, como real, chegava sempre ou muito cedo ou muito tarde?

A versão de Dora

Dora disse que o pai tinha um caso com a Sra. K e que ela estava sendo usada como moeda de troca. Disse também que tinha procurado a mãe, que tentou esclarecê-la sobre a relação entre o pai e a Sra. K. Explicou a Dora que, naquela época, o pai tinha querido se suicidar no bosque. A Sra. K teria suspeitado, ido atrás dele e o convencido a não se matar. Dora não acreditou nessa versão da mãe sobre a história. Ela teria visto os dois juntos e achava que o pai tinha inventado esse conto para justificar seu encontro amoroso com a Sra. K. Ao que Freud pergunta: "E por que você não denuncia seu pai? Por que você é conivente, encobrindo esses encontros?" E entende que Dora tinha entrado em uma disputa fálica com a Sra. K pelo amor do pai, ou seja, que seu pedido de ruptura com os K era uma demanda amorosa endereçada ao pai: "Com quem você fica: com a Sra. K ou comigo?"

Depois de ouvir Dora, em uma nota de rodapé, Freud (1905, p. 30) responde à questão levantada pelo pai referindo-se à "comédia do suicídio" da moça, ou seja, interpreta a carta e o desmaio de Dora como algo que não se deveria levar tão a sério. A carta e o desmaio, assim como seus pedidos de ruptura com os K, seriam parte do processo de apropriação desse novo lugar discursivo que ocorre na adolescência. O limite imposto pelo pai na forma de encaminhamento da filha a uma análise teria tido um valor estruturante direcionando Dora a abandonar a posição infantil e propiciando que ela repensasse o modo como via os pais e caminhasse na direção de assumir um lugar de sujeito desejante, responsabilizando-se por suas escolhas.

Sabemos que Dora interrompeu sua análise prematuramente e que voltou a procurar Freud, quinze meses depois, sozinha, por causa de uma neuralgia facial. Disse, naquele momento, que tinha voltado à casa dos K e falado abertamente para a mulher que sabia que mantinha relações com seu pai, e que ela não negou o fato. Disse também que induziu o Sr. K a admitir a cena do lago que antes ele tinha negado. Foi, depois, até seu pai comunicar esse feito, e nunca mais reatou relações com os K.

Freud deduziu que a neuralgia estava associada a uma notícia que ela tinha lido nos jornais sobre ele, e ela confirmou essa interpretação. Freud, então, complementou: não sei o que exatamente você veio procurar, mas saiba que não precisa ficar se culpando por ter abandonado prematuramente o tratamento.

Dora volta, então, até o consultório de Freud para dar notícias de seu novo posicionamento subjetivo, empurrada pela dor causada por um resto transferencial. O trabalho interrompido tinha continuado seu andamento, embora os encontros tivessem cessado. Dora precisava mostrar a Freud que podia falar sério e agir de modo consequente. Freud pôde rir junto com ela de seu sintoma, mostrando-lhe em ato que o inconsciente, às vezes, é um pouco brincalhão.

A aversão dos pais de Sidonie

No caso da jovem homossexual, Freud recebeu os pais seis meses depois de uma séria tentativa de suicídio, quando, já recuperada fisicamente, Sidonie tinha retomado sua vida social, que consistia em exibir-se pela cidade com uma mulher mais velha e de reputação duvidosa a quem cortejava. Essa postura irritava profundamente seus pais. De início, a mãe não se incomodou tanto, e até tinha sido sua confidente. O que a irritava era a publicidade. O pai, desde que soube, ficou exasperado com a escolha homossexual da filha.

Ambos disseram a Freud que, com a tentativa de suicídio, viram que as *severas medidas disciplinares* adotadas em casa não eram capazes de dominar a perturbação. Podemos supor, então, que a tentativa de suicídio tenha suscitado nos pais uma interrogação: "E agora, como agimos com ela?" Eles já não ousavam contrariá-la do mesmo modo que antes. A dama a quem ela cortejava também mudara depois dessa inequívoca prova de amor e começou a tratá-la mais amistosamente. Assim, de ambos os lados, a situação para Sidonie tinha melhorado consideravelmente.

Nessa conjuntura, apesar de *denegrir* a psicanálise, o pai não hesitou em tentar, por esse meio, corrigir o desvio sexual da filha. Se isso não desse certo, tentaria um rápido casamento, e foi assim que colocou sua demanda a Freud, que escreveu: "Evitei pintar aos pais que seu desejo se realizaria e me declarei disposto a estudar a moça por semanas ou meses, a fim de *pronunciar-me depois* sobre as *probabilidades* de obter algum efeito" (1920a, p. 145). O lugar de Freud nesse caso parece ser o de médico[5], ou seja, o lugar do pai simbólico; por isso ele se dispõe a "estudar" o caso, fala em "probabilidades" e não dá muitas esperanças aos pais em relação a suas expectativas de "extinção do mal". Mas o que ele escreveu em seguida foi contundente: um pedido como esse dificilmente poderia ser cumprido, e ainda podia acontecer que, se a filha se curasse, os pais ficassem mais insatisfeitos que antes. Vários são os exemplos com os quais Freud ilustra que um filho ou

[5] Aliás, nesse texto, ele se refere muitas vezes a si mesmo como "o médico", em terceira pessoa.

um cônjuge podem estar, com seu sintoma, obturando outro tipo de conflito e, portanto, dissolver o sintoma pode piorar as coisas.

Freud também justificou teoricamente que a escolha homossexual não era em si um conflito neurótico e, nesse sentido, não precisava ser curada[6]. O que ele disse foi que, se fosse um caso em que o sujeito tivesse o caminho à bissexualidade bloqueado, a análise poderia abri-lo para ele poder escolher. Assim, o tratamento psicanalítico permitiria que o sujeito – no caso, Sidonie – ganhasse liberdade.

Com os pais, Freud foi bastante cauteloso. Não lhes prometeu "sucesso", mas tampouco subverteu o pedido e, como no caso Dora, disse que se pronunciaria depois.

A (a)versão de Sidonie

A análise não passou da primeira fase, de exploração[7]. Ficamos sabendo que Freud decidiu interromper o tratamento e aconselhou a moça a continuar a experiência de análise com *uma analista mulher*. Nesse momento, Sidonie conta a Freud que tinha prometido ao pai que não se encontraria mais com a dama. Teria sido para novamente capturar Freud? Ele justificou a interrupção alegando que a transferência paterna impediria o desenrolar de uma análise e que havia algo falso nesse jogo de sedução. Ele tinha acreditado nos sonhos trazidos pela jovem, que se revelaram "mentirosos" e "hipócritas". Os sonhos falavam de se casar e ter filhos, ou seja, antecipavam a "cura" almejada pelo pai. Inicialmente, Freud os tomou como indícios de uma transferência positiva, mas depois reconheceu que se tratava de um engodo[8]. Freud conclui, então, que ela inventara os sonhos para enganá-lo, assim como costumava

---

6 A demanda dos pais não era "solucionar um conflito neurótico, mas transportar uma variante da organização genital sexual a outra" (Freud, 1905, p. 144). E uma psicanálise, esclarece Freud, deve se contentar em revelar os mecanismos psíquicos que levaram à escolha do objeto e rastrear daí os caminhos que levaram às disposições pulsionais (Freud, 1920a, p. 144).

7 Freud distingue duas fases no tratamento psicanalítico: na primeira, de exploração, poderíamos falar em paciente e, na segunda, em analisante. O segundo momento é aquele em que o sujeito implicado no tratamento toma as rédeas da investigação. Poderíamos dizer, também, que se trata do momento em que a queixa se torna uma pergunta que o sujeito quer atravessar/pesquisar.

8 O inconsciente pode mentir? "O sonho não é o inconsciente", diz Freud. O sonho é a via régia para que um pensamento pré-consciente ou consciente possa transitar. "O propósito era me enganar, assim como enganar o pai. Esse propósito era pré-consciente; a ele se somou o propósito inconsciente de agradar o pai, proveniente do mesmo complexo. O primeiro cresce graças à força do recalque do segundo". Ou seja, continuamos acreditando no inconsciente,

enganar o pai. Uma vez feita essa interpretação, os sonhos desapareceram. Esse jogo sedutor de fazê-lo crer que a coisa andava para depois deixá-lo cair parece não ter agradado Freud.

Segundo Freud, Sidonie colocava-se em uma posição de observadora, como uma dama do mundo em um museu. Ele não considerou "fazer cara de paisagem" e esperar para ver se ela seria pega por algum quadro, e fala em uma atitude cindida da paciente: "Não preciso acreditar no que ele diz, logo, não preciso mudar nada". Para ele, nessa posição, a moça era inacessível.

Talvez Freud pudesse ter feito o papel de admirador ou de amante (ou seja, ocupar o lugar da própria Sidonie na relação amorosa com a dama), mas ele não quis tentar e, ao se decidir pela interrupção, disse "basta". Que tipo de limite é esse que Freud impôs?

Fim de jogo

Freud justifica a interrupção e o encaminhamento pela identificação de seu lugar transferencial com o pai. Tratar-se-ia da transferência imaginária, e o pai em questão seria o pai imaginário, rival. Isso quer dizer que, embora aparentemente não emergisse nada de resistencial durante a primeira fase, Freud inferiu que a paciente teria transferido a ele a desautorização dos homens, motivo pelo qual era preferível dizer "basta".

Freud fala em sintomatologia muda e hostilidade latente. É importante lembrar que o caso é escrito em 1920, ou seja, no mesmo ano que ele redige *Além do principio do prazer* (1920b), texto notório na psicanálise por introduzir essas questões a partir da hipótese da pulsão de morte.

Ao decidir interromper o trabalho, Freud acreditava estar no lugar do pai privador do segundo tempo de Édipo. Mas não poderíamos pensar que ele pode não ter reconhecido como repetição, na transferência que Sidonie tinha estabelecido com ele, um laço amoroso semelhante ao que ela dedicava à dama?[9] Trata-se de um modo de amar que funciona no registro da privação

---

conclui Freud. Mas o caso nos mostra que "as pessoas podem amar sem saber, ou não saber se amam, ou crer odiar quando acreditam que amam" (Freud, 1905, pp. 158-159).

[9] Na interpretação, Freud não parece ter considerado que os sonhos voltavam a trazer o propósito inconsciente de agradar o pai, que tinha permanecido intocado – tão intocado quanto a dama cortejada.

e que aponta a não satisfação[10]. Para saber se essa hipótese procedia, Freud deveria ter suportado que Sidonie não lhe desse nada, assim com a dama não correspondia à jovem.

Freud tampouco pensou que a perversão poderia não ser aí uma estrutura, mas um momento da constituição da relação do sujeito com o feminino. Colocando lado a lado Dora e Sidonie e marcando diferenças entre elas, podemos, sem reduzir o caso da jovem homossexual a uma patologia histérica, não fechá-lo na estrutura da perversão. Ela parece ser mais um paradigma da adolescência, ao mostrar as vias que o desejo precisa atravessar para definir a orientação do fantasma[11].

Poderíamos concluir, então, que Sidonie estava à procura de um saber feminino que não obteve da mãe e que Freud não teria como lhe oferecer. Ele intuiu que uma mulher teria algo que ele estava impossibilitado de dar. Dito de outro modo, Freud queria jogar xadrez, mas Sidonie propunha damas.

Se Sidonie estava à procura de um saber feminino que não obtivera da mãe, a indicação de uma mulher poderia ser um bom caminho? Talvez porque, nesse momento, Freud mostra que brincar de ser a amante era para ele impossível e, com isso, aparece como um pai real. Com a interrupção, ele mostra sua castração e diz que esse jogo não lhe agrada. Se, efetivamente, o que ela buscava nesse momento era um saber sobre a feminilidade, Freud indicou que, desse saber, ele estava privado. O limite imposto desse modo teria sido estruturante ou desestruturante? Impossível dizer, pois para saber se essa intervenção teve valor de ato analítico teria sido necessário conhecer seus efeitos.

Referências

AICHHORN, A. (1951) *Juventud desamparada*. Barcelona: Gedisa, 2006.

FREUD, S. (1905 [1901]) Fragmento de análisis de un caso de histeria. *Obras Completas*. Buenos Aires: Amorrortu, 1996; v. VII.

---

[10] No Seminário IV, *A relação de objeto*, Lacan (1955-1956) organiza a compreensão lógica da falta em três categorias: frustração, castração e privação, respectivamente definidas como falta imaginária de um objeto real, falta simbólica de um objeto imaginário e falta real de um objeto simbólico.

[11] Nessa mesma direção, Natahi e Douville (2008, p. 102) argumentam: "A perversão não seria, aqui, uma estrutura constituída, seria um momento de constituição da relação do sujeito com o feminino. Momento lógico na orientação do fantasma".

______. (1920a) Sobre la psicogénesis de un caso de homosexualidad. *Op cit.*, v. XVIII.

______. (1920b) Más allá del principio de placer. *Op cit.*, v. XVIII.

______. (1930) El malestar en la cultura. *Obras Completas*. *Op cit.*, v. XXI.

JULIEN, P. *As psicoses*: um estudo sobre a paranoia comum. Rio de Janeiro: Companhia de Freud, 1999.

LACAN, J. (1955-1956) *O seminário*: a relação de objeto. Rio de Janeiro: Jorge Zahar, 1995.

LECLAIRE, S. *O corpo erógeno*: uma introdução ao complexo de Édipo. São Paulo: Escuta, 1992.

MELMAN, C. Haveria uma questão particular do pai na adolescência? *Revista da Associação Psicanalítica de Porto Alegre*, v. 11, pp. 7-15, 1995.

MOURA, A. R. & D'AGORD, M. R. L. O amor Sidonie: quando a amada precisa se manter inacessível. *Tempo Psicanalítico*, v. 44, n. 2, dez. 2012. Disponível em: <http://pepsic.bvsalud.org/scielo.php?pid=S0101-48382012000200003&script=sci_arttext>. Acesso em: 18 jul. 2013.

NATAHI, O. & DOUVILLE, O. O que nos ensina a jovem homossexual sobre o que é ser uma adolescente? *Tempo Psicanalítico*, v. 40, n. 1, pp. 77-104, 2008. Disponível em: <http://www.spid.com.br/revistas/r40/06%20TP40%20-%20Okba%20Natahi%20e%20Oliver%20Douville.pdf>. Acesso em: 6 ago. 2013.

RIEDER, I. & VOIGT, D. *Desejos secretos*: a história de Sidonie C., a paciente homossexual de Freud. São Paulo: Companhia das Letras, 2008.

STOPPEL DE GUELLER, A. (Org.) *Atendimento psicanalítico de crianças*. São Paulo: Zagodoni, 2011.

TIZIO, H. Prólogo. In: AICHHORN, A. *Juventud desamparada*. Barcelona: Gedisa, 2006.

16. O analista, seu paciente adolescente e a psicanálise atual: sete reflexões[1]

Roosevelt M. S. Cassorla

Psicanálise somente acontece no encontro de duas pessoas, uma se propondo a ajudar a outra a investigar si mesma, observando o que ocorre entre as duas. O psicanalista não ignora o social, político, cultural, mas sem ela, a experiência analítica, é impossível pensar qualquer tema psicanalítico. Os aspectos escolhidos neste texto visam estimular a atenção do analista em relação a si mesmo, alertando-o sobre o risco de desesperar-se perante o não saber, encaixando o adolescente (e a vida) em rótulos estanques. Psicanálise pode ser (mal)usada para isso.

As primeiras pacientes de Freud eram adolescentes. Conhecendo-as profundamente, ele teorizou que fantasias sexuais não suportadas seriam recalcadas, procurando ser mantidas inconscientes. Diante dessas jovens, hoje, não nos surpreenderíamos se nos defrontássemos com áreas (o auxílio da linguagem espacial indica a dificuldade na descrição) nas quais não foi possível simbolizar experiências que, dessa forma, sequer puderam ser recalcadas.

São 16 horas e Maria não chega[2]. Já está 30 minutos atrasada. Percebo-me inquieto. Não sei por quê. Penso ser pouco provável que essa inquietação tenha relação direta com Maria, mas desconfio dessa ideia. Considero-a uma adolescente buscando a si mesma, tentando desprender-se de sua infância e revivendo o Édipo. Isso não tem sido fácil, por identificação intensa com objetos superegoicos sufocantes e chantagistas, os quais identifica com sua mãe real. Tem sintomas corporais variados. Hipóteses sobre conversão, formações de compromisso evidenciando recalques poderiam fazer sentido, mas a disciplina do analista o faz desconfiar de teorias e o leva a ater-se ao que ocorre no campo analítico. Sinto que se trata menos

---

[1] Este trabalho é uma atualização de texto originalmente publicado na *Revista de Psicanálise da Sociedade Psicanalítica de Porto Alegre*, v. 16, n. 2, pp. 261-278, 2009.

[2] O sigilo ético nas descrições clínicas implica deformações que, espera o autor, não dificultem comparações com a clínica do leitor.

de conversão que de apropriação que Maria está fazendo de seu próprio corpo, corpo adolescente, com o qual somente agora tem maior contato, conflituoso, principalmente em relação a seus aspectos femininos. Mas continuo inquieto e não sei por quê... Há de se esperar...

Primeira: na sala de análise

Com o desenvolvimento da psicanálise, atualmente se sabe que é possível e necessário trabalhar em áreas psicóticas, autistas e traumatizadas, áreas nas quais não ocorreu simbolização ou em que esta foi prejudicada. Nessas áreas é impossível pensar, ter contato com sentimentos. No entanto, elas também fazem parte de todo ser humano e se manifestam, sempre, de alguma forma, pelo menos naquilo que costumamos chamar de *caráter*.

Na adolescência, todas essas áreas, ou processos, são ativados intensamente, em forma turbulenta, como consequência do ímpeto pulsional e da avidez por figuras de identificação. Projeções e introjeções são efetuadas em forma intensa, rápida e por vezes confusa. Há de lembrar que isso ocorre *normalmente* durante o processo adolescente e que uma das tarefas do analista é acompanhar suas vicissitudes sem patologizar mecanismos que revelam, ao mesmo tempo, desenvolvimentos e defesas, que estão em busca da adequação possível.

Profissionais que se dedicam a crianças e adolescentes devem constantemente se perguntar se estão ali porque se compreendem e se conhecem melhor em seus aspectos infantis ou adolescentes, o que facilita sua identificação com os pacientes, ou se estão ali justamente porque esses aspectos lhes são pouco conhecidos, difíceis de elaborar ou lhes mobilizam conflitos intensos dos quais não se dão conta. Se a segunda possibilidade predominar, o profissional pode projetar e identificar seus aspectos conflituosos dentro de seus pacientes. Dessa forma, o analista sente-se sadio, por vezes estranhamente superior (mas ele não tem consciência disso), enquanto a doença ou os conflitos ficam somente com o paciente.

O desejável é que o analista se identifique adequadamente com seu paciente, sem perder-se nele. O analista se deixa penetrar pelos conteúdos e partes da mente do paciente, misturando-se com ele, para poder viver o que o paciente vive. Ao mesmo tempo, ou logo a seguir, discrimina o que é seu e o que é do paciente, o que implica capacidade do analista efetuar cisões sadias. Dessa forma, o analista cria condições para auxiliar o paciente a entrar em contato com seus aspectos projetados dos quais ele não se dava conta. Para que isso ocorra, o profissional terá de conhecer-se a si próprio e manter observação e reflexão constantes sobre o que acontece no campo analítico.

Quando isso não ocorre, vários riscos ameaçam o processo analítico, entre eles o *não sonho* (Cassorla, 2005a, 2005b, 2007, 2008a, 2008b, 2008c) do analista, situação em que este não consegue sonhar os elementos descarregados pelo paciente, por identificação com ele ou por deterioração de sua capacidade analítica. Podem constituir-se *não-sonhos-a-dois,* emaranhado de identificações projetivas cruzadas massivas (Cassorla, 1997) de elementos beta (Bion, 1962) que se manifestam por meio de paralisia do campo analítico, sem que o analista o perceba.

Segunda: moralismo e não sonho do analista

Enquanto espero Maria, lembro-me de que, inicialmente, *não me dispusera a atendê-la. Mas algo fez que a aceitasse...* uma sensação de estranheza, de algo confuso e... faltam palavras... algo perigoso.... Sim, havia algo perigoso que Maria me passara, mas eu não sabia exatamente o que era. Sabia que precisava observar-me cuidadosamente para saber se o perigo e confusão eram de Maria, captadas por mim, ou faziam parte de medos meus, de minha exclusiva propriedade...

Recordo que somente após algumas semanas Maria saiu de seu papel de filha vítima e passou a assustar-me com aventuras sexuais, experimentos com drogas, ameaças de trancar matrícula e sair viajando sem rumo, talvez com seu último amante, que deixaria a esposa por ela, e que conhecera usando uma identidade falsa em *chat* na internet, em um grupo racista etc.

No entanto, as experiências emocionais das sessões faziam-me intuir que Maria exagerava em suas histórias, mais fantasiosas que reais. Mas intuições podem falhar... Logo percebi que seus relatos, além de comunicar a negação de seu sofrimento, tentavam fazer que eu me tornasse um analista moralista, similar a seus objetos sádicos e invejosos. Se isso ocorresse, o processo analítico transformar-se-ia em um não-sonho-a-dois, manutenção do *status quo* consequente à deterioração da função analítica.

Mesmo sentindo que não havia perigo nos fatos descritos, a sensação de perigo, talvez outro perigo... continuava... Algo me dizia que seu terrorismo (que não me assustava) estava encobrindo algo, algo para além do que ela me contava, mas que eu não sabia nomear, simbolizar e sonhar. Sentia-me prisioneiro, ainda, de um não sonho, que pedia para ser sonhado.

Um dos riscos do analista de adolescentes é colocar em cena um superego sádico, moralístico, tentando adaptar o jovem a um modelo rígido, considerado "correto". Isso pode ser estimulado pelo próprio paciente que, de alguma forma, está testando se seu analista o compreende ou o condena, por meio da projeção no profissional de aspectos próprios. Dessa forma, o *não sonho* do analista pode ser produto da identificação com os mesmos aspectos do paciente, constituindo-se um *não-sonho-a-dois*. No entanto, neste momento me dedico a aspectos próprios do analista. Refiro-me à possibilidade de má elaboração da adolescência do analista, mas essa má elaboração decorre da manutenção de aspectos primitivos do início da vida. Nessas situações, a adolescência pode ser substituída por uma "adultez precoce", para onde se tenta também levar o paciente.

O superego moralístico avalia em termos de *certo* ou *errado*: *certo* se ocorre submissão a seus mandamentos sádicos, e *errado* em caso contrário. A função psicanalítica não é moralística: constata apenas se o que está ocorrendo é real, verdadeiro, ou defesa contra o contato com a verdade que, dessa forma, é evitada ou falsificada. Quando o analista é tomado de crenças superegoicas, transformações em alucinose (Bion, 1965), estamos diante de uma parte de sua mente que não transita por redes simbólicas, coarctadas ou destruídas. Ele elimina violência e destrutividade dentro do paciente, por meio de *não sonhos*, descargas de elementos que não podem ser simbolizados. O analista não tem consciência do que faz – pelo contrário, tem certeza de que está certo. Dúvidas não fazem parte de seu repertório mental.

Graças à onipotência maníaca, o analista moralístico está certo de que deve suprir o que ele imagina ser deficiência parental, sem perceber que se tornou um deus que deseja transformar o jovem à sua imagem e semelhança. Patognomônico para a identificação dessa deterioração da função analítica é: ver com maus olhos a sexualidade adolescente e considerar a sociedade atual permissiva e imoral, lamentar os "terríveis tempos atuais", a "alienação" dos jovens e sua suposta incapacidade para pensar, possivelmente fruto de pais "não continentes". Esses profissionais expõem crenças similares às tão conhecidas lamentações intergeracionais, em que a geração vindoura é menosprezada (atribuindo-se a ela, projetivamente, destrutividade e inveja), anunciando-se catástrofes para o futuro da humanidade, com a certeza de que "em meu tempo era melhor... e correto...". Nada diferente das condutas filicidas, tão bem estudadas pelos psicanalistas que costumam tomar Laio e Jocasta como modelo e que deveriam, também, lembrar-se de Cronos comendo seus filhos.

A tendência a infantilizar seus pacientes (que não atingem a "adultez precoce" ou querem se livrar dela) faz que esses analistas impeçam que o adolescente interrompa a análise, mesmo quando tudo indica que essa parada é necessária não somente para que o paciente se libere do *não sonho* de seu analista, mas também para que possa testar seus recursos, experienciar sua individualidade, sua solidão, seus terrores e seus recursos. Fruto das crenças do analista, o "progresso" da análise é avaliado a partir da conduta do paciente, como "bom" aluno, "bom" cidadão e "bom" paciente, em que "bom" significa adaptado superegoicamente a um sistema idealizado pelo terapeuta. Psicanálise não serve para tornar alguém "bom" como a sociedade exige – mas alguém mais livre para usar sua capacidade de pensar em busca de caminhos criativos próprios. Psicanalistas sabem disso, exceto quando possuídos pelos *não sonhos* assinalados.

Mas pode ocorrer o contrário: por não ter conseguido resolver seus conflitos de adolescência, o terapeuta identifica-se com os aspectos confusos e impulsivos do adolescente e vai gratificar-se por meio deles. Isto é, o analista avalia, também moralisticamente (como no caso acima) o adolescente, mas, em vez de condená-lo, aprova-o e estimula-o a descarregar sem pensar, a rebelar-se contra os pais e a sociedade, em forma altamente destrutiva. Não será difícil identificar, no analista, onipotência maníaca e controle obsessivo, utilizados para invejosamente restringir o paciente em seu desenvolvimento. Mas essa identificação, fácil para o observador, é impossível tanto para o analista como para seu paciente, ambos envolvidos em um conluio obstrutivo.

Algumas observações me fazem lançar a hipótese de que, em alguns casos, terapeutas escamoteiam dificuldades com sua própria adolescência, escolhendo inconscientemente para seus analistas profissionais com dificuldades similares. Adultez precoce envolve falsas adaptações que são estimuladas pelo entorno social e se, em alguns casos, serve de motor para a busca da análise (e do tornar-se analista), ao mesmo tempo obstrui fortemente possibilidade de mudança e crescimento mental. Penso que a transmissão entre analistas de pontos cegos, "intergeracional", é mais comum do que se imagina e merece estudos aprofundados.

Evidentemente, as situações acima se constituem em caricaturas, e é altamente improvável que um analista preparado não perceba, em algum momento, que está envolvido em conluios obstrutivos. O analista está sempre se observando e tentando intuir pontos cegos em si mesmo, que comumente o próprio paciente lhe assinala. A descrição dessas situações, neste texto, alerta também o analista para seduções sutis que podem atraí-lo, seduções efetuadas pelo adolescente, seus pais, a escola, a sociedade, formando-se conluios inconscientes, *não-sonhos-a-dois, a três* etc., dos quais o analista tem a obrigação de liberar-se, observando-se e solicitando interlocutores que o liberem da cegueira.

Terceira: sonho-a-dois e não-sonho-a-dois

Enquanto espero Maria, *não consigo identificar o perigo que eu sentia. Percebo o risco de fugir para a teoria quando me lembro* de que o analista deve exercitar-se para perceber seu sonho acordado, as imagens visuais que passam em sua mente, as quais, graças a sua capacidade analítica, evidenciam formas de funcionamento mental da dupla analítica. Tento imaginar Maria (e essa tentativa, por ser tentativa, não é totalmente espontânea), mas o que me vinha à mente eram situações corriqueiras de meu dia a dia, que parecia querer afastar-me dela. Posteriormente, verificaria que essas situações, aparentemente banais, embutiam situações catastróficas que minha mente não se permitia perceber naquele momento.

A psicanálise atual tornou-se ainda mais fascinante graças à possibilidade de entrar em contato com áreas não simbolizadas e não simbolizáveis, psicóticas, autistas, traumatizadas, destruídas. E isso ocorre por meio do sonho do analista, reflexo do sonho ou do *não sonho* do paciente (Cassorla, 2013a).

Todos vivemos traumas, microtraumas, traumas continuados ou traumas maiores. Na verdade, o ser humano constitui-se elaborando (ou não elaborando), da forma possível, situações desse tipo, desde o trauma do nascimento até as mais variadas perdas e intrusões decorrentes da interação entre o ambiente e vulnerabilidade própria. Cada vez sabemos mais sobre o que ocorre quando a mente é destruída e não tem capacidade sequer de revelar sua destruição. Isto é, constituem-se vácuos, buracos, cujo conhecimento somente pode ser suposto a partir do estudo de sua periferia. A dor sentida pode sequer ter sido registrada, por causa da destruição da mente.

Curiosamente, esses aspectos foram se tornando conhecidos quando os analistas passaram a valorizar e teorizar o que eles, analistas, sentiam ou intuíam, sem se deixar perturbar por conflitos próprios. Esses desenvolvimentos culminaram com o que hoje se sabe melhor: que a simbolização inicial ou sua falta se revela (e se esconde) por meio do sonho, tanto do sonho dormindo como do sonho acordado, o devaneio, as fantasias que temos durante a vigília. Ou quando não se é possível sonhar, o *não sonho*, descarga de elementos não simbolizáveis ou que perderam essa capacidade. Isto é, a psicanálise atual volta-se para a vida onírica e para a falta da vida onírica.

A maior arma do analista passa a ser *sonhar o sonho do paciente*, isto é, ter um *sonho-a-dois*. Isso em área não psicótica, na qual o paciente simboliza e consegue sonhar. Nessas áreas, o analista, ao sonhar o sonho de seu paciente, o faz em novas vertentes, ampliando a rede simbólica que constitui o pensamento. Em áreas de não simbolização, ele tenta *sonhar aquilo que o paciente não consegue sonhar*, isto é, o analista sonha o *não sonho* do paciente, usando sua função alfa vinculada a sua capacidade de *rêverie* (Bion, 1962). Quando o analista não sonha o *não sonho* de seu paciente e não percebe o fato (imaginando, falsamente, que o está sonhando), ocorre um conluio obstrutivo, um *não-sonho-a-dois*, *uma colocação-em-cena patológica da dupla,* tradução do que se tem chamado na literatura *enactment* (Cassorla, 2005a).

Resumindo: o analista presta atenção nas imagens visuais que passam por sua mente enquanto se deixa penetrar pelos fatos, enredos, imagens, afetos e tudo aquilo que acompanha o relato do paciente, observando como esses estímulos o mobilizam. Ou, quando o paciente não sonha, como as descargas, os não relatos, as não cenas, as não imagens, estimulam sua imaginação.

Continuo esperando Maria. Agora percebo que passo a lembrar-me de uma fase da análise em que minhas imagens visuais acompanhavam e por vezes se antecipavam a mudanças de máscaras que Maria usava para esconder-se de mim e de si mesma. Máscaras que, aos poucos, iam sendo substituídas por outras, as quais, ainda que se mantivessem como máscaras, pareciam mais genuínas. Ela já não era mais aquela jovem apressada, que falava e falava sem pensar, desesperada como se não houvesse tempo para mais nada, fatos que a haviam levado a ter o rótulo psiquiátrico de hiperatividade, que foi bem-vindo e com o qual se identificou. Graças a esse diagnóstico, tudo o que fazia era justificado. Assim, nos últimos meses

Maria vinha desenvolvendo sua capacidade de pensar, e eu a sentia próxima e confiante em nosso trabalho.

E por que estava eu preocupado com seu atraso? Então, vieram à minha mente lembranças da sessão anterior. Ela me falara de um sonho, melhor, um pesadelo, de que não se lembrava – ficou a sessão toda tentando lembrar-se e nada... Mas, enquanto tentava, contou-me o que lhe vinha à mente: uma cena de um filme, possessão demoníaca e assassinatos, lembrança de sua prima que morreu afogada, terrores, fantasmas, ameaças de dissolução... de si mesma? Destroços... que nem eu nem ela conseguíramos juntar... eram esses destroços que haviam ficado em minha mente e que eu não pudera sonhar, transformar em símbolos, em pensamentos, e que agora me atacavam por dentro...

Maria não vem e me sinto preocupado. Na sessão seguinte, de novo Maria não vem. Sinto os destroços dentro de mim e as ameaças de sentir--me destroçado. Se tivesse sonhado com a explosão da sala de análise o destroçamento de nossa relação, isso me faria sentido – mas esse sonho ainda não era possível...

Sinto que devo telefonar para Maria: sua mãe atende e me diz que ela sofreu um acidente de automóvel, o carro ficou destroçado, ela mesma me avisara, deixara um recado em minha secretária eletrônica (não gravando recados... também destroçada... sem que eu o percebesse...). Maria quer falar comigo de sua cama no hospital: diz que quase morreu e está muito assustada, enquanto soluça emocionada. Quer ver-me logo, e me proponho a ir ao hospital.

Aos poucos, percebe-se que imagens visuais ou intuições do analista que, aparentemente, não têm qualquer relação com o que o paciente produz, podem nos dar pistas em relação aos buracos, aqueles buracos aos quais me referi acima, fruto de traumatismos maiores ou menores. O analista, dessa forma, consegue preencher lacunas ou mesmo ativar redes simbólicas paralisadas, destruídas ou talvez nunca havidas (Cassorla, 2013a). E logo se percebe que ainda que importe o que o analista fala, talvez mais importante seja como ele fala, ou melhor, como ele revela sentimentos, emoções e interesse humano genuíno em busca de fatos que lutam para ser simbolizados em um trabalho conjunto da dupla analítica. Símbolos que, certamente, vão além daquilo que pode ser comunicado pelas palavras.

O analista terá de se cuidar (e observar por que precisa se cuidar...) para evitar pieguices e palavreado saturado de significados, tais como "amor", "ódio", "paixão", "inveja" etc., que podem ser úteis para não pensar e fechar redes simbólicas. O analista utiliza sua liberdade interior para criar metáforas e poesias que possam ir para além do que as palavras (mal)dizem. Indispensável é considerar o outro alguém diferente e único, cuja dignidade e direito de viver sua vida merecem respeito. A isso se chama ética.

Ora, nesse momento do desenvolvimento da psicanálise, ainda que a técnica e o conhecimento teórico do analista mantenham sua importância, começa a tornar-se científico algo que já se intuía, mas que se evitava considerar – a importância da Pessoa Real do Analista, isto é, aquilo que o analista é, para além do que ele sabe ou conhece intelectualmente e, também, para além do que sua capacidade intuitiva capta. É a capacidade do analista ser ele mesmo, genuíno, sem máscaras ou disfarces. Ser-ele-mesmo passa a ser a característica mais importante do profissional e condição *sine qua non* para que sua técnica e teoria sejam realmente produtivas.

Cada um terá de experienciar o que é ser-si-mesmo, não se deixando enganar por falsidade e mentira. Ser si-mesmo é auxiliado por análise pessoal, mas vai para além e aquém dela, porque análises podem ser feitas, por décadas, como prelúdios e fugas para novos disfarces, cisões camufladas. O ser si-mesmo é exatamente o mesmo que se espera que ocorra com o paciente; e ele vem para a análise, principalmente se adolescente, porque não sabe quem é, porque está em vias de não ser, porque não acha que é, porque está confuso quanto a seu ser. Ele busca integração, com a ajuda de um analista inteiro, íntegro.

O adolescente que nos chega pode corresponder a tudo isso, acrescido do fato que ele está passando por um processo, extremamente turbulento, em que tenta confusamente descobrir quem ele está sendo e o que será. E o que ele será vai depender daquilo que ele foi (ou não pôde ser, por más elaborações e traumas infantis) e daquilo que ele poderá usar de si mesmo e dos objetos (outras pessoas com as quais se identificará) agora e no futuro. Mas aquilo que ele poderá usar, tanto de si como dos objetos, vai depender do que ele poderá fazer, ainda durante a adolescência, com aquilo que está sendo revivido ou tentado reviver, somado às novas experiências que advirão da relação íntima com os demais, em especial seu analista. Em outras palavras, durante a adolescência, em um cenário pleno de conflitos e forças, o indivíduo vai reviver as vicissitudes do desprendimento e individuação, de ser e, depois (se tiver sorte), de ser ele mesmo, separado e discriminado de seus pais, talvez a última chance de resolver ou não seus conflitos, primitivos, da relação dual (que impedem a assunção do Édipo) e edípicos, comumente uns mascarando os outros.

O mais interessante é que todos esses aspectos, desde os mais primitivos (revelados como defesas autísticas, identificações adesivas, identificações projetivas, limitações e destruições na rede simbólica) até os mais evoluídos (relação triádicas, recalques, bloqueios na rede simbólica) aparecem ao mesmo tempo durante o processo adolescente. Como pano de fundo existe a tendência a descarregar por meio de atos ou sintomas aquilo que não se pode pensar, tanto por deficiência do aparelho de pensar como pela demanda imensa à qual ele está submetido. O adolescente tem dificuldades em pensar e sentir, ora limitado, ora criativo, sente-se confuso, descoordenado, tomado por fantasias agressivas e sexuais, briga, retrai-se, masturba-se, beija e "fica", tem experiências sexuais genitais e pré-genitais, sente-se atrapalhado, inibido, bloqueado, impulsivo, criativo, e tudo isso pode ocorrer ao mesmo tempo. Ele se assemelha a um atleta corredor que corre desenfreadamente porque não consegue ainda dosar seu fôlego em relação à distância. Corre demais, para quando não devia, ora ajuda os outros, ora maldosamente passa a perna em si mesmo ou nos rivais, e depois fica culpado (ou não), pode sair antes do tiro inicial ou pode manipular o tempo, para evitar frustrações. Desespera-se quando perde. E, quando ganha, não sabe o que fazer. E poderá sentir-se sem forças, não iniciar a corrida, desistir logo, não mais querer viver e pensar em morrer. Ou trancar-se em uma concha, na qual pode sobreviver como asceta, intelectual, revolucionário ou religioso, ou pode tornar-se um morto em vida. Ou, ainda, usar drogas e outros estimulantes, tanto para poder correr mais rápido como para excitar-se perante a tristeza ou a impossibilidade de não ser capaz.

Um dos principais problemas do analista de adolescentes é suportar o caos, a turbulência, para poder sonhar aquilo que o jovem não está conseguindo e que transforma frequentemente em pesadelos terroríficos de morte ou, defensivamente, em devaneio de conto de fadas. O analista corre o risco de tornar-se estúpido, recrutado pelas identificações projetivas do jovem (Cassorla, 2013b). O analista deve ter a paciência necessária para acompanhar esse adolescente em seu caminho de vir-a-ser si-mesmo sem atrapalhá-lo ou manipulá-lo.

Posteriormente, descobrimos o que ocorrera com Maria. Ela vivenciara uma situação traumática, pouco antes de bater o carro, fruto da conjunção de vários fatores. Ela não se sentia atendida em certas expectativas pelo namorado, suspeitava de uma doença grave de sua mãe e fantasiou incompreensão por parte do analista, mas esses fatos não podiam ser introduzidos na rede simbólica de seu pensamento. Sem ter consciência dos fatos, reviveu situações de terror, de ficar só, abandonada e desesperada, rumo à aniquilação de si-mesma.

Quando o pensamento se tornou possível, Maria pôde caminhar por redes simbólicas em constante modificação, terminando por conhecer e eliminar máscaras. Se antes elas encobriam e revelavam, ao mesmo tempo, aspectos neuróticos e psicóticos, agora as feridas traumáticas, subjacentes, apresentavam-se com toda sua dor. Seu terror de morrer e seu desejo de morrer revelavam a incompreensão profunda que sofrera, em tempos muito arcaicos, quando vivera violência, intrusões e decepções terríveis, fatos sem lembrança que foram revividos quando da ameaça de sofrer as perdas de mãe, namorado e analista.

Quando Maria conseguiu conversar com sua mãe, descobriu que era fruto de uma gravidez indesejada, quando a mãe fora estimulada a abortar, principalmente por insistência da avó. Diante da parteira que iria realizar o aborto, no último momento a mãe de Maria desistiu e saiu correndo. Isso provocou um acidente de carro em que a mãe de Maria se feriu. Durante o processo analítico, a ressignificação desses riscos de morrer ampliou a rede simbólica, permitindo articulação com outras situações em que Maria vivenciara abandonos mortíferos. Retomaram-se lembranças esquecidas, tais como o que acontecera com seu cãozinho, na infância, que desaparecera, e que posteriormente descobriu que sua mãe havia levado para muito longe, para que não voltasse. A identificação entre Maria e seu cãozinho, ambos jogados na rua para morrer, pôde vir à tona, tornando-se paradigma em relação a tantos outros traumas continuados.

Ao analista pouco importa se os fatos em si ocorreram ou não, mas os buracos frutos dos traumas arcaicos puderam ser preenchidos, aos poucos, com essas e outras histórias, reais ou imaginárias. O mais importante é que Maria pôde reviver os traumas sem que ocorresse mais lesão, mais dor, mais ferida. Isso ocorreu graças à força de vida que pôde ser retomada durante o trabalho analítico.

Espera-se que a descrição efetuada ilustre como na adolescência aspectos evoluídos e primitivos coexistem em forma altamente turbulenta, permitindo que o analista possa entrar em contato, rapidamente, com situações neuróticas, psicóticas e traumáticas, todas ao mesmo tempo.

Mostram-se, também, fatores intergeracionais. Evidentemente, existem pacientes em que predominam aspectos primitivos de difícil acesso, quando a atitude do analista deve ser mais ativa, "reclamando" o paciente (Alvarez, 1992).

Quarta: os pais

O analista despreparado pode tornar-se desumano ao ignorar os pais. Essa desumanidade pode ser racionalizada de várias formas. A mais comum é uma suposta ética, sobre "manter o sigilo". Observação cuidadosa mostra analistas competindo com pais, como que lhes roubando os filhos, e imaginando que suprirão a parentalidade que o analista condena como se fosse de "má qualidade". Alguns analistas ignoram a experiência emocional do aqui-e-agora e se prendem ao que lhes é contado sobre o que ocorre fora da sala de análise. Ora, o analista somente pode ter contato com o que vive na relação com seu paciente e não deve valorizar informações, sempre deformadas, que são relatadas pelo paciente. Deve tomá-las como boatos.

Tomar boatos como fatos indica falha na função analítica. Condenar pais ou absolvê-los (o que é a mesma coisa) indica, novamente, moralismo e disputa pelo filho. Ou violência contra ele, em que a inveja não pode ser descartada. Por outro lado, tomar o partido dos pais contra o filho "difícil" ou "delinquente" implica apenas olhar o outro lado da moeda.

Respeito e ética, por pais e filhos, implicam também atendê-los em suas demandas, mantendo-se o sigilo indispensável. Como cada situação é peculiar, há de se desenvolver sensibilidade para captar o latente das mensagens enviadas. Desde atender a um telefonema de um pai desesperado ou supostamente manipulador (a condenação moralística já indica prejuízo) até efetuar reuniões familiares e encaminhamento a outros profissionais são fatos necessários que não podem ser evitados em nome de uma suposta "ética" rígida, que esconde disputa e punição aos pais. Todo analista de adolescentes percebe que não é raro que o próprio jovem abra espaço para os pais (alguns preferem que o analista converse com eles sem estar presentes), intuindo sua necessidade de ser ouvidos e ajudados. Jovens que proíbem o analista de conversar com seus pais criam desafios ao profissional, que deve desvendar os fatores subjacentes, respeitando desconfiança e ressentimento. Encaminhamento de pais para terapias próprias comumente falham porque o analista do adolescente não abriu espaço suficiente para que essa necessidade se revele.

Duas semanas depois, a mãe de Maria me telefona. Quer conversar comigo, mas sem que Maria saiba. Questiono por que Maria não pode saber. Ela me informa que se trata de assuntos pessoais que deseja manter em sigilo. Percebo que seria desumano não abrir um espaço para sua demanda. Combino que falarei com ela a sós se Maria souber e concordar.

A demanda da mãe de Maria envolvia sentimento de culpa pelo antigo desejo de abortar sua filha e por ter contado o fato. Imaginava que essa informação tinha deixado Maria revoltada. Mais importante, porém, foi perceber – junto com ela – que estivera revivendo um fato traumático e que a ideia de aborto (que, afinal, *não fora realizado*) decorria de sua dificuldade em assumir-se como mulher e mãe, face a maus-tratos reais ou fantasiados sofridos em sua própria infância. Ela precisava dividir isso com alguém, e a escolha do analista de sua filha ocorrera porque confiava nele. Na verdade, a demanda materna era de um encaminhamento para análise pessoal, encaminhamento esse que somente faria sentido a ela se alguém confiável a fizesse perceber algo sobre si-mesma.

Existem, ainda, outras situações em que pais, professores e outros profissionais envolvem-se entre si e tentam incluir o analista e o paciente em um emaranhado de identificações projetivas massivas cruzadas (Cassorla, 1997). O analista despreparado passa a não sonhar o *não sonho* dos pais ou de outros personagens, tendo dificuldades em manter sua mente própria. Um exemplo: os pais procuram o analista, desesperados, contando que seu filho – que está em análise – usa drogas, e exigem que o analista faça algo "prático" diante disso. O analista, contaminado, torna-se fiscal do uso de drogas de seu paciente. O processo analítico é, então, transformado em outra coisa. Nada impede, em teoria, que um analista desista de fazer psicanálise momentaneamente – mas ele deve saber que a deixou, os motivos para tal, e saber o que está fazendo no lugar dela.

Quinta: sociedade atual e adolescência

É lugar-comum reducionista considerar-se que vivemos na sociedade do espetáculo, da rapidez, em que se faz e não se pensa, em que se pensa em si e não nos outros, sociedade tecnológica, em que o material se sobrepõe ao emocional ou espiritual. A sociedade pós-moderna.

Existe uma tendência, em certos psicanalistas, a embarcar nessa visão face ao fácil argumento explicativo, sem reflexões maiores, e utilizando-a em forma moralística. Voltamos, como repetição, à crença de que o mundo atual está errado e antigamente "era melhor". Há de se considerarem os fatos em sua complexidade. Mudanças, sentidas por alguns como terríveis, são fatos da vida, e como tais tanto trazem benefícios como problemas. São temas que estão disponíveis para serem pensados em forma criativa e não deveriam ser rigidificados em *não sonhos,* crenças, transformações em alucinose. Espera-se que os psicanalistas, como pensadores, participem dessa tarefa. A mente humana maravilha – ela cria, transforma, destrói, reformula, adapta-se, critica, readapta-se, e o analista terá de observar isso, tentar compreender e participar, sendo-ele-mesmo.

Haverá, não só agora, quem diga que o mundo atual impede ou dificulta que o jovem ou o ser humano seja-ele-mesmo. Sim, o mundo sempre dificulta, a realidade externa está aí, imposta, e o ser humano terá, como sempre, de aprender a lidar com a realidade e transformá-la para que a vida seja melhor. Antes, deverá pensar o que é "vida melhor". O analista de adolescentes precisará lidar com o mundo virtual, com o *bullying* internético, com os *chats* e sexo virtual, com as cirurgias plásticas e as dietas anoréticas, com a sexualização precoce (em relação a tempos já idos), com a globalização e a pressa, com a corrupção e a mentira, com os caminhos e descaminhos do amor e da destruição – nada diferente do que sempre foi, apenas surgindo sob outras formas.

Espera-se o indispensável: que o analista possa ser-si-mesmo e, dessa forma, vivenciar e compreender o mundo para além de máscaras, falsidades e mentiras que constantemente ameaçam. Porém, sem a ingenuidade de acreditar que ele (e o mundo) se livrarão totalmente desses elementos, os quais também fazem parte da vida...

Sexta: ética

A forma de elaboração da adolescência está fortemente vinculada à ideia de ética, que se tornará integrada ao si-mesmo ou cindida e deturpada. Uma deturpação comum é transformar a ideia em fala vazia, propensa a manipulação. Essa fala reverte a perspectiva, emergindo não ideias (camufladas de pensamento) do tipo raça pura, religião correta, justificativa para eliminação de inimigos, caçadores de marajás, normas sobre criação de filhos, controle da adolescência, "isto não é psicanálise" etc.

Como capacidade de considerar o outro, a ética vincula-se à capacidade de pensar, discriminar-se do outro. Pensar é condição necessária, mas não é suficiente. Não eticidade pode exigir pensamento sofisticado para efetuar maldades contra o outro, justamente porque ele é outro. Quando o criador da mentira acredita nela, houve reversão da discriminação. Análise pessoal pode reverter a reversão, retomando-se a discriminação e a percepção da mentira, e do outro. Mas essa discriminação não evita a maldade – logo, análise pessoal e eticidade são conjuntos que podem ou não intersecionar-se. "Um ladrão analisado tornar-se-á um melhor ladrão" (frase atribuída a Bion).

Quando a palavra "ética" é repetida e repetida, como fala de superioridade, a narrativa assume a qualidade de um *não sonho*, similar ao traumático. Logo, a própria ética é abolida. Se o *não sonho* for do analista, ele se tornará juiz da correção do adolescente, ou de seus pais, ou da sociedade, ou de seus colegas. A articulação evidente (de *ver*) entre eticidade, inveja (olhar ou não olhar maldoso, *in-vidia*) e discriminação não é tão evidente como parece. O mesmo ocorre entre ética e moral. Moralizar inveja ou ética afasta-nos do vértice psicanalítico. Conflito de gerações, inveja dos pais e/ou dos filhos, do analista pelo jovem, do jovem pelo analista são, para o psicanalista, matéria analítica, e não matéria moral.

Conclusão: o analista hoje

Em um congresso de psicanálise, tempos atrás, surpreendi-me pela atitude moralística dos profissionais, quase unânime, que bradavam seu horror pelo fato de os adolescentes "ficarem" (fato que entrara na moda, naquele momento). Certamente, a maioria desses profissionais pensaria diferente hoje e substituiria as descargas sociomoralísticas por pensamento psicanalítico. Chama atenção, portanto, o risco de patologias identificatórias quando se lida com adolescentes. Certa ênfase na deterioração da função analítica, que percebi ter efetuado no texto, decorre de experiências desse tipo e da observação efetuada em grupos de estudo e supervisões. Certamente a maioria dos psicanalistas está alerta para esses riscos e busca preservar sua capacidade analítica.

Tomarei emprestadas, para esta última reflexão, ideias de um colega italiano, Giuseppe Civitarese (2007), que conseguiu colocar em palavras, melhor do que eu o faria, as condições para o trabalho analítico.

> O analista procura ser natural e espontâneo, sem deixar de ser disciplinado. Cultiva no íntimo a consciência do caráter relativo, provisório, conjectural do seu próprio saber, um saber sempre passível de revisão, de emenda, impermeável às certezas, à arrogância, à assertividade. Quer ver nos detalhes do discurso, nos mínimos pormenores da pontuação, que poderiam passar por banais ou insignificantes, a presença viva das emoções e das mudanças destas. A linguagem propende à transparência, à claridade, preferindo vestes que de suntuoso nada tenham. Recusando a clausura definitiva do sentido, a interpretação diluída, aberta, requer do Outro um trabalho imaginativo. O diálogo pode decorrer, então, por linhas imprevistas. Instala-se um clima acolhedor, favorável à percepção de matizes, o olhar torna-se mais agudo, descobre-se o prazer do jogo psicanalítico, o do jogo do inconsciente. Revela-se útil o recurso à retórica alusiva, evocativa, elíptica, que sugere, sem explicitar completamente o sentido, deixando o espaço para o outro, para o não dito, para a reticência, até um silêncio eloquente, não opaco nem fechado em si próprio, que cria um espaço côncavo, receptivo, oposto ao ruído e não à palavra, aberto ao im-pre-visto e ao não conhecido (inconsciente). O paciente vive o analista como um indivíduo que tolera a incerteza, as contradições, a complexidade; que se resigna a não perceber tudo de uma vez e, também a debruçar-se sobre o abismo da dor e da insignificância da condição humana – mas que nem por isso deixa de dispor de um método que (espera ele) lhe poderá proporcionar, em relação a tudo isso, uma nova capacidade narrativa e um acréscimo na capacidade de pensar. A atitude analítica não é oracular ou sapiencial, nem tem o que quer que seja de estetizante. O ideal é que o paciente leve consigo ao despedir-se, quando se conclui o processo da análise, o segredo da natureza ilusória do real, ou que dê mostras de ter vislumbrado

o demônio e que represente o sentido da caducidade das coisas, ou a ideia da inelutabilidade da dor e da morte. Em uma análise bem-sucedida ambos os interlocutores (paciente e analista) saem da terapia, quando esta chega ao fim, com uma compreensão mais profunda e mais rica do significado da vida (p. 72).

Referências

ALVAREZ, A. (1992) *Companhia viva*: psicoterapia psicanalítica com crianças autistas, borderlines, carentes e maltratadas. Porto Alegre: Artes Médicas, 1994.

BION, W. R. (1962) O aprender com a experiência. In: *Os elementos da psicanálise e o aprender com a experiência*. Rio: Imago, 1966.

______. (1965) *Transformações*: mudança do aprendizado ao crescimento. Rio: Imago, 1983.

CASSORLA, R. M. S No emaranhado de identificações projetivas com adolescentes e seus pais. *Revista Brasileira de Psicanálise*, v. 31, n. 3, pp. 639-676, 1997.

______. (2007) From bastion do enactment: the 'non-dream' in the theatre of analysis. *International Journal of Psychoanalysis*, v. 86, n. 3, pp. 699-719, 2005a. [*Do baluarte ao enactment*: o não sonho no teatro da análise. *Revista Brasileira de Psicanálise*, v. 42, pp. 51-68.]

______. Considerações sobre o sonho-a-dois e o não-sonho-a-dois no teatro na análise. *Revista de Psicanálise da Sociedade Psicanalítica de Porto Alegre*, v. 12, n. 3, pp. 527-552, 2005b.

______. The analyst, his "Mourning and Melancholia", analytical technique and enactment. In: FIORINI, L. G., BOKANOWSKY, T. & LEWKOWICZ, S. (Ed.) *On Freud's "Mourning and Melancholia"*. London: IPA, 2007.

______. The analyst's implicit alpha-function, trauma and enactment in the analysis of borderline patients. *International Journal of Psychoanalysis*, v. 89, n. 1, pp. 161-180, 2008a. *Livro Anual de Psicanálise*. São Paulo: Escuta, 2010, v. 24, p. 61-78.

______. Desvelando configurações emocionais da dupla analítica através de modelos inspirados no mito edípico. *Revista Brasileira de Psicoterapia*, v. 10, pp. 37-48, 2008b.

______. O analista, seu paciente e a psicanálise contemporânea: considerações sobre indução mútua, enactment e não-sonho-a-dois. *Revista Latinoamericana Psicoanalisis*, v. 8, pp. 189-208, 2008c.

______. In search of symbolization: the analyst's task of dreaming. In: LEVINE, H. B., REED, G. G. & SCARFONE, D. *Unrepresented states and the construction of meaning*. London: Karnac, 2013a.

______. When the analyst became stupid: an attempt to undestand enactment using Bion's theory of thinking. *Psychoanalytical Quarterly*, v. 82, pp. 323 -366, 2013b.

CIVITARESE, G. Bion e a demanda de ambiguidade. *Revista da Psicanálise da Sociedade Psicanalítica de Porto Alegre*, v. 14, n. 1, pp. 57-75, 2007.

Por uma integração possível no envelhecimento

17. O envelhecimento e a regulação afetiva

Eliana Araujo Nogueira do Vale

"O cérebro diz ao corpo o que fazer para manter o equilíbrio... o cérebro também diz ao corpo como deve criar um estado emocional."
António Damásio

O fato de nascer e viver em determinadas épocas e lugares, sofrendo influências climáticas, culturais e socioeconômicas específicas, condicionarão a saúde do indivíduo, sua longevidade, fatores de risco, doenças desenvolvidas, morbidade, mortalidade e qualidade de vida, aproximando-o de determinados grupos com características afins.

Dados epidemiológicos[1] assim obtidos permitiram que se observassem, em determinadas amostras populacionais, tendências e relações de causa e efeito, levando à construção de escalas e questionários cientificamente validados e à extração de algoritmos dos dados estatísticos obtidos. Também é possível comparar epidemiologicamente populações diversas, e mesmo observar algumas tendências globais.

As neurociências, em especial a neurobiologia, a genética celular e a epigenética, têm trazido grandes contribuições a uma compreensão mais complexa dos fenômenos epidemiológicos e possibilitado a tradução desses dados em políticas de saúde pública, constituindo, assim, o campo da epidemiologia translacional (Khoury, 2010).

Para desenvolver o tema do envelhecimento de forma complexa, vamos situá-lo em relação a aspectos epidemiológicos, genéticos, filogenéticos, epigenéticos, ontogenéticos, neuroendócrinos e imunológicos, concluindo com os aspectos psicoemocionais relacionados à regulação afetiva.

---

1 "A epidemiologia clínica é a ciência que faz predições sobre pacientes individuais utilizando a contagem de eventos clínicos em grupos de pacientes semelhantes, com o uso de métodos científicos sólidos" (Fletcher & Fletcher, 2006, p. 21).

Aspectos epidemiológicos

Examinemos brevemente alguns dados epidemiológicos sobre o envelhecimento no Brasil.

De 1930 até hoje, o Brasil passou por uma rápida transição demográfica, caracterizada pela queda importante nos níveis de mortalidade e fecundidade e aumento na expectativa de vida, levando a um rápido envelhecimento da população. Assim, de uma distribuição etária da população em forma piramidal em 1950, passamos a uma distribuição em forma de "barril" em 2005, com uma expectativa de que, se nada mudar, em breve teremos uma população com mais de sessenta anos maior que a de menos de sessenta anos, em forma de pirâmide invertida. Essa transição ocorreu dentro do contexto de um país em desenvolvimento que, tendo passado por uma revolução médica e de saúde pública com diminuição da mortalidade infantil há cinquenta anos, não conseguiu, contudo, melhorar suas condições de vida. Com isso, as minorias mais pobres, étnicas e raciais que estão se tornando os idosos de hoje, por terem se desenvolvido em piores condições, mais sujeitos à desnutrição e doenças em idade precoce, poderão apresentar estado de saúde e incapacidade piores com o avançar da idade. Outra característica do envelhecer no Brasil é o predomínio das mulheres sobre os homens: em 2000, no município de São Paulo, para a faixa etária com 65 anos ou mais, havia uma média de 179 idosas para cem idosos. Como as condições socioculturais e econômicas das mulheres tenderam a ser piores que as dos homens, a esperança de qualidade de vida deverá ser melhor para estes (Lebrão, 2007). Essa tendência poderá ser revertida, já que as mulheres têm conseguido avanços em emancipação, educação e acesso ao mercado de trabalho.

A prevalência das doenças infectocontagiosas como principal causa de mortalidade em 1930 foi diminuindo graças aos avanços científicos e da saúde pública, sendo substituída pela das doenças crônicas não transmissíveis [DCNT]. Atualmente, as DCNT mais prevalentes no Brasil são as cardiovasculares, respiratórias crônicas, *diabetes* e câncer, nessa ordem (IBGE, 2011). As DCNT são distribuídas de modo desigual na população e nas diferentes regiões do Brasil. Em termos de carga de doença[2], os

---

[2] Carga de doença é a medida quantificável do impacto causado pela doença sobre a família, sobre o sistema de saúde, perda econômica pelos dias não trabalhados e perda de qualidade de vida do paciente (Schramm, 2004).

transtornos neuropsiquiátricos são os que têm o maior peso nas DCNT. Entre 1996 e 2007, houve uma diminuição na mortalidade por doenças cardiovasculares e respiratórias crônicas, atribuída às políticas de saúde que reduziram o tabagismo e melhoraram o atendimento primário. No entanto, a prevalência de *diabetes* e hipertensão está aumentando, em paralelo ao aumento de obesidade[3], atribuído a mudanças desfavoráveis na dieta e na atividade física, podendo vir a comprometer os ganhos obtidos; na verdade, esse aumento já se constitui em um grave problema de saúde pública. Há indicações de que essa epidemia de obesidade seja decorrente da mudança para uma alimentação mais calórica, com gorduras saturadas e excesso de sódio, e com maior ingestão de comidas processadas, bem como pelo estilo de vida sedentário. Os principais fatores de risco às DCNT seriam: tabagismo; consumo excessivo e dependência de álcool (levando a aumento nos transtornos mentais e comportamentais); falta de atividade física; aumento substancial de peso; rápido envelhecimento populacional; diminuição na aquisição de alimentos básicos tradicionais, que tendem a ser substituídos por alimentos processados (Schmidt, 2011).

Segundo Mendes *et al.* (2005), em nossa sociedade de valores capitalistas o idoso fica marginalizado e desvalorizado por deixar de ser produtivo. Os autores consideram que as tensões psíquicas e sociais podem apressar a deterioração associada ao processo de envelhecimento e que o idoso estaria mais sujeito a uma crise de identidade pelas muitas perdas por que passa: aposentadoria, diminuição de renda, perda do papel profissional, perda do poder no círculo familiar, ficar mais marginalizado e isolado. De fato, pesquisa realizada no início dos anos 1990 apurou que um grande número de aposentados morre em um período de dois anos após se aposentar (Haddad, 1993), e talvez a assim chamada "melhor idade" seja apenas uma passagem mais rápida para a morte. Minayo *et al.* (2006) observaram um crescimento significativo nas taxas de suicídio na população brasileira em geral, sendo que a curva crescente aconteceu principalmente entre homens com mais de 60 anos.

Para concluir esse retrato do idoso brasileiro, a PNAD – Pesquisa Nacional de Amostra de Domicílios do IBGE de 2011 informou que São Paulo é, atualmente, o estado brasileiro com o maior número de idosos, em um total aproximado de 5,4 milhões.

---

[3] A atual epidemia de obesidade é um fenômeno mundial.

Interação entre carga genética e fatores ambientais e seus reflexos no final da vida

No momento da concepção, a vida se atrela a uma programação genética, inscrita em forma de código no genoma do indivíduo. Tal programação prevê, entre outras coisas, a sequência e a duração das fases de desenvolvimento da vida, e é ativada por estímulos específicos existentes no meio natural do indivíduo.

Aspectos filogenéticos

Faz parte da programação genética um aspecto filogenético (relativo à espécie à qual o indivíduo pertence), que funcionaria da seguinte forma: a sabedoria acumulada pela espécie ao longo da evolução seria traduzida em um equipamento biológico básico para a sobrevivência imediata do recém-nascido (por exemplo, ser capaz de mamar, engolir, regurgitar) (Porges, 2011). O bebê humano nasceria também com um sistema imunológico básico adaptado ao seu meio natural, para protegê-lo de microrganismos próprios da região onde seus familiares próximos habitam. A filogênese prevê, ainda, que o indivíduo seja dotado de atributos físicos e mentais próprios à sua espécie. Daí decorre que qualquer desenvolvimento desse indivíduo terá necessariamente de ocorrer dentro de um contexto biológico limitado, restrito.

Mesmo com a restrição filogenética, há um enorme campo de possibilidades de interação entre o potencial genético e os estímulos e desafios ambientais que se apresentarem ao individuo.

Estímulos ambientais

Para que cada aspecto do potencial genético (genótipo) entre em funcionamento, ele precisa ser ativado por estímulos ambientais específicos, em momentos específicos do desenvolvimento. Caso contrário, o gene em questão permanecerá latente ou desligado, e o genótipo não se transformará em fenótipo, ou seja, em traços ativos e duradouros no indivíduo. Isso implica que nem tudo o que está programado geneticamente irá se realizar – genoma só é destino até certo ponto.

Se o meio gerar estímulos dentro de uma faixa de normalidade, o potencial genético será ativado, e o indivíduo poderá seguir seu destino filogeneticamente programado. Quando o meio estiver abaixo do nível da normalidade em termos de estimulação, causando privações e sofrimentos intensos, ou moderados, mas repetitivos, ocorrerão profundas alterações no indivíduo, com efeitos potencialmente duradouros, que, por vezes, só irão se manifestar na idade adulta ou no idoso. Inversamente, os ambientes ditos "enriquecidos" também trarão sua contribuição positiva (ver, por exemplo, Kolb & Gibb, 2011).

Alguns fatores primordiais com impacto sobre o desenvolvimento adequado são: a boa saúde física e mental da mãe, sua nutrição adequada e sua inserção em um ambiente social estruturado e suportivo. Alguns fatores primordiais de ruptura psiconeurobiológica são: desnutrição materna, cataclismos sociais, exposição a certos vírus, alcoolismo ou drogadicção da mãe (Kolb & Gibb, 2011), separação precoce entre mãe e bebê, limitações da mãe em entender o que é um bebê e como se relacionar com ele (Bretherton, 1992; Schore, 2001), mutações e polimorfismos genéticos.

Aspectos epigenéticos

Estudos epigenéticos[4] recentes sugerem que a saúde mental do idoso pode ser influenciada por fatores com origens na programação da vida fetal, bem como nos dois primeiros anos de vida.

A vida gestacional pode afetar o feto em desenvolvimento em termos de predisposição a desfechos futuros de saúde física e mental. As condições de estresse da gestante, caracterizadas por situações ambientais extremas, como catástrofes naturais, guerras ou desnutrição, podem resultar em desenvolvimento deficiente e/ou alterado do feto, em termos clínicos e/ou psicopatológicos (ver, por exemplo, Malaspina *et al.*, 2008).

Peso muito baixo ao nascimento estaria associado a várias doenças crônicas, pelo pressuposto de ter havido desnutrição ou carências específicas durante o período fetal (Delisle, 2002). Mathers (2007), em um artigo de revisão, revela haver forte evidência de que baixo peso ao nascer, especialmente quando seguido por crescimento acelerado durante a infância, acrescido de maior adiposidade central (depósitos de gordura na região abdominal) na idade adulta, é fator de risco para doenças cardiovasculares e *diabetes* tipo 2, afetando, consequentemente, a expectativa de vida da pessoa.

[4] A epigênese estuda o impacto das influências ambientais duradouras sobre os fenótipos, sem que haja, no entanto, mudança no DNA.

Luo *et al.* (2006) também observaram que os bebês que nascem pequenos demais, quando adultos e idosos exibem alta probabilidade de apresentar síndrome metabólica, *diabetes* tipo 2 e doença cardiovascular. Uma das hipóteses para isso seria a ocorrência de estresse oxidativo no feto, associado tanto ao crescimento fetal adverso quanto ao nascimento prematuro, com riscos elevados de certas doenças crônicas.

Schlotz & Phillips (2013), ao estudar um grupo de idosos de 66 a 75 anos, observaram que aqueles da amostra com os pesos mais baixos e mais altos ao nascer apresentaram maior reatividade ao estresse na velhice.

Schlotz & Phillips (2009) encontraram evidências de que mudanças no meio fetal em momentos críticos do desenvolvimento de certos órgãos causam efeitos adversos duradouros em sua estrutura e funcionamento, aumentando o risco de doenças crônicas cardiovasculares e *diabetes* do tipo 2 no adulto e no idoso. Além disso, esses autores mencionam que as relações entre crescimento fetal e saúde mental em idade mais avançada estão potencialmente ligados a fatores pré-natais na mãe, tais como tabagismo e alcoolismo, ingestão de drogas, desnutrição, estresse psicossocial e infecção durante a gravidez.

Herança epigenética[5]

Indo um pouco mais longe na compreensão dos fenômenos epigenéticos, recentemente a ciência começou a falar em "herança epigenética": cientistas suecos estudaram os efeitos de colheitas anuais mais abundantes ou mais escassas sobre uma comunidade isolada da Suécia a partir de 1799, ao longo de três gerações. Observou-se que a primeira geração, que sofreu um período de fome extrema, foi seguida por uma segunda geração bem alimentada e com significativo aumento de expectativa de vida; já a terceira geração, exposta a uma abundância de comida, apresentou uma redução significativa de duração de vida. Nesse caso, repetimos, não se trata de uma herança genética, já que o DNA não muda, mas de herança epigenética, que teria afetado o fenótipo dos descendentes. Especialmente interessante é o fato de os dados mais consistentes dessa tendência relacionarem-se à descendência masculina (Pembrey, 2002).

[5] A herança epigenética refere-se à transmissão intergeracional de fenótipos, sem alteração do DNA.

Ainda dentro da linha de herança epigenética, algumas DCNT parecem ter se tornado endêmicas em adultos e idosos a partir da ocidentalização de estilos de vida e de alimentação em vários países em desenvolvimento, além de dados epidemiológicos sugerirem que povos com histórico de subnutrição e pobreza sejam especificamente vulneráveis a essas mudanças (Phillips, 2013). Se tivermos no início da vida uma mudança de meio pobre para meio rico, por exemplo, a plasticidade neural inicial pode se tornar desajustada ao novo meio.

Aspectos embriogênicos e ontogenéticos[6] e o envelhecer

Por que os acontecimentos do início da vida têm tal peso sobre as diversas fases de desenvolvimento, e por que as consequências de alguns acontecimentos só surgem em idade mais avançada? Vários fatores contribuem para isso.

Consideremos, inicialmente, as ocorrências neurobiológicas críticas durante a gestação e o período dos dois primeiros anos de vida.

Quando a criança nasce, ela é extremamente imatura se comparada a recém-nascidos de outras espécies mamíferas. Seu cérebro, igualmente, terá um longo caminho a percorrer; em termos de desenvolvimento, ainda está para ser construído pela interação com o ambiente. O córtex humano, por exemplo, deverá adicionar cerca de 70% de seu conteúdo final de DNA apenas após o nascimento (Schore, 1994).

Na programação genética do desenvolvimento precoce normal do cérebro está prevista uma série de alterações neuroendócrinas, caracterizadas ora por uma grande produção de novos neurônios (neurogênese) e novas ligações sinápticas (sinaptogênese), ora por uma eliminação desses neurônios (poda neural e apoptose), que ocorre especificamente em determinados *loci* cerebrais, e de forma assimétrica entre hemisférios direito e esquerdo. Ou seja, o cérebro vai aumentar e encolher de forma dramática em épocas geneticamente programadas, o que é essencial para alterações nos circuitos neurais, pois estruturas neuroendócrinas estarão em formação. Nessa fase de modificação neural tão intensa, o cérebro apresenta maior vulnerabilidade às influências ambientais.

---

6 A embriogênese refere-se ao processo de evolução dos aspectos biológicos do indivíduo durante o período fetal; e a ontogênese, à evolução dos aspectos biológicos durante o período que vai do nascimento até o desenvolvimento final.

Além disso, o desenvolvimento do cérebro dependerá igualmente de estímulos específicos vindos do meio. Durante períodos ditos "críticos", os neurônios estarão em estado de prontidão para receber estímulos ambientais adequados que levem à sua expressão genética, sendo esse estado adequadamente chamado de *experience-expectant* (Greenough *et al.*, 1987).

Em nível neurobiológico, se houver ruptura, seja nos aspectos genéticos, seja na estimulação ambiental necessária para sua expressão, os desfechos neurais serão fundamentalmente alterados e, consequentemente, o processo normal de desenvolvimento será prejudicado (Stiles & Jernigan, 2010; Kolb & Gibb, 2011).

Os períodos considerados mais importantes em termos de mudanças neurais são o fetal, os dois primeiros anos da infância, a adolescência e a velhice.

As experiências na relação com o meio no período pré-natal e pós-natal precoce têm um efeito de *priming* cerebral. Como a psicanálise antecipou há mais de um século, e a neurociência tem demonstrado cientificamente, as primeiras experiências causam um registro indelével no cérebro, que permanecerá por toda a vida. Esse *priming* será o molde para a criação de estruturas mentais e emocionais dominantes na forma de lidar com os fatos e com a vida, com as relações sociais e no estilo de enfrentamento de adversidades. Embora posteriormente seja possível a criação de outras instâncias decorrentes da educação e processo de socialização, relação com os pares, acontecimentos da vida adulta e do envelhecer, e processos psicoterápicos, essas construções primitivas terão sua expressão e sua força asseguradas. Por isso é que, ao envelhecer, ainda encontramos vigentes, e até mesmo dominantes, traços que vieram a compor a estrutura inicial de personalidade.

A programação genética e o envelhecer: aspectos neurobiológicos, neuroendócrinos e imunológicos

A despeito da influência dos fatores precoces, e, na verdade, em interação com estes, o envelhecer afetará profundamente o organismo humano. Ainda conforme a programação genética, no envelhecer haverá um declínio generalizado, mas específico, dos sistemas homeostáticos do organismo.

O cérebro passará por uma remodelação estrutural marcante, havendo diminuição em seu volume total e declínio no volume da massa branca (glia). Haverá uma involução na camada de mielina, implicando menos conexões funcionais entre os neurônios, que poderão alterar as funções cerebrais e a cognição. Os sistemas neuroendócrino e imunológico sofrerão um dramático ajustamento, com diminuição na produção de vários neuro-hormônios. Os hormônios terão o papel fundamental de fornecer informações sobre as mudanças corporais para o cérebro; e as interações neuroendócrinas serão essenciais para a regulação homeodinâmica do corpo. Esse ajustamento provocará uma reorganização substancial dos circuitos do eixo hipotálamo-pituitário-adrenal [HPA], com diminuição na produção hormonal deste. Haverá também modificações na plasticidade de diversas regiões cerebrais, inclusive o hipocampo, a amígdala e o córtex pré-frontal, essenciais para a memória, cognição e emoções. Em termos imunológicos, haverá uma involução da glândula timo e um aumento de citocinas circulantes que podem ser responsáveis pelo aumento nas respostas inflamatórias (Garcia-Segura, 2009). Ou seja, à medida que o organismo envelhece e a função imunológica se deteriora, mais defesas inflamatórias precisam ser assumidas pelo sistema inato de inflamação, para tentar reequilibrar o organismo, o que poderá vir, ao mesmo tempo, a acelerar as doenças crônicas e o próprio envelhecimento (Tracy, 2013). Também com o envelhecer e a crescente perda de imunidade, a exposição a certos estímulos antes inócuos passa agora a ser um fator de morbidade.

Garcia-Segura (2009) afirma que a idade em si não seria a causa de doenças cerebrais e que nem todas as mudanças plásticas no cérebro idoso refletem alterações patológicas. As alterações cerebrais ocorridas no envelhecer têm a função de regular a plasticidade neural e manter o equilíbrio alostático das funções corporais. Todavia, essas tentativas corporais nem sempre são bem-sucedidas, podendo gerar, eventualmente, alterações patológicas ligadas ao declínio cognitivo, sintomas depressivos e perturbações psicológicas.

A vida precoce está ligada ao processo de envelhecimento

Estritamente falando, começamos a envelhecer desde o momento em que somos concebidos: os processos de maturação e desenvolvimento coincidem com os de envelhecimento, e a vida caminha inexoravelmente para a frente.

A partir dos trinta anos, antes que o processo de mielinização esteja completo segundo alguns autores, já se inicia um declínio na execução de tarefas de rememoração (Reed, 2005).

Dos cinquenta anos em diante, e mais definidamente na mulher, o envelhecer se acentua, com o declínio físico-cognitivo, neuroendócrino e imunológico (Garcia-Segura, 2009). Com relação aos aspectos psicológicos, encontraremos uma grande variabilidade de expressões que vão depender, em parte, de acontecimentos no início da vida.

O organismo passará por uma diminuição na produção de hormônios sexuais e de neuro-hormônios, afetando os sentimentos de prazer, de bem-estar e de recompensa; e dos hormônios tireoidianos, favorecendo estados depressivos (Garcia-Segura, 2009). Além do declínio neuroendócrino, o indivíduo terá de lidar com a gradativa perda de autonomia, de desenvoltura física, da beleza física, perdas cognitivas, eventuais doenças neurodegenerativas, solidão, dificuldades financeiras. O declínio imunológico favorecerá a vulnerabilidade a doenças bacterianas e virais, e mesmo a proteção de vacinas será reduzida por essa condição. Como podemos observar, os estados depressivos podem se ancorar tanto em fatores neuroendócrinos quanto ambientais.

O envelhecimento e a condição humana

No envelhecimento, torna-se uma tarefa difícil a discriminação entre processo normal e patológico, entre doença e envelhecimento geneticamente programado. A maior parte das mudanças trazidas pelo envelhecer são irreversíveis e, assim, pode-se dizer que o idoso vai passando sucessivamente por várias “mortes”, por lutos e seus desfechos possíveis. Não raro, o contato com as perdas físicas atinge profundamente o indivíduo em seu esteio narcísico, embora se trate de um fato inexorável na vida do ser humano.

No entanto, é interessante verificar que alguns idosos saem-se melhor que outros nessa travessia. Aqui, os aspectos da subjetividade, tanto genéticos como adquiridos na parte inicial da vida, podem fazer toda a diferença no enfrentamento desse período e suas mazelas. E é nesse nível que a regulação afetiva tem importância essencial.

Apego, regulação e emoção

Um aspecto pouco conhecido da regulação do corpo, mas muito importante, é a regulação afetiva, que está ligada ao desenvolvimento do apego, fator essencial na modelagem que prepara o cérebro para os padrões de relacionamentos sociais.

Tal como se desenvolveu na Teoria do Apego, inicialmente criada por John Bowlby e Mary Ainsworth, o conceito de apego derivou de múltiplas influências epistemológicas: psicanalíticas, etológicas, darwinianas, psicologia do desenvolvimento, ciências cognitivas e cibernética. Tratar-se-ia de um instinto geneticamente programado para favorecer a formação de laços afetivos íntimos entre o bebê e seu cuidador, essencial à sobrevivência e ao amadurecimento do primeiro (Bretherton, 1992).

Os comportamentos de apego seriam manifestados pelo bebê (sorrir, balbuciar, olhar, chorar etc.) com o objetivo de atrair a proximidade e uma resposta do adulto. Se o cuidador puder responder de forma adequada e consistente ao bebê, essa relação deverá ser registrada na memória do recém-nascido como um ambiente de segurança, cabendo à mãe (ou cuidador primário) a função de modular as emoções do bebê, já que este, neurológica e psiquicamente imaturo, não teria condições de fazê-lo sozinho.

O sistema de apego seria, então, um sistema regulatório do bebê, em muitos níveis. No desenvolvimento normal, a mãe acalmaria o bebê em momentos terroríficos, desenvolvendo nele o sentimento de ser protegido e a esperança de não sucumbir ao desamparo e à desestruturação, pois sabe que será socorrido. Em segundo lugar, quando a mãe acalma o bebê, estará ajudando a modular e regular seus sistemas neuroendócrinos e emocionais, colaborando literalmente para esculpir o cérebro em desenvolvimento do bebê. Schore (1994) afirma mesmo que o meio precoce do bebê é um meio social e interativo e que a estimulação crítica ao desenvolvimento do bebê é essencialmente afetiva.

A partir de experiências iniciais adequadas, o ser humano gradualmente deverá ser capaz de regular as próprias emoções pelo estabelecimento de modelos de funcionamento internos *(working models)*. Esses modelos seriam formados por representações mentais capazes de orientar o comportamento do bebê, possibilitando a criação de uma teoria mental que preveja os acontecimentos sociais e comportamentos das outras pessoas (Dalbem & Dell'Aglio, 2005; Bretherton, 1992; Fonagy, 2001).

O modo como o apego se desenrola parece criar um molde de relacionamento duradouro, facilitando ou dificultando a inserção social, a adequação nos relacionamentos afetivos e a forma de enfrentar os desafios e de lidar com a realidade. Esses achados são sustentados por grandes estudos longitudinais realizados em várias partes do mundo, com amostras acompanhadas desde o nascimento, com metodologia a partir dos estudos de Bowlby e Ainsworth (Grossman *et al.*, 2005).

Complementando e atualizando as teorias sobre apego, o neurocientista norte-americano Stephen Porges (2011) vem desenvolvendo nos últimos vinte anos uma teoria de base evolutiva, chamada Teoria Polivagal, segundo a qual, no decorrer da evolução, os sistemas cardiovascular e gastrintestinal foram sendo ligados sinergicamente aos sistemas neurobiológicos responsáveis pela emergência das expressões emocionais, com maior desenvolvimento cortical e maior expressividade facial e modulação da voz. Seriam essas interações sociais, com seus componentes emocionais e afetivos, que manteriam a capacidade de regular os sistemas fisiológicos.

Conclusão

Os dados aqui expostos sugerem que o conhecimento sobre os componentes mente-corpo-emoções poderia encontrar aplicação na regulação afetiva e fisiológica de idosos. Talvez a sociedade ainda não tenha se dado conta de que é preciso favorecer o acesso de idosos a contatos sociais significativos, essenciais para a boa qualidade de vida.

Certamente que um apego seguro no início da vida poderá fazer toda a diferença no modo como o idoso enfrentará o envelhecimento e a aproximação da morte.

Referências

BRETHERTON, I. The origins of attachment theory: John Bowlby and Mary Ainsworth. *Developmental Psychology*, v. 28, pp. 759-775, 1992.

DALBEM, J. X. & DELL'AGLIO, D. D. Teoria do apego: bases conceituais e desenvolvimento dos modelos internos de funcionamento. *Arquivos Brasileiros de Psicologia*, v. 57, n. 1, pp. 12-24, 2005.

DELISLE, H. La programmation foetale des maladies chroniques liées à la nutrition. *Cahiers d'etudes et des recherches francophones/Santé*, v. 12, n. 1, pp. 56-63, 2002.

FLETCHER, R. H. & FLETCHER S. W. *Epidemiologia clínica*: elementos essenciais. Porto Alegre: Artmed, 2006.

FONAGY, P. *Attachment theory and psychoanalysis*. New York: Other Press, 2001.

GARCIA-SEGURA, L. M. *Hormones and brain plasticity*. New York: Oxford Press, 2009.

GREENHOUGH, W. T. *et al*. Experience and brain development. *Developmental Psychobiology*, v. 22, pp. 727-252, 1987.

GROSSMAN K.E. *et al*. *Attachments from infancy to adulthood*: the major longitudinal studies. New York: The Gilford Press, 2005.

HADDAD, E. G. M. *O direito à velhice*: os aposentados e a previdência social. São Paulo: Cortez, 1993.

IBGE – Instituto Brasileiro de Geografia e Estatística. *PNAD*: Pesquisa Nacional por Amostra de Domicílios 2011. Disponível em: <http://www.ibge.gov.br/home/estatistica/populacao/trabalhoerendimento/pnad2011/>. Acesso em: 15 ago. 2014.

KHOURY, M. J. *et al*. The emergence of translational epidemiology: from scientific discovery to population health impact. *Am J Epidemiol*, v. 172, n. 5, pp. 517-24, 2010.

KOLB, B. & GIBB, R. Brain plasticity and behaviour in the developing brain. *J Can Acad Child Adolesc Psychiatry*, v. 20, n. 4, pp. 265-276, 2011.

LEBRÃO, M. L. O envelhecimento no Brasil: aspectos da transição demográfica e epidemiológica. *Saúde Coletiva*, v. 4, n. 17, pp. 135-140, 2007.

LUO, Z. C. *et al*. Tracing the origins of "fetal origins" of adult diseases: programming by oxidative stress? *Med Hipotheses*, v. 66, n. 1, pp. 38-44, 2006.

MALASPINA, D. *et al*. Acute maternal stress in pregnancy and schizophrenia in offspring: a cohort prospective study. *BMC Psychiatry*, v. 8, n. 71, 2008. Disponível em: <http://www.biomedcentral.com/1471-244X/8-71.pdf>. Acesso em: 15 ago. 2014.

MATHERS, J. C. Early nutrition: impact on epigenetics. *Forum Nutr,* v. 60, pp. 42-8, 2007.

MENDES, M. R. S. S. *et al*. A situação social do idoso no Brasil: uma breve consideração. *Acta Paul Enferm*, v. 18, n. 4, pp. 422-6, 2005.

MINAYO, M. C. S. *et al*. Tendência da mortalidade por suicídio na população brasileira e idosa, 1980-2006. *Rev Saúde Pública*, v. 46, n. 2, pp. 300-9, 2012.

PEMBREY, M. E. Time to take epigenetic inheritance seriously. *European J of Human Genetics*, v. 10, n. 11, pp. 669-671, 2002.

PHILLIPS, D. *Fetal programming and chronic diseases*. Comunicação verbal em The University of São Paulo 2013 Conference: From the complex etiology of diseases to translational strategies, S. Paulo, Faculdade de Medicina da Universidade de S. Paulo, março 2013.

PORGES, S. W. *The polyvagal theory*: neurophysiological foundations of emotions, attachment, communication, self-regulation. New York: W. W. Norton, 2011.

RAMOS, L. R. *et al*. Perfil do idoso em área metropolitana na região sudeste do Brasil: resultados de inquérito domiciliar. *Rev Saúde Pública*, v. 27, n. 2, pp. 87-94, 1993.

REED, U. C. Desenvolvimento normal do sistema nervoso central. In: NITRINI, R. & BACHESCHI, L. A. (Org.). *A neurologia que todo médico deve saber*. São Paulo: Atheneu, 2005.

SCHLOTZ, W. & PHILLIPS, D. I. Fetal origins of mental health: evidence and mechanisms. *Brain, Behav Immun*, v. 23, n. 7, pp. 905-16, 2009.

SCHLOTZ, W & PHILLIPS, D. I. & HERTFORDSHIRE COHORT STUDY. Birth weight and perceived stress reactivity in older age. 2013, 29:56-63. doi:10.1002/smi.2425.

SCHMIDT, M. I. *et al*. Doenças crônicas não transmissíveis no Brasil: carga e desafios atuais. *The Lancet*, pp. 61-74, 2011. Disponível em: <http://download.thelancet.com/flatcontentassets/pdfs/brazil/brazilpor4.pdf>. Acesso em: 15 ago. 2014.

SCHORE, A. N. *Affect regulation and the origin of the self*: the neurobiology of emotional development. New Jersey: Lawrence Erlbaum, 1994.

______. Effects of a secure attachment relationship on right brain development, affect regulation, and infant mental health. *Mental Health J*, v. 22, n. 1-2, pp. 7-66, 2001.

SCHRAMM, J. M. A. *et al*. Transição epidemiológica e o estudo de carga de doença no Brasil. *Ciência e Saúde Coletiva*, v. 9, n. 4, pp. 897-908, 2004.

STILES, J. & JERNIGAN, T. L. The basics of brain development. *Neuropsychol Rev*, v. 20, pp. 327-344, 2010.

TRACY, R. P. *Inflammation and disease*. Comunicação verbal em The University of São Paulo 2013 Conference: From the complex etiology of diseases to translational strategies, março 14 e 15, 2013. S. Paulo, Faculdade de Medicina da Universidade de S. Paulo.

18. Fatores determinantes do envelhecimento saudável

Wilson Jacob Filho

Antes de enumerar os procedimentos atualmente reconhecidos como eficazes para manutenção e/ou promoção do envelhecimento saudável, cabe aqui fazer uma identificação mais objetiva sobre os dois fundamentos de nosso tema.

O *envelhecimento* é um processo comum a praticamente todos os seres vivos e, em seu transcorrer, provoca modificações de ordem somática e psíquica que determinam alterações da relação do indivíduo com o meio que o cerca. Confort (1979) conceituou o processo de envelhecimento como a redução dos mecanismos de manutenção da homeostasia em condição de sobrecarga funcional.

Em síntese, o envelhecimento pode ser entendido como um processo de redução da reserva funcional, sem comprometer, na quase totalidade dos mecanismos, a função necessária para as atividades do cotidiano. A existência de uma limitação funcional evidente, mesmo em um nonagenário, deve ser entendida, então, como o efeito de um processo fisiopatológico (senilidade ou envelhecimento secundário), portanto, de uma doença mais do que uma evolução atribuível ao processo natural de envelhecimento (senescência ou envelhecimento primário).

Saudável é um atributo de quem tem saúde, termo ainda entendido como "ausência de doenças". Assim fosse, contando com as técnicas diagnósticas atuais e com o aumento da expectativa de vida do ser humano, seríamos todos "condenados" a não ter saúde, portanto, seríamos considerados insanos já nas primeiras décadas de vida.

Fácil é perceber que, à medida que envelhece, o homem vai acumulando doenças crônicas que farão parte, com grande frequência, de seu patrimônio pessoal durante toda a existência. Por outro lado, é absolutamente patente que as doenças crônicas causem suas principais consequências quando cursam de forma descontrolada ou descompensada. Há, portanto, nítida diferença entre o portador de hipertensão arterial sistêmica (HAS) devidamente tratada e aquele que mantém níveis pressóricos elevados.

Assim, com o intuito fundamental de distinguir essas condições, a Organização Mundial de Saúde (OMS), em 1947, definiu que saúde é um estado de pleno bem-estar físico, psíquico e social (OMS, 1947). Resume, portanto, nessa frase, as condições adequadas de vida para um ser humano em qualquer idade, cultura ou perfil socioeconômico.

No que diz respeito ao idoso, fica claro que esse estado de saúde deve coexistir com a existência de uma ou mais doenças crônicas.

Estudos realizados no município de São Paulo revelaram que 78% dos idosos tinham pelo menos uma doença crônica que necessitava de um tratamento medicamentoso. Esses dados são compatíveis com os do Instituto Nacional do Saúde (NIH) do ano 2000, de que 3/4 da população idosa americana tem pelo menos uma doença crônica e que, destas, mais da metade (56%) tem duas ou mais doenças crônica (Bodenheimer, 2002).

Torna-se necessário, portanto, que haja a possibilidade de minimizar os efeitos deletérios da doença para que possa ocorrer para a maioria dos idosos uma perspectiva de experimentar um envelhecimento saudável.

Se, por um lado, isso é um anseio de todo indivíduo que almeja possuir sua autonomia e independência durante toda a vida, também é uma necessidade das instituições de saúde, que entendem ser impossível para qualquer tipo de economia ou de desenvolvimento político e social a manutenção da saúde de uma população exponencialmente crescente e com índices de comorbidades muito elevados.

Muitas são, portanto, as estratégias recomendadas para a promoção do envelhecimento saudável. Em 1992, a OMS, por intermédio da OPAS, recomendou que a Promoção da Saúde do Idoso seja realizada por ações interdisciplinares e que estas ações sejam dirigidas, especificamente, para reduzir, nesta população, o risco de adoecer e de morrer (Chelala, 1992).

Essas recomendações corroboram nosso conceito de atuação nesse sentido, identificando-o como *senecultura* (termo proposto em 1985), que, ao nosso ver, é o conjunto de ações interdisciplinares que contribuem efetivamente para Promoção de Saúde do Idoso (Jacob Filho, 1998).

Fica evidente que não é possível realizar essa proposta sem a cooperação das diferentes áreas profissionais envolvidas com o envelhecimento. Nesse mister, o gerontólogo assume, muitas vezes, o papel fundamental para a eficácia da intervenção.

Entendo que seria impossível que um profissional reunisse o conhecimento e a habilidade para atender adequadamente o idoso e que torna a promoção do envelhecimento saudável um desafio interdisciplinar para os períodos presente e futuro (Jacob Filho, 1984).

Não temo afirmar que, se o século XX caracterizou-se pela grande revolução etária da população do mundo, o século XXI será caracterizado pela solução dos problemas que esse fenômeno determinou. Para tal, muitas possibilidades de atuação em diferentes fases do desenvolvimento terão de ser rapidamente implementadas.

No cenário atual, a população que apresenta maior crescimento relativo, seja nos países desenvolvidos, seja naqueles em desenvolvimento, são os "muito idosos" (pessoas com oitenta ou mais anos). Por exemplo, entre os anos de 1991 e 2000 essa faixa etária apresentou, no Brasil (segundo o IBGE), um crescimento de 63%, ao passo que a população nestes nove anos cresceu apenas 3% (IBGE, 1991; 2000).

Importante frisar que é exatamente nessa faixa etária em que ocorrem as maiores complicações das doenças crônicas mal cuidadas. Dados recentes da professora Lebrão, no Projeto SABE, e da OMS revelaram, dentre os muitos idosos, haver incapacidade para realizar todas as atividades de vida diária (AVD) superior a 75% e para as atividades instrumentais (AIVD) de mais de 80% (Lebrão, & Duarte, 2003)

Cabe ressaltar que essas limitações tornam inviável a permanência desses octogenários em seu meio ambiente se não houver a existência da figura do cuidador, elemento crítico para a manutenção da integridade física e emocional desse longevo, mas que pode, em muitos casos, inexistir, o que favorece a opção familiar pela institucionalização.

Acredito que essas considerações iniciais possam justificar a busca universal por soluções que visem à prevenção e/ou à recuperação da saúde, com o intuito de preservar a funcionalidade de quem envelhece.

Enumero a seguir as ações que vêm sendo propostas não apenas para atender às expectativas manifestas pela OPAS de reduzir a morbimortalidade para tornar o envelhecimento uma fase incluída no cenário evolutivo do ser humano saudável.

Avaliação Global do Idoso (AGI)

Essa atitude, por muitos interpretada como procedimento puramente mecânico, está sendo entendida como uma importante ferramenta para atuar preventivamente nos diferentes fatores de riscos da saúde do idoso. Em uma comparação sobre a eficácia da AGI aplicada sistematicamente a uma população americana, comparando-a a um grupo-controle para o evento "institucionalização", demonstrou-se que houve nítida redução (28%) dessa ocorrência entre os submetidos à AGI (Luk, Or, Woo & 1998). A importância desse impacto foi comparada pelos autores ao uso de betabloqueador no período após o infarto agudo do miocárdio (IAM), que reduz o risco de novo IAM em 26% dos casos e da terapia adjuvante à mastectomia por câncer de mama, que reduz a recidiva em 29%. Na AGI podem ser detectadas muitas das particularidades que determinarão má evolução futura. A funcionalidade dos membros superiores avaliada sistematicamente por um teste simples e prático proposto por Guralnik revelou fortes indícios de quem, na evolução, foi encaminhado a um *nursing home* em uma grande população americana (Guralnik, Ferruci & Simonsick, 1995). Uma vez detectada a limitação, opta-se por qual medida seria a mais conveniente para eliminar o fator de risco ou reduzir sua progressão. A título de exemplo, as fases iniciais da doença de Parkinson ou a sarcopenia acentuada podem, muitas vezes, não ser manifestas como sintomas e passar despercebidas a um olhar menos sensibilizado. Em uma AGI sistemática, essa limitação tornar-se-á evidente e o tratamento será iniciado precocemente, seja ele medicamentoso ou não. Da mesma forma, visão, audição, equilíbrio, cognição, humor, sono, autonomia e independência, estado nutricional, continência urinária e fecal, rede de suporte social, autoavaliação da saúde, perspectivas futuras, enfim, todos os parâmetros determinantes do "estado de pleno bem-estar físico psíquico e social" (OMS, 1947) devem ser conhecidos para que seja possível, na cronologia indicada, intervir adequadamente.

Estímulo à atividade física regular

Infelizmente, embora tenhamos cada vez mais evidências a favor dos efeitos preventivos dos exercícios em relação aos principais fatores de riscos para as doenças comuns à segunda metade da vida, vemos com pesar um progressivo sedentarismo sendo incorporado aos hábitos e costumes do homem moderno. Quem poderia supor, há algumas décadas, que teríamos de atuar contra o sedentarismo infantojuvenil. Estudos recentes demonstram que a obesidade é muito mais uma condição da falta de atividade que de um aumento expressivo da ingesta calórica. Há nítida correlação entre o peso corporal e o tempo em que o indivíduo permanece diante de uma tela, seja ela de televisão ou de computador. Se isso é preocupante entre os mais jovens, é ainda mais entre os idosos, pois essa progressiva redução da mobilidade que caracteriza os hábitos da maioria das pessoas que envelhecem torna-se um dos principais motivos para o incremento da sarcopenia e das limitações funcionais. Há tanto interesse em modificar essa condição de imobilismo que campanhas voltadas para o estímulo à prática de atividade física regular estão ocorrendo em nível nacional, como o *Agita São Paulo*, ou mundial (por exemplo, a Carta de Heidelberg). Porém, o incentivo a hábitos de vida mais sedentários (elevadores, esteiras rolantes, controles remotos, entregas em domicílio, compras pela internet, trabalho e educação a distância) é um importante opositor dessa intenção. Cabe salientar que para os idosos há o agravante de não haver ambientes favoráveis à prática de exercícios. Ao nosso ver, mais do que construir opções apropriadas que dependam de recursos financeiros e políticos pouco disponíveis, há de se "customizar" os ambientes já existentes. Temos recomendado que idosos interessados em iniciar um programa de atividades físicas façam suas caminhadas em segurança nas alamedas das galerias e *shopping centers* antes da abertura das lojas. Em mais de um deles já ocorreu, por iniciativa das empresas locais, a contratação de um professor de educação física ou de uma fisioterapeuta para orientar os exercícios que precedem e sucedem a caminhada. Obviamente, não é a solução que nos satisfaz, mas é com certeza um passo importante da mobilização de um segmento em busca de novas opções em favor de sua saúde.

Desse ponto para a busca por exercícios mais específicos para cada demanda ou necessidade, teremos um caminho bem mais curto e favorecido. Cabe aos profissionais a responsabilidade de incentivar – a partir das evidências já suficientemente disponíveis – que a atividade física faça parte do cotidiano de quem pretende ter um envelhecimento saudável. Em recente manifestação, o professor Kenneth Cooper (1985) – defensor contumaz dos exercícios aeróbios da proteção do sistema cardiovascular nas décadas de 1970/1980, hoje um praticante confesso dos exercícios resistidos, por entender que essa composição é a que melhor protege e recupera a funcionalidade do idoso –, do alto de seus 78 anos, conclui que quem não tiver tempo para realizar atividades físicas vai ter que encontrar tempo para cuidar de suas doenças.

Mudanças de hábitos deletérios

Atualmente, não há dúvida quanto à importância da interrupção de tabagismo em qualquer idade. Os benefícios são evidentes a partir do oitava semana de abstinência. Não há motivo, pois, para admitir que o tabagismo possa ser indiferente para quem fuma há seis décadas. Entendo que quem justifica a manutenção por ser este "o seu único amigo" ou "o último prazer que lhe resta" é portador de um distúrbio afetivo sintomático e necessita ser tratado como tal. Uma abordagem adequada não só interromperá a exposição ao tóxico como propiciará um retorno ao equilíbrio psíquico e a um convívio social independente de subterfúgios prejudiciais à saúde. Da mesma forma, encontra-se o conhecimento sobre o alcoolismo. Especial atenção deve ser dada a essa prática em idosos, quando muitas vezes retomam ou se iniciam nessa condição como substituição a seus desajustes psíquicos e sociais. Por outro lado, tem-se demonstrado que o uso moderado de bebidas alcoólicas, em especial o vinho (mais ou menos 150 a 200 ml por dia) pode ser acompanhado de menor incidência de doenças cardiovasculares e neurológicas. Em nosso entendimento, as controvérsias com relação a ser este um fator causal ou meramente marcador do equilíbrio emocional (nem falta nem exagero) ainda não nos permite identificar essa prática como recomendável. Devem ser entendido também como hábitos deletérios aqueles que ocupam demasiado tempo no cotidiano das pessoas. São, em geral, atividades que impedem uma agradável distribuição dos papéis profissionais e sociais e que, no futuro, quando interrompidas, causarão importante transtorno no estado de saúde, conforme a definição da OMS. São bons exemplos aqueles que se destinam, fundamentalmente, a um só objetivo profissional ou a cuidar de seus dependentes (filhos ou parentes enfermos)

Adequação nutricional

Há tempos sabemos (mas pouco aplicamos) que há uma necessidade nutricional para cada fase da vida ou cada condição funcional. O envelhecimento é um dos grandes exemplos dessa condição. Além de se tratar de um processo de heterogeneidade funcional, no qual mesmo gêmeos univitelinos que envelhecem em condições diversas tornar-se-ão incomparáveis nas décadas futuras. Encontraremos em uma população de mesma idade uma grande gama de situações em que a dieta deverá ser adaptada. Com isso, quero enfatizar que não existe uma "dieta ideal para o idoso".

São razoavelmente estudadas quais as necessidades alimentares para cada componente e em que condições devem ser limitadas ou suplementadas. Não raro, porém, encontramos, mesmo em ambientes financeiramente favorecidos, a existência de desnutrição proteica, porque foram oferecidos ao idoso nos últimos anos os "alimentos mais leves", constituídos geralmente de carboidratos. Outros fatores, como a dentição, as possibilidades de compra e de preparo do alimento, a necessidade de viver e de cozinhar sozinho, os distúrbios de humor e as alterações do aparelho digestivo, em meio aos efeitos deletérios da diminuição do apetite, secreção de saliva e paladar, criam um cenário muito favorável ao prejuízo nutricional. Dessa condição para o comprometimento da saúde a evolução é certa e imediata.

As consequências estruturais (osteoporose, sarcopenia e atrofia do tecido subcutâneo) e funcionais (imunidade, locomoção, controle da temperatura) são frequentemente relacionadas aos mecanismos fisiopatológicos da quase totalidade das doenças que acometem o idoso. Não creio haver qualquer estratégia de prevenção e/ou planejamento terapêutico, mormente em idosos, que possa prescindir da adequação nutricional.

É importante salientar que essas recomendações, à semelhança da atividade física, devem partir de um basal comum à maioria das pessoas, mas deve atender às características individuais de cada idoso. Respeitar os valores culturais, hábitos, preferências e condições econômicas são as particularidades que identificam o profissional capacitado a atuar nessa faixa etária. A opção de obter, da alimentação, uma interessante opção de busca pelo prazer pode, muitas vezes, ser a porta inicial da solução de importantes conflitos sociais. Um bom exemplo dessa capacidade tem sido evidenciado por estudos realizados com a introdução de animais domésticos na residência de quem vive sozinho ou em instituições de longa permanência (ILP), denominada *pet therapy.* Observa-se, em consequência, incremento da condição nutricional (companhia para comer e ter de preparar o alimento), das atividades físicas (ter de levar o animal para passear, ao veterinário, ao *pet shop*) e da autoestima.

Postergar o início das doenças

Esse é um dos aspectos mais interessantes a ser incluído entre os indivíduos que visam a um envelhecimento saudável. Se, por um lado, estamos cientes da grande probabilidade de sermos portadores de doenças crônicas na fase intermediária da vida, não há por que esperá-las passivamente para depois tratá-las Quem melhor postulou essa possibilidade foi Fries (1980), demonstrando que o aumento da expectativa de vida de uma população enferma produz "aumento de vida com doença", o que pouco contribui para o bem-estar do indivíduo ou da sociedade. Por outro lado, os procedimentos que visam reduzir os fatores de risco têm por objetivo postergar o aparecimento das doenças nos geneticamente predispostos, fazendo que se manifestem mais tardiamente ou não tenham a possibilidade de se manifestar.

Bons exemplos são o controle da obesidade nas pessoas de maior risco para *diabetes*, a restrição de sal para os propensos a HAS ou uso de meias elásticas para quem descende de portadores de varizes dos membros inferiores. Assim, podemos almejar em breve, quando pudermos detectar os determinantes genéticos para cada enfermidade, as principais estratégias a que cada um deve aderir. Por enquanto nos valemos das informações advindas dos antecedentes familiares e do conhecimento sobre incidências e prevalência de cada enfermidade em cada fase da vida. Nem todos necessitam de tudo, mas a possibilidade de prevenir a ocorrência precoce de uma enfermidade crônica trará inigualável benefício quanto à possibilidade das futuras complicações. Segundo Fries, mesmo quando há alguma perda na expectativa de vida total, a compressão da morbidade terá grande benefício na ampliação do período de vida sem doença e sem grandes limitações (Fries, 1980).

Uso criterioso de fármacos

Infelizmente, faz parte da cultura popular (e de muitos profissionais) que idosos tenham de tomar muitos medicamentos. Há, ainda, quem acredite que quanto mais medicamentos ingeridos, maior a possibilidade de saúde. Ao contrário, dentre os mecanismos mais importantes do comprometimento da saúde de quem envelhece, a polifarmácia (uso de três ou mais drogas concomitantes) é um dos mais influentes. Em praticamente todos os estudos de risco para determinação do prognóstico o número de medicamentos utilizados mostra correlação com os piores resultados. A reação adversa a medicamentos (RAM) vem se mostrando um dos maiores agravantes do estado de saúde do idoso, constituindo uma importante causa de internação prolongada e de mortalidade na terceira idade.

Em geral, o olhar mais bem sensibilizado para os possíveis fatores causais de cada manifestação clínica e do elenco de opções não medicamentosas disponíveis para controlá-las acaba se traduzindo por uma prescrição de poucos fármacos, muitas vezes retirando os excessos previamente utilizados. Ao contrário do que muito se advoga em relação à dificuldade que idosos teriam em modificar seus usos e costumes, a retirada de boa parte dos medicamentos não só traz benefícios farmacodinâmicos como também financeiros e bem-estar individual.

Recomenda-se que qualquer profissional utilize seus conhecimentos para incentivar o paciente a conversar sobre a real necessidade dos medicamentos com quem os prescreveu. Todos (exceto, talvez, a indústria farmacêutica) serão privilegiados com atitudes como essa. Atenção especial deve ser dada ao uso de medicamentos que visam retardar ou inibir o processo de envelhecimento. Atingem o ápice ao preconizar a "medicina antienvelhecimento". Não há, até o momento, qualquer indício minimamente convincente de que alguma substância possa interferir nessa evolução. Temos, pois, a obrigação de argumentar enfaticamente contra essas propostas porque, além de deletérias à saúde e às finanças de quem as utiliza, desvia muitas vezes os recursos necessários ou a credibilidade das outras ações que, comprovadamente, contribuem para o envelhecimento saudável.

Compensar as limitações

Infelizmente, no momento atual, ainda é maior o contingente de pessoas que procura o profissional de saúde para corrigir um problema já manifesto. Na maior parte das vezes, são limitações já evoluídas e agravadas por complicações delas decorrentes. Mesmo assim, muito há para ser feito para que estas se tornem o menos incapacitante possível e para que evoluam com a mínima gravidade. Essa é uma das interessantes oportunidades para atuar no indivíduo e no meio em que vive, pois haverá um grande elenco de possibilidades para intervir adequadamente nos dois setores. Se, por um lado, há a possibilidade de minimizar de múltiplas maneiras a magnitude da limitação, há equivalente perspectiva de adaptar o ambiente às remanescentes. Um bom exemplo disso são as possibilidades de atuação ante um paciente com declarado prejuízo motor decorrente de um quadro neurológico (doença de Parkinson ou acidente vascular encefálico). Aliado a toda a gama de intervenções medicamentosas, fisioterapêuticas, nutricionais, fonoaudiológicas, psicológicas, terapêutico-ocupacionais de que possa ser beneficiado, a adaptação do ambiente em que vive e das pessoas que o cercam para a sua nova realidade será fundamental para que tenha o máximo de autonomia e independência que sua condição funcional possa lhe permitir. Entendo, pois, que o envelhecimento saudável decorre da menor prevalência de doenças crônicas e/ou das suas consequências funcionais.

Prevenir acidentes e traumas

Nessa mesma linha de atuação no indivíduo, no ambiente e nos familiares/cuidadores vem a questão de como reduzir as lesões externas. Estas vêm constituindo um componente cada vez maior das morbimortalidades de idosos. Ao contrário dos mais jovens, em que as lesões externas decorrem fundamentalmente de acidentes de trânsitos e/ou da violência, entre os idosos predominam os acidentes domésticos, em especial as quedas. Especial atenção deve ser dada aos fatores que aumentam sua incidência, pois suas complicações incluem, além de fraturas e de hematoma subdural crônico, a cada vez mais estudada "síndrome pós-queda", que modifica completamente a dinâmica do idoso sem que sua causa seja frequentemente compreendida. São hoje reconhecidas como medidas de maior proteção contra as quedas o fortalecimento da musculatura dos membros inferiores e a eliminação dos obstáculos domésticos, como tapetes, degraus, pontos de má iluminação, objetos interrompendo o fluxo, escadas sem corrimão, entre outros. Uma vez mais cabe a todos os profissionais envolvidos com a saúde do idoso atentar às adaptações do indivíduo a seu ambiente em prol de uma convivência mais protetora.

Manutenção dos papéis sociais

O envelhecimento é, muitas vezes, caracterizado pela perda de papéis e consequente redução da autoestima. Assim ocorre com o profissional quando se aposenta ou com a mãe que não é mais responsável pelo cuidado dos filhos. Um dos grandes agravantes do "pleno estado de bem-estar físico, psíquico e social" é a falta de perspectiva ou de objetivos que possam motivar aquele que envelhece. Para tal, a diversidade de atuação e a busca por novas identidades funcionais têm se mostrado muito eficientes. O estímulo para que o exercício da cidadania seja mantido em qualquer idade é um dos instrumentos mais utilizados em comunidades nas quais o idoso apresenta melhor qualidade de vida. Continuar a se manifestar pelo voto, opinando nas reuniões de condomínio ou nas discussões familiares, contribuindo para as tomadas de decisão ou para a execução de trabalhos adequadamente escolhidos são exemplos importantes da manutenção da cidadania e da ampliação do desempenho social. Se houve, no passado, o conselho dos anciãos ou o senado romano para permitir que os raríssimos idosos pudessem contribuir para a sociedade dos mais jovens, teremos de criar espaços para que essa grande população de idosos que se agiganta a cada momento possa ser incluída na comunidade à qual pertence.

Ampliação da rede de suporte social

Mesmo quando tivermos, em futuro próximo, a aplicação de grande parte dessas medidas de promoção do envelhecimento saudável, haverá um momento em que o idoso tornar-se-á mais limitado e dependente de outrem. Nessa fase da vida serão de grande valia todos os laços afetivos e sociais que cultivou durante sua existência.

Será impactante em qualquer fase dessa evolução, mas principalmente na etapa mais avançada, que haja pessoas interessadas em tornar esse período o mais confortável possível. Surpreende-se, em geral, quem dele participa, com a quantidade de ações simples e protetoras de bem-estar que se pode incluir nessa fase da vida. Estudos muito bem conduzidos têm demonstrado que a magnitude da rede de suporte social tem sido um dos fatores mais relevantes na qualidade de vida do idoso no extremo de sua longevidade.

Com esta breve explanação sobre o tema, limitada pelo espaço e pelas condições emocionais em que foram escritas, fica claro, espero eu, que a promoção do envelhecimento saudável seja uma das grandes, senão a maior, prioridade para as instituições de saúde no transcorrer deste século, pois sua implementação implica cuidar de todas as condições de saúde do ser humano desde sua concepção, visto que cada passo precedente foi e será fundamental na condição posterior do indivíduo que envelhece.

Em sua mais recente reunião sobre o tema (WHO, 2002) a OMS manifestou-se a respeito das políticas de saúde objetivando o envelhecimento ativo, e propôs como diretrizes ações que vão desde o cuidado da gestante para propiciar o melhor desenvolvimento intrauterino do futuro idoso até o estímulo para que este, nas fases mais avançada de sua vida, possa fazer uso dos instrumentos que sua comunidade tem a lhe oferecer (WHO, 2002).

O Envelhecimento Saudável é, pois, uma tarefa para toda a vida.

Referências

BODENHEIMER, T., WAGNER, E. H. & GRUMBACH, K. Improving primary care for patients with chronic illness. *Journal of the American Medical Association*, v. 288, pp. 1775-9, 2002.

CHELALA, C. A. *La salud de los ancianos*: una preocupación de todos. Washington, D. C.: Organización Panamericana de la Salud, 1992.

CONFORT, A. *The biology of senescence*. New York: Elsevier, 1979.

COOPER, K. H. *Aerobics Program For Total Well-Being*: Exercise, Diet, And Emotional Balance. New York: Bantam, 1985.

FRIES, J. F. Aging, natural death, and the compression of morbidity. *New England Journal of Medicine*, v. 303, pp. 130-136, 1980.

GURALNIK J. M., FERRUCI L. & SIMONSICK E. M. Lower-extremity function in persons over the age of 70 years as a predictor of subsequent disability. *New England Journal of Medicine*, v. 332, p. 556-61, 1995.

IBGE – Instituto Brasileiro de Geografia e Estatística. *Censo da população brasileira de 1991*. Disponível em: <http://www.ibge.gov.br/home/estatistica/populacao/censodem/default_censo1991.shtm>. Acesso em: 09/10/2014.

______. *Censo da população brasileira de 2000*. Disponível em: <http://www.ibge.gov.br/home/estatistica/populacao/censo2000/>. Acesso em: 09/10/2014.

JACOB FILHO, W. Atenção multidisciplinar ao idoso. *Geriatria em Síntese*, v. 3, n. 1, pp. 98-103, 1984.

______. Promoção da saúde do idoso: um desafio interdisciplinar. In: *Promoção da saúde do idoso*. São Paulo: Lemos, 1998.

LEBRÃO, M. L & DUARTE, Y. A. O. Saúde, bem-estar e envelhecimento: o estudo SABE no município de São Paulo. *Revista Brasileira de Epidemiologia*, 2005; 8(2): 127-41.

LUK, J. K. H., OR, K.H. & WOO, J. Using the comprehensive geriatric assessment technique to assess elderly patients. *Hong Kong Medical Journal,* v. 6, pp. 93-8, 1998.

Organização Mundial de Saúde (OMS), em 1947.

WHO – World Health Organization. *Active ageing*: a policy framework. Genève, 2002.

19. O envelhecimento e a integração psicossomática

Lilian M. J. Carbone

Com voz grave e em ritmo de iê-iê-iê, Arnaldo Antunes astutamente nos revela que "a coisa mais moderna que existe nesta vida é envelhecer".

Nunca, em toda a história da humanidade, tanta gente viveu tanto. A longevidade tornou-se um fenômeno ordinário, e a taxa mundial de crescimento da população idosa aumenta acima do crescimento da população em geral (1,9% contra 1,17%). Conforme dados da Organização das Nações Unidas (ONU), em 2050 seremos mais de 250 milhões de indivíduos com mais de 60 anos. No Brasil, mais de 27% da população será idosa (*apud* Cerqueira e Francisco, 2013).

Esse cenário certamente nos faz refletir sobre a velhice, o envelhecimento e as inúmeras questões que derivam do tema. Pensar sobre a experiência de envelhecer, quase que inevitavelmente nos coloca diante de desencantos ligados aos processos de decadência, limitações corporais e passagem do tempo.

Ainda pelos embalos da canção, somos lembrados de que "a barba vai descendo e os cabelos vão caindo pra cabeça aparecer; os filhos vão crescendo e o tempo vai dizendo que agora é pra valer; os outros vão morrendo e a gente aprendendo a esquecer".

Apesar desse cenário um pouco desolador, Arnaldo Antunes prossegue: "não quero morrer, pois quero ver como será envelhecer, eu quero é viver pra ver qual é e dizer venha, pra o que vai acontecer".

E, assim, em uma atmosfera retrô de jovem guarda, o compositor nos transfere para um dilema narcísico: morrer jovem ou envelhecer? Eis uma questão para a atualidade! Se, por um lado, estamos diante da primeira geração que atinge idades tão avançadas, por outro, viver mais implica envelhecer, deparar com um corpo que traz em si as desconstruções do tempo, ofendendo os padrões contemporâneos de beleza e poder.

Certamente a imagem que se tem da velhice varia de acordo com diferentes culturas, lugares e momentos históricos. Diversas fontes nos mostram que não existe uma concepção única e definitiva para a velhice e que ao longo da história da humanidade o lugar do velho variou conforme o valor social e cultural que lhe era atribuído.

É fato que a preocupação com o envelhecimento remonta à Antiguidade. Na Grécia Antiga, o corpo jovem e saudável era cultuado e preservado, enquanto a velhice, por sua vez privada dos prazeres proporcionados pelos sentidos, era tratada com desdém e motivo de pavor. Em *Ilíada*, Titón, por exemplo, afirma que prefere morrer a envelhecer (Costa Santos, 2013).

Ora, possivelmente as coisas não mudaram tanto de lá para cá. Tido como inútil, o velho não encontra, com facilidade, lugar na sociedade e, algumas vezes, nem mesmo na família. Nas cidades grandes, principalmente, vários fatores corroboram para o isolamento do idoso que, solitário, vê-se diante das dificuldades físicas e psíquicas dessa fase da vida.

Mas Goldfarb (1997) nos adverte que não é tão simples definir a velhice, nem mesmo dimensionar seus efeitos psíquicos. Muito dependerá da forma como o idoso se vê e se percebe e também da forma como é visto e percebido pelos outros. Ou seja, a velhice constitui-se em um campo intra e intersubjetivo, e como tal apresenta-se de forma múltipla e diversificada. Assim, o envelhecimento leva-nos a inúmeras velhices, com problemáticas de diferentes nuanças e intensidades, e cada velho vive sua velhice singular. De qualquer forma, do ponto de vista da psicanálise, a representação do tempo constitui um possível eixo de análise para compreender a construção da subjetividade na velhice. E é sobre esse eixo que pretendo refletir.

I

Em 1915, Freud escreve um de seus mais belos ensaios, intitulado *Sobre a transitoriedade*. Dando mostras tanto de seu estilo literário como de sua posição mediante importantes questões da humanidade, ele assim inicia o texto:

> Não faz muito tempo empreendi, num dia de verão, uma caminhada através de campos sorridentes na companhia de um amigo taciturno e de um poeta jovem, mas já famoso. O poeta admirava

> a beleza do cenário à nossa volta, mas não extraia disso qualquer alegria. Perturbava-o o pensamento de que toda aquela beleza estava fadada a extinção, de que desapareceria quando sobreviesse o inverno, como toda a beleza humana e toda beleza e esplendor que os homens criaram ou poderão criar. Tudo aquilo que, em outra circunstância, ele teria amado e admirado, pareceu-lhe despojado de seu valor por estar fadado à transitoriedade (p. 317).

Prossegue, então, questionando-se acerca da "exigência de imortalidade", produto do desejo humano em favor do que é belo e perfeito. Ante a realidade da passagem do tempo, mostra que a própria existência é de fato transitória e que tudo caminha inexoravelmente rumo a seu fim. Mas, ainda assim, Freud refuta o juízo de que a transitoriedade diminui o valor daquilo que admiramos ou amamos.

Transpondo a questão para o tema deste trabalho, de que forma pode o idoso viver a própria transitoriedade e o luto em relação ao corpo jovem e belo? Se as projeções atuais apontam para expectativas de vida próximo a 90, 100 anos, como edificar projetos a partir de certa idade, sabendo-se que estes deverão incluir um corpo em decadência e a proximidade do fim? Como manter a integridade do Eu e o investimento na vida?

Para Freud (1920), a vida seria um desvio ante o objetivo final, a morte. E é nesse desvio, no tempo vivido, que pouco tem a ver com o tempo que avança na idade cronológica, que se experimenta o tempo subjetivo da construção do Eu e da própria história.

A constituição da subjetividade se dá por um longo processo. Ao nascer, o bebê não se percebe como um Eu integrado. "Uma unidade comparável ao Eu não pode existir no indivíduo desde o começo; o Eu tem de ser desenvolvido" (Freud, 1914, p. 84).

O narcisismo é a ação psíquica que permite a saída da fragmentação para a unificação. Tudo principia com o retorno dos pais ao próprio narcisismo. Nessa revivescência, pai e mãe atribuem ao bebê toda sorte de perfeição que um dia experimentaram em si mesmos. Ele se transforma em "sua Majestade, o Bebê" (Freud, 1914, p. 98). Essa imagem idealizada "orienta" a criança a organizar-se em um Eu ideal.

Segundo Laplanche e Pontalis (1967), a unidade egoica "é precipitada por uma determinada imagem que o sujeito adquire de si mesmo segundo o modelo do outro [...]. Dá-se então a primeira identificação. O narcisismo seria a captação amorosa do sujeito por essa imagem" (p. 288). Em outras palavras, somente o olhar amoroso de um outro é capaz de inspirar a criança a amar a si mesma. É por meio do narcisismo primário que a criança, em uma escolha objetal narcísica regida pela idealização, toma a si como objeto de amor.

Desse modo, a organização de um Eu ideal é a instância primeira em que se constitui o Eu. Vivendo uma completude idealizada, a criança sente-se no centro do mundo desejante da mãe. Assim, "esse Eu ideal é agora o alvo do amor de si mesmo" (Freud, 1914, p. 100), sendo capaz de satisfazer inteiramente sua libido. Toda essa satisfação libidinal não é facilmente abdicada. Ou seja, o Eu ideal não é abandonado ao longo do desenvolvimento do Eu, mas conserva-se transformado e acrescido no sujeito adulto, que reluta para abandonar a perfeição narcísica vivida na infância. Nas palavras de Freud (1914):

> [...] ao crescer, se vê perturbado pelas admoestações de terceiros e pelo despertar de seu próprio julgamento crítico, de modo a não mais poder reter aquela perfeição, procura recuperá-la sob a nova forma de um ideal de ego. O que ele projeta diante de si como sendo seu ideal é o substituto do narcisismo perdido de sua infância na qual ele era seu próprio ideal (p. 100)

Isso quer dizer que a libido narcísica toma nova forma, organizando-se no ideal de Eu. O ideal procurado transforma-se em uma referência externa ao sujeito. Agora, para obter satisfação libidinal, deverá alcançar a realização desse ideal. O ideal já não coincide com o Eu. Aquilo que antes "era" o sujeito deverá agora ser alcançado em um ideal colocado diante de si. É só então que o sujeito será capaz de escolher objetos exteriores. Na busca desse ideal, a criança identifica-se com o outro. Apropria-se das qualidades do objeto com a intenção de, sendo igual a ele, garantir seu amor.

Ao longo da vida, a libido irá se dirigir a muitos outros objetos, que serão amados e abandonados, incorporando ao Eu algum traço idealizado. E, assim, "a personalidade constitui-se e diferencia-se por uma série de identificações" (Laplanche & Pontalis, 1967, p. 226).

Por esse extenso processo, constroem-se o Eu e o objeto. Conjuntamente, acontece a construção das múltiplas temporalidades psíquicas, produzindo a diferenciação das instâncias no interior da tópica freudiana.

Separam-se consciência e inconsciência, processo primário e processo secundário, tempo da repetição e tempo da rememoração.

Alonso (2000), referindo-se ao que chama de "tempo congelado do narcisismo", localiza no Eu ideal um "estancamento da libido no Eu e em termos temporais, uma tentativa da anulação da passagem do tempo" (p. 205). Nessa situação, há a mais absoluta concretização do narcisismo primordial, na qual não há limite entre o sujeito e o outro.

Com a chegada do terceiro na triangulação edípica, o ideal posiciona-se além do Eu atual. A perfeição persiste, mas por ser reconhecida como impossível, é rearticulada ao ideal e relançada ao futuro.

> [...] nesta passagem do Eu ideal para o ideal do Eu, uma mudança importante acontece na temporalidade psíquica: a perda de objeto dimensiona o passado como falta. Na diferença que o eu faz entre o que é e o que gostaria de ser, se faz possível a abertura de um devir, ou seja, abre-se um tempo futuro. No entanto, o narcisismo, com sua tentativa de eliminação do tempo e do desejo, será sempre um polo de atração que exigirá do sujeito um luto permanente (Alonso, 2000, p. 205).

Hornstein (1983) salienta a complexidade do conceito de ideal do Eu, campo em que "sempre há um projeto identificatório, uma tensão e há um tempo futuro" (p. 177). Já o Eu ideal se dá como uma espécie de corte momentâneo, um congelamento, em que a identificação do Eu se dá direto com o valorizado. Excluem-se o futuro, o tempo e o projeto. É tudo ou nada. Ou se "é" ou "não se é".

Piera Aulagnier (1979) afirma que, para existir, o Eu precisa desse projeto identificatório, oferecendo-lhe esperança de vir a ser. É dessa forma que ele assume um compromisso com o tempo, alimentando a expectativa de que o futuro possa lhe devolver aquela satisfação experimentada no passado.

É a partir do ideal de Eu, "produto do recalque e rearranjo dos restos do complexo de Édipo" (Alonso, 2003, p. 233), que surge o futuro como dimensão temporal. Com a passagem do Eu ideal para o ideal de Eu, instaura-se a temporalidade, diferenciando passado, presente e futuro, e a história torna-se possível.

Assim como o Eu, o tempo sequencial também não estava presente desde o início. E não aparece como um simples reflexo da experiência. O tempo sequencial só pode se instaurar por um trabalho que, por sua vez, também levará à constituição de um Eu. Todo esse processo vai escrevendo no tempo a história do Eu, uma história libidinal e identificatória.

Mas falar dos conceitos psicanalíticos sobre a temporalidade não é tarefa simples. Já nos primórdios da psicanálise, quebrando a estrutura do tempo cronológico, Freud (1895) apresenta o conceito do tempo *a posteriori* como forma de temporalidade psíquica. Indica que é necessário haver um primeiro tempo que só vai adquirir seu valor – significado – a partir do que ocorrer em um segundo tempo. Há uma dissimetria entre o antes e o depois. Relatando o caso Emma, mostra que um acontecimento ocorrido quando a protagonista tinha por volta de oito anos permanece como vestígio mnêmico desprovido de qualquer afeto. Somente após a ocorrência de uma segunda cena – que guardava elementos semelhantes com a primeira –, quatro anos mais tarde, a cena original pôde ser significada, transformando-se em acontecimento traumático. Ora, sob essa perspectiva, a dimensão psíquica do tempo não é cronológica. Há um vaivém atualizando-se ao longo do tempo, de modo que o passado só se constitui depois, como um filme que, a partir de seu desenrolar, vai oferecendo sentido às cenas iniciais, desenhando, pouco a pouco, seu enredo.

É essa ruptura na trama do tempo que, ao romper com sua conotação clássica, permite a especificidade do tempo psicanalítico, como conclui Le Poulichet (1996),

> trata-se antes de tudo de um tempo ativo, que não está previamente construído, mas que instaura acontecimentos psíquicos singulares. [...] é em um *tempo identificante* que ritmos e seqüências ligam elementos aparentemente heterogêneos, que se transformam mutuamente, dando lugares aos corpos de uma nova maneira (p. 14) .

Sendo assim, do ponto de vista da psicanálise, a temporalidade organiza tanto a constituição do sintoma quanto a historização do passado no presente. "A história não pode ser confundida com o passado, nem aliás, com o vivido" (Le Poulichet, 1996, p. 18).

Partindo dessas muitas possibilidades de "tempo", Alonso (2000), articulando Freud e Monique Schneider, aponta duas dimensões antagônicas: um tempo realista, com censuras e lutos, e outro onírico, caminhando para um não tempo, para um antes do tempo. Citando o tempo instantâneo, o tempo do inconsciente, aponta a atemporalidade opondo-a à representação abstrata do tempo, presente na consciência. No inconsciente, o tempo é de repetição, presente tanto no princípio do prazer, que percorre sempre pelos mesmos caminhos que um dia inauguraram a sexualidade, quanto para além do princípio do prazer, na repetição mortífera daquilo que, por não achar lugar no psiquismo, continua a se repetir compulsivamente. Diante de acontecimentos que provocam desamparo, nem sempre é possível o caminho da elaboração, e o tempo congelado do inconsciente apresenta-se como um refúgio para a dor.

É a partir do conto dos cisnes – retratado no texto *O tempo do conto e o não tempo do inconsciente*, de Schneider, publicado em 1981 –, que Alonso (2000) mostra como uma situação de perda vivida pela criança – no conto, representada pelo nascimento de um irmão – pode introduzir um corte na temporalidade, até então experimentada como contínua na relação com o outro. Ao denegar o fato, em uma tentativa de suprimir o novo penoso, a criança concomitantemente abole o tempo em progressão. Ela aspira ao retorno para um ponto aquém do tempo, uma volta para o não tempo, impedindo qualquer temporalidade linear. Somente após a elaboração do corte, que pressupõe a integração da própria agressividade, o luto e a inclusão do terceiro, é possível a transposição para um tempo sequencial.

Ora, a evolução da temporalidade humana passa pela problemática do envelhecimento que, na qualidade de momento de crise, solicita novo ordenamento dos recursos disponíveis. E, assim, retomo a questão do trabalho: o que acontece com o projeto identificatório do velho que, ciente de sua finitude, sabe que tem pouco tempo pela frente, que em breve deixará de existir?

No final da vida, o sujeito depara com a própria transitoriedade, e o trabalho para manter-se vivo é muito mais difícil. Será necessário conciliar a renúncia de certa forma de continuidade biológica e a conservação de um sentido para essa vida que está prestes a terminar. O Eu, que como vimos vai se construindo no tempo sucessivo, demanda continuidade. Portanto, diante da perspectiva do fim da vida e da angústia suscitada por essa experiência, põe-se em movimento a criação de uma nova subjetividade.

É pelo constante fluxo de investimentos, tanto em objetos internos como em objetos externos significativos, que se sustenta a integridade do Eu. Mas as sucessivas perdas dessa fase promovem um desinvestimento na realidade exterior. Quebra-se o processo de constituição de uma temporalidade histórica, ocasionando um empobrecimento do ideal de Eu, exacerbando os mecanismos ligados ao Eu ideal. E, como vimos, o Eu ideal está parado no tempo congelado do narcisismo. Não há história no isolamento, não há história sem o outro. A integridade do Eu fica, assim, ameaçada.

Para Goldfarb (1997), ele troca o *serei* pelo *fui*. Por acreditar já não ter mais o que esperar do futuro, tende, de muitas formas, a voltar-se para o passado. Desse modo, usa suas lembranças como meio de se vincular no presente. Trata-se de reminiscências, uma forma especial de fantasia. A esse respeito, Freud (1908) aproxima brincadeiras e fantasias, considerando-as produto intermediário entre o processo primário e o secundário, entre repetição e rememoração. Na fantasia, o desejo ganha figurabilidade, podendo articular-se em uma ordem sequencial.

Assim, longe de ser uma simples repetição cansativa de um mesmo relato, e sem qualquer relação com o declínio intelectual nem com estados depressivos, a reminiscência tem, na verdade, a função de articular as dimensões do passado e as circunstâncias do presente, concedendo um sentido de comando à realidade e à continuidade do ser.

E, dessa forma, o velho vai reafirmando seu existir. A partir de uma reafirmação narcísica, presentifica os fatos relatados, encurtando o tempo transcorrido. Em suas reminiscências, diz que também é tudo aquilo que nos conta, muito embora não pareça.

A reminiscência funciona, assim, como um exercício da memória histórica. Na falta de estimulação no presente, por meio desse rememorar, o velho vive a reconstruir sua história, garantindo a continuidade do Eu, que, por sua vez, só pode se conservar à medida que se reconhece a si mesmo em uma unidade temporal. A reminiscência e a insistência dessa história que, ao ser recontada, continua sendo a história do sujeito que a conta.

II

"Não estava nada bem. Quase não vinha me encontrar com a senhora. Noite passada eu resolvi comer um pedaço de pizza... Maldita hora, passei mal a noite toda. Mas agora que estou aqui falando, tô (*sic*) me sentindo melhor". É dessa forma que Sr. H. inicia sua conversa comigo.

Magro, alto, corpo ereto, 84 anos, completados no dia anterior – comemorados com pizza em família – e casado há 59 anos, "com a moça mais bonita da empresa onde trabalhou boa parte da juventude", Sr. H. mostra-se bastante animado diante de meu interesse por sua história. Educado e gentil – um cavalheiro –, com vocabulário rico e português primoroso, mergulha na história de sua vida, permitindo-me acompanhá-lo nessa aventura.

Neto de imigrantes italianos, ilumina-se ao falar do avô paterno, um renomado engenheiro que fora enviado ao Brasil com a responsabilidade de chefiar a construção de uma importante ferrovia. Em suas palavras, "uma pessoa maravilhosa, um exemplo de homem". Emocionado, prossegue em meio aos detalhes sobre a imigração do avô, o encontro deste com sua avó, os encontro entre seus pais e, por fim, seu nascimento. Então, subitamente, recorda-se de algo e interrompe a narrativa.

"Ultimamente venho trabalhando num projeto importante para mim. Encontrei a planta baixa da casa de meu avô. Passei meus melhores anos nessa casa. Ela não existe mais, foi destruída, mas ainda guardo com nitidez a lembrança dos momentos felizes que vivi ali. Toda manhã, levanto, tomo meu café, realizo minhas tarefas diárias para ajudar minha mulher e sigo para o escritório que fica nos fundos de casa. Lá, passo o dia trabalhando neste projeto. Quero dar tridimensionalidade à casa, quero colocá-la de pé novamente. Mas minha mão treme um pouco, isso atrapalha. A casa tinha muitos detalhes! Gosto de ficar lembrando como era!"

Retoma o fio da meada e paulatinamente vai revivendo sua história. Conta da infância, da adolescência, o primeiro trabalho, a confiança dos chefes, o orgulho por sua honestidade e dedicação. O crescimento profissional, a empresa que montou, o sucesso financeiro, os amigos, o casamento, os filhos. Relata os eventos que o marcaram, os sentimentos, as impressões. As pessoas que passaram por sua vida. Relembra do pai, citando-o como exemplo daquilo que não deveria seguir. "Papai nunca ligou muito para mim", queixa-se com tristeza. "Muito diferente de meu avô."

Com memória e lucidez impressionantes, recorda-se da bela caneta que o avô usava, e de como ficara maravilhado ao ver, anos depois, uma caneta igual na mão do presidente de uma empresa em que trabalhou. "Só os homens muito importantes tinham uma caneta daquelas". De olhos marejados, justifica-se: "a emoção é efeito da velhice".

Por diversas vezes pergunta se suas lembranças estão me cansando. Mas logo em seguida se reorganiza e retoma o fio da história.

Ao voltar a mão para alcançar algo atrás de si, esbarra levemente o braço em uma cadeira. No mesmo instante massageando o local, mostra o braço e profere: "Já vai ficar com hematoma... Chega uma hora na vida que a gente devia pegar o boné e ir embora... Já não tem mais nem pele para proteger". Revolta-se!

Mais algumas histórias e nos despedimos. Mas antes de sair, toma um guardanapo, uma caneta e lança-se a desenhar a casa do avô. Primeiro a planta baixa, depois as paredes e, por fim, os detalhes. Deixa o guardanapo comigo e com ele a imagem da casa que existiu um dia e da qual, hoje, restou-lhe apenas uma planta baixa, dando-lhe alguma materialidade e sustentando-lhe a lembrança do que outrora existiu.

Na semana seguinte, Sr. H. volta a me procurar. Havia se lembrado de algo importante e queria me contar. Em uma das empresas em que trabalhou, conhecera um homem maravilhoso, que marcou sua vida. Na época, por algum capricho do destino, esse homem estava vivendo em uma situação lastimável, "a casa em que morava estava desmoronando, ele mal tinha o que comer, mas apesar disso tudo achava muito bonito estar vivo. O que lhe importava era continuar a viver".

Ao se despedir, lembrou-se, ainda, de um sonho que tivera no dia seguinte à nossa primeira conversa. Sonhou que estava em um grande auditório, proferindo uma palestra sobre a vida de seu avô. Esse sonho o havia deixado muito feliz!

III

Piera Aulagnier (1979), ao definir projeto identificatório, destaca que "o acesso à temporalidade e o acesso a uma historicidade são inseparáveis: a entrada em cena do Eu é, conjuntamente, a entrada em cena de um tempo histórico [...] o Eu não é mais que um saber do Eu pelo Eu" (p. 154).

Este nunca está pronto. Além de ser seu próprio construtor, pelo projeto identificatório, é também seu historiador, sempre escrevendo uma versão de sua historia libidinal e identificatória. Essa história construída aporta-o no presente como uma unidade, fornece um sentido para a vida passada e o projeta no futuro. Dessa forma, ao insistir na retomada do fio da história, a reminiscência preserva a identificação e o sentido da vida.

Diante da impossibilidade de investir no futuro aos 84 anos, e com pouca pele para protegê-lo, Sr. H. defende-se da destruição investindo no passado. Desse modo, busca entender e intervir sobre o agora. Com suas reminiscências, reage à insuficiente estimulação do presente e, dia a dia, dedica-se ao seu projeto de reconstruir as paredes da casa de outrora. Entrega-se, assim, à reconstrução de sua história libidinal, e esta, como ele bem nos revela, é cheia de detalhes. Vai, então, reelaborando o passado, transformando-o. Não o faz de forma melancólica, lamentando o objeto perdido, mas cheio de orgulho e felicidade. Satisfaz-se com a imagem que constrói daquilo que foi e, desse modo, mostra-nos quem é. Apesar do eventual tremor das mãos, que dificulta a retidão do traço, segue dando tridimensionalidade à casa, mantendo as paredes de pé, sustentando a continuidade de seu ser em um Eu integrado.

Para Laplanche (*apud* Goldfarb, 1997), cada circunstância importante da vida de um ser humano é uma ocasião para recolocar em questão a tradução do presente a partir da volta ao passado, tentando uma melhor tradução desse passado. "Os momentos fundamentais da temporalização humana são aqueles onde se produz este remanejamento no efeito de posterioridade" (p. 45). Os acontecimentos significativos, atualizados retroativamente, fazem surgir novas histórias para o mesmo sujeito. A história biográfica não é única e linear, não pode ser confundida com o passado.

Essa capacidade de ressignificação simbólica não se esgota no tempo e, estando presente na velhice, assegura a vida até o momento final. O velho deve saber de seus limites, impostos por um corpo biológico desgastado pelo tempo, mas o outro corpo, palco e fonte do prazer, permanece livre, pronto para seguir em busca de satisfação, encontros e novas histórias.

Citando Charles Saint-Beuve (2014), "envelhecer ainda é a única maneira que se descobriu de viver muito tempo". E isso é moderno!

Referências

ALONSO, S. L. Encontros entre imagens e conceitos: reflexões sobre a temporalidade em psicanálise. In: BARTUCCI, G. (Org.). *Psicanálise, cinema e estéticas de subjetivação*. Rio de Janeiro: Imago, 2000.

______. Novos arranjos para a melodia. In: FUKS, L. B. & FERRAZ, F. C. (Org.). *Desafios para a psicanálise contemporânea*. São Paulo: Escuta, 2003.

ANTUNES, A. & JENECI, M. *Envelhecer* (música).

AULAGNIER, P. *A violência da interpretação*. Rio de Janeiro: Imago, 1979.

CERQUEIRA E FRANCISCO, W. Envelhecimento populacional. Disponível em: <http://www.brasilescola.com/geografia/envelhecimento-populacional.htm>. Acesso em: 20 maio 2013.

COSTA SANTOS, S. S. Visão de filósofos da Antiguidade Oriental e Ocidental. *Revista RENE*, v. 2, n. 1, pp. 88-94, jul.-dez. 2001. Disponível em: <http://www.revistarene.ufc.br/revista/index.php/revista/article/download/1051/pdf>. Acesso em: 20 maio 2013.

FREUD, S. (1895). Projeto para uma psicologia científica. *Edição Standard Brasileira das Obras Psicológicas Completas de Sigmund Freud*. Rio de Janeiro: Imago, 1996; v. I.

______. (1908) Escritores Criativos e Devaneio. *Op. cit.*, v. IX.

______. (1914) Sobre o narcisismo: uma introdução. *Op. cit.*, v. XIV.

______. (1916) Sobre a transitoriedade. *Op. cit.*, v. XIV.

______. (1920) Além do princípio de prazer. *Obras Psicológicas de Sigmund Freud – Escritos sobre a Psicologia do Inconsciente*. Rio de Janeiro: Imago, 2006; v. II.

GOLDFARB, D. C. *Corpo, tempo e envelhecimento*. Dissertação (Mestrado em Psicologia Clínica) – Pontifícia Universidade Católica, São Paulo, 1997.

HORNSTEIN, L. (1983) *Introdução à psicanálise*. São Paulo: Escuta, 1989.

LAPLANCHE, J. & PONTALIS, J. B. (1967) *Vocabulário da psicanálise*. São Paulo: Martins Fontes, 2001.

LE POULICHET, S. *O Tempo na Psicanálise*. Rio de Janeiro: Jorge Zahar, 1996.

SAINT-BEUVE, C. *Citador*. Disponível em: <http://www.citador.pt/frases/envelhecer-ainda-e-a-unica-maneira-que-se-descobr-charles--saintbeuve-3446>. Acesso em: 18 ago. 2014.

Família e grupos: dinâmicas psicossomáticas dos vínculos

20. Família: dinâmica psicossomática dos vínculos, narratividade e constituição subjetiva

Isabel da Silva Kahn Marin

Este trabalho propõe-se a refletir sobre a natureza dos vínculos primordiais constitutivos do psiquismo, discutindo sua dinâmica psicossomática e problematizando essa questão na família contemporânea. A dependência inelutável e determinante do infante em relação ao outro, a instauração da pulsionalidade, enfim, de um corpo que grita ao sujeito que faz cultura, é um longo processo que caberia à família suportar. Estas são posições sustentadas pela psicanálise, apesar de críticas que apontam uma suposta crise em sua eficácia para compreender e tratar as manifestações de sofrimento que se configuram no cenário contemporâneo.

Essas reflexões foram suscitadas por uma ideia do texto da convocação ao *V Simpósio de Psicossomática Psicanalítica,* retomada na Apresentação desta coletânea:

> A fluidez está na moda, subjetividades, identidades, sexualidades e afetividades fluidas são evocadas e idealizadas como marcas do contemporâneo. Fluem as mudanças movidas pelo desejo, pela curiosidade, pela busca de satisfação e de crescimento, mas fluem também outras marcadas pela inconsistência, pela alienação de si mesmo e do outro, pela dificuldade de estabelecer vínculos, histórias, projetos. Atrás de cada uma, nas inúmeras vivências do sujeito com seus semelhantes, vislumbramos os movimentos de integração e desintegração, a consistência, a fragilidade e a permeabilidade dos limites que os constituem.

Associações ocorreram-me imediatamente, tais como as afirmações sobre família em crise, famílias desestruturadas, faltas de referências simbólicas e declínio da função paterna, que circulam na mídia, no cotidiano de meu trabalho como supervisora na Clínica Psicológica Ana Maria Poppovic da PUC, nas instituições de acolhida, nos centros de referência à violência, nas Varas da Infância e Juventude e Varas da Família, sem omitir as ressonâncias do encontro íntimo com a novela familiar de cada um de nossos pacientes, no consultório. A preocupação em não culpar a família e compreender os desafios que lhe são colocados atualmente tem sido grande. O tema proposto, "Família e grupos: dinâmica psicossomática dos vínculos", evocou algumas cenas que desencadearam as reflexões desenvolvidas:

- A angústia de uma paciente que, após enorme dificuldade para engravidar, dizia que só se sentiria tranquila fazendo ultrassom todo dia para saber se o bebê estava vivo. Isso significava que aquilo que parecia acontecimento inédito na clínica anos atrás tornara-se absolutamente frequente, a ponto de os aparelhos de ultrassom poderem ser alugados para uso caseiro.
- O número crescente de bebês com alergia à lactose.
- O comentário curioso de um colega psicanalista europeu, ao observar as redes protetoras nas janelas dos prédios em São Paulo: "Mas vocês acham mesmo que os bebês vão se atirar?"
- A enorme frequência do diagnóstico de "crianças hiperativas" ou com TDAH.
- A proibição de balanços nos parques públicos em São Paulo, por questão de segurança.

Indaguei-me, assim, como estaria sendo vivida a "certeza sensorial" – expressão feliz de Fédida (1992) para a função materna – e se a sustentação simbólica necessária para a resolução edípica estaria apenas referida a redes, remédios, polícia e/ou justiça.

Nesse contexto, penso ser interessante uma rápida retomada histórica, buscando compreender como esse cenário problematizado foi-se configurando. Ariès (1981) nos traz elementos preciosos para entendermos como o sentimento de família, bem como sua importância na constituição subjetiva dos indivíduos, surgiu recentemente na humanidade, precisamente a partir da Idade Moderna e seu projeto de autonomia individual. O autor ressalta a influência do sentimento crescente de família no desenvolvimento da privacidade em detrimento do espaço público.

Ao longo da história, a organização das cidades e a resultante sofisticação das casas e do espaço privado testemunharam uma progressiva cisão com o espaço público, que foi se tornando perigoso, confuso e ameaçador. Como consequência, perderam-se os vínculos mais estreitos com a comunidade e, talvez, os vínculos solidários. Via-se, então, um grupo de pais e filhos separados do mundo e da sociedade, culminando, no século XX, na família restrita ao núcleo pai/mãe/filhos, perdendo-se o convívio com a família extensa e enfocando-se muito da energia do grupo familiar no bem-estar das crianças. Essa é a essência da família burguesa moderna, à qual Freud se refere. Sob essa perspectiva, esta é concebida como um espaço de pertinência, referência, proteção e afeto, que deve garantir o processo de subjetivação de seus membros. Uma de suas funções, portanto, é permitir a integração e a participação social de seus sujeitos, garantindo sua singularidade. Ou seja, a família é entendida como uma organização para enfrentamento do desamparo[1] e, por isso mesmo, responsável pelo manejo pulsional de seus membros. Em outras palavras, deveria permitir a possibilidade criativa do amansamento das pulsões, transmitindo os códigos socioculturais. Esse processo não se dá sem conflitos e impasses, o que traz grandes desafios para a família contemporânea, uma vez que o imaginário social contemporâneo, narcísico por excelência, leva os sujeitos a negar qualquer manifestação associada ao desprazer, ao sofrimento e ao ser desagradável.

Em nossa sociedade, regulada muito mais por critérios estéticos do que éticos – o que a define como "sociedade espetáculo" (Debord, 2000) –, reina a busca do prazer incessante e a obsessão pela imagem perfeita – de corpos e almas –, que são até reforçadas pelas ilusões farmacológicas que se propõem a regular o mal-estar. O que se quer demonstrar é que essa situação leva o sujeito a um grande desamparo, provocado pelas exigências pulsionais crescentes que a própria sociedade contemporânea impõe: "Seja sempre mais feliz", "Seja o que quiser", "Consuma", "Tenha prazer", "Transe todas" etc.

A família deveria ser capaz de garantir a felicidade, a vivência do prazer e a satisfação imediata de todos, conforme os ditames do imaginário social, tão reforçado pela mídia. Nessa abordagem, suportar conflitos conjugais e a tarefa de educar e amparar os filhos fica bastante complicado. O que se tem observado, portanto, são situações de desamparo tanto para adultos quanto para seus filhos, que não suportam expor-se a situações de conflito e angústia. Mas a expectativa ainda é de que o grupo familiar seja capaz de

[1] Essa análise considera a concepção freudiana de desamparo que, em última instância, se estabelece quando toda a possibilidade de simbolização está abolida e o sujeito se vê à mercê de suas forças pulsionais (1926, 1939, entre outros).

dar suporte ao sentimento de desamparo suscitado, sem sucumbir à possível sensação de fracasso e sem abandonar seus componentes.

As análises de Ariès (1981) permitem também entender que a realização afetivo-sexual dos indivíduos nem sempre passou pelo casamento, e que a maternidade não era sinônimo de realização da mulher, o que relativiza o mito do amor materno, tão caro à sociedade burguesa. Nessa mesma direção, o lugar das crianças, sua relação com a autoridade submetida a padrões de afeto, assim como o momento de sua independência em relação às figuras parentais, são determinados por condições históricas e socioculturais. São referências importantes para analisarmos as novas configurações com que a família contemporânea se apresenta, considerando as possibilidades de subjetivação complexas que a tão diversificada sociedade atual oferece, ou melhor, exige. Como nos aponta Roudinesco (2002, p. 199):

> [...] do fundo de seu desespero, ela (a família) parece em condições de se tornar um lugar de resistência à tribalização orgânica da sociedade globalizada. E provavelmente alcançará isso – sob a condição, todavia, de que saiba manter, como princípio fundador, o equilíbrio entre o um e o múltiplo de que todo sujeito precisa para construir sua identidade.

Mesmo assim, sob muitos aspectos, a organização da família na atualidade reproduz o padrão da família moderna burguesa como referência afetiva, apresentando vivências de forte ambivalência. Deve garantir tudo a suas crianças – amor, carinho, educação e, principalmente, liberdade para decidir seu destino –, ao mesmo tempo que sua eficácia passa pela garantia do amor de seus filhos. O sucesso de um pai e de uma mãe dependerá, portanto, da realização pessoal e felicidade de seus filhos.

Sabemos que "Sua Majestade, o Bebê", protótipo do sujeito contemporâneo, mobiliza fortemente o narcisismo de seus pais, sendo muito difícil para estes suportar a frustração provocada pelas demandas do filho que não podem ser atendidas. Daí a tentação de buscar o preenchimento de tudo o que falta, o afastamento de situações potencialmente conflituosas, produzindo, assim, situações de abandono, muitas vezes sob o pretexto de respeitar a individualidade.

Os psicanalistas podem, a meu ver, contribuir para a compreensão do desamparo no qual a família contemporânea se encontra, discutindo, por exemplo, as tentações e o engodo que a questão narcísica traz. Tenho observado como as famílias atualmente se debatem na angústia de não causar "traumas" aos seus filhos. Evocam mesmo a psicanálise, como mentora dessa preocupação. Os pais mostram-se absolutamente impotentes para lidar com as "vontades das crianças", querendo escapar dos conflitos inerentes ao processo de educação. Sem dúvida, os filhos mobilizam o narcisismo dos pais. Por isso mesmo, eles sofrem para tentar garantir o não sofrimento.

Nota-se, nesse contexto, o forte desenvolvimento da terceirização dos saberes. Quando a família não dá conta, põe-se a consumir o saber e a técnica de terceiros (pediatras, psicólogos, cursos, manuais de orientação etc.) ou até mesmo apelar para medidas de proteção, aplicadas pelo Conselho Tutelar, que viriam a garantir rapidamente o preenchimento das necessidades e a certeza da conduta correta.

Seria, então, sob essa perspectiva que as cenas apontadas como disparadoras das reflexões aqui propostas poderiam ser compreendidas? Mas não estaríamos correndo o risco de interpretar e reduzir à patologia as manifestações mais essenciais do sujeito humano, aprisionando e/ou disciplinando o corpo a categorias diagnósticas ou jurídicas?

Questionando esse reducionismo perigoso, afirmo que a psicanálise tem muito a contribuir. É fundamental resgatar a noção de que o sujeito humano não se esgota em cumprir os desígnios biológicos determinados por seu código genético e padrões adquiridos por sua espécie. Sua insistência em se fazer único, a busca da satisfação pulsional que não se esgota no consumo de objetos definidos como satisfatórios pelo outro, é o que caracteriza esse sujeito, e a psicanálise aponta bem essa questão.

Em outras palavras, é preciso resgatar a ideia de que o sujeito que a modernidade anuncia como autônomo e livre é cindido, imprevisível, evanescente, em crise e em busca; e é muitas vezes no sintoma que ele pode denunciar essa tentativa – de escapar às forças opressoras sobre as quais não consegue falar, e muito menos brigar por elas.

A proposta fundamentada na psicanálise é enfrentar o corpo a corpo que a situação de análise propicia para dar conta do sofrimento que a existência humana suscita, ou seja, o trabalho no campo da transferência. O pedido de alívio é compreensível e necessário, porém, não se pode cair no engodo da supressão absoluta do sofrimento, tampouco ceder aos fascínios da psicofarmacologia, tanto para negar o sofrimento quanto para sucumbir ao fracasso de buscar a compreensão e a ação na psicopatologia.

O mesmo diríamos acerca de suportar o incerto, o novo, o inquieto, o "chegante". Não posso deixar de lembrar Conrad Stein, que propõe, a meu ver, o paradigma da constituição subjetiva, referida à dinâmica da transferência que ocorre entre paciente e analista em uma psicanálise:

> Basta que um paciente venha se deitar com hora marcada no divã de um psicanalista para que se esboce uma situação cuja promessa é, no fim das contas, de restaurar a mesma glória primordial que se supõe perdida por causa do nascimento. Glória primordial da qual aparece como substituto o laço inalterável que une, no outro, uma mãe e seu filho (Stein, 1988, p. 65).

Chega-se, assim, à necessidade de retomar a compreensão dos primórdios da constituição subjetiva para tentar responder às questões problematizadas no início deste trabalho e propor alternativas de sustentação para o drama contemporâneo.

A observação dos primeiros encontros entre mães e seus bebês recém-nascidos, a análise dos acalantos, apontam contundentemente para os jogos sutis e ambivalentes de aproximação e distância, reproduzindo, por meio de vocalizações, gestos e mímicas, o terror/fascinação que a vida anuncia. Suportar o hiato entre sujeito e objeto, o vazio, o incerto, retorna com o desamparo fundante do ser humano, sua radical dependência do outro. É sobre essas marcas que o processo de simbolização acontecerá.

Se a tentativa de reencontrar o objeto não for entendida como mensagem, ela perde seu valor de símbolo. Para que seja, é importante que o objeto se deixe usar, mas que também suporte os afastamentos, os gritos ou sussurros, murmúrios expressos por um psiquismo nascente.

Freud (1900) já anunciava que os primeiros registros da experiência subjetiva se dão de forma complexa, enigmática, multissensorial, misturando a parte do sujeito e a parte do outro, excitação interna e externa, sensação e representação. São registros que provocam tensões e dificuldades significativas, justificando a proposta dessa reflexão: é importante criar um ambiente que dê sustentação a esse processo, evitando a tentação do aquietamento, e permitindo a construção de narrativas que transformem as vivências em experiências comunicáveis.

Proponho, então, a fundamental importância de se sustentar a oralidade, em todos os sentidos – da tradição da conversa ou da etapa libidinal descrita pela psicanálise –, e não apenas sob a perspectiva do infante que escuta e vai elaborar sentidos, encontrando imagens, ritmos, palavras que expressem suas vivências, como também para que o Outro primordial possa evocar seus temores, expectativas e sonhos, acolhendo esse chegante, ousando construir teorias e criar uma linguagem que dê sentido a esse encontro do sujeito com seu mundo.

Lembremo-nos de que o trabalho da mulher, do feminino, é suportar o engendramento, o que ainda não é; implica também se preparar e se dispor a acolher a perda. Como propõe Labaki (2008, p. 282),

> [...] perda não como falta recalcada, recusada ou ressentida a ser ressarcida, mas como condição da existência de um modo interior de ser separado do outro para todo sempre. Em outras palavras, poderíamos dizer que a maternidade está mais associada a perder filhos do que tê-los, à separação mais do que à união. Caracteriza-se paradoxalmente como um movimento de diferenciação que oferece à mãe, enquanto posição de perda, uma possibilidade mais plena de se identificar com seu bebê.

Se, na mãe, não se desenvolver essa capacidade de perda de uma imagem ideal de bebê, será difícil para a criança se subjetivar. Ao mesmo tempo, é de fundamental importância a antecipação imaginária do bebê pela mãe, ou seja, a possibilidade de antecipação de um Eu, caracterizando a gestação como um tempo intermediário entre os fantasmas e desejos do passado e as projeções do futuro. Evidencia-se como é essencial a capacidade de lidar com o ainda por vir, portanto, o inédito, o desconhecido, o que leva tempo para se apresentar.

Na atualidade, cuja temporalidade parece estar marcada pelo instantâneo e cujas ilusões de controle são quase realizadas, a exemplo das imagens ultrassonográficas cada vez mais perfeitas, a exposição ao desconhecido gera muita ansiedade. Pode-se pensar que o processo de antecipação imaginária fica comprometido, o que traz questões importantes sobre seus efeitos no psiquismo nascente do bebê. Assim, por exemplo, se a angústia de minha paciente sobre a certeza da vida de seu bebê fosse apaziguada pelo ultrassom, estaria ela poupada de imaginar, antecipar, dispor-se ao enigma que cada nascimento convoca, e preparada para a chegada de um novo ser que dependerá radicalmente dela? A dependência radical do bebê pode ser insuportável, ao mesmo tempo que fascinante, já que poderia preencher o vazio, alimentando a onipotência de seu cuidador, o que é um risco para a autonomia do chegante.

É fundamental, portanto, estabelecer suportes para esse processo, criar condições que favoreçam representações para o vazio inevitável do que está sendo engendrado e propiciar um ambiente onde haja tolerância para o tom melancólico que o puerpério muitas vezes encena.

A tristeza é um sentimento que recolhe, interioriza, talvez facilitando o estado de concentração necessária para cuidar do bebê. Mas como ficamos em uma sociedade em que qualquer sinal de falta de alegria é visto como depressão? O parto também, por sua vez, marca um encontro e uma despedida. As figuras terrificantes das cantigas de ninar não estariam representando esse ciclo de vida e morte? O falar e falar com as comadres sobre as dores, sobre as noites insones, parecem ser as condições essenciais para representações desse processo, mas parecem um tanto *démodés*, principalmente em uma época na qual a tristeza é mal tolerada. Lembro-me do barulho de bocas/gritos primitivos das mulheres árabes em festas, velórios. Mas perdemos os vínculos comunitários e solidários. As gestantes e puérperas encontram-se sós, em suas licenças-maternidade, ansiosas para voltar ao mercado de trabalho, recuperar seus corpos perfeitos, não falhar com seus filhos. Situações de desamparo significativas se apresentam, como assinalamos anteriormente.

Pretendo, assim, resgatar a importância de se instalar um circuito da oralidade, não sob a perspectiva do engolir, preencher, calar, aquietar, pacificar, por meio de pílulas ou equipamentos mágicos, mas de permitir a construção de narrativas que transformem as vivências em experiências comunicáveis.

Cuidar do surgimento das palavras, de sua afinação com a experiência vivida, de seu vigor e sentido; cuidar do ouvir, do balbuciar, do murmurar, do falar, do cantar, do contar, do silenciar; cuidar, enfim, da experiência inicial com palavra é condição para o desenvolvimento pleno desse ser simbólico que é o homem. Ter em mente a "puericultura, que passa a abranger as ações de cultivo da palavra e da poesia com a criança pequena" (Machado, 2012, p. 7).

Recorro à etimologia para reiterar essa proposição que aproxima cultura e colo; do verbo latino *colo* – significando cultivar, cuidar, honrar, proteger – deriva seu particípio futuro *culturus*, o que se vai trabalhar, o que se quer cultivar. O termo latino *colo* refere-se tanto às labutas do solo, agricultura, quanto ao trabalho feito no ser humano desde a infância. Também do latim *collum* se origina *colo* (pescoço), territorialidade da mãe que cuida. Colo de mãe: braços que sustentam, seios que alimentam as cordas vocais que vibram e a caixa torácica que ecoa acalantos. Sons calorosos, palavras carregadas de sentimentos, pressentimentos, desejos e receios maternos. Colo espaço do corpo da mãe propício à cultura. Mãe intermediadora de cultura que transmite elementos do anterior para o posterior, do mundo preexistente ao filho, mas também o inverso, do filho para o mundo. Porta-voz do filho pequeno, penetra seu mundo interior e traduz suas necessidades, seus sentimentos, receios de desejos. Embala-o com textos de terror e ternura. Suporta e dá suporte para o até então inominável: vazio, ruptura, desamparo.

Enfim, trata-se de criar um ambiente que pensa, nas palavras de Regina Aragão (2008), de retomar a noção de parentalidade, como trabalho de domesticação da estrangeireidade do bebê. Ou seja, assumir que o bebê se encontra em um ambiente que pensa, apoiado no pensamento de muitos outros que acreditam que ele pensa.

Sob essa perspectiva, não há ruptura entre mundo pré-verbal e o de nossos discursos. Há uma continuidade metamorfoseada pela palavra, como lembra Cyrulnick (2003). E a mãe deveria ser capaz de encontrar muitas palavras para ir ao encontro de seu bebê, sustentando um corpo que grita, até se transformar no sujeito que faz cultura.

Porém, para isso, é essencial que ela também se encontre em um ambiente que ofereça sustentação e sentidos para a enigmática presença de seu bebê. Deve sentir-se capaz de escutar um corpo que pulsa, que está inquieto, à busca de investimento e calma, devendo ousar construir teorias e criar uma linguagem que dê sentido a esse encontro do sujeito com seu mundo. Deve dispor-se a brincar com seu bebê-caras-e-bocas (que evocam o encontro seio/boca), permeado de balbucios, "manhês", marcando ritmos de encontros/desencontros. Cria-se, assim, a dinâmica psicossomática dos vínculos, como fomos provocados a pensar nesse simpósio.

Não seriam esses os fundamentos da sustentação simbólica, da possibilidade de se acreditar que o "Não pode subir na janela" possa ter a função protetora que as redes vieram ocupar? Suportar dizer "Não" para o passar na frente do balanço, sem contar com uma proibição oficial que impeça o prazer de um corpo que se lança no ar ao balançar?

Mas isso exige assumir o lugar de quem frustra. Implica assumir a posição de quem, ao interpretar a necessidade do outro, buscando as possíveis formas de satisfazê-lo, e indo ao encontro das leis de regulação social, eventualmente tem de ser desagradável, causar sofrimento. Sustentar essa posição, entretanto, parece ir contra o ideal contemporâneo, conforme apontado anteriormente, abdicando-se, assim, de se colocar como referência, proteção e barreira.

É por essa razão que defendo ser fundamental propiciarem-se espaços onde as histórias dos laços iniciais dos bebês e suas mães possam ser vividas e compartilhadas, criando-se o laço social e permitindo que os bebês sintam-se acolhidos por sua comunidade e parte de sua cultura. A condição necessária para que deixem de ser *infans* é recuperar/desenvolver a capacidade de falar e a capacidade de rir e brincar. Em muitos casos, esses momentos fundantes se dão em situações dramáticas e, se assim for sentido pela mãe, ela perde sua capacidade de *rêverie*[2], de pensar sobre seu filho.

Mas, mesmo assim, deve-se dar suporte para que esses dramas possam construir narrativas, histórias que permeiem a sustentação a esse bebê, sem ter medo do inesperado, do choro, do movimento brusco, da fragilidade, dos porquês e, principalmente, sem medo dos sentimentos de impotência que isso suscita, mobilizando afetos de raiva, violência, e uma tentação de apagamento.

Mas um relato não compartilhado rasga as relações. Para uma pessoa esburacada em sua identidade, deve-se primeiramente agir sobre as narrativas do meio ambiente para preparar esse meio para escutar os relatos íntimos, tão difíceis de serem ditos. Não se pode falar a qualquer hora, em qualquer lugar ou de qualquer forma. Nossos relatos sobre nós mesmos devem se harmonizar com os relatos dos contextos (Cyrulnik, 2003). É por essa razão que coloco em questão a importância dos suportes para a criação de narrativas que evoquem vivências e sentimentos nem sempre felizes e positivos, a relevância de resgatar a importância do testemunho para que os sentimentos de desamparo suscitados pela expressão da violência, da perda, façam sentido e sejam reconhecidos.

No emblemático jogo de *fort-da*, paradigma da psicanálise na formulação do processo de simbolização, a criança brincava na presença do avô (Freud, 1920). É essencial, portanto, pensar a função da família nesse contexto. Esta diz respeito a garantir a condição para se tecer redes de sustentação nas quais haja espaços para palavras, atitudes que evoquem

---

2 *Rêverie*: conceito de Bion para ilustrar a capacidade de contenção e de transformação do psiquismo da mãe, que deve poder sonhar, isto é, metabolizar e transformar as primeiras produções psíquicas do bebê, a fim de torná-las utilizáveis por ele.

incertezas, crenças, temores, achaques, ataques, permeados por chazinhos, rezas, colos bons e colos ruins, para que o acolhimento ao chegante se dê. Sob esse prisma, diz respeito a ser responsável por introduzir hiatos pela fala... Eis aqui a função paterna, na visão psicanalítica. Tomo algumas palavras de S. Leclaire como apoio para essas ideias:

> A garantia do lado paterno consiste, antes, em assegurar o não fechamento, uma garantia de abertura, de acesso, de erogeneidade que esteja constantemente presente e que seja constantemente renovado. Se, da garantia do lado paterno ou de uma de suas funções essenciais do pai, alguma coisa pode ser compreendida, consiste justamente, a partir dessa perspectiva, em tal garantia de não fechamento (Leclaire, 1979, p. 43).

Mas também observamos, na atualidade, pais que estão muito mais na função de "pães", na busca desesperada de dividir tarefas, na perspectiva talvez de suspender o mal-estar, fugindo talvez da tarefa de sustentar a falta, a ruptura, a diferença, quiçá da incerteza.

Entendemos, sob uma perspectiva psicanalítica, que a situação de desamparo é provocada quando existe um excesso de excitação que não pode ser simbolizado, levando o sujeito a se sentir à mercê de suas forças pulsionais. Roussillon[3] retoma a tradição freudiana, propondo que o processo de representação implica o recalcamento da experiência original (luto do objeto), sempre deixando um resto que, de certa forma, pede simbolização, o que implica um processo infinito. Nos primeiros tempos do infante, regidos pela oralidade, as primeiras formas de simbolização toleram mal a presença desse resto, ressentido e vivido como dejeto de seu próprio metabolismo.

Freud (1920) aponta a fundamental importância da intervenção de um objeto que contenha a situação, sua função de paraexcitação. Objeto que suporte a distância, o hiato, e que não sucumba à tentação da indiferenciação, suportando esses "restos enigmáticos" para favorecer o luto do encontro com o objeto perdido. Só assim permitir-se-ia a criação dos *objeux*, jogos com boca, sons e narrativas, que supõem um sujeito que se expressa

[3] As referências de Roussillon que se seguem foram obtidas por meio de anotações de suas conferências em Simpósio organizado no Ipusp, em S. Paulo, em 26 e 27 maio de 2012.

e um objeto que suporte ousar não saber, ouse brincar, indo ao encontro de sentidos possíveis.

Pensemos essa dinâmica no cenário contemporâneo, em que o imperativo do gozo se impõe e no qual suportar uma falta é impensável. A tentação de fixar-se ao indiferenciado, colado ao objeto, incorporá-lo, é grande. Tamponar a falta, engolir, vomitar o que é estranho, tudo é feito para negar o contato com o vazio, a espera. Winnicott (1990) nos ensinou sobre a fundamental importância de sustentar a presença na ausência. Assim, é de fundamental importância que a mãe, ou figura substituta, consiga renunciar a oferecer seu corpo como único consolo para o bebê se aquietar. Alternativa interessante seria acalentar um nenê para que adormeça, se aquiete, durma e sonhe, fora do controle da mãe. A solidão cantada nas cantigas de ninar evocaria o terror, o medo, a ausência para quem – mãe ou bebê?

Lembro-me da cantiga de roda infantil de Villa-Lobos: "Nesta rua, nesta rua, mora um anjo... que se chama, que se chama solidão..." (adaptado pela autora). Velar o sono do filho traz uma condição solitária para quem acompanha alguém que dorme. Sob esse aspecto, poderíamos nos perguntar o que expressam os bebês insones. Ao ocuparem todo o espaço, buscam preenchê-lo forçando a presença permanente do objeto, denunciando que não há afastamento possível. Não há sonho, e as condições para simbolização se tornam precárias. Lembremo-nos novamente dos acalantos, que, mesmo evocando o terror e a surpresa, alternam a enunciação da presença/ausência da mãe, proteção/desamparo da criança em ritmos previsíveis e repetitivos, tornando-se organizadores da agitação, para a entrega ao sono. Há um tempo de espera, embalado por um ritmo encantador que, além de organizar a inquietude e conduzir ao sono, vinca a capacidade de espera em níveis profundos dos psiquismos infantil e materno, fundando a capacidade da esperança. Espera, distância, ausência, condições para simbolização.

Esse ponto de vista ainda nos permite pensar a questão das alergias à lactose. Haveria tempo e calma suficientes para suportar a dor da cólica e do mal-estar, de suportar o "dejeto", o regurgitar, sem um desagradável sentimento de incompetência? Hoje, parece não ser mais possível recorrer aos mitos e crendices familiares, colos, chazinhos e avós. Busca-se, então, a sustentação médica!

Interessantes observações de Walter Benjamim (1986, p. 205) aproximam-se de nossas inquietações: "Quanto mais o ouvinte se esquece de si mesmo, mais profundamente se grava nele o que é ouvido". O filósofo também ressalta a importância do tédio para a preservação das narrativas, que propicia as condições de distensão para desenvolver o "dom de ouvir", formando a "comunidade dos ouvintes". Chega a afirmar que "o tédio é o ponto alto de distensão psíquica", e o sono, "o ponto alto de distensão física" (p. 205). Tais considerações são inimagináveis para o ideal contemporâneo, pois vivemos os tempos da imediatez, da eficácia, da busca obcecada pelo prazer, da erradicação do sofrimento. Não há espaço para o tédio. Novamente retomo Winnicott, que, ao discutir as condições para o processo de subjetivação do bebê, teoriza sobre a preocupação materna primária, apontando o recolhimento necessário para que estas se instalem e criem a disposição para escuta e acolhimento.

Tais vivências estão muito provavelmente associadas a um quadro de depressão nos dias atuais, que oferecem recursos tentadores para aplacar o mal-estar da inquietação. Cala-se o bebê não apenas com a chupeta, mas existem traquitanas incríveis para estimulação de todos os tipos: DVDs de música clássica para acalmar, carrinhos que embalam em um ritmo perfeito, linguagem de sinais para acelerar a fala etc. A ritmicidade funcional, as rupturas significativas de encontros/desencontros são substituídas pela previsibilidade e pelo instantâneo. Objetos são oferecidos indiscriminadamente, sem sentido, a não ser o de alívio imediato, o que nos leva a pensar nos destinos possíveis para pulsão (Freud, 1905, 1915). Perdem-se a mediação e os objetos, destituídos de suas particularidades, levando o sujeito a uma busca incessante por satisfação.

Será que a hiperatividade não estaria respondendo à necessidade de dar vazão à pulsão que não se associou a nenhum objeto em particular? Esta seria, a meu ver, a expressão de um corpo que se presentifica incessantemente, ocupando todo o espaço, já que as vivências de vazio, ruptura e tempo são tão insuportáveis. Aprendemos com Roussillon (1991, 1997, 2001, *passim*) que o sentido da experiência subjetiva vivida não é dado imediatamente, e esse é o drama humano. Há uma espécie de hiato de identidade de si a si próprio, o que faz que não nos apropriemos imediatamente de nós mesmos. Esse afastamento, esse tipo de não imediatez de si para si, de sua identidade, de seu vivido, torna necessário, indispensável, o trabalho de simbolização que significa colocar em sentido uma apropriação subjetiva do primeiro vivido.

Somente assim se tecem os sentidos da história de cada sujeito. Procuramos ressaltar neste texto o quanto o bebê suscita sentimentos de desamparo e impotência, bem como nossas impensáveis agonias primitivas ante a fragilidade, o medo do abandono e o medo de não ser capaz de dar conta das demandas incessantes e muitas vezes enigmáticas do bebê. Alguns pais, pelos mais diferentes motivos, sentem-se incapazes de enfrentar esses sentimentos, o que muitas vezes os leva a uma culpa impensável, que os impede de retomar sua relação com os filhos.

Assumir quão fundamental é suportar a ambivalência na primeira infância talvez recoloque em questão o suposto fracasso da família contemporânea. Superar os preconceitos quando se escutam os pais que foram violentos e/ou negligentes; compreender o que leva uma mulher a se sentir completamente insegura diante da gestação, temendo pelo seu corpo e pelo seu filho; descobrir as fantasias assassinas projetadas em um balanço perigoso ou em uma janela sem proteção – isso não deveria ser difícil para o psicanalista que constrói o paradigma da constituição subjetiva a partir do drama edípico, em que amor e ódio, sexualidade e votos de morte são ingredientes tão essenciais.

Daí a convocação para que se institua a possibilidade de construir narrativas que deem sustentação para que os dramas da subjetivação possam ser evocados e que se compartilhem os afetos e sentidos construídos com os parceiros significativos desse processo.

Nos encontros com a família, há de se permitir um cenário no qual os fantasmas familiares possam ser encenados, trazendo à tona emoções e angústias tão humanas, mas tão negadas, em uma organização social em que se esperam harmonia e eficiência. É importante criar condições para que o sintoma seja percebido como linguagem a ser decifrada por todos aqueles que fazem parte da trama na qual todos importam uns aos outros. Mistérios que todos intuem, mas sobre os quais não podem falar. Trabalhar com famílias exige uma escuta atenta que permita que as diferentes manifestações possam encontrar seu sentido original e que sentimentos de dor, impotência, de não saber possam ser contidos sem necessariamente ressoarem como fracasso ou traição, sentimentos tão facilmente suscitados em uma organização na qual afeto é o regulador e a ambivalência estrutural.

A clínica nos ensina que os pacientes pedem uma presença, um corpo sensível disposto ao contato, o que não quer dizer, neste caso, o tocar, mas sim a garantia da troca do que se sente, que se materializa na voz, na disposição de olhar (mesmo estando de costas!), na garantia de que se está ali com o único propósito do encontro, permitindo que o paciente encontre as palavras que expressem seu sofrimento e, a partir daí, sua singularidade.

Dolto (1982, 1984) refere-se às palavras justas e alerta que "o desejo de comunicação emocional sutil precede, como acabo de provar-lhes, a necessidade de uma comunicação de assistência ao lactante" (1984, p. 217). O analista, assim, vê-se convocado a retomar a maternagem, a oferecer o "banho de linguagem" a partir da escuta de um corpo que pulsa, que está inquieto, em busca de investimento e de calma, como quando se conversa com um bebê. Ousa, assim, construir teorias, criar uma linguagem que dê sentido a esse encontro do sujeito com seu mundo. "Nossa relação com o corpo, assim como nossa relação com a realidade, é função da maneira como o sujeito ouve, deforma ou permanece surdo ao discurso do conjunto" (Aulagnier, 2001, p. 110).

É essencial resgatarmos a ética do tratamento em psicanálise, que envolve acolher o paciente como ele chega, a partir de sua queixa e até mesmo demanda, e o exercício de uma escuta singular, buscando com cada um seu texto, sua palavra. Esse exercício garante, por um lado, a continência, a preocupação genuína em sustentar um vínculo com o paciente, e, por outro, as próprias condições do tratamento: um *setting* definido segundo a restrição do tempo e do espaço e pela necessidade de buscar as palavras, que reintroduz o grande fantasma: a castração, o limite e a incompletude.

Estaríamos, então, em choque com a promessa do imaginário social, em desvantagem com as terapias medicamentosas, cognitivistas? Minha experiência clínica tem revelado que para o paciente pode ser um alento encontrar-se em uma situação na qual há espaço para dúvidas, incertezas, imprevisões, silêncios e encontrar alguém (o analista) capaz de compartilhar ou até mesmo convocar essas experiências, perguntando, hesitando, brincando, emocionando-se, entristecendo-se, alegrando-se.

Concordo com Marilia Aisenstein (1998), que vê a psicanálise como "uma colocação de sentido", uma interpretação entendida não apenas sob a perspectiva de desvelar uma realidade, mas de construir, fabricar uma verdade cujo critério é a criação. Concordo ainda com a autora quando esta afirma que se o fim do século XX nos levou a assistir ao fracasso das crenças e das utopias, a criação de sentido, pelo psiquismo o "como" do fantasma se constitui para a psicanálise objeto privilegiado. Isso não se faz sem sofrimento. Cabe ao psicanalista suportar esse processo, apesar da sedução em não querer estragar o idílio de uma relação amorosa sem conflitos, sem dor, sem paixão, sem violência, como nos lembra C. Stein (1988).

Por fim, espero ter criado algumas referências para que se recupere a possibilidade de se integrar corpo e voz, construindo sentidos para o enigmático devir humano, renovado a cada nascimento e em todo encontro com o outro.

Referências

AISENSTEIN, M. Du non sens au sens. In: CORNUT, J. *et al. Le mal-être (angoisse et violence)*: débats de psychanalyse. Paris: PUF, 1998.

ARAGÃO, R. O. Quem é esse bebê, tão próximo, tão distante? In: ATEM, L. M. (Org.) *Cuidados no início da vida*: clínica, instituição, pesquisa e metapsicologia. São Paulo: Casa do Psicólogo, 2008.

ARIÈS, P. *História Social da criança e da família*. 2. ed. Rio de Janeiro: Zahar, 1981.

AULAGNIER, P. Nascimento de um corpo, origem de uma história. In: MCDOUGALL, J. *et al. Corpo e história*. São Paulo: Casa do Psicólogo, 2001.

BENJAMIN, W. O narrador: considerações sobre a obra de Nikolai Leskof. In: *Obras escolhidas: magia e técnica, arte e política*. São Paulo: Brasiliense, 1986; v. 1.

CYRULNIK, B. *Le murmure des fantômes*. Paris: Éditions Odile Jacob, 2003.

DEBORD, G. *A Sociedade espetáculo*. Rio de Janeiro: Contraponto, 2000.

DOLTO, F. *La difuldad de vivir*. Barcelona: Gedisa, 1982.

_____. *No jogo do desejo*. Rio de Janeiro: Zahar, 1984.

FÉDIDA, P. (1991). *Nome, figura e memória:* A linguagem na situação psicanalítica. São Paulo: Escuta, 1992.

FREUD, S. (1900) A interpretação dos sonhos. In: *Edição Standard Brasileira das Obras psicológicas Completas de Sigmund Freud*. Rio de Janeiro: Imago, 1996; v. IV.

_____. (1905) Três ensaios sobre a teoria da sexualidade. *Op. cit.*, v. VII.

______. (1914) Sobre o narcisismo: uma introdução. *Op. cit.*, v. XIV.

______. (1915) O instinto e suas vicissitudes.*Op. cit.*,v. XIV.

______. (1920) Além do princípio do prazer.*Op. cit.*,v. XVIII.

______. (1926) Inibição, sintoma e angústia.*Op. cit.*,v. XIV.

______. (1939) Moisés e o monoteísmo.*Op. cit.*,v. XXIII.

LABAKI, M. E. P. Ter filhos é o mesmo que ser mãe? In: ALONSO, S. L., BREYTON, D. M. & ALBUQUERQUE, H. M. F. M. (Org.). *Interlocuções sobre o feminino na clínica, na teoria, na cultura*. São Paulo: Escuta/Sedes Sapientie, 2008.

LECLAIRE, S. *O corpo erógeno*: uma introdução à teoria do complexo de Édipo. Rio de Janeiro: Fon Fon e Seleta, 1979.

MACHADO, S. A. P. *Canção de ninar brasileira*: aproximações. Tese (Doutorado) – Programa de Pós-Graduação em Teoria Literária e Literatura Comparada, Faculdade de Filosofia, Letras e Ciências Humanas, Universidade de São Paulo, São Paulo, 2012.

ROUDINESCO, E. *A família em desordem*. Rio de Janeiro: Zahar, 2002.

ROUSSILLON, R. *Paradoxes et situations limites de la psycanalyse*. Paris: PUF, 1991.

______. La fonction symbolisante de l'objet. *Revue Française Psychanalyse*, n. 2, pp. 399-415, 1997.

______. *Le plaisir de la repetition*. Paris: Dunod, 2001.

STEIN, C. *O psicanalista e seu ofício*. São Paulo: Escuta, 1988.

V SIMPÓSIO DE PSICOSSOMÁTICA PSICANALÍTICA – Integração, Desintegração e Limites. São Paulo, 2013. Disponível em: <http://www.detaileventos.com.br/psicossomatica/osimposio.htm>. Acesso em: 12/05/2013.

WINNICOTT, D. W. A capacidade de estar só. In: *O ambiente e os processos de maturação*. Porto Alegre: Artes Médicas, 1990.

21. Desejo de filho e adoção: caminhos e descaminhos

Maria Luiza A. M. Ghirardi

"O filho só pode se constituir como sujeito da filiação no encontro com este choque interdito do incesto e só pode surgir como sujeito por ter sido antes sonhado, incestuosamente, por seus pais: seus pais, eminentemente, são sua mãe e seu pai, mas também é a parentela; a maneira pela qual o filho foi sonhado pelos avós, ou por determinado tio e tia, ou por tal outro membro importante da parentela pode vir a ter um papel determinante no sonho dos próprios pais. Estes sonhos predestinam o descendente, nos fantasmas de desejo cruzados, a ser o prolongamento narcísico da geração."
René Kaës

A adoção responde a um ideal de maternidade e paternidade que tem como fundamento o narcisismo parental, uma vez que todo projeto ligado à filiação é do âmbito do narcisismo. No entanto, o encaminhamento do desejo por um filho na adoção depara, em suas origens, com um percurso fortemente marcado por histórias de impossibilidades e desencontros, em função dos desdobramentos psíquicos da vivência com a infertilidade, o que trará especificidades na experiência com o filho adotado.

O atendimento clínico a casais inférteis e pretendentes à adoção revela que a busca pelo filho por meio da adoção é uma segunda opção, muito frequentemente tomada depois de percorridas prolongadas tentativas de procriação biológica ou tecnicamente assistidas. De fato, a impossibilidade de gerar o próprio filho pode ser promotora de variados níveis de sofrimento e frustração, colocando os adotantes diante da necessidade de reparar o dano sentido no âmbito de seu próprio narcisismo. Assim considerada, a depender dos encaminhamentos psíquicos percorridos, a adoção poderá ser pensada como uma saída muitas vezes criativa para o desejo de filho (Ghirardi, 2008b).

No entanto, o processo de constituição subjetiva de um filho, ao implicar sua inserção na rede simbólica da filiação, demandará dos adotantes um trabalho psíquico específico. Isso se dá porque a filiação não é um processo constituído naturalmente, mas construído a partir das redes simbólicas individuais e culturais. Nessa perspectiva, nem mesmo a filiação biológica poderia, por si mesma, garantir a filiação psíquica. Porém, supostamente, uma diferença entre experiências com a filiação biológica e não biológica se coloca no fato de que a maternidade biológica se sustenta, a princípio, em uma fantasia de continuidade. E, nessa ilusão de continuidade, a mãe tende a libidinizar o corpo do filho biológico de modo diferente em relação ao mesmo processo vivido pela mãe adotiva. Em geral, esta última, como bem realça Bleichmar (2007), reconhece que recebeu uma criança que foi procriada em um corpo estranho, o que traz a necessidade de vir a se apropriar gradativamente desse filho. Se a quebra da continuidade biológica é condição inerente na adoção, como afirma em outro momento Bleichmar (1992), como poderemos compreender os encaminhamentos do desejo por um filho na adoção, desejo esse entendido como uma construção interior, mental, com características comuns e ao mesmo tempo singulares em cada um? Esta é a proposta deste trabalho: refletir não apenas sobre os caminhos psíquicos possíveis que levam à satisfação desse desejo pela via da adoção, como também destacar alguns entraves ou descaminhos nesse processo que encontrará, na devolução da criança adotada, um movimento retroativo na satisfação desse mesmo desejo.

Em um trabalho anterior (Ghirardi, 2010), apontaram-se o percurso e a importância dos aspectos do narcisismo parental no surgimento do projeto de filiação. Quero recuperar um caminho já traçado no intuito de subsidiar reflexões na direção da compreensão do desejo de filho no âmbito da adoção. Freud (1914) refere-se à importância de reconhecermos que, no imaginário parental, o filho representa a possibilidade de satisfazer sonhos e desejos não realizados, tornando-se aquilo que os pais desejaram e não puderam ser, além de possibilitar a eles a experiência ilusória da imortalidade, que é dada, a princípio, pela transcendência genética. Diante de uma ruptura da transcendência que a infertilidade instaura, e remetido às angústias ligadas ao desamparo e à condição da finitude humana, o adotante opta pela adoção para dar seguimento ao desejo original ligado à procriação biológica. Sob esse prisma, a adoção traz em seu âmago uma dupla vertente: o desejo e a castração. Oculta e desvela o abalo narcísico instaurado pela castração, interferindo no encaminhamento da satisfação do desejo de filhos.

Algumas decorrências se apresentam na escuta clínica a adotantes, permitindo considerar que, a depender de como a frustração com a infertilidade é tramitada psiquicamente, deixa entrever a presença de fantasias que intensificam os conflitos existentes na relação com o filho adotado. Em alguns casos, a magnitude desses conflitos poderá culminar na devolução da criança adotada.

Ao remontarmos os caminhos da formação do desejo, vemos que cada mulher tece, desde a infância, complexas redes acerca da maternidade. Redes que imprimem sobre a função biológica o desejo da procriação, que, por sua vez, é veiculado por meio da maternidade (Alkolombre, 2008). Assentada no Ideal do Eu feminino, a maternidade é a expressão de sua sexualidade, culminando na chegada do filho. Uma extensa compreensão do percurso feito pelo desejo de um bebê na menina é descrito por Freud ao longo de seus textos sobre a feminilidade. Interessa-nos, porém, lembrar que Freud (1917) sublinha ser o desejo de possuir bebê na mulher o substituto do desejo de pênis, e que a sua frustração – ou a impossibilidade da maternidade – reativaria a angústia de castração feminina, podendo levar ao surgimento de importante sofrimento psíquico.

Aulagnier (1992), por sua vez, utilizando o modelo da experiência vivida com a fertilização tecnicamente assistida, faz uma importante diferenciação entre o desejo de filho e a demanda de filho, afirmando que o desejo de filho está inserido em uma dimensão simbólica e pressupõe o reconhecimento da castração materna. Como um projeto que inclui a noção de um terceiro e, portanto, da alteridade, o desejo de filho diferencia-se da demanda de filho que se caracterizaria, sobretudo, como um projeto imaginário em que ocorre uma experiência ilusória de unidade e uma exigência de fusão no vínculo mãe-filho. Dessa forma, claro está que o desejo de um filho, em troca, implicaria o abandono de certas posições narcisistas, pressupondo que a mãe tenha a possibilidade de realização de seus próprios desejos, de modo independente e autônomo àquele filho. Desejo de filho, assim como a maternidade e a filiação, pressupõe, então, a castração e a simbolização.

Iluminados novamente pela escuta clínica das situações da adoção, percebemos que essa é uma clínica que traz em sua borda as singularidades de cada adotante sintonizadas com as questões do desejo por um filho. Não raro deparamos com certas buscas "a qualquer preço", inseridas em um cenário narcisista que desliza para uma configuração mais próxima do filho como extensão de si mesmo, como *paixão*. E o cenário do "apaixonamento" não contempla a consideração da castração e da separação. Green (2001) contribui com essas reflexões ao afirmar que o sujeito padece de sua paixão, e nesse estado já não é agente, e sim paciente, subvertendo, dessa forma, não apenas a razão, mas o psiquismo por inteiro. Ao alienar o sujeito ao objeto, a *paixão* comanda suas ações. O sujeito "apaixonado", então, já não atua, é atuado, ele diz. Ao tecer uma rica e extensa digressão entre paixão e loucura, Green ressalta ser a paixão o afeto que modifica a relação do sujeito com a realidade, havendo um clamor por exclusividade.

Aulagnier (1992) sublinhará que, quando é esse o caso, o desejo por um filho expressar-se-ia sob a forma de uma necessidade que deve ser imperativamente satisfeita, "objeto de um fantasma que concerne à reapropriação de parte de si mesmo da qual se acha mutilado ou, ainda, a recusa que a psique opõe ao veredicto não aceito de ser mortal" (p. 48). Realça, ainda, que "este tipo de mãe não poderá nem reconhecer, nem aceitar e, ainda menos, valorizar a inevitável diferença que surge entre a criança real, este corpo singular, este recém-nascido e a representação psíquica que ela forjou dele" (p. 48). Nesse momento, somos testemunhas de importantes dificuldades que poderão surgir a partir da frustração vivida com a infertilidade, podendo inviabilizar o exercício da maternidade/paternidade adotiva sob a égide da castração, já que ao filho poderá ser atribuída a impossível missão de ressarcir os pais pelas perdas sentidas diante de aspectos de seu próprio narcisismo. Se não houver a percepção e a experiência psíquica ligada à castração, a demanda de filho surgirá como uma tentativa imperiosa de obturar as marcas não enlutadas. Em lugar do luto, vemos aparecer os sentimentos de "apaixonamento" e idealização da criança – porta aberta às inúmeras dificuldades encontradas no âmago da experiência clínica com as situações da adoção.

Quero ilustrar o que considerei até o momento. Para tanto, trago algumas vinhetas obtidas a partir da escuta clínica de alguns adotantes que encontravam sérios impasses com a criança adotada que pretendiam devolver (ou que já haviam devolvido):

[...] foi uma adoção sem problemas de adaptação, pois todos se relacionaram bem... Foi uma adoção maravilhosa. O André inicialmente não nos dava problemas de ordem alguma [...].

[...] a gente achou que ia ser um Natal diferente e foi um Natal pesado; a família era bonita apenas na foto [...].

[...] acho que eu ficava irritada com as solicitações dela porque ela era muito voluntariosa: eu queria comprar uma sandália para ela e ela nunca queria o que eu queria, comprou uma horrorosa; eu queria cortar o cabelo dela... mas ela não queria e o cabelo era lindo! Eu ficava irritada, falava com ela só dando bronca [...].

[...] na realidade, criar uma filha, para a mulher, é se deparar com um espelho... Eu achei muita frescurinha, um tal 'ah, eu não quero esse sapato' [...].

[...] mesmo assim, um monte de detalhes que a gente achou que não ia escapar, escapou. A gente não sabia exatamente como é que ele dormia, a gente não sabia exatamente como ele reagia a toda e qualquer situaçãozinha... Sabe, parece detalhe, mas não é... são coisas do dia a dia que são importantes pra você não mudar radicalmente a rotina [...].

[...] eu e o Serafim nos afeiçoamos instantaneamente a Cássio e ele também a nós, nos chamando de pai e mãe... E, agora, Serafim está doente por causa do Cássio... Todos em casa falam que o Cássio deixa Serafim doente, ele está trazendo o ódio [...].

[...] não foi isso que eu sonhei quando peguei Cássio pra criar... Crescer ao meu lado, ser um grande homem, ajudar a mãe biológica, eu e seus irmãos. Ele cresceu ouvindo isso... Os meus filhos cuidavam dele com muito carinho, muito amor e hoje ele decepciona eles (sic)... Ele hoje é esse que representa o lobo mau da história – representa o fracasso [...].

> *[...] não que eu peguei o Cássio para ele me idolatrar, me adorar, não...*

Essas vinhetas nos aproximam de duas importantes vertentes do "apaixonamento" no contexto da adoção, realçando algumas dificuldades narcísicas e seus desdobramentos – "descaminhos" – sobre a relação pais-filhos adotivos. A primeira estaria ligada à imagem idealizada da criança e da adoção; e a segunda, aos sentimentos de "altruísmo". Quanto à idealização, ela é compreendida como uma substituta do narcisismo infantil perdido e uma tentativa de sua recuperação. É um fenômeno encontrado não apenas no imaginário particular de alguns adotantes, como também no imaginário social da adoção, revelando os modos como ainda hoje o tema é tão frequentemente tratado. Imaginário social que é constituído por ideias de que o "amor" modifica todas as anteriores vivências penosas da criança e a salva do abandono original. Já o sentimento de *altruísmo* representaria, nesse contexto da adoção, uma reação defensiva à vivência dolorosa diante da desvalorização experimentada com a infertilidade e, sobretudo, uma correspondência aos sentimentos ligados ao desamparo parental projetado sobre aquela criança. Nesse sentido, a criança viria com a missão de tapar a ferida narcísica dos pais, preenchendo expectativas idealizadas. Sem poder ser considerada em sua singularidade, arcaria com o ônus de não poder ser incluída no imaginário parental como "filha". Nesse cenário, o desejo pelo filho adotado pode ser inviabilizado e tomar um caminho retroativo caso os pais rejeitem fortemente as expressões dos aspectos da singularidade da criança contidas em sua própria dimensão desejante (Ghirardi, 2008a).

Aulagnier (1980) traz um interessante comentário acerca do laço existente entre a idealização e a paixão, iluminando novamente o campo dessas reflexões em que o desejo por um filho se opõe à necessidade:

> [...] o estado passional, ao transformar o objeto de prazer em objeto de necessidade cuja satisfação é vital, libera o Eu de toda possibilidade, mas também de *toda responsabilidade* pela escolha. Tudo ocorre então como se o encontro com a possibilidade passional viesse, repentinamente, revelar ao sujeito algo que ele não sabia que estava presente em sua relação com a realidade (Aulagnier, 1980, p. 176).

Pode-se compreender, a partir dos fragmentos clínicos apresentados, que, no cenário da adoção em que a devolução da criança é cogitada, muito frequentemente é o confronto com as dificuldades inerentes ao relacionamento afetivo que coloca os adotantes diante de intensos sentimentos de frustração e fracasso – a outra face da moeda da idealização/apaixonamento.

Assim, temos uma situação paradoxal. Se, por um lado, a experiência com a filiação precisa constituir-se como um projeto referido ao âmbito do narcisismo, uma potencialidade narcísica exacerbada faz aparecer nos adotantes imensa rigidez em relação aos ideais pretendidos para aquela criança. Na idealização, o confronto com as frustrações inevitáveis da convivência familiar suscita uma experiência subjetiva de fracasso, inviabilizando o reconhecimento daquela criança como filho. Os ideais parentais, ao funcionarem como condição de inclusão da criança e garantir sua permanência na família, precisam ser flexíveis o suficiente para permitir o aparecimento e a aceitação dos aspectos de sua singularidade. Caso os adotantes mantenham os ideais portadores dos sentimentos ligados à "própria bondade", poderão encontrar imensas dificuldades para colocar os necessários limites e conter os comportamentos indesejáveis da criança, intensificando, dessa forma, os conflitos. Tais sentimentos, representantes da defesa em relação às vivências ligadas ao desamparo parental, sugerem a presença de um traço de identificação com a criança, vista como necessitada e desamparada. E, ao pensarmos em limites, estamos diante da necessária aceitação de que a criança que se deseja incluir imaginariamente como filha/filho possui história e subjetividade únicas. É desse ângulo que podemos considerar livres os caminhos dos investimentos necessários no filho adotado, o representante da alteridade.

Filho sonhado e filho escolhido. A experiência com a adoção apresenta-se por essa dupla e ambígua vertente em que o desejo de um filho oscila entre a carência e a opção. Abrir mão do filho sonhado pode representar, para certos pais adotivos, um longo caminho de trabalho psíquico permeado por conflitos e angústias ligadas ao necessário trabalho do luto. É por meio dele que se abrirá a possibilidade de desistência do filho idealizado.

Quero tecer uma última consideração em relação à necessária instrumentalização do profissional técnico do judiciário que acompanha os adotantes na busca pelo filho a ser adotado. Diante do sofrimento psíquico que os adotantes apresentam, ressalto a importância da escuta, que viabilizaria a palavra e os sentidos para muitas de suas angústias e temores. Uma escuta sensível ao que é singular em cada criança e em cada adotante poderá favorecer uma aproximação mais efetiva entre a criança e o adulto. Uma aproximação que responderia às necessidades afetivas de ambos e, nessas circunstâncias, o acolhimento das variadas expressões do desejo parental. Desejo que nunca seria unívoco, uma vez que suas manifestações refletem os complexos arranjos de natureza inconsciente.

Embora o processo de adoção dentro do contexto do judiciário apresente vicissitudes diferentes daquelas apresentadas na clínica psicanalítica, o psicólogo imbuído do referencial teórico-metodológico da psicanálise tem instrumentos para compreender as motivações inconscientes que estão subjacentes ao pedido de uma criança em adoção. Dessa forma, ele deve se instrumentalizar para poder não apenas responder pelo *lugar* que ela virá a ocupar no desejo parental, mas, sobretudo, para propiciar aos adotantes saídas para ultrapassarem as intercorrências de seus descaminhos.

Referências

ALKOLOMBRE, P. *Deseo de Hijo. Pasión de Hijo*. Buenos Aires: Letra Viva, 2008.

AULAGNIER, P. *Los destinos del placer*: alienación, amor, pasión. Barcelona: Argot, 1980.

______. Qué deseo, de qué hijo? *Revista de Psicoanálisis con niños y adolescentes*, n. 3, pp. 45-49, 1992.

BLEICHMAR, S. El estallido de la contiguidad biológica. *Revista de Psicoanálisis con niños y adolescentes*, n. 3, pp. 67-74, 1992.

______. La identidad como construcción. In: ROTENBERG, E. & WAINER, B. A. (Org.). *Homoparentalidades*: nuevas famílias. Buenos Aires: Lugar Editorial, 2007.

FREUD, S. *Edição Standard Brasileira das Obras Psicológicas Completas de Sigmund Freud*. Rio de Janeiro: Imago, 1976.

______. (1914) À guisa de uma introdução ao narcisismo. *Obras Psicológicas de Sigmund Freud*. Rio de Janeiro: Imago, 2004; v. I.

______. (1917) As transformações do instinto exemplificadas no erotismo anal. *Op. cit.*, v. XVII.

GHIRARDI, M. L. A. M. *A devolução de crianças e adolescentes adotivos sob a ótica psicanalítica: reedição de histórias de abandono*. Dissertação (Mestrado) – Instituto de Psicologia, Universidade de São Paulo, São Paulo, 2008a.

_____. A infertilidade no contexto da adoção: efeitos possíveis na relação pais/filhos adotivos. In: VOLICH, R. M., FERRAZ, F. C. & RANÑA, W. (Org.). *Psicossoma IV*: corpo, história, pensamento. São Paulo: Casa do Psicólogo, 2008b.

______. Algumas expressões do feminino na compreensão da devolução de crianças adotadas. *Revista Boletim Formação em Psicanálise/Instituto Sedes Sapientiae – SP,* ano XVIII, v. XVIII, n. 1, jan.-dez., 2010.

GREEN, A. *De locuras privadas*. Buenos Aires: Amorrortu, 2001.

KAËS, R. Filiação e afiliação: alguns aspectos da reelaboração do romance familiar nas famílias adotivas, nos grupos e nas instituições. In: TRINDADE-SALAVERT, I. (Org.). *Os novos caminhos da adoção*: interações psíquicas, familiares e sociais. Rio de Janeiro: Companhia de Freud, 2010.

22. Grupos de mediação e a somatização

Cristiane Curi Abud

Inicio este trabalho problematizando as limitações que a clínica psicanalítica tradicional encontra ao assistir pacientes somatizadores que se caracterizam por queixarem-se intensamente de dores e desconfortos físicos sem que se encontrem substratos orgânicos que os justifiquem, de forma que utilizam os recursos oferecidos pela organização hospitalar – consultas médicas, exames laboratoriais, cirurgias – com uma frequência muito alta. Seu funcionamento psíquico apresenta especificidades que desafiam as constantes de um enquadre psicanalítico tradicional, quais sejam, a associação livre, a transferência e a interpretação.

Em seguida, apresento uma sessão clínica de um grupo de psicoterapia que utiliza fotografia como objeto mediador para, na discussão, fundamentar com elementos teóricos a adequação desse dispositivo clínico como forma de superação dos impasses que tais pacientes nos apresentam durante seu processo psicoterápico.

Especificidades psíquicas dos pacientes somatizadores e os impasses clínicos

A clínica psicanalítica individual funciona segundo três constantes: a livre associação do paciente, o estabelecimento da relação transferencial e a interpretação. Vejamos quais especificidades o funcionamento psíquico dos pacientes somatizadores apresenta e como interferem nessas constantes.

A associação livre

Os pacientes somatizadores dispõem de um funcionamento psíquico que apresenta dificuldade de associar livremente por causa de uma falha do funcionamento do pré-consciente, de modo que seu discurso é concreto, sem condição de metaforização e duplos sentidos, caracterizando-os como sujeitos mal mentalizados, segundo os critérios de Marty (1998).

Freud (1900) elabora um modelo de tramitação mente-corpo supondo que existe uma tensão somática continuamente produzida pelo simples fato de que sentimos fome, sede, frio, raiva ou amor. Essa tensão rompe o equilíbrio psicossomático, sendo que o indivíduo conta com três destinações possíveis para a tensão, segundo nos ensina Dejours (1993): a via psíquica, que produz fantasmas e representações mentais capazes, por si só, de dissipar a tensão; a via motora, que propicia, por meio da fuga, ação, uma descarga psicomotora; e a via visceral, acionada quando essas duas vias falham e a energia pulsional é descarregada pelo sistema nervoso autônomo e pelo desordenamento das funções somáticas.

Freud (1900) afirma que a tensão somática pode transformar-se em pensamento ou sonho por meio da elaboração psíquica. Para ilustrar, Freud cita o bebê com fome que grita e dá pontapés, tentando livrar-se, utilizando--se da ação motora, do desconforto da fome; mas, apesar do escândalo, a fome permanece e a necessidade interna continua a gerar excitação no aparelho psíquico. Essa excitação só será aliviada quando o bebê mamar e satisfizer sua fome. A experiência de satisfação, no caso, a saciedade da fome, é registrada no psiquismo, permanecendo como um traço de memória. Cada vez que o bebê sentir fome e sua decorrente tensão, o psiquismo disporá de um impulso que vai investir o traço de memória. Desse modo, o bebê lembra a experiência de satisfação, recriando a cena em sua mente, como que alucinando a mamada, com a lembrança de sua imagem visual (o rosto da mãe), a olfativa (o cheiro do ambiente), a auditiva (a voz da mãe), o sentimento de ternura e gratidão ou de irritação pela demora, enfim, tenta restabelecer o estado de satisfação original. Graças à censura existente entre o pré-consciente e o inconsciente, é impedida a regressão do aparelho psíquico à percepção, o que produz o pensamento e a ação motora voluntária capaz de conduzir-nos à satisfação de necessidades.

Desde o nascimento, diversas sensações vividas deixam suas marcas impressas no corpo. Percebemos o mundo e a nós mesmos graças aos cinco sentidos. Os registros sensoriais tátil, olfativo, gustativo, auditivo e visual formam as bases para a organização tanto física quanto psíquica. A esse conjunto de estímulos sensoriais apresentados pela experiência vivida podemos atribuir emoções ou afetos como tristeza, alegria, abandono, amparo, amor, desolação, sofrimento, solidão, luto, pobreza, ânimo, potência, impotência, desordem emocional, falta de perspectiva, perdição. Essas experiências ficam registradas no corpo e no psiquismo como imagens visuais, auditivas, olfativas, gustativas e táteis. E podem ou não transformar-se em pensamento (Abud, 2012).

A partir dessa proposição freudiana, Dejours (1989) afirma que a angústia seria inicialmente somática, não mental, não representada. A partir da satisfação alucinatória do desejo e da experiência de satisfação, cria-se uma ligação entre o corpo vivido e uma representação mental. A passagem do estado de aflição para a angústia psíquica seria, nessa acepção, uma aquisição. Separa-se, então, na psicanálise, a angústia mental da somática, que aparece habitualmente nas neuroses atuais.

Um fragmento clínico ocorrido em um grupo de palavra ilustra essas proposições: "Doutora, estou com o rosto todo congestionado, parece que tem alguma coisa parada aqui. Estou confusa, em casa não sei se coloco um copo na pia ou no armário, fico paralisada". Lembrei, sem o dizer, que na sessão de grupo anterior essa paciente contava que não sabia se deixava o corpo de seu filho que fora assassinado há dois anos enterrado na Bahia ou se o trazia para um cemitério em São Paulo, onde ela pudesse visitá-lo com mais frequência. Perguntei, então: "E o coração, como vai?" A paciente começou a chorar, dizendo se sentir muito triste, sem saber o que fazer com seu dilema. Em seguida, outra paciente do grupo lembrou-se de um aborto que sofrera muitos anos atrás e do quanto sofreu com isso; outro paciente lembrou-se do trabalho que deu para o pai, pois era um filho muito "arteiro"; outro falou da relação com seus filhos, que são muito bons. E assim a questão foi circulando no grupo, que devolveu a fala à primeira paciente, a qual, ainda chorando, referiu que o "congestionamento" havia diminuído e sentia-se aliviada. O que se apresenta como uma sensação de congestionamento e paralisia no rosto da paciente pôde traduzir-se em afetos, como a tristeza, a dúvida, e vários outros ligados à morte desse filho, e assim ganhou um sentido afetivo, uma representação mental e integrou-se à sua narrativa de vida.

Marty (1998) também parte dessa conceituação freudiana e afirma que "as representações consistem em uma evocação das percepções que foram inscritas, deixando traços mnêmicos. A inscrição das percepções e sua evocação posterior são, na maioria das vezes, acompanhadas de tonalidades afetivas agradáveis ou desagradáveis" (p. 15). As representações e suas associações alojam-se no pré-consciente e podem ser avaliadas quanto a sua quantidade e qualidade: se são muito próximas da realidade e da concretude ou apresentam simbolismos, metáforas, duplo sentido e encontram-se associadas a diversas ideias. Uma lembrança só constitui uma representação na medida em que tem um sentido afetivo para a pessoa.

McDougall (1991) retoma o conceito de alexitimia, da escola de Boston, segundo o qual o indivíduo não dispõe de palavras para nomear seu estado afetivo, não distingue raiva de medo, irritação, excitação, cansaço, fome etc. e, tal como um bebê, não o consegue fazer em razão da inacessibilidade às representações de palavra. A autora acrescenta aos três destinos do afeto descritos por Freud um quarto, "no qual o afeto seria congelado e a representação verbal que o conota, pulverizada, como se nunca tivesse tido acesso ao indivíduo" (p. 27). São pacientes que não reconhecem a dor psíquica provocada por afetos dolorosos ou excitantes e, por consequência, o corpo enlouquece.

Segundo esses autores, estamos diante de psiquismos cujo arcabouço é insuficiente para conter as tensões e tramitá-las psiquicamente. Ocorre uma falha no funcionamento do pré-consciente que, como nos lembra Kaës (2004), permitiria elaborar e ligar as excitações de origem interna ou externa a representações e imagens. Irrepresentável, o material arcaico circula livre e desintegrado no espaço psíquico, sendo fonte de angústia e dor, sobrecarga econômica de excitação.

Sem a possibilidade de uma ligação e destinação psíquica, o sujeito defende-se da tensão somática.

McDougall (1991) propõe como defesa, nos casos de somatização, a desafetação, o que significa que a pessoa retira sua afeição de alguém ou de alguma coisa. A própria pessoa é desafetada, afastada de sua realidade psíquica, suas palavras são desafetadas. Incapazes de conter a excitação afetiva e elaborá-la psiquicamente, os pacientes tendem a dispersá-la, o que leva à ressomatização do afeto.

Para Dejours (1989), o caracteropata (que aqui chamamos de somatizador) defende-se do afeto recorrendo à repressão que age mais perto da consciência, opondo-se mais especificamente ao desenvolvimento do afeto. Trata-se de uma estrutura diferente da neurótica, que coloca em latência a percepção e os pensamentos recalcando-os; da psicótica, que opõe à percepção uma rejeição para fora do psiquismo; e da perversa, que ataca a realidade graças à atuação da violência.

Na estrutura da caractereopatia, esse afeto desligado e sem nome, portanto, não integrado à cadeia associativa e aos grupos psíquicos, permanece sob a forma de angústia. Angústia atual, somática, angústia descarga não representada, não identificada por um ego que falha, característica dos sujeitos que têm uma tendência de descompensar por meio de somatizações.

Para exemplificar, no período da tarde coordeno outro grupo de psicoterapia, utilizando fotografias como objeto mediador, e no mesmo dia da sessão há pouco mencionada, uma paciente reclamava de dores nas pernas e na região lombar quando fiz a mesma pergunta: "E o coração, como vai?" "Ah, doutora, não está bom não, já marquei cardiologista." Nesse caso, dado a grau de mentalização da paciente que se mostrou, pela sua resposta, bastante concreto, o grupo precisou do auxílio do objeto mediador – as fotos – para traduzir que afetos estariam em questão na fala da paciente e poder auxiliá-la a representar psiquicamente sua dor.

A transferência

No que concerne à relação transferencial, os pacientes somatizadores também apresentam especificidades. McDougall (1991) teoriza que esses indivíduos que pulverizam qualquer vestígio de sentimento profundo aniquilam grande parte de sua experiência emocional e se queixam de que "não acontece nada" na análise. Contratransferencialmente o sentimento é de cansaço, impotência, paralisia interna e culpa, diante de uma ausência de progresso analítico. Tais pacientes atacam o analista incessantemente, defesa oriunda da pulsão de morte contra a mudança, que é vivenciada como um perigo mortal.

De maneira análoga, Dejours (1988) afirma que o paciente manipula o pensamento do analista, petrificando-o. A transferência é, portanto, mortífera, o que dificulta o trabalho do analista, pois a pulsão de morte incide sobre ele. Nos pacientes somatizadores, há uma prevalência do percebido sobre o representado, que pode ser notada por meio de um discurso sem associações ou duplos sentidos. Desse modo, o paciente controla o pensamento do analista substituindo a atenção flutuante por uma falta de atenção.

Marty (1998) detecta um movimento em direção ao objeto brusco, ativo e maciço, estabelecendo uma relação que tenta transformar tudo em uma só coisa, homogênea e indiferenciada, sendo a sensação contratransferencial de paralisia.

Os pacientes não conseguem realizar o que chamamos de transferência metafórica, que utiliza o "como se". Quando o paciente pensa "É como se o senhor fosse meu pai ou minha mãe", tratar-se-ia de um reconhecimento consciente ou pré-consciente do processo transferencial. Vacheret *et al.* (2002) teorizou sobre a transferência *par dépôt*, ou por depósito, para mostrar que o terapeuta é depositário, sem saber de uma parte indizível e irrepresentável da história da experiência precoce do sujeito. O paciente deposita no terapeuta essas experiências de maneira que este transforme esse depósito em representações e em afetos ligados entre si, pelas palavras e pela fala, oriundas da simbolização.

A interpretação

O funcionamento psíquico supradescrito exige do psiquismo do analista um trabalho de construção de sentido, para que esse mal-estar produzido na relação com o paciente conquiste uma representação psíquica ainda não constituída. O que nos remete à questão da interpretação que, se realizada nos moldes psicanalíticos tradicionais – como uma análise da síntese psíquica e, portanto, uma desconstrução –, é percebida e sentida pelos pacientes somatizadores como extremamente violenta ou, no melhor dos casos, não faz sentido algum para os pacientes. Portanto, os pacientes somatizadores requerem um trabalho terapêutico que ofereça recursos que facilitem sua produção e elaboração psíquica, recursos que ajudem a nomear seu mal-estar físico, traduzindo-o em mal-estar psíquico e em representações psíquicas.

Como afirma McDougall (1991), nesses pacientes o medo da implosão afetiva leva-os a atacar a percepção de suas emoções assim como o reconhecimento de acontecimentos carregados de emoção. "O afeto está infiltrado de ódio e é odiado enquanto afeto" (p. 129). O medo da implosão afetiva é atuado por meio de impulsões explosivas e inesperadas, ataques contra o corpo, o objeto e o pensamento. Esses pacientes não acreditam que possam ser ajudados, dada a falha de um objeto introjetado benevolente e maternal. Sentem-se como bebês gelados e abandonados à própria sorte. O analista é tomado como alguém que não pode ajudar. É tomado também como o pai cruel e superegoico (arcaico), que proíbe a relação com a mãe sem oferecer nada em troca. Estamos diante de Narcisos, mais do que de Édipos. Dessa forma, qualquer interpretação pode ser tomada como um ataque, uma violência.

Com pacientes mais desestruturados ou desorganizados do ponto de vista narcísico, é impossível, ou muito difícil e ineficaz, recorrer a uma interpretação, uma vez que os traumatismos precoces vivenciados pelos pacientes não produzem recalques, mas formas de clivagem que tornam opacas, obscuras, incertas e mesmo desconhecidas as situações que estão na origem das experiências de desespero infantil (Vacheret, Gimenez & Abud, 2013). O trabalho de interpretação fracassa pela falta de recordações e lembranças recalcadas, e o trabalho necessário exige uma construção em análise (Freud, 1937).

Notamos, assim, que, sem possibilidade associativa, diante de um modo de transferência específica, e sem possibilidade de formular uma interpretação, principais componentes do processo e do trabalho analítico que permitem apreender o inconsciente, o fracasso é inevitável. É diante desses tipos de configurações específicas que recorremos à técnica que utiliza o dispositivo grupal com objeto mediador, uma vez que o grupo e a foto, como objetos mediadores, cumprem a função de construção de representações psíquicas para afetos que se encontram desligados da cadeia associativa, conforme ilustra o fragmento de sessão clínica a seguir.

Ilustração clínica

O grupo de psicoterapia que utiliza a fotolinguagem[1] no Programa de Assistência e Estudos de Somatização da Unifesp é composto por cinco pacientes, todos do sexo feminino, e acontece semanalmente desde março de 2011. Participam também do grupo dois estagiários de psicologia. Nesse tempo, que soma quase dois anos de trabalho psicoterápico, observamos uma

[1] Esse método foi criado em 1965 por um grupo de psicólogos e sociopsicólogos de Lyon (França) que trabalhavam com adolescentes com dificuldades e lhes propuseram, de maneira intuitiva, a utilização de fotos para servir de apoio à palavra. Isso liberou a fala dos que encontravam dificuldades para se exprimir ou falar em grupo sobre suas experiências pessoais diversas e às vezes dolorosas. O método da fotolinguagem é formado por certo número de dossiês com 48 fotos em preto e branco cada. Essas fotos são agrupadas por temas – "Corpo e comunicação", "Das escolhas pessoais às escolhas profissionais", "Saúde e prevenção", "Adolescência", "Amor" e "Sexualidade" são os dossiês mais recentes. Uma sessão de fotolinguagem acontece em dois momentos, sendo o primeiro o da escolha das fotos a partir de uma pergunta enunciada pelo analista; e o segundo, o das trocas em grupo, quando o terapeuta convida os participantes a partilhar grupalmente a escolha da foto. Cada um apresenta sua foto quando assim o desejar. Escutamos atentamente aquele ou aquela que apresenta sua foto e não fazemos nenhuma interpretação no sentido psicanalítico do termo, mas somos convidados, após a apresentação, a dizer o que vemos de parecido ou de diferente daquilo que o paciente viu na foto (Vacheret, Gimenez & Abud, 2013).

mudança das condições psíquicas das pacientes no sentido de descolarem-se da mera descrição das imagens contidas nas fotos para paulatinamente atribuir-lhes significados afetivos. A proposição da mediação pelo uso da fotolinguagem tem sido parte regular do enquadre desse grupo. A sessão a ser descrita aconteceu em agosto de 2012, e notaremos a presença de recursos psíquicos anteriormente ausentes, tais como humor e metáforas (compreendendo as metáforas como possibilidade de nomear afetos e deslocá-los de uma imagem para outra, conferindo-lhes um sentido não usual).

Na sessão estavam presentes todas as pacientes, o que raramente acontece, uma vez que, como mencionado, elas frequentemente têm alguma consulta médica agendada. A psicanalista que coordena o grupo recebeu as pacientes, fechou a porta da sala e, antes que se sentasse, todas as pacientes se levantaram para parabenizá-la pelo Dia do Psicólogo, ocorrido na segunda-feira anterior, abraçando-a.

Em seguida, as pacientes começaram a anunciar que faltariam nas semanas seguintes, cada qual por um motivo médico diferente: problema nos rins, nódulo no seio, colonoscopia. Finda a romaria somática, outra paciente contou que foi demitida de seu emprego e já conseguira arrumar outro. Em função dos horários do novo emprego, não conseguiria mais vir ao grupo.

A coordenadora afirmou, em tom de brincadeira, ter chamado sua atenção o fato de todas as pacientes estarem presentes, abraçarem-na pelo Dia do Psicólogo para, em seguida, comunicar tantas ausências. O grupo todo riu muito, reconhecendo o "ataque".

A paciente que perdeu o emprego explicou o motivo de sua demissão: ela trabalhava como cozinheira em um hotel e, certo dia, acusaram-na de deixar o gengibre cristalizado em cima da geladeira, o que o teria estragado.

Nesse momento, a terapeuta interrompeu sua fala e, comentando os anúncios de ausência, fosse temporária, fosse definitiva, propôs a pergunta: "Para vocês, o que é permanecer? Respondam com uma foto". O grupo riu como costumeiramente ri diante da proposição da tarefa, já entrando em um clima de jogo, de brincadeira.

Escolheram as fotos e começaram a comentar sobre elas, sendo que as duas primeiras fotos apresentavam, descritivamente falando, uma pessoa sozinha: "Um homem viciado em álcool, se permanecer assim não conseguirá tocar a vida"; "Como esse aqui da minha foto, cansado, precisando se encostar, permanecer parado".

A analista foi acompanhando as falas e nomeou os afetos que foram circulando pelo grupo a partir da pergunta: cansaço, solidão, tristeza, abandono, e concluiu que parecia bem difícil permanecer. E falou sobre a foto que escolheu: um casal aparentando fazer um grande esforço para permanecer juntos. Seguiram-se os comentários: "Estão carregando um armário imaginário muito pesado"; "A foto transparece muita intensidade, muita emoção pela aproximação entre os dois, como se estivesse muito difícil para eles estar juntos".

Outra paciente assume o lugar da fala e revela sua foto ao grupo (descritivamente, um rebanho de ovelhas): "Escolhi essa foto em homenagem à nossa amiga que vai sair do grupo. O rebanho tem ovelhas e uma delas desgarrou. Ela vai fazer falta no grupo. O pastor tem que contar as ovelhas todo dia e não deixar nenhuma desgarrar".

Em seguida, a paciente que deixaria o grupo se prontifica a falar de sua foto (quatro pessoas caminhando na neve com uma montanha ao fundo), e antes que ela falasse alguma coisa, outra paciente afirmou: "Ela colocou todo mundo na geladeira, como fez com o gengibre, olha nós quatro lá". O grupo novamente riu muito. A paciente então comentou sua foto dizendo: "Elas estão em grupo, permanecem em grupo, mesmo nessa situação difícil, neve, frio. Quero ser forte como essa rocha e no próximo emprego, se Deus quiser, tudo vai dar certo".

A analista questiona sua fala, dizendo que a vantagem das pessoas da foto sobre a rocha é que elas podem caminhar e se movimentar. E a paciente respondeu: "Vou ver no novo emprego como são as folgas e tentar folgar de quinta-feira para vir ao grupo".

Finalmente a estagiária apresenta sua foto – um grupo de maratonistas correndo: "Escolhi essa foto porque ela registra um momento, e o que permanece são os momentos, os sentimentos".

Discussão

A facilitação da livre associação

Em primeiro lugar, devemos levar em consideração duas funções essenciais do grupo trabalhadas por Kaës (1997): as funções de continente e de contentor do grupo.

Segundo Kaës (1997), função continente significa a função de limite entre o dentro e o fora, o grupo se pensa dentro de uma capa protetora que o contém, como uma pele comum que mantém o conjunto dos membros em uma mesma entidade, uma unidade. Essa função, que se funda no imaginário comum dos membros do grupo e as fantasias que partilham, permite também instaurar no grupo uma confiança suficiente para que ele possa ser um espaço depositário das pulsões, desejos, angústias e projeções. No exemplo supracitado, as pacientes apresentam no início da sessão uma ameaça de fragmentação por meio desses exames e consultas que tornariam sua presença impossível no grupo. Os "problemas nos rins", "nódulo no seio", "colonoscopia" apresentam corpos fragmentados e demandantes de trabalho ao psiquismo. Entretanto, em um movimento pulsional destrutivo, de desligamento, optam por ausentar-se do grupo, resistindo ao trabalho de ligação psíquica, o que coloca em risco a manutenção da integridade do grupo. Esse movimento tende a romper a capa protetora do grupo, a pele que mantém sua integridade, despedaçando partes do corpo desintegradas a serem tratadas separadamente em consultas médicas.

Nessa linha de pensamento, vale lembrar que a própria instituição corrobora essa fragmentação, dividindo-se em subespecialidades cada vez menores, revelando ela própria não oferecer continência para esse tipo de trabalho, o trabalho grupal (Winnicott, 1966).

A função continente testemunha a capacidade do grupo em resistir a esses ataques, riscos e ameaças que comportam todos os movimentos pulsionais que lá se manifestam.

O dispositivo grupal favorece a produção do que Kaës (1997) chamou de um espaço psíquico comum e compartilhado que estimula o trabalho do pré-consciente. Quando o pré-consciente é falho, as excitações de origem interna ou externa não podem ser elaboradas e ligadas a representações e imagens. Segue-se uma livre circulação de materiais arcaicos no espaço psíquico, fonte de angústia e de dor, de sobrecarga econômica, de ataque ao paraexcitações. O funcionamento do pré-consciente depende, para Kaës (2004), do material que nos é oferecido pela cultura e pelos outros, de tal forma que imagens, falas, cenas servem como matéria-prima para a atividade representacional. Assim, consideramos os objetos mediadores objetos culturais e sensoriais que, quando utilizados em um contexto grupal, visam à restauração da capacidade associativa do pré-consciente. O objeto mediador, como apoio da pulsão, favorece a capacidade de figurar a experiência vivida, auxiliando o trabalho do pré-consciente na atividade de representação, no trabalho do sonho (Castanho, 2012).

A foto, por exemplo, é o suporte das projeções, sendo estas associadas às percepções de cada um. O sujeito singular fala da foto que escolheu – por exemplo, a foto apresentada pela paciente que a descreve como quatro pessoas caminhando na neve com uma montanha ao fundo. A paciente identifica-se com a montanha, dizendo querer ser "forte como uma rocha" para manter-se em grupo. Essa visão é uma percepção da imagem, mas é também, ao mesmo tempo, a projeção de uma angústia de morte. É preciso petrificar-se para permanecer em contato com os outros, revelando uma intensa angústia de morte e abandono. O sujeito vê a rocha e as pessoas na neve, e como consequência o grupo também a vê. Os demais membros do grupo são convidados a dizer o que veem na foto, a exprimir o próprio imaginário, e na pluralidade de visões uma paciente identifica-se com uma das pessoas caminhando na neve e demonstra sentir-se colocada "na geladeira" pela companheira. Essa outra percepção traduz a projeção sobre a foto, colocando em xeque a premissa de que ser uma "rocha" possa resultar em comunhão com os outros. Pelo contrário, essa outra percepção, partilhada pelo grupo todo, inclusive pela "autora" da foto, que também ri, revela como "ser uma rocha" pode exprimir uma frieza afetiva e resultar em sentimentos de abandono e de paralisação.

Se retomarmos o fio associativo da sessão narrada, partimos, resumidamente, de uma criança abandonada para um adulto que se abandona, seguido de um casal que se esforça para permanecer junto, de um rebanho de ovelhas que deve ser conduzido por um pastor, um grupo de pessoas caminhando na neve e, finalmente, jovens maratonistas. Da criança solitária para o adulto desesperado, o casal que carrega um peso imaginário, o rebanho contido e protegido, o grupo de pessoas em uma situação adversa, fria e paralisante, e o grupo de jovens em movimento. O movimento inicial do grupo que propunha rompimento, ausências e abandono é contido e projetado nas fotos que, enquanto apoio, oferece para esses afetos uma figuração, uma imagem de ligação. Assim, os afetos que circulavam no grupo investem imagens, conquistando uma representação psíquica (Freud, 1900).

Esse processo estimula o trabalho do pré-consciente dos participantes do grupo. Em grupos que utilizam apenas a palavra, o pré-consciente já é estimulado, pois aquilo que um paciente fala faz o outro paciente pensar em coisas que sozinho não seriam eliciadas de seu pré-consciente. Com o apoio da imagem, esse processo pode ser ainda mais estimulante. Lembramos que, para Kaës (1997), a constituição do sujeito se apoia no corpo e nos vínculos intersubjetivos. As falas que inauguram a sessão descrita, apoiadas em corpos que sofrem e precisam se ausentar dos encontros intersubjetivos propiciados pelo grupo, puderam apoiar-se no vínculo grupal para transformar a dificuldade em possibilidade de permanecer.

A transferência e relações de objeto no grupo

A foto é apenas uma foto, uma imagem, ela não é a realidade. Ele é uma neorrealidade, e disso decorre que ela oferece um espaço de jogo. A foto contém a pulsão e contém a violência, pois o objeto mediador é apenas um objeto intermediário, receptáculo de diferentes imaginários, ele recebe-os, tolera-os, leva-os e sustenta-os a fim de favorecer sua transformação. A regra do jogo, de que todos devem comentar o que veem nas fotos de todos, inclusive do analista, é importante, pois determina o espaço de uma discriminação, de separação entre o que o paciente vê na foto e o que os outros veem. O tempo da apresentação por aquele que fala de sua foto permite ao sujeito apropriar-se de sua escolha, ouvir-se formular o que faz sua visão pessoal e irredutível da realidade, tal como a vê.

Em um jogo especular, o olhar dos outros sobre sua própria foto permite ao participante reconhecer a imagem enquanto tal (Lacan, 1949). Os pacientes rapidamente percebem que as fotos que escolhem relacionam-se com sua história de vida e com seu ambiente emocional interno. Em outras palavras, que as fotos servem de apoio às pulsões. Mas é o olhar dos outros participantes do grupo sobre a foto que permite perceber que ela é apenas uma imagem que supõe um jogo de representações, de diferenças. A imagem duplica a realidade, mas não se confunde com ela, de modo que o objeto mediador e sua função de continente garantem a solidez e a resistência do espaço e seus limites. O terapeuta pode apoiar-se no grupo e no objeto mediador. Nem o grupo, nem o objeto, nem o terapeuta, nem qualquer participante do grupo corre o risco de ser destruído pela violência depositada em um objeto, que representa o terceiro dentro do grupo. Tudo pode ser dito sobre uma foto no grupo, a violência não está endereçada ao outro, ela é depositada sobre o objeto, o que poupa o grupo, quer dizer o conjunto e cada um, cada participante do grupo igualmente. O terapeuta que garante o espaço e seus limites pode contar com a capacidade do enquadre que é formado, conjuntamente, pela função continente do grupo e a do objeto mediador.

O objeto mediador não inclui uma dimensão inexistente no processo analítico grupal, mas intensifica uma dimensão já existente. A dimensão de ruptura presente na sessão descrita pôde ser intensificada quando posta em sinergia, em ação conjunta com o objeto mediador, no nosso caso, as fotos. A analista, que em um primeiro momento do grupo foi alvo direto de sua agressão, ainda que amparada por abraços e parabéns pelo Dia do Psicólogo, pôde deslocar os afetos destrutivos para as fotos por meio da pergunta "Para vocês, o que é permanecer?" Nesse sentido, o objeto mediador libera a analista na medida em que atrai para si os afetos circulantes no grupo, de tal modo que a capacidade de pensar da analista é restaurada, seu pré-consciente retoma sua capacidade associativa, diminuindo o custo psíquico inerente a processos analíticos de pacientes com essas características.

Do ponto de vista pulsional, o grupo de mediação aciona vias sensoriais, permitindo sua tradução intrapsíquica em representações. Do ponto de vista das relações de objeto, o grupo de mediação favorece uma troca intersubjetiva que permite que o sujeito perceba a dimensão narcísica de sua percepção e repense seu olhar, sua posição subjetiva diante do grupo, de tal forma que a "rocha" fria, forte e inabalável permita-se reintegrar afetos amorosos e flexibilize sua atitude disruptiva, considerando sua permanência no grupo com o rearranjo das folgas no trabalho. Restaura-se, assim, no grupo, um espaço de fala no lugar da ação – fazer exames, consultas médicas etc. Essas formações e processos psíquicos de ligação, de passagem de um elemento a outro no espaço intrapsíquico (pensamento de ligação, metáfora etc.) e intersubjetivo (mediadores, representantes, porta-voz etc.), Kaës (1997) chamou de formações e processos intermediários.

Para além da função de continência, o grupo de mediação cumpre com a função contentora descrita por Kaës (1997). Essa função caracteriza-se pela capacidade transformadora do grupo. Como Bion (1962) claramente mostrou, o grupo, assim como a mãe, pode transformar os elementos beta em elementos colocados em palavras, em representações e em afetos, o que ele denomina elementos alfa. O grupo exerce uma função de intérprete, quer dizer, de tradução, de transformação dos atos ou de sinais mensageiros de um sofrimento que não pode ser enunciado e que necessita de uma metabolização. Kaës (1997) propõe a equação grupo=mãe=enquadre. O grupo cumpre a função materna, uma vez que contém e acolhe as imagens, as ideias, as angústias, as pulsões, as fantasias e os desejos de transformação pelo grupo e no grupo. Da mesma forma que a mãe coloca sua capacidade de sonhar e fantasiar a serviço da criança, o grupo também coloca a pluralidade dos imaginários a serviço de cada uma das pessoas, a fim de transformar o que o paciente deposita e transfere para o grupo, para o terapeuta e para cada um dos participantes, em uma pluralidade de lugares transferenciais, a partir de um processo chamado difração da transferência (Kaës, 1997).

Compreendemos que os sujeitos que estabelecem um tipo de transferência que pode ser chamada de tópica, por depósito, ou por inversão, encontram no grupo um espaço mais apropriado aos seus movimentos transferenciais do que encontrariam em um dispositivo individual. Depositam em cada membro do grupo os fragmentos de sua psique em sofrimento. À sua revelia, os participantes do grupo são os depositários. É o que esse mesmo autor denomina difração dos grupos internos. Objetos internos que constituem uma grupalidade psíquica em sofrimento encontram no grupo uma multiplicidade de destinatários. O sujeito pode, então, apropriar-se novamente da parte de si mesmo, que volta para ele, e, assim, engajar-se em um trabalho de conscientização e de simbolização, sendo a simbolização o resultado da transformação elaboradora. Tudo isso se torna possível graças ao fato de os diferentes imaginários depositados em uma mesma foto e que são submetidos a trocas intersubjetivas no grupo permitirem ao imaginário do sujeito que escolheu essa foto escutar e apropriar-se de outras visões, outras representações e outros imaginários sobre ela. Sob nossos olhos a imagem se transforma no grupo e, assim, uma foto em que uma criança é vista como morte na areia do deserto se transforma em uma criança que faz a sesta na areia quente de uma praia.

A interpretação

Baseando-se nas concepções de Freud sobre a transferência, Vacheret (2008) afirma que em uma análise individual de um paciente neurótico a transferência se dá na medida em que o paciente atualiza com a figura do analista vínculos e sentimentos de seu teatro interior. O analista é "como se fosse seu pai ou sua mãe". Para os pacientes em grande sofrimento mental esse tipo de jogo que metaforiza a ligação ao objeto transferencial não é possível. Como dito há pouco, a transferência é maciça e paralisante, não há "como se", o que impede o analista de qualquer interpretação metafórica. Nesses casos, a transferência não funciona de maneira metafórica, por condensação e deslocamento de personagens internos na figura do analista, mas por uma espécie de depósito da violência interna do paciente para dentro do analista. O dispositivo grupal ameniza essa carga transferencial na medida em que difrata[2] (Kaës, 1997) a transferência sobre todos os membros do grupo e sobre o objeto mediador, aliviando a carga dirigida ao analista. Dessa maneira, os movimentos pulsionais violentos, agressivos e desestruturantes são mais bem suportados no grupo do que em atendimentos individuais.

Ainda segundo Vacheret (2008), os pacientes não suportam a violência da interpretação do conteúdo depositado no analista, uma vez que o conteúdo é transferido em estado bruto, sem nomeação. Já que não há como devolver a interpretação desse conteúdo violento, o analista não tem como reatualizar/ressignificar o afeto do paciente. A própria atividade imaginativa sobre o objeto mediador pode ser transformada sem que os pacientes falem diretamente sobre sua história ou experiências pessoais e sem que o analista faça qualquer referência a isso, ainda que ele pense em alguma ligação desse tipo, como o fizemos no exemplo anteriormente descrito. Assim, ocorre a transformação das sensações em afetos, representações e pensamento, no decorrer do cumprimento da tarefa e na própria organização do trabalho grupal, sem que nenhuma interpretação direta e pessoal precise ser dita.

Conclusão

As trocas de fantasias sobre o objeto mediador modificam a percepção visual da foto. Ela muda, evolui, transforma-se no grupo conforme as associações que são evocadas na cadeia associativa grupal. A foto privilegia a imagem visual, mas podemos dizer, como Freud (1923), que pensamentos podem surgir também por meio de imagens auditivas, táteis, olfativas ou mesmo gustativas. Todas as imagens sensoriais estão ligadas, entremeadas, associadas entre si. Basta solicitar uma delas para que as demais surjam como se puxássemos um fio. As imagens sensoriais estão inscritas sobre o corpo, como uma pele, uma folha de papel, tendo o corpo uma memória desses traços impressos desde as primeiras experiências vividas na ligação primária com a mãe. Esses traços mnêmicos podem acessar a consciência por meio do trabalho de psicoterapia.

[2] Difração é definida por Kaës como um modo de figuração no qual um sujeito do grupo, em um processo contrário à condensação, difrata seu grupo interno em diversas partes diferentes e as projeta nos diferentes membros do grupo.

Os sujeitos vítimas de traumatismos precoces não têm meios de fazer retornar à consciência essas marcas deixadas pelas primeiras experiências com a mãe. Dispositivos que mobilizam o pensamento em imagens sensoriais, cujo corpo é depositário, podem favorecer o surgimento de estados afetivos e de emoções, que indicam até que ponto essas primeiras vivências são importantes e fortes para aquele que as sofre sem saber de onde provêm.

O grupo amplia as oportunidades de fazer retornar uma multiplicidade de experiências, de imagens, de estados afetivos. O objeto mediador oferece a oportunidade de depositar, projetar, recolher, acolher e transformar as percepções sensoriais, os afetos e o pensamento. As imagens sensoriais, cujas marcas estão guardadas no corpo, emergem do pré-consciente, a partir da escolha do objeto mediador – uma imagem, uma foto ou uma máscara, uma pintura, uma marionete ou uma escultura –, que surpreende a pessoa que escolhe, vê e fala de seu objeto da maneira como o percebe. Mas eis que o grupo entra no jogo, pois os participantes do grupo também investem nesse objeto para depositar nele seus próprios imaginários.

As partes diferentes, comuns e partilhadas, conforme salienta Kaës (1997), surgem, e é na partilha de imagens e de estados afetivos, na cadeia associativa grupal e na difração da transferência que o sujeito recupera a parte da grupalidade psíquica que lhe pertence, em concordância com os grupos internos que o constituem.

Referências

ABUD, C. C. *et al*. Perspectivas sobre processos de somatização. *Revista Percurso*, n. 43, 2009.

______. Introdução à subjetividade humana. In: DE MARCO, M. A., ABUD, C. C., LUCCHESE, A. C. & ZIMMERMANN, V. B. *Psicologia médica*: abordagem integral do processo saúde-doença. Porto Alegre: Artmed, 2012.

BION, W. (1962) *Learning from experience*. London: Karnac Books, 1989.

CASTANHO, P. C. G., Um modelo psicanalítico para pensar e fazer grupos em instituições, Tese (Doutorado em Psicologia Clínica), Pontifícia Universidade Católica, São Paulo, 2012.

DEJOURS, C. *O corpo entre biologia e psicanálise*. Porto Alegre: Artes Médicas, 1988.

______. *Repressão e subversão em psicossomática*. Rio de Janeiro: Jorge Zahar, 1989.

______. *Psicodinâmica do trabalho*. São Paulo: Atlas, 1993.

FREUD, S. (1900) A interpretação dos sonhos. *Edição Standard Brasileira das Obras Psicológicas Completas de Sigmund Freud*. Rio de Janeiro: Imago, 1974; v. IV.

_______ (1923) O ego e o id. *Op. cit.*, v. XIX

_______ (1937) Construções em análise. *Op. cit.*, v. XXIII.

KAËS, R. *O grupo e o sujeito do grupo, elementos para uma teoria psicanalítica do grupo*. São Paulo: Casa do Psicólogo, 1997.

______. *A polifonia do sonho*: a experiência onírica comum e compartilhada. São Paulo: Ideias e Letras, 2004.

LACAN, J. (1949) O estádio do espelho como formador da função do Eu. In: *Escritos*. Rio de Janeiro: Jorge Zahar, 1998.

MARTY, P. *Mentalização e psicossomática*. São Paulo: Casa do Psicólogo, 1998.

______. La relación de objeto alérgica. In: *Pierre Marty y la psicosomática*. Buenos Aires: Amorrortu, 1998.

MCDOUGALL, J. *Teatros do corpo*. São Paulo: Martins Fontes, 1991.

VACHERET C. *et al*. *Pratiquer les médiations en groupes thérapeutiques*. Paris: Dunod, 2002.

VACHERET, C. Pathologies contemporaines, dispositif contemporains. Quelques réflexions theóriques pour penser lês dispositifs groupaux: nouvelles pratiques et problématiques. *Conférence préalable au Congrès de Psychanalyse de Configurations de Liens*, 14 mai 2008 à Buenos Aires AAPPG, 2008.

VACHERET, C., GIMENEZ, G. & ABUD, C. C. Sobre a sinergia entre grupo e o objeto mediador. *Revista Brasileira de Psicanálise*, v. 47, n. 3, pp. 156-169, 2013.

WINNICOTT D. W. Psychosomatic illness in its positive and negative aspects. *Int J Psycho-Anal*, v. 47, pp. 510-516, 1966.

O diagnóstico em questão: fragmentar ou integrar?

23. A questão do diagnóstico na primeira infância: entre a indicação de risco e a definição de um destino

Leda Mariza Fischer Bernardino

Para abordar a questão do diagnóstico na primeira infância do ponto de vista psicanalítico, faz-se necessário explicitar com que concepção de criança trabalhamos.

Quando um bebê faz sua estreia na vida, vê-se imediatamente diante de um grande desafio: inserir-se em um campo simbólico que o antecede e que o determinará para além do corpo biológico e dos engramas já insuficientes da espécie humana, cuja vocação por meio dos tempos define-se cada vez mais como simbólica. Esse fato é determinante de sua vocação social essencial: sem o auxílio de outro humano que o insira nesse campo simbólico, ele não conseguirá vencer seu desamparo originário. Por isso, Freud, muito cedo em suas pesquisas, definiu esse ponto como "fonte de todos os motivos morais" (Freud, 1895, p. 422). Por essa razão, ainda, Lacan (1953) cunhou o termo "Outro" com a inicial em letra maiúscula e juntou-lhe o atributo "primordial" para demarcar a extrema importância dessa função, exercida pela pessoa que vai humanizar o bebê, ao transmitir-lhe o sistema simbólico e ao dar-lhe um lugar neste sistema – donde a importância das funções materna e paterna e da estrutura familiar que as sustenta (Lacan, 1938).

Além da maturação do sistema nervoso central e dos esquemas básicos de funcionamento de que um organismo dispõe, para haver um psiquismo é necessária a instauração de um sistema simbólico, uma estrutura que inicialmente encontra-se no exterior, mas que deve ser introjetada para permitir a conexão entre o organismo e seu meio. Para isso são necessários determinados acontecimentos, relações, palavras, em que a função "Outro primordial" é essencial para o bebê, pois lhe transmitirá seu lugar e suas significações e sustentará seu psiquismo, enquanto durar sua precariedade subjetiva.

A passagem que todo bebê deve realizar – de organismo a sujeito de uma existência simbólica – pressupõe uma série de operações que devem se realizar no interior de uma relação, sustentada pelos outros parentais transmissores da estrutura simbólica, tendo como resultante uma renúncia ao gozo próprio ao organismo vivo. Tornar-se falante, ocupar um lugar no discurso social, pressupõe que o filhote humano renunciou a uma existência gozosa circunscrita ao âmbito de sua natureza corporal em prol de uma existência de linguagem, em que as satisfações se darão na relação com outros significativos, o corpo se constrói não mais real, mas como representado, como sede de experiências significativas que constituirão memórias, dando origem a uma história.

Os relatos presentes na cultura sobre os cuidados dos bebês permitem-nos constatar que há um saber inconsciente presente na relação da família com o bebê, que passa de geração a geração e que é transmitido quando tudo vai bem entre o bebê e seus principais cuidadores. É um saber ligado ao investimento libidinal daquele que exerce a função materna, saber este que humaniza, porque, ao mesmo tempo que organiza o campo pulsional, também insere na família e na cultura (Bernardino, 2006). Saber cuja origem remonta ao que Freud (1914) situou como o lugar do filho para seus progenitores: o renascimento de seu narcisismo, projetado sobre o bebê. Os pais cuidam do filho mais além de sua existência biológica porque já têm um lugar para esse filho, decorrente de sua história pessoal.

Jacques Lacan (1953) propôs o conceito de inconsciente como o que se constitui na relação do sujeito com o Outro. Da renúncia ao gozo corporal decorrente dessa entrada no registro simbólico surge o desejo como marca de uma satisfação impossível sob o aspecto puramente corporal, mas sempre buscada enquanto representada, fantasiada. Se o desejo do filhote humano surge do desejo do Outro, de quem recebeu marcas erógenas fundamentais, sua relação com o outro – seu semelhante –, com o corpo próprio e com os objetos será estruturada tendo como base essa referência ao campo do Outro, elemento simbólico. Em um primeiro momento, esse elemento simbólico é estranho ao ser, por isso representa a essência da Alteridade a ser introjetada e, na sequência, recalcada. Assim, para a psicanálise, o sujeito psíquico é constituído primeiro pelo Outro e, após a assunção de suas identificações, torna-se inconsciente. Constitui-se aí a divisão subjetiva que marcará o humano, entre uma parte inconsciente que o constituiu (inconsciente simbólico: marcas dos traços identificatórios originários), uma parte pulsional que o assola (inconsciente real) e uma parte consciente constituída via recalcamento e educação.

Somente a partir de um encontro possível com seu Outro primordial o bebê terá condições de habitar plenamente o campo simbólico, de falar em nome próprio e de desejar de modo próprio, ou seja, tornar-se sujeito. Desencontros ou maus encontros abrirão caminho para as psicopatologias da infância.

Assim, ressaltamos que na infância há um entrecruzamento entre a maturação biológica e a lógica de linguagem que marca o acontecimento biológico, ao mesmo tempo que é dependente dele – as determinações genéticas, constitucionais e ambientais vão sofrer a ação do desejo do Outro. Os tempos cronológico e lógico conjugam-se ou, como no caso das patologias, "curto-circuitam-se".

Nesse sentido, abordar as patologias que podem incidir sobre o psiquismo em formação de uma criança implica transitar pela maleabilidade das estruturas psíquicas na infância (Bernardino, 2004), por um lado, e, por outro, atentar à pregnância das inscrições psíquicas que neste tempo inaugural se fazem.

As psicopatologias, na concepção psicanalítica, constituem as consequências das vicissitudes próprias ao processo de estruturação subjetiva e do mal-estar próprio da espécie humana, de precisar conjugar dois campos tão heterogêneos quanto o organismo e a linguagem. Assim, podemos entender a psicopatologia como inerente ao elemento humano, que padece da impossibilidade de conjugar perfeitamente essas instâncias tão diferentes. Desse modo, o sofrimento psíquico faz parte da experiência humana. Entretanto, quando esse sofrimento se torna insuportável e passa a instigar defesas, podemos falar de psicopatologia no sentido clínico, ou seja, as conquistas desenvolvimentais da criança estarão em risco.

Um fracasso no encontro com o Outro que obstaculiza a própria entrada no campo simbólico remeterá a manifestações mais graves, do campo das psicoses e do autismo. Contudo, devemos encarar com cautela essa questão, principalmente na primeira infância.

Pela própria definição de infância como tempo de desenvolvimento; ou pelo próprio conceito de infantil que prevê uma série de operações psíquicas que marcarão a relação do sujeito que surgirá com um Outro, nesse entrecruzamento entre os aspectos evolutivos e estruturais que aí está em jogo, não se trata ainda de algo definitivo. Esse inacabamento próprio da infância marca a psicopatologia da infância e é responsável pela dificuldade de definir quadros nosológicos distintos e claros, mesmo quando se trata de graves patologias, como a psicose, por exemplo. Como afirma Volnovich (1993), "a psicose na infância, muito mais do que um conjunto de signos, revela-se como formas clínicas que atestam as vicissitudes do desejo na criança. Em outras palavras, as formas clínicas são, antes de tudo, formações do inconsciente" (p. 45).

Diante desses quadros clínicos graves cabe uma interrogação por parte do clínico: o tempo da infância, caracterizado por um tempo gerúndio, de inserção no campo da linguagem, de inacabamento em relação à identidade, poderia abrigar a ideia de uma estrutura psíquica definida de uma vez por todas?

Pensamos que não, pois, a clínica no-lo demonstra; dificilmente, na infância, essas defesas de aparência autística ou psicótica se apresentam sem, paralelamente, encontrarmos uma possibilidade de abertura para o Outro e de apelo ao outro, por isso, pensamos que é importante ressaltar o caráter não decidido das psicopatologias da infância, no que se refere a uma possível definição estrutural nesse tempo.

Entretanto, essa posição não desmerece a importância da avaliação diagnóstica e da formulação de hipóteses quanto ao encaminhamento do processo de constituição subjetiva da criança, principalmente nos casos de instauração de defesas autísticas ou psicóticas.

Há uma importância crucial na detecção do risco de estruturação autística ou psicótica, porque permite a indicação de tratamento, cuja precocidade é extremamente relevante para os efeitos psíquicos esperados, bem como para o conjunto do desenvolvimento da criança.

Por outro lado, um diagnóstico fechado, seja de autismo, seja de psicose, com as consequências que uma atribuição de lugar pode ter para a fragilidade identificatória de uma criança em risco, ou que a confusão entre sintomas de defesa e estrutura definida pode provocar, é contraindicado. No caso do autismo, muitas vezes o diagnóstico é feito em uma única consulta, com base em um *check-list* de sintomas, e pode acarretar muitos equívocos, já que esses sintomas que se instalam precocemente na vida de um bebê ou de uma criança pequena podem indicar dificuldades muitos diferentes. Por exemplo, a depressão do bebê pode se caracterizar por sintomas que também são listados para os casos de autismo.

Vale ressaltar que não estamos postulando a não realização do diagnóstico em si; questionamos, sim, as condições em que esse diagnóstico é formulado e a certeza da conclusão diagnóstica que não se coaduna com o estado de inacabamento da infância. Ao generalizar sintomas, pela sistematização e ampla divulgação destes, não há mais a preocupação com o que estaria acontecendo com a criança, seu meio e as problemáticas que os envolvem no longo processo de desenvolvimento sediado na infância. Quando se conclui esse tipo de diagnóstico, produz-se, a partir do "saber científico" e anônimo, um efeito de nomeação, a atribuição de um lugar ao qual o sujeito pode se agarrar, porque o recebe de maneira imperativa. O efeito disso pode ser iatrogênico, na medida em que o sujeito sofre justamente dessa fragilidade identificatória. Efeitos semelhantes ocorrem com os familiares, que pressionam por um diagnóstico para situar esse filho em um lugar e saber finalmente como interpretá-lo, onde situá-lo. Mannoni (1970) enuncia claramente tais riscos ao afirmar que esse paciente "espreita o perigo de desaparecer como indivíduo sob as vestes da loucura, a fim de transformar-se para sempre no objeto de que se fala, de que se manipula e de que se dispõe"(p. 58).

São muitas as histórias clínicas que ouvimos que deixam supor o efeito deletério da formulação precoce de um diagnóstico fechado de determinado quadro clínico; observamos como a previsão de sintomas e impedimentos pode conduzir a uma série de elementos patológicos a que a criança estaria "predestinada", muito mais pela força da palavra médica que pela patologia propriamente dita, que em muitos casos nem chega a se confirmar. Além disso, o tipo de encaminhamento proposto nessas situações tende a confirmar a posição objetal conferida à criança.

Algumas intervenções propostas pelos campos social e médico-psicológico para as graves patologias da infância – tais como a modificação de comportamento, a programação neurolinguística, os métodos de treinamento – mantêm a criança na posição de ser objeto para o Outro.

Sustentar um diagnóstico fechado de psicopatologia na infância não só contraria o estado de inacabamento próprio da infância, como ainda pode imprimir à direção do tratamento condições contrárias às necessárias para o surgimento do sujeito, ou seja, passam-se a reforçar as defesas autísticas ou psicóticas em detrimento de abrir outras possibilidades para o sujeito de se posicionar perante o Outro.

Por outro lado, há uma grande importância em detectar precocemente sinais de possíveis riscos psíquicos, para a indicação de uma intervenção a tempo com a criança e seus pais, a fim de criar as condições de acionamento da plasticidade cerebral, para que esses sinais não se tornem sintomas de uma psicopatologia e, ainda, para que essa psicopatologia não venha a se instalar como própria ao funcionamento psíquico a partir de então.

Essa ideia de detecção precoce não conduz ao diagnóstico precoce, pois na primeira infância, seguindo a lógica que desenvolvemos, não há ainda a possibilidade de decisão estrutural na criança. O desfecho clínico possível é apenas o de concluir pela presença de sinais de risco, para alertar à necessidade de acompanhamento da criança do ponto de vista psíquico ou pela conclusão de que o processo de estruturação psíquica da criança está em curso.

O tipo de tratamento que a criança pequena receberá após a hipótese diagnóstica de risco psíquico ser formulada tem papel fundamental, bem como é fundamental a participação dos pais nesse processo. Trata-se, antes de tudo, de propor um lugar de sujeito para essa criança e de acompanhá-la nos caminhos que tomará para dar conta dessa antecipação, dessa aposta em sua subjetividade.

É bem mais interessante que o clínico se mantenha em suspense quanto à estrutura, em falta quanto a saber para onde vai se inclinar a trajetória da criança. Seu papel principal é justamente, como sugere Laznik (1997, p. 238), doar a sua falta; posição que implica um saber que não é total, absoluto, como poderia ser aquele apoiado na certeza da estrutura.

É nesse sentido que a psicanálise aparece como tratamento privilegiado para as crianças que se apresentam nessa encruzilhada estrutural entre ocupar, diante do Outro, a posição de objeto ou de sujeito.

Referências

BERNARDINO, L. M. F. *As psicoses não decididas na infância*: um estudo psicanalítico. São Paulo: Casa do Psicólogo, 2004.

______. A abordagem psicanalítica do desenvolvimento infantil e suas vicissitudes. In: *O que a psicanálise pode ensinar sobre a criança, sujeito em constituição*. São Paulo: Escuta, 2006.

______. A questão da psicose na infância, seu diagnóstico e tratamento diante do seu "desaparecimento" da atual nosografia. In: JERUSALISNKY, A. & FENDRIK, S. *O livro negro da psicopatologia contemporânea*. São Paulo: Via Lettera, 2011.

FREUD, S. (1895) Projeto para uma psicologia científica. *Edição Standard Brasileira das Obras Psicológicas Completas de Sigmund Freud*. Trad. Jayme Salomão. Rio de Janeiro: Imago, 1977; v I.

______. (1914) Sobre o narcisismo: uma introdução. *Op. cit.*, v. XIV, pp. 89-119.

LACAN, J. (1938). Os complexos familiares na formação do indivíduo. In: *Outros escritos*. Trad. Vera Ribeiro. Rio de Janeiro: Jorge Zahar, 2003.

______. (1953) Função e campo da fala e da linguagem em psicanálise. In: *Escritos*. Trad. Inês Oseki-Depré. São Paulo: Perspectiva, 1988.

______. (1957/1958) *O Seminário, livro 5*: as formações do inconsciente. Rio de Janeiro: Jorge Zahar, 1999.

LAZNIK, M. C. *Rumo à palavra*. Trad. Mônica Seincman. São Paulo: Escuta, 1997.

MANNONI, M. (1970) *O psiquiatra, seu louco e a psicanálise*. Trad. Marco Aurélio Mattos. 2. ed. Rio de Janeiro: Zahar, 1981.

VOLNOVICH, J. *A psicose da criança*. Trad. Andréa Campos Romanholi, Daniela Reis e Silva, Maria Regina José Abranches. Rio de Janeiro: Relume-Dumará, 1993.

24. Diagnose: anseio por conhecer?

Ricardo Almeida Prado

Muitas vezes o adoecer se nos apresenta de modo enigmático, indireto, em forma de desconfortos, dores, frustrações, perdas. Com a expressão desse sofrimento, pode haver a inclusão de outrem na construção de um sentido, a partir de elementos da realidade ou imaginários. O diagnosticar, esse "saber através", esse ato de distinguir, particularizar, delimitar uma parte de um todo maior do qual esta contrasta faz parte desse processo de construção de sentido ante o sofrimento. A situação prototípica pode ser a de um bebê que, desconfortável, chora ruborizado, de corpo todo crispado, e de sua mãe que, mobilizada, empatizada pela vivência de desamparo primordial a que todos somos marcados, tenta se comunicar com ele, a fim de descobrir o que se passa com seu filho, no intuito de reencontrar um equilíbrio.

Mas o diagnóstico, no seio das áreas da saúde, assume novos estatutos, papéis e sentidos na atualidade. Como tem se dado esse fenômeno na medicina como um todo, na psiquiatria, na psicanálise e na psicossomática psicanalítica? No presente trabalho, pretendo percorrer tais campos do saber e da práxis clínica, imprimindo um recorte de materiais emblemáticos, a fim de esboçar uma reflexão a respeito de algumas das vicissitudes do diagnóstico na contemporaneidade.

Os diagnósticos e seus modos de organização são condizentes com uma forma de o pesquisador destacar elementos da realidade na eleição de seu objeto de estudo. Eles constituem uma espécie de precipitado da microcultura daquele ramo do saber. Portanto, os diagnósticos falam de como o saber está organizado, falam não só do objeto de estudo em si, mas também de como o pesquisador lida com ele. Querendo ou não, em saúde, a organização diagnóstica é a tradução de uma forma de pensar a etiopatogênese, a saúde e a doença, o normal e o patológico, suas abrangências, seus limites, suas aplicabilidades clínica e mesmo teórica; em última instância, é também a tradução do desejo inconsciente do pesquisador, bem como (ou portanto) seu posicionamento político e ético na sociedade.

Na saúde, o diagnóstico, além de instrumento clínico direcionador de um plano terapêutico, pode se transformar em números estatísticos, fontes de dados para pesquisas epidemiológicas, para formulação de diretrizes de políticas de saúde nas esferas pública, privada e no terceiro setor.

Convido o leitor a executarmos uma tarefa metalinguística: tentar, ao final, a partir de alguns acontecimentos que considero relevantes, estabelecer hipóteses diagnósticas atuais a respeito do diagnosticar e do diagnóstico em saúde. Primeiro, farei um relato sobre o surgimento de um novo ramo da genética, a epigenética, que descentra o foco do objeto de estudo da genética ao cotejar o meio ambiente e as relações humanas como determinantes para o processo de expressão gênica. Em seguida, deter-me-ei em outro fato, que são os sistemas de classificação em psiquiatria, tema quente, dado recente lançamento polêmico do DSM-V, e para o que daí parece-me decorrer. Em discussão desses elementos, pretendo produzir contraste com a psicanálise e a psicossomática psicanalítica, que, juntas, constituem campo epistemológico distinto da psiquiatria e da medicina em geral.

A genética como modelo causal na medicina e o surgimento da epigenética

A ciência médica, como ramo das ciências biológicas, tem a genética como importante modelo etiopatogênico das morbidades.

A ideia de que os sofrimentos humanos possuem uma causa genética tem se mostrado importante não só a toda medicina, mas também à psiquiatria, há pelo menos dois séculos.

Na psiquiatria, tal pensamento surge como um posicionamento possível a partir do problema da "universalidade das formas do patológico", de regularidades clínicas, seja ao longo do tempo ou do espaço (Dunker & Kyrillos Neto, 2011).

Sob essa ótica, a informação genética constitui-se como causa primeira e determinante de toda expressão do humano, suas marcas orgânicas e mentais... Constituía-se! Após o término, em 2003, do sequenciamento genético humano, o chamado Projeto do Genoma Humano, além de importantes benefícios ao reconhecimento e tratamento de doenças, cientistas tiveram de dar conta de informações aparentemente contraditórias. Constatou-se uma grande quantidade de genes, ora em estado silente (não expressos), ora sendo expressos. Nas pesquisas biológicas, percebeu-se que a informação do DNA, para ser transcrita pelo RNA mensageiro e expressa em alguma proteína ou peptídeo, seria necessário que a cadeia de DNA estivesse exposta e desenovelada. Reações químicas (metilação) promovem, por exemplo, o enovelamento desse material, impedindo que este seja expresso ou, o oposto, outras reações químicas (desmetilação) promoveriam seu desenovelamento e expressão sequente. Há, portanto, entre a informação genética e sua expressão, fatores extrínsecos moduladores dessa operação (McGowan & Szyf, 2010; McDevitt, 2006).

Alguns pesquisadores, entre eles Patrick McGowan e Moshe Szyf (2010), passaram a supor que, no ser humano, fatores ambientais, durante os primeiros anos de vida, são importantes para que um gene seja expresso ou não. Tais cientistas vêm pensando em fatores ambientais protetores para o desenvolvimento de futuras doenças, como a presença de mãe acolhedora que possa filtrar estímulos nocivos à criança, além de fatores perturbadores, como exposição da criança a abusos, violências e negligências parentais, podendo levar a um desenvolvimento futuro de doenças, dentre elas, as psiquiátricas e alguns tipos de câncer.

Questionando um paradigma que busca explicação para os sintomas no intraindivíduo, em sua carga genética, parte da comunidade científica ligada à biogenética vem constatando que a trajetória de vida, incluindo as relações humanas, principalmente na infância, altera a expressão gênica. Essas alterações seriam reversíveis, podendo responder a intervenções, tratamentos, dentre eles, os psicológicos. Além disso, tais alterações na expressão gênica poderiam ser transmitidas a novas gerações, em um retorno ao pensamento de Lamark, derrubado há muito pelas teorias de Darwin.

Portanto, essa decalagem entre as informações contidas em nosso DNA e sua expressão abre uma nova área do conhecimento: a epigenética, com cerca de trinta anos de existência e oito a dez anos de crédito como ramo científico promissor de fato. A epigenética começa a traduzir para o linguajar biológico o que a psicanálise já sabe há mais de um século, por meio de sua metodologia própria, mas que, paradoxalmente, de quarenta a cinquenta anos para cá, vem progressivamente tendo menor aceitação pela comunidade científica psiquiátrica. A evolução dos manuais diagnósticos em saúde mental e seu lugar hegemônico na psiquiatria nos permitem pensar sobre o apagamento dos modos de subjetivação e de socialização como parâmetros da prática diagnóstica em psiquiatria, segundo Dunker e Kyrillos Neto (2011).

A Associação Americana de Psiquiatria acaba de lançar a quinta edição do *Manual Diagnóstico e Estatístico de Transtornos Mentais (DSM-V)* (American Psychiatric Association, 2013a), em meio a polêmicas e críticas por parte de grupos representativos da área de saúde mental mundial, como a Divisão de Psicologia Clínica da Sociedade Psicológica Britânica (Doward, 2013) e o National Institute of Mental Health dos Estados Unidos (Insel, 2013). A equipe desse importante e influente instituto declarou que não adotará tal manual, uma vez que está organizado de modo equivocado ao se pautar pelas formas de apresentações clínicas tidas como sintomáticas, sem levar em conta outros parâmetros, sejam de ordem biológica, psíquica ou social. Há também, surgido na França há cerca de cinco anos, com colaboradores em todo o globo, o coletivo Stop DSM, que se posiciona contra o que eles denominam "pensamento único" do *Manual* (Landman, 2013).

Na publicação de sua primeira edição, em 1952, o *DSM* surge na esteira de recenseamentos norte-americanos anteriores (1840 e 1888), visando obter dados estatísticos, compreender melhor os problemas mentais e, também, auxiliar os serviços militares, tanto para a seleção de novos recrutas, futuros combatentes, quanto para lidar com os padecimentos psíquicos dos veteranos de guerra (American Psychiatric Association, 2013b).

As duas primeiras revisões (*DSM I* e *II*) tinham forte influência do sistema classificatório de Adolf Meyer, com categorias de extração psicodinâmicas, sustentando a oposição entre neurose e psicose (American Psychiatric Association, 2013b).

A terceira versão do *DSM* (1980) tem, dentre outros, o objetivo de facilitar o processo de regulamentação farmacêutica: "A proposta era uma base de categorização em inglês descritivo, em vez de suposições de etiologia. [...] [Neste intento], os pontos de vista psicodinâmicos e fisiológicos deram lugar a um modelo regulamentar ou legislativo" (Dunker & Kyrillos Neto, 2011).

O *DSM-III* tem sido considerado uma profunda transformação da psiquiatria, propondo-se como um sistema *ateórico e operacional* das grandes síndromes psiquiátricas, discurso que se mantém na quarta e na quinta revisões (American Psychiatric Association, 2013a).

Pergunto-lhes: seria possível, em qualquer campo do saber, empreender uma leitura da realidade sem que esta seja precedida e permeada por alguma teorização? O que um pesquisador elege como fenômeno clínico, sua descrição, seus arranjos, passam necessariamente por um crivo teórico, seja ele assumido ou não. Além disso, o pesquisador faz um recorte de seu objeto a partir de sua perspectiva, de seu posicionamento diante de ou junto a esse objeto.

Porém, essa postura que pretende romper com toda fundamentação biológica, psicológica ou social, isto é, que pretende ser ateórica, acaba por ter efeitos na prática clínica, dentre eles, a supressão da racionalidade de modos de subjetivação e socialização, antes balizadores na construção de uma compreensão psicopatológica da clínica em saúde mental.

Freud e a criação da psicanálise

Das aulas de Charcot na Salpêtrière sobre a conversão, a histeria e o método da hipnose, Freud ajuda aquelas pessoas a descer do "palco de demonstrações", aproxima-se de uma a uma e põe-se a escutá-las individualmente, a princípio preservando o método da hipnose, catártico, na busca pela ab-reação do evento traumático. Posteriormente, deparando-se com as limitações do método, bem como com as próprias como hipnotizador, Freud, em sua obstinada pesquisa clínica, pouco a pouco cria um novo caminho de abordagem daquelas pessoas com sofrimento psíquico que o procuravam para tratamento. Esse método consistia em dar espaço para o indivíduo falar livremente tudo o que lhe viesse à mente, enquanto Freud, na posição receptiva de escuta, dispondo-se a entrar em contato com aquele material essencialmente humano, propunha-se a captar o inconsciente.

A partir de seus próprios sonhos e de sua autoanálise, Freud acaba por romper com o pensamento médico, anatomofisiológico da neurologia, criando um novo campo do conhecimento: a psicanálise. O homem pode agora ser tomado desde seus recônditos mais obscuros, de suas entranhas, em suas dimensões inconsciente e sexual, que determinam suas escolhas, seu modo de ser, de se relacionar, seus tropeços, a maneira como lida com a própria angústia pela condição peculiar de humano vivente.

Freud parte de si, de seus sonhos e de outros, da infância, do cotidiano recheado de lapsos, esquecimentos, frustrações, constrangimentos e reminiscências; mas também do amor, do humor, dos encantos e dos encontros para pensar seus determinantes latentes, que, sob censura, não poderiam ser pensados, admitidos nem tampouco claramente expressos. O caminho sinuoso, e por vezes emaranhado, do desejo – porque sexual em seu sentido amplo –, ao deparar com obstáculos, diques, imperativos, não poupa o psiquismo de encontrar meios para se escoar. O sintoma, nessa perspectiva, fala por um lado do desejo sexual infantil e também de seus buracos, de suas esgarçaduras, do que não pôde se erogeneizar; bem como fala, por outro, dos impedimentos à realização do desejo, da cultura e do outro enquanto alteridade.

Freud e a psicanálise criam um meio de fazer falar de si e em si, o que, por diferentes razões, tende a se calar, a se manter inconsciente. Colaboram intensamente para a subjetivação dos discursos, da apreensão do mundo e do humano, no âmbito individual e coletivo. Nesse sentido, em muito diferem seus efeitos na cultura dos produzidos pela medicalização e psiquiatrização do sofrimento humano, fomentados, entre outros fatores, por instrumentos diagnósticos clínicos e de pesquisa como o *DSM*.

Este, mais e mais extenso em número de diagnósticos (em torno de trezentos!) e em abrangência do patológico, a cada edição contribui à dessubjetivação do sofrimento, na medida em que passa a considerar quase toda condição de dor psíquica um transtorno, uma doença. Por exemplo, um luto que se estenda por mais de duas semanas já é considerado um transtorno depressivo que deve ser medicado. Portar este ou aquele transtorno psiquiátrico e, consequentemente, ter de tratá-lo com este ou aquele medicamento pode ceifar o caminho reflexivo e integrador do sintoma, da história de vida e de relações do sujeito. Faz tomar parte fundante da subjetividade por disfunção, por anomalia, que consta na página tal do manual diagnóstico, sob a sigla tal e que precisa ser remitida e sanada com medicações e técnicas terapêuticas removedoras de sintomas. O sentido do sintoma, em sua grande parte, já está dado pela força da presença de um nome de doença em um manual diagnóstico, sobrando pouco espaço aos questionamentos que levam à produção de sentidos singulares do sintoma pelo sujeito, implicando-o pelo que sente e o constitui.

Nos tempos atuais, o exercício prático de uma psiquiatria subtraída de uma psicopatologia faz do psiquiatra aquele que diz o que é e o que não é sintoma, formula um ou mais diagnósticos e planeja o tratamento.

Em situação de análise, incluindo a perspectiva da psicossomática psicanalítica, o analisando traz sua queixa, o analista escuta-o, acolhe-o e reconhece a dignidade de seu sofrimento, mas também o questiona, fura seu discurso, e o analisando, por sua vez, questiona-se. O diagnóstico, como produção de sentido, começa a ser tecido pela dupla ou por todos os participantes, no caso dos dispositivos plurais analíticos (atendimento de casal, de família ou grupal em geral). O analista leva em conta o que lhe é despertado no contato com o analisando (incômodos, sensações, imagens, sentimentos, lembranças, esquecimentos etc.). Atém-se ao sintoma que lhe é endereçado ao longo do processo analítico. Esforça-se por transformar esse material, devolvê-lo ao analisando em forma de nomeação dos afetos, interpretações ou construções, na medida em que se situa em um dentro-fora da relação transferencial.

A produção diagnóstica aqui em nada se assemelha a um veredicto do psiquiatra "Você tem um transtorno xyz" ou do indivíduo submetido ao veredicto "Eu tenho o transtorno xyz", quando não, definindo-se "eu sou esquizofrênico, sou bipolar". Aqui, ao longo do processo analítico, a produção de sentido se dá pela dupla analista-analisando, sequente à interrogação de esvaziados e anacrônicos enunciados do analisando sobre si. O diagnóstico é uma narrativa construída pela dupla, cujo protagonista é o desejo ou a necessidade do analisando de, antes de tudo, sentir-se existindo e mudar sua história. Uma narrativa encarnada cuja trama inicia-se no passado, tendo o corpo como cenário de uma batalha por vezes sangrenta, mas sempre dolorosa, para tomar para si esse corpo por vezes expropriado – em parte, ou em seu todo, usurpado – suporte da trama dos ancestrais, pedaço que não acedeu à vida ou desvitalizou-se. Reconhecê-lo como parte integrante, fundante e anteparo da angústia. Ou, em outras ocasiões, sepultar o objeto morto, encapsulado e mantido embalsamado, inseparável, dentro de si. Realizar o luto do que se foi para abrir espaço a um devir, na aposta de, nesse percurso, encontrar ou reencontrar o prazer e meios de buscá-lo no contato com o mundo. Uma narrativa, portanto, viva no presente, e que aponta para o futuro movido pelo desejo de fazer da vida e de si bens próprios e irradiantes como possibilidade de transformar o mundo.

Referências

AMERICAN PSYCHIATRIC ASSOCIATION. *Diagnostic and statistical manual of mental disorders*: fifth edition (DSM-V), 2013a.

______. *DSM*: history of the manual. Disponível em: <http://www.psychiatry.org/practice/dsm/dsm-history-of-the-manual>. Acesso em: 18 ago. 2013b.

DOWARD, J. Psiquiatras ficam acuados em batalha sobre a saúde mental. *Folha de S.Paulo*, 25 maio 2013. Disponível em: <http://www1.folha.uol.com.br/ilustrissima/2013/05/1283359-psiquiatras-ficam-acuados-em-batalha-sobre-a-saude-mental.shtml>. Acesso em: 18 ago. 2013.

DUNKER, C. I. L. & KYRILLOS NETO, F. A crítica psicanalítica do DSM-IV: breve história do casamento psicopatológico entre psicanálise e psiquiatria. *Revista Latinoamericana de Psicopatologia Fundamental*, v. 14, n. 4, pp. 611-626, 2011.

INSEL, T. Transforming diagnosis. *Director's blog*, 29 apr. 2013. Disponível em: <http://www.nimh.nih.gov/about/director/2013/transforming-diagnosis.shtml>. Acesso em: 18 ago. 2013.

LANDMAN, P. *Un manifiesto contra el pensamiento único*. Disponível em: <http://www.stop-dsm.org/>. Acesso em: 18 ago. 2013.

MCDEVITT, Neale. McGill blazes epigenetic trail. *McGill Reporter*, v. 38, n. 16, 2006. Disponível em: <http://www.mcgill.ca/reporter/38/16/genes/>. Acesso em: 18 ago. 2013.

MCGOWAN, P. O. & SZYF, M. The epigenetics of social adversity in early life: implications for mental health outcomes. *Neurobiology of Disease*, v. 39, pp. 66-72, 2010.

25. As entrevistas iniciais, o problema do diagnóstico e a escolha da técnica[1]

Flávio Carvalho Ferraz

Tratarei neste trabalho do velho problema do diagnóstico no âmbito da psicanálise. Qual é a sua especificidade? Qual é o seu sentido? E, por fim, qual é a sua função? A partir de um breve percurso histórico, procurarei desenvolver as reflexões que essas perguntas desencadeiam. Antecipando o que concluirei, penso que a avaliação do funcionamento psíquico de um paciente nas entrevistas iniciais, particularmente no que toca à estruturação do seu pensar, é de grande valia para o analista que se lança em mais uma análise. O grau de contato de um sujeito com seu mundo interno pode nos auxiliar na escolha do modelo das intervenções e dos detalhes da organização do *setting*. Parto da premissa de que a técnica analítica deve comportar um grau de elasticidade e que, conforme o pensamento de André Green (1996) e de outros autores contemporâneos alinhados com seu pensamento clínico, o enquadre interno é o que sustenta a posição do analista, mais que os arranjos formais, que em geral balizam as condições materiais de uma análise.

Nessa perspectiva, o enquadre – como "regra fundamental" – passa a ser um instrumento de diagnóstico, permitindo ao analista fazer uma avaliação das possibilidades e das dificuldades do funcionamento representativo do paciente. De acordo com Urribarri (2012), "com pacientes não neuróticos fundamentam-se as modificações do enquadre (menor frequência de sessões, posição face a face etc.), de modo a estabelecer as melhores condições possíveis para o funcionamento representativo" (p. 59).

Para dar início ao argumento que pretendo desenvolver, proponho, de partida, o exame do poema "Doação", de Libério Neves (2013), que, a rigor, dispensaria boa parte do que direi em seguida. Com a força da poesia, o autor traça a linha divisória entre o somático e o psíquico. Com a curiosidade adicional de que seu poema se dirige a um certo "doutor", supostamente o

[1] Este texto é uma versão ampliada de um artigo originalmente publicado na *Revista Brasileira de Psicanálise*, v. 46, n. 4, 2012; pp. 48-56.

detentor do saber médico. Assim fazendo, o poeta lança um desafio à nossa escuta e à nossa avaliação diagnóstica. E traça com precisão o marco divisório entre a escuta médica e a escuta psicanalítica.

Dou minha matéria à terra,
Entanto antes apresento
o corpo a ti, doutor, para
a ciência dos teus dentros.

Tu vês o cérebro
em seus maciços de estanho,
mas não dissecas os versos
aí regurgitando
inconclusos ou inéditos.

Vês no avesso em mim a pele,
mas não seus arrepios
de febre ou dor ou medo
no amplo dos meus pelos.

E vês dentro das veias
o sangue escura sombra.
Os genes, tu não vislumbras
da ira funda contida
no amarrar-me amargo à vida.

Vês os nervos estendidos
com sua cordas dormidas,
e nunca sabes perceber
as vibrações mais vivas
dos meu íntimos tremores.

E tens em mãos o coração!
Mas não levas o poder
(indo além do endocárdio)
de reter estes impulsos
do meu secreto amor.

Então eu dou à terra
pulmões e unhas e ossos
e outras partes singulares.

Não posso dar os versos,
não posso meus arrepios
nem as iras e as tremuras
voando com os meus amores
dissolvendo-se nos ares.

***

Desde os artigos de Freud sobre a técnica psicanalítica as entrevistas iniciais têm sido objeto de pesquisa entre os psicanalistas. Muito se debateu sobre elas. Muitas ideias foram fixadas como conceitos da teoria da clínica, nas diversas escolas. E muita polêmica em torno delas também se travou, na medida em que elas tangenciam, de um modo ou de outro, o campo do diagnóstico, uma espécie de terreno minado nas disputas psicanalíticas. Mesmo aqueles que condenam seu emprego na psicanálise, acreditando que ele pertence à medicina ou à psicologia, sofismam ao tratar do problema das entrevistas iniciais, uma vez que elas pressupõem sempre, *nolens volens*, uma avaliação do funcionamento psíquico do paciente, nas relações que este mantém com a analisabilidade ou, no mínimo, com o posicionamento do analista em uma análise, que é sempre singular.

Observando a literatura psicanalítica a respeito das entrevistas iniciais, desde o artigo "Sobre o início do tratamento", de Freud (1913), não é exagero dizer que a preocupação maior que em geral se verifica é o estabelecimento do diagnóstico diferencial entre neurose e psicose. Em Freud – e durante um bom tempo na psicanálise em geral –, tratava-se não apenas de uma divisão diagnóstica, mas, sobretudo, do que ela implicava sobre as considerações de analisabilidade: o psicótico não era indicado para esse tipo de tratamento. Freud (1913) sublinhou a particular dificuldade do trabalho analítico com o paciente paranoide. Entretanto, com a expansão da clínica psicanalítica para outros campos que não apenas o das neuroses, deixou de fazer sentido o emprego do diagnóstico para a restrição aos pacientes não neuróticos. Por que, então, proceder a uma avaliação? Qual seria o seu sentido prático? A estrutura psíquica do paciente determina variações na técnica analítica? Se sim, então a avaliação feita nas entrevistas preliminares seria fundamental. Se não, qual seria o seu valor?

Penso que a inclusão dos pacientes não neuróticos no espectro da clínica psicanalítica deu novo fôlego ao desenvolvimento de uma metodologia das entrevistas iniciais. Estas passam a ter não apenas uma função de diagnóstico diferencial, mas tornam-se importantes para o exame do funcionamento psíquico em si mesmo. Ainda que o paciente se situe claramente dentro do círculo das neuroses, importa conhecer seus mecanismos singulares. Outros vetores entram, portanto, no espectro da investigação feita antes do estabelecimento do contrato analítico, mais sofisticados que o diagnóstico travado em torno de categorias psicopatológicas, mas sem que este também seja abandonado.

As ideias sobre a relação entre o diagnóstico psíquico e a psicanálise são controversas. Alguns analistas, mais afinados com a nosografia psiquiátrica, empregam suas categorias na avaliação inicial dos pacientes. Kernberg (1995), entre outros, justapõe categorias diagnósticas psiquiátricas e conceitos propriamente psicanalíticos. Trinca (2007), em nosso meio, utiliza-se da nosografia psiquiátrica, mas demonstra um método eminentemente psicanalítico de compreender cada uma das categorias diagnósticas dela advindas[2]. Já outros autores rejeitam qualquer aproximação entre os discursos psiquiátrico e psicanalítico, reservando o campo do diagnóstico a categorias surgidas dentro da própria psicanálise. Nesse terreno, situo aqueles que adotam o diagnóstico estrutural, com base nas modalidades de transferência (Clavreul, 1967). Não raramente esse discurso conduz a contradições, uma vez que os termos "neurose", "psicose" e "perversão" são *pré* e *extra*-psicanalíticos, e a restrição da área do diagnóstico à transferência implica alguns riscos, entre os quais o da desmaterialização do sintoma e o da contradição incontornável que eventualmente se observa quando sua fenomenologia não coaduna com a posição transferencial assumida pelo paciente[3].

Bleger (1987), nas entrevistas, associa a investigação sobre a conduta e a personalidade à observação da transferência. As primeiras seriam, para ele, o campo de trabalho por excelência das entrevistas, pautadas primor-

---

[2] Comento esse uso que Trinca faz das categorias psicopatológicas psiquiátricas na resenha "O ser interior: uma natureza não sensorial" (Ferraz, 2009).

[3] Não cabe estender-me aqui nessas considerações; remeto o leitor a um trabalho mais detalhado sobre o tema, o Capítulo 1 do livro *Tempo e ato nas perversões* (Ferraz, 2010).

dialmente por seu caráter de *investigação*. Já na transferência, o paciente atribui papéis ao analista e se comporta em função desses papéis, fornecendo, assim, informações sobre os aspectos mais irracionais e imaturos de sua personalidade. Fábio Herrmann (1991) inclui em seu método de investigação algumas intervenções, que chamo livremente aqui de "protointerpretativas", cuja finalidade é induzir o paciente a processá-las. Assim, é possível observar, à guisa de um "balão de ensaio", o potencial de pensamento presente e o modo como o paciente leva em conta e examina (ou não) aquilo que ouve do analista. Em ambos os autores, por meios distintos, a entrevista é teorizada como *método*. Trata-se de exemplos do esforço para sair do campo eminentemente empírico – que bem se poderia traduzir pelo imperativo de se "conhecer" o paciente e sua história – rumo a uma abordagem propriamente epistemológica da entrevista.

Um risco trazido pelo diagnóstico em psicanálise é o do engessamento da escuta quando se encerra o paciente em determinada categoria. Fomos muitas vezes advertidos de que devemos permanecer atentos às variações, aos momentos páticos do paciente e a seu psiquismo em mutação. Suspeito que o emprego acrítico e estereotipado do conceito de *estrutura* acaba, na prática, dificultando tal atitude, quase tanto quanto os conceitos advindos da psiquiatria. Abraham (1924) defende a possibilidade de um deslizamento – seja regressivo ou progressivo – da posição subjetiva do paciente sobre a linha de sua organização libidinal e objetal. Mostra isso, por exemplo, nas oscilações entre posições obsessivas e melancólicas dos pacientes. Isso, a meu ver, ajusta-se melhor à necessidade da consideração das mutações psíquicas.

Outro prisma pelo qual as entrevistas preliminares têm sido vistas é o da construção da demanda em nome próprio, em um trabalho preliminar que visa superar a "demanda por mandato" na busca de uma análise, quando é o desejo do outro que se lhe impõe. A entrevista, assim, não se reduz a uma investigação, mas torna-se instrumento de um *trabalho* de entrada na análise propriamente dita. Fernando Rocha (2011), um dos autores mais profícuos do tema em nosso meio, trata com rigor e precisão desse caráter das entrevistas preliminares. Sob esse ponto de vista, haveria uma diferença fundamental entre a análise propriamente dita e os momentos que a precedem. Eis, novamente, uma formulação teórica que ressalta a necessidade de uma abordagem epistemológica das entrevistas preliminares.

***

Feitas essas considerações, gostaria de trazer algumas elaborações pessoais que fui fazendo ao longo do tempo, tendo em vista a minha experiência em face da demanda que recebo na clínica. Claro que a atenção sobre a psicose é de extrema importância. Mas deixa-lá-ei de lado por ora, não por desconsiderá-la, mas para examinar alguns operadores que têm sido úteis e potentes em meu trabalho. O que para mim importa, primordialmente, é traçar uma correlação entre o que se observa do funcionamento psíquico do paciente nas entrevistas iniciais e a escolha da técnica a ser empregada no trabalho analítico. Encontrei no conceito de *singularidade idiopática*, de Maurice Dayan (1994), um operador clínico de enorme valia na investigação da vida psíquica dos pacientes, particularmente nas entrevistas iniciais. Na verdade, o conceito nomeia algo que já intuímos ao avaliar o contato de uma paciente com seu mundo interno, mas, ao fazê-lo, contribui para a passagem do empírico ao epistemológico, sobre a qual insisto aqui.

O acesso de um paciente ao seu mundo interno, naquilo que este comporta de singularidade – e por ele é assim percebido – é um dado diagnóstico fundamental. Sonhar, devanear, associar, ligar os afetos a traços de memória e conseguir afetar a palavra que tenta expressar todas essas operações são algumas das evidências da abertura da singularidade idiopática. Se recorrermos a uma dualidade da teoria freudiana para distinguir o paciente que possui tal recurso daquele que não o possui, penso que nos seria mais útil aquela da oposição entre *psiconeuroses* e *neuroses atuais* (Freud, 1894). É importante, aqui, situar o contexto teórico-clínico dessas asserções. Parto da necessidade de distinguir das psiconeuroses o funcionamento psíquico peculiar à normopatia e suas adjacências, com presença ou não de somatizações, com maior ou menor escape da agressividade[4].

Um texto bastante conhecido de Octave Mannoni (1991), "O divã de Procusto", traz um caso clínico em que essa problemática vem à tona. Trata-se de um paciente que, na entrevista inicial com o analista, afirma não ser necessário falar nada, pois os exames médicos que levava já diziam tudo. Pois bem, o tratamento prossegue insosso, com o desenvolvimento de uma

[4] O tema da normopatia é amplo e complexo. Deve sua origem ao gênio de Joyce McDougall (1989). Não entrarei em detalhes aqui, mas remeto o leitor ao livro *Normopatia: sobreadaptação e pseudonormalidade* (Ferraz, 2011), no qual desenvolvi considerações sobre a especificidade da clínica nesse quadro.

contratransferência fortemente desagradável. Nada se podia depreender da linguagem do paciente, vazia, sem deslizamentos simbólicos, enfim, sem sujeito. Até que um dia, quando o paciente, enfadado, anuncia que não viria mais às sessões, o analista lhe diz, quase em um desabafo: "Finalmente! É a primeira vez que você fala em seu nome" (p. 17). Não só o paciente não abandonou o tratamento, como a interpretação (espontânea e quase involuntária!) mudou completamente a sua posição psíquica.

O interesse pela investigação da possibilidade que tem um paciente de entrar em contato com a sua subjetividade não é privilégio de nenhuma corrente psicanalítica. Pode-se até dizer que, desde Freud, esse seria um dos pilares da observação que se faz em uma avaliação psíquica e em todo o transcorrer de uma análise. Mas, diante de pacientes com quadros de somatizações recorrentes, *mal mentalizados*, como diria Marty (1990), autores da escola francesa de psicossomática desenvolveram, com profundidade, ideias que podem nos ajudar sobremaneira nessa tarefa. Refiro-me, por exemplo, ao conceito de *pensamento operatório* (Marty & M'Uzan, 1962) e aos instrumentos clínicos que ampliam a possibilidade de sua avaliação, fundamentalmente a entrevista que explora elementos tais como a extensão da afetação do discurso, a possibilidade de sonhar e de devanear, os destinos do afeto etc. (Marty, M'Uzan & David, 1963).

Pois bem, a meu ver, os conceitos de *pensamento operatório* e de *singularidade idiopática* se entrelaçam harmonicamente, e sua combinação traz elementos funcionais para o diagnóstico nas entrevistas iniciais e para o posicionamento do analista em uma análise. As considerações diagnósticas trazem consequências práticas relevantes na escolha da técnica e dos elementos do enquadre. Para além da frequência a ser sugerida para as sessões e o emprego ou não do divã, com já vimos, falo aqui do uso a ser feito das interpretações e, principalmente, daquilo que vou chamar de "dosagem da *Versagung*"[5]. Nesse sentido, não há como não concordar com Winnicott (1962), que, em vez de ajustar o paciente à análise-padrão, buscava ajustar-se à sua (do paciente) necessidade. Se o paciente precisava de outra coisa que não a análise-padrão, então outra coisa era-lhe oferecida. Simples assim. Ou complexo assim. Aqui, a questão de fundo, que não quer calar, é: estamos a

[5] Para esse termo, de difícil tradução, parece-me boa a sugestão contida na tradução do livro *Novos fundamentos para a psicanálise* (Laplanche, 1992), do neologismo "recusação", que, dito sucintamente, refere-se ao regime de frustração em que uma análise deve ser conduzida pelo analista ou, dito de outro modo, o regime de não atendimento da demanda.

serviço de quem? Da psicanálise ou do paciente? De pronto, a resposta, no caso, seria: do paciente. Entretanto, penso que, ao assim responder e proceder, continuamos, *a fortiori*, a serviço da psicanálise! Aisenstein (2003), defendendo o princípio de que a psicanálise deve ser sempre terapêutica, afirma que a decisão por uma técnica diferente daquela da análise-padrão não significa sair da psicanálise. Antes ao contrário.

Autores como Christophe Dejours (1989) e Marilia Aisenstein (2003) fazem considerações rigorosas, do ponto de vista teórico, sobre a escolha da técnica a partir da avaliação da vida mental do paciente.

Dejours (1989) diferencia o paciente cuja vida psíquica é regida pelo regime da *representação* daquele cujo funcionamento mental se apoia, primordialmente, na *percepção*. Propõe para o segundo uma terapia baseada no *paraexcitação*, na qual, renunciando ao emprego da interpretação, privilegia rearranjos da esfera econômica do aparelho psíquico, sem enfrentar sua clivagem. Cita o caso de um paciente com elevado risco somático (a quem dá o nome de "Sr. Cavalo"), para o qual uma intervenção interpretativa, por mais tênue que fosse, poderia resultar em uma somatização fatal. Em outra ocasião, eu próprio (Ferraz, 2011) apresentei o caso de uma paciente que reagira a uma interpretação da transferência negativa com uma forte crise de asma[6]. Para Dejours, a avaliação do paciente nas primeiras entrevistas já permite definir a escolha da técnica. Para além das considerações ao risco envolvido em uma análise, no entanto, ele considera também outro fator eticamente fundamental, que é a própria demanda do paciente: como este deseja superar suas dificuldades na condução da própria vida?

Aisenstein (2003) defende a diversidade dos enquadres do processo psicanalítico em função das diferenças que se verificam nas vias de acesso à representação. Na análise-padrão, o emprego do divã busca, à maneira do sonho, inibir a motricidade e, assim, favorecer o acesso à representação. Entretanto, para ela, a motricidade não é apenas via de descarga, mas também suporte da representação. Para certos pacientes – entre os quais os psicossomáticos –, a privação perceptiva do enquadre clássico leva ao nada. Sua linguagem não se encontra afetada, de modo que ficam bloqueadas a polissemia e a ligação da palavra com o objeto. A análise se pauta mais pelas *construções* do que pelas *reconstruções*. Nesse caso, o divã não é recomendado.

---

6 Trata-se do caso de Margarida, descrito no Capítulo 4 do livro *Normopatia* (Ferraz, 2011).

Voltando à singularidade idiopática e sua apreensão nas entrevistas iniciais, passo a descrever sucintamente o conceito cunhado por Dayan (1994). Se deixarmos de lado, mesmo que provisoriamente, o discurso psicopatológico (que tem como condição de existência a consideração a regularidades populacionais, escapando ao individual), adentraremos, na escuta analítica, o campo da singularidade. Nessa relação tão particular, a formação sintomática e o sofrimento psíquico que se abrem à palavra mostram-se profundamente idiopáticos, a não ser que estejamos diante do pensamento operatório e, por conseguinte, de alguma das variantes da normopatia.

Fora da análise, em geral, a expressão sintomática aparece exígua, aprisionada, por vezes estereotipada. O sintoma pode até mesmo ter, aí, um nome que vem de fora (depressão, TOC, pânico etc.), mas, diante da escuta analítica, ele pode romper essas amarras e encontrar-se com seu caráter idiopático, próprio, singular e não redutível a nome algum que não a palavra por meio da qual o paciente o expressa diante do outro, em transferência. A matéria que costuma ganhar expressão nos sonhos pode, agora, abrir-se para o desconhecido e para o imprevisto, à moda do que ocorre nas parapraxias. O "relato" que ali se faz diz respeito a uma parte do real que pertence apenas àquele que fala e que, por meio dessa fala, solta-se em sintomas circunscritos à zona que Freud (1912) denominou *neurose de transferência*.

A experiência analítica, de acordo com Dayan (1994), só pode ser a de um sujeito afetado de modo singular que, no apelo transferencial ao outro, produz uma transformação. Inicialmente, ele se vê lançado a uma demanda em razão do sintoma que, até então, só podia ser percebido como algo incongruente, delineado pelo imperativo da "normalização". Mas, ao comunicá-lo, torna-se possível para o sujeito distanciar-se daquilo que ele *acredita ser* para abrir-se ao que *se mostra como seu real próprio*, agente dos fenômenos que se dão ao seu redor. Essa figura de si, que assim se delineia, assemelha-se às figuras oníricas. Escapa da lógica racional e consciente e das causalidades comumente admitidas. Insinua-se e se esvai, em movimentos que, subvertendo a temporalidade, recriam o sintoma, agora na região intermediária que é a neurose de transferência.

***

Como sói ocorrer quando falamos de subjetividade, a arte e a literatura vêm ao nosso socorro na definição mais clara dos conceitos que desejamos transmitir. Pois bem, a leitura do conto "O convite", de Julián Fuks (2004), impressionou-me pela intuição ali presente da problemática da singularidade idiopática, tratada de modo poético e acurado. É mais um caso em que a arte supera a abordagem científica dos fenômenos da subjetividade, como Freud (1908) já ressaltava. Relato brevemente o conto para tentar melhor explicitar a alma mesma do conceito, ressalvando os limites dessa empreitada, uma vez que a linguagem do conto produz no leitor efeitos que certamente não conseguimos reproduzir ao descrevê-lo. Afinal, trata-se de arte.

O protagonista recebe um convite de casamento e o abre displicentemente. Surpreende-se ao constatar que se tratava do casamento de Esther, sua ex-namorada, e estranha que ela o tenha convidado, a ele e a sua atual mulher, para a cerimônia. Nesse ponto, assistimos ao início de uma profunda, porém breve, viagem aos confins da memória, sobretudo aos afetos que cada detalhe das recordações vai despertando. Em instantes, o tempo e o espaço presentes parecem esvair-se, assim como os objetos presentes. O protagonista revive os anos que vivera com Esther, em um turbilhão de emoções que se alternam junto com os pensamentos. Revive o ódio e o amor. A separação. Pensa como seria se não tivessem se separado. Cogita jogar fora o convite. Deseja reconciliar-se com ela e impedir aquele casamento. Tudo isso, narrado com muita sensibilidade pelo escritor, arrasta o leitor para o mesmo mergulho. Até que, em um piscar de olhos, ele se lembra de que sua mulher estava ali perto, esperando-o na cama. Fecha-se, então, a "janela para dentro" que tinha sido aberta. E eis que, não mais que de repente, todo aquele universo se esvai e se banaliza. Não cabe na realidade objetiva. Ele, então, diz à mulher que Esther os convidara para seu casamento. "Tá louca. Imagina se a gente vai no casamento dela", reponde-lhe ela. Ao que ele replica evasivamente: "Pois é". Pronto. Tudo volta ao lugar inicial. Menos o leitor, que permanece impactado pelo modo como uma viagem tão profunda se interrompe e quase perde o direito de ter existido! Não havia espaço algum, ali na relação com a mulher, para a emergência daquilo que se abrira apenas para dentro. Impacta como algo tão grande se esvai no imperativo da recomposição do cotidiano, do contato com o outro de plantão. E assim é mesmo a realidade das relações, não?

Lembrei-me desse conto na primeira entrevista com Roberto, que me fala, logo nos momentos iniciais, de seu tremendo assombro. Ele tinha na ocasião uma namorada nova, pela qual se encontrava apaixonado e cujo relacionamento parecia ir muito bem. Mas ele se afligia porque ela não conhecia seu passado, não sabia nada de suas outras paixões, de seus amigos do tempo da faculdade, do clube, dos esportes, de tudo a que ele gostava de se dedicar, da sua necessidade de momentos de introspecção e de solidão etc. Enfim, ele tinha uma história e todo um mundo subjetivo que não podiam ser compartilhados. "Será que tudo isso vai continuar existindo em mim?", perguntava-me angustiado. Ora, não entrarei em pormenores, por serem desnecessários para mostrar o que desejo. Roberto sentia e acarinhava seu mundo particular. E temia perdê-lo. Na verdade, esta era a sua parte psicótica que se manifestava, mas isso não importa agora. Importa que ele expressava, ali comigo, sua singularidade idiopática, aquele *recorte do real que somente a ele pertencia*, tão semelhante ao que se passa com a personagem do conto de Fuks. Portanto, podíamos partir para a viagem analítica, na qual – diferentemente do que se dá em outras espécies de relações – o sujeito pode abrir a singularidade idiopática para o outro, movido pela transferência e por uma particular forma de confiança e de esperança de comunicação.

Nas antípodas da abertura que vivenciamos na entrevista de Roberto encontram-se os pacientes que atribuem aos outros as razões de suas mazelas, ficando longe da possibilidade de se situarem como sujeitos dos seus sofrimentos e desejos. Que fique claro que não se trata de projeção paranoide. Não há formação de delírio nem mesmo formulação de hipóteses fantasmáticas. Há apenas queixa: não fossem os outros, tudo estaria bem. Os relatos prendem-se a dados objetivos da realidade, sem repercussões subjetivas. O discurso se assemelha ao de um repórter que descreve *fatos*, como bem compara McDougall (1989). Quando não logramos êxito em fazer que a singularidade idiopática surja nas entrevistas – tendo elementos para julgar que essa impossibilidade decorre de um funcionamento estrutural, mais do que de um mecanismo de defesa neurótico – então, convém abdicar de técnicas interpretativas que, na melhor das hipóteses, seriam inócuas. E, na pior, disruptivas, seja psíquica seja somaticamente.

A consideração à abertura para a singularidade idiopática é, portanto, parte essencial da avaliação que fazemos do paciente nas entrevistas iniciais. Por um lado, a adoção desse ponto de vista põe entre parêntesis o discurso da psicopatologia. Mas não adianta sofismar e, assim, tentar fugir da constatação de que, verificando em que grau a singularidade idiopática tem liberdade de expressão, passamos, automaticamente, a constituir outro critério de avaliação. Fazendo uma correlação com o que mencionei anteriormente sobre as ideias de Rocha e de Herrmann, observo que, quando existe possibilidade de abertura para a singularidade idiopática, o sujeito se encontra mais próximo da demanda em nome próprio (Rocha) e da capacidade de ouvir, processar e produzir uma resposta própria, pessoal, às considerações interpretativas feitas pelo analista (Herrmann). E o fechamento dessa singularidade idiopática acena para a negativa dos mesmos quesitos.

Claro que não "planejamos" uma análise com base na impressão que colhemos do paciente nas entrevistas iniciais. Mas dosamos o emprego da análise-padrão à medida que percebemos as necessidades do paciente e compreendemos o uso que seu aparato psíquico pode fazer de intervenções que exijam um *pensar* (no sentido bioniano do termo) mais desenvolto. Caso contrário, como já afirmei, certas intervenções podem resultar em desastres ou, simplesmente, ser inócuas.

Referências

ABRAHAM, K. (1924). Breve estudo do desenvolvimento da libido, visto à luz das perturbações mentais. In: *Teoria psicanalítica da libido*: sobre o caráter e o desenvolvimento da libido. Rio de Janeiro: Imago, 1970.

AISENSTEIN, M. Face a face, corpo a corpo. *Trieb*, v. II, n. 1, pp. 145-155, 2003.

BLEGER, J. A entrevista psicológica. In: *Temas de psicologia*: entrevista e grupos. São Paulo: Martins Fontes, 1987.

CLAVREUL, J. (1967). O casal perverso. In: CLAVREUL, J. *et al*. *O desejo e a perversão*. Campinas: Papirus, 1990.

DAYAN, M. Normalidad, normatividad, idiopatía. In: FUNDACIÓN EUROPEA PARA EL PSICOANÁLISIS. *La normalidad como síntoma*. Buenos Aires: Kliné, 1994.

DEJOURS, C. *Recherches psychanalytiques sur le corps*: répression et subversion en psychosomatique. Paris: Payot, 1989.

FERRAZ, F. C. O ser interior: uma natureza não sensorial. *Percurso*, ano XXI, n. 42, pp. 189-191, 2009.

______. *Tempo e ato na perversão*. São Paulo: Casa do Psicólogo, 2010.

______. *Normopatia*: sobreadaptação e pseudonormalidade. São Paulo: Casa do Psicólogo, 2011.

FREUD, S. (1894). Sobre os critérios para destacar da neurastenia uma síndrome intitulada "neurose de angústia". *Edição Standard Brasileira das Obras Psicológicas Completas de Sigmund Freud*. Rio de Janeiro: Imago, 1980; v. III.

______. (1908) Escritores criativos e devaneio. *Op. cit.*, v. IX.

______. (1912) A dinâmica da transferência. *Op. cit.*, v. XII.

______. (1913) Sobre o início do tratamento. *Op. cit.*, v. XII.

FUKS, J. O convite. In: *Fragmentos de Alberto, Ulisses, Carolina e eu*. Rio de Janeiro: 7 Letras, 2004.

GREEN, A. What kind of research on psychoanalysis? *International Psychoanalysis:* The newsletter of the IPA, n. 5, pp. 10-14, 1996.

HERRMANN, F. *Clínica psicanalítica*: a arte da interpretação. São Paulo: Brasiliense, 1991.

KERNBERG, O. F. *Agressão nos transtornos de personalidade e nas perversões*. Porto Alegre: Artes Médicas, 1995.

LAPLANCHE, J. *Novos fundamentos para a psicanálise*. São Paulo: Martins Fontes, 1992.

MANNONI O. O divã de Procrusto. In: MCDOUGALL, J. (Org.) *O divã de Procrusto*: o peso das palavras, o malentendido do sexo. Porto Alegre: Artes Médicas, 1991.

MARTY, P. *La psychosomatique de l'adulte*. Paris: Presses Universitaires de France, 1990.

MARTY, P. & M'UZAN, M. La pensée opératoire. *Revue Française de Psychanalyse*, v. 27, n. spécial, pp. 345-356, 1962.

MARTY, P.; M'UZAN, M. & DAVID, C. *L'investigation psychosomatique*. Paris: Presses Universitaires de France, 1963.

MCDOUGALL, J. O antianalisando em análise. In: *Em defesa de uma certa anormalidade*: teoria e clínica psicanalítica. Porto Alegre: Artes Médicas, 1989.

NEVES, L. Doação (poema). *Folha de S.Paulo*, 07/05/2013; p. 10.

ROCHA, F. J. B. *Entrevistas preliminares em psicanálise*. São Paulo: Casa do Psicólogo, 2011.

TRINCA, W. *O ser interior na psicanálise*: fundamentos, modelos e processos. São Paulo: Vetor, 2007.

URRIBARRI, F. O pensamento clínico contemporâneo: uma visão histórica das mudanças do trabalho do analista. *Revista Brasileira de Psicanálise*, v. 46, n. 3, pp. 47-64, 2012.

WINNICOTT, D. W. (1962). Os objetivos do tratamento psicanalítico. In: *O ambiente e os processos de maturação*. Porto Alegre: Artes Médicas, pp. 152-155, 1983.

Enquadre terapêutico: dos limites dos dispositivos às situações-limite

26. Enquadre terapêutico: dos limites dos dispositivos às situações-limite

Admar Horn

"Plus clairement, plus nettement, avec l'âge, je sens la justesse relative de nos chemins le ridicule de tout ce qui n'est pas obtenu avec son propre sens, sa propre âme, que n'est pas imprégné par l'amour."
Marc Chagall, 1958

As dificuldades encontradas na prática psicanalítica contemporânea, nos processos analíticos dos chamados casos difíceis, nos faz pensar no trabalho sobre e nos limites: não somente os tratamentos dos casos dito "limite", mas também os processos psicanalíticos daqueles pacientes que apresentam estados entre neurose e psicose, ou, dito de outra forma, não neuroses.

São os pacientes que podem estar registrados nos chamados estados narcísicos, entre os quais se situam as neuroses ditas de caráter, as afecções psicossomáticas (Smadja, 2001), assim como as adições, as psicopatias, as perversões e tudo aquilo que, sob o ângulo da transferência, pode levar ao registro da negatividade (os antianalisantes) (McDougall, 1978).

Alguns psicanalistas franceses de orientação freudiana, membros da Sociedade de Psicanálise de Paris, tais como Augustin Jeanneau, Jean Luc Donnet, Jean Gillibert, descrevem, de modo quase poético, os casos-limite como aqueles em que não se identificam nem neurose nem psicose. Trata-se de uma clínica na qual as manifestações de sofrimento não são contidas nas entidades sintomáticas maciçamente identificadas, mas são erráticas, combinando, de modo muitas vezes caótico, atuações comportamentais, afetos não ligados, repetições compulsivas não elaboradas, desorganizações somáticas. Acredito que hoje em dia podemos definir os estados-limite pela especificidade da noção de funcionamento mental, que está cada vez mais presente nos estudos atuais sobre esse tipo de paciente.

Entre os pioneiros que tentaram abordar e esclarecer essas dificuldades, devemos reconhecer os trabalhos de S. Ferenczi, particularmente em seus escritos entre 1927 e 1933, ano de seu desaparecimento (Bokanowski, 2011). Podemos considerá-lo um verdadeiro precursor de um pensamento clínico, o qual representa um modo de pensar bem original, acompanhado de um frescor conceitual totalmente inovador para sua época.

A experiência da psicanálise com os pacientes-limite exigiu dos analistas contemporâneos uma grande revisão das teorizações da situação analítica. A grande questão é pensar o *setting* analítico em função das particularidades desses pacientes para que surja dentro do possível uma situação analisante.

Nessa busca de um *setting* adequado às patologias para as quais o dispositivo clássico não parece ser conveniente, várias modificações da técnica foram propostas. O dispositivo face a face é sem dúvida o mais difundido, tanto por sua facilidade de instalação quanto por sua potencialidade de lidar com uma transicionalidade transferencial, respondendo ao paradoxo do objeto – somente dentro, fora também – e, então, à questão fundamental dos limites interno-externo desses pacientes.

Por outro lado, outras modificações técnicas se apoiam sobre essa mesma necessidade do agir, quando tentamos, então, propor um método que seja controlável e simbolizável: aparece aqui, portanto, o psicodrama psicanalítico, que explora e constrói a realidade psíquica colocando-a em cena sobre a realidade externa. Se a fobia do funcionamento mental, teorizada por E. Kestemberg (Chauvet, Chauvet & Gillibert, 1994), leva à evacuação por meio da atuação, podemos pensar em uma possibilidade de partir da atuação para encenar sua representação e, desse modo, observá-la juntos, em vez de apenas sofrer as consequências.

A teoria de referência desse psicodrama psicanalítico é a metapsicologia freudiana, e o processo é, na medida do possível, o mais próximo do tratamento analítico clássico. Trata-se de uma técnica singular, bastante austera e difícil. Ela se aplica a pacientes para os quais o estado atual de suas dificuldades psíquicas não permite a instauração de um tratamento analítico clássico. Contudo, podemos esperar que, face a esse manejo particular, progressivamente se instale um processo e um remanejamento análogos àqueles que podemos esperar de um tratamento analítico.

A técnica do psicodrama psicanalítico individual é concebida para conduzir o paciente a uma tomada de consciência de seu mundo interno, local da emergência de seus desejos, a partir da expressão de atitudes globais exteriorizadas no jogo.

Não se trata de favorecer nenhuma racionalização secundária das experiências vividas, tampouco a descoberta de uma verdade escondida pela liberação da ação de emoções contidas. O objetivo não é o controle, o domínio, nem mesmo a descarga catártica. Ao contrário do domínio, o psicodrama tem como objetivo a abertura, a livre associação, o abrandamento das fronteiras entre o consciente e o inconsciente, entre o atual e o passado, entre o externo e o interno, ou seja, a progressiva familiarização do indivíduo com suas produções psíquicas e os conflitos e emoções dos quais elas são portadoras. Em oposição à descarga, o psicodrama se recusa à simples exteriorização dos conflitos e das tensões resultantes de sua expulsão, mas procura a interiorização e integração, não com o objetivo de evacuá-las, mas sim de favorecer a elaboração.

O corpo é parte ativa no jogo psicodramático. Não se procura uma catarse, mas a implicação emocional que é desse modo solicitada e sempre limitada pela regra do faz de conta. A mobilização do corpo pelo próprio paciente, assim como pelos coterapeutas, fazem dele um interlocutor com todos os direitos e vantagens; ele fala e pode ser falado com um menor risco intrusivo de ferimento narcísico, pois os coterapeutas estão também ali implicados. Desse modo, o prazer dividido de representar no seio do jogo, sob o olhar do diretor da cena, pode ser um fator de renarcissização (Horn, 2004).

Surgiram também outros tratamentos inspirados pela psicanálise, entre eles os tratamentos institucionais, sendo seu manejo realizado a partir do trabalho das equipes terapêuticas, visando reduzir os efeitos das clivagens, das negações e das projeções. Com esses pacientes, a confiança no método é sempre uma dúvida: o *setting* é a regra fundamental que compreende a abstinência, a renúncia à atuação, para que o processo analítico aconteça e tenha um sentido. A observação rigorosa dos critérios clássicos referentes à pratica da análise é aqui exigida de um modo significativo, especialmente porque devemos levar em conta que são pacientes tratados em ambiente institucional.

Os pacientes-limite modificaram todos esses dados, abrindo o campo a uma reflexão sobre a funcionalidade do agir e sua difícil integração na dinâmica de uma possível subjetivação: quer se trate de incidentes do *setting* ou do agir da palavra interpretativa do analista, aí compreendidas as modificações do *setting* divã/poltrona. Temos, ainda, de mencionar os tratamentos medicamentosos, na maior parte das vezes decepcionantes nessas patologias, mesmo assim bastante utilizados, mostrando um dos riscos maiores de todos os tratamentos desses pacientes: uma dependência infinita, química, institucional e/ou psicoterápica.

Quando nos referimos aos casos-limite, pensamos no tratamento psicanalítico que pode ser dispensado nos hospitais-dia. O mesmo acontece em três tempos. Primeiro: encontrar-se, que mostra a dificuldade que tais pacientes apresentam em termos de engajamento no tratamento; segundo: conhecer-se, tempo este no qual acontece o trabalho em equipe para tentar transformar a interação em representação e favorecer o estabelecimento de uma relação de alteridade/ego; terceiro: separar-se, quando, então, a saída mais adequada seria em função do desenvolvimento conjunto, de uma identificação recíproca suficiente, com uma abertura para a instituição.

Outra reflexão teórica situa-se na articulação somato/psíquica. Nessa clínica psicossomática já exaustivamente descrita, podemos salientar a frequência de trocas por meio de atuações e manifestações que engajam o corpo, substituindo a troca de palavras sobre a qual se baseia o tratamento psicanalítico. O fracasso dessa colocação em palavras vem mostrar o disfuncionamento da construção do psiquismo, no mesmo local onde ele se origina, entre soma e psíquico: a referência ao modelo primitivo determinado pela sensorialidade precoce do tato parece permitir uma proposição teórica coerente, articulando a primeira distinção instinto/pulsão com as especificidades técnicas necessárias na abordagem desses tratamentos psicanalíticos (Smadja, 2008).

Somos confrontados com os limites de nosso dispositivo de acolhimento e de nossa contratransferência quando não conseguimos enquadrar os casos limites em um *setting* analítico clássico. Precisamos, então, construir um enquadre sob medida, o que nos obriga a fazer uma teorização rigorosa dos parâmetros e das variações do enquadre, e também levar em conta as falhas inevitáveis da contratransferência na interpretação.

Parece-me de fundamental importância no manejo desses pacientes o encontro com um terapeuta que tenha trabalhado suficientemente seu *setting* interno. Assim, esses terapeutas devem ter feito longas análises pessoais, em que puderam ter a oportunidade de tratar de questões fundamentais, tais como a análise de seus núcleos psicóticos, a homossexualidade e a sedução.

Quanto ao estilo, se a interpretação evoca a dinâmica da palavra, a construção tem uma ressonância com a tópica freudiana; ela opera uma encenação da estrutura em um trabalho de construção-desconstrução. Ela vai além da verdade histórica vivida, procurando por meio dos sonhos, na organização fantasmática e nas diferentes versões do romance familiar edipiano, desde sua pré-história, os traumatismos visíveis ou invisíveis que podem impedir o sujeito de integrar o sentido de sua história e dinamizar sua estrutura. É esse caminho – que vai do enquadre ao sonho –, a possibilidade de encenação e, depois, o romance que permitem a elaboração da história na cura, com a liberdade final de utilizar a versão que melhor convier, segundo as circunstâncias da vida, para que a herança tenha finalmente um sentido (Press, 2008). Concluindo, o que nos movimenta nessa busca, nos limites dos dispositivos às situações-limite, é o medo e a paixão que animam nosso trabalho de analistas. E é a riqueza da clínica que nos guiará em nossa reflexão e em nossa prática.

Referências

BOKANOWSKI, T. Sándor Ferenczi et la clinique des cas dits "difficiles". *Revue Française de Psychanalyse – La cure des états limite*, t. LXXV, avril 2011.

CHAUVET, E., CHAUVET, J.-L. & GILLIBERT, J. *D'un certain commerce avec l'objet*: Monographie du Centre de Psychanalyse Evelyne et Jean Kestemberg, n. IV, 1994.

HORN A. Conferência apresentada na Sociedade Brasileira de Psicanálise do Rio de Janeiro, set. 2004.

MCDOUGALL, J. *Plaidoyer pour une certaine anormalité*. Paris: Gallimard, 1978.

PRESS, J. Construction avec fin, construction sans fin. *Revue Française de Psychanalyse*, t. 72, n. 5, 2008.

SMADJA, C. *La vie opératoire*: études psychanalytiques. Paris: PUF, 2001.

______. *Les modèles psychanalytiques de la psychosomatique*. Paris: PUF, 2008.

27. Elementos para uma metapsicologia do enquadre psicanalítico na clínica dos limites do analisável

Talya S. Candi

Este trabalho nos convida a pensar sobre o enquadre terapêutico. Vou me arriscar a dizer que talvez uma das grandes questões da crise da psicanálise contemporânea provenha da necessidade de problematizar o enquadre psicanalítico e de saber quando o psicanalista precisa saber caminhar junto com os psicoterapeutas e flexibilizar o enquadre psicanalítico clássico. Agora, para problematizar e eventualmente modificar o enquadre, precisamos entender para que ele serve, o que representa e quais suas limitações.

Eu diria, para começar, que o enquadre psicanalítico serve para instaurar um limite entre o dentro e o fora e estruturar um campo de força. O enquadre, assim pensado, instaura um duplo limite ao que costumamos chamar de relação analítica. O primeiro limite vai se alojar no nível intrapsíquico e discriminar um dentro e um fora da relação analítica; o segundo instala-se no nível intersubjetivo e cria um campo de força entre o corpo do analista e o do paciente. Esse campo de força é frequentemente percebido pelos médicos como uma imperiosa demanda de cura, uma urgência, uma angústia perante a dor e o desconhecido – e vale a pena assinalar que nosso interior é um grande desconhecido. É essa força, essa urgência, que será usada pelo psicanalista para movimentar o trabalho psíquico.

Ora, em alguns casos, essa força magnética pode se perder e, quando isso acontece, estamos diante de um impasse. Os pacientes da psicossomática desafiam o trabalho do psicanalista porque, nesses pacientes, a força não está disponível para o trabalho psíquico, uma vez que está colada no corpo biológico. O enquadre analítico, então, perde sua potência, e o analista precisa repensar o trabalho e, eventualmente, intervir de forma ativa, propondo alguma modificação para ele. Ferenczi foi o primeiro analista que ousou fazer modificações no enquadre. Ele, que era também médico, percebeu que estava trabalhando com forças e intensidades que, se a força conseguia escapar por outro caminho, perdíamos a chance de elaborá-la psiquicamente.

Citando Freud, Ferenczi diz "[é] uma vitória da terapêutica quando se consegue libertar pela via da lembrança o que o paciente queria descarregar pela ação" (1919, p. 18) ou no caso da psicossomática pela descarga no corpo. Em "Dificuldades técnicas de uma análise de histeria" (1919), Ferenczi relata a história de uma paciente histérica que usava um método curioso para acalmar a urgência e não sentir angústia: ela cruzava as pernas durante a sessão e transformava a angústia produzida pelo encontro com o analista em prazer sexual. A força libidinal que deveria ser usada para pensar e fazer associações era descarregada por meio desse pequeno truque masturbatório. Ferenzci foi o primeiro a perceber que a angústia era essencial para o bom andamento do trabalho de cura.

Lacan dizia que análise era uma paranoia induzida. O enquadre teria como objetivo induzir uma quantidade suportável de ansiedade paranoica na relação analítica. Os kleinianos afirmam que é o infantil persecutório que deve ser mobilizado durante a análise. O analista convoca para a situação analítica as partes infantis da personalidade que permaneceram incompreendidas e que se mantiveram isoladas. Esses aspectos da personalidade que não tiveram acolhimento por um adulto estão precisando desesperadamente de um lugar (espaço e tempo) para se manifestar, serem ouvidos e elaborados.

Atualmente, acredito que parte do receio dos médicos em encaminhar um paciente para um psicanalista, e não estou apenas pensando no Brasil, mas talvez na Europa e nos Estados Unidos também, surge da ideia de que o psicanalista vai querer fazer um trabalho intenso (duas, três, ou até mesmo quatro vezes por semana) e que ninguém tem tempo para isso. Ora, é justamente esse tempo que ninguém tem que o enquadre analítico dará ao paciente; o tempo que o infantil precisa para poder se manifestar. O infantil precisa de tempo e de espaço, e normalmente, se acreditamos e temos paciência e esperança suficientes, o infantil acaba se manifestando; Ferenczi dizia "*Grattez l'adulte vous y trouverez l'enfant*" (1909, p. 114)[1].

Considero os pacientes psicossomáticos parecidos com os de Ferenczi: a força libidinal escapou, porém, nesses pacientes, a ansiedade persecutória não foi descarregada no ato, tal como na masturbação, mas sim no corpo biológico. O paciente psicossomático questiona o enquadre e seus limites

[1] "Raspem o adulto, e embaixo encontrarão a criança".

justamente porque a força que deveria ativar o processo analítico está colada ao corpo. Estamos nos territórios dos limites do analisável, em um território no qual a análise corre o risco de perder sua eficácia.

A vida secreta das palavras de Julia

Dito isso, darei um pequeno exemplo clínico. Julia, uma jovem de 32 anos, foi-me encaminhada com diagnóstico de fibromialgia. Como é sabido, a fibromialgia caracteriza-se por dores musculares crônicas intensas e difusas, em pontos que podem migrar. Assim, Julia trouxe para análise suas dores. Ela dizia sentir dores no corpo e na cabeça, insônia, vertigens e uma persistente sensibilidade ao frio. Veio me ver por indicação do reumatologista. Após algumas conversas, Julia concorda em fazer análise com uma frequência de três vezes por semana.

Ela vinha, deitava-se em meu divã, contava-me um pouco das dores do dia e da noite, relatava como tinha dormido, quantas vezes tinha acordado durante a noite e os remédios que tinha ingerido; eu escutava, interessada, fazia algumas perguntas. Essas conversas duravam entre 10 e 15 minutos, em média, às vezes um pouco mais, em outras, um pouco menos. Depois disso não tinha mais nada. Um silêncio profundo. Não diria que sentia tédio, porque a dor era onipresente. Lembro-me de que, em uma ocasião, depois de ter me contado que a pressão da água da ducha causava dores insuportáveis no crânio, comecei a ter uma intensa dor de cabeça. Assim, durante 50 minutos, três vezes por semana, eu e ela juntas vivenciávamos silenciosamente um corpo dolorido. Mas isso era suficiente? Depois de alguns meses de trabalho, comecei a pensar que não, pois estávamos no mesmo ponto. Talvez com pequenas e sutis diferenças: do lado dela, o frio estava cedendo. Chegava, tirava um dos vários casacos que costumava usar e deitava-se no divã. Uma vez deitada, movia-se de um lado para outro, como se estivesse procurando alguma palavra para se comunicar. Do meu lado, comecei a perceber certa impaciência, uma vontade de desbloquear a situação e de adivinhar as palavras que Julia não conseguia falar. Um pouco depois comecei a pensar que deveria fazer alguma mudança, talvez convidá-la a se sentar na cadeira e conversar sobre seus projetos, seus estudos, o namorado... Talvez meu olhar pudesse ajudar no surgimento das palavras e desbloquear a situação. Conhecia muito bem as dores de Julia, mas o resto dela, quase nada. Quando me decidia, no entanto, a mudar o enquadre, uma força interior fazia-me aguentar um pouco mais.

Lembro-me de que, na época, assisti ao filme *A vida secreta das palavras*, de Isabel Coixet. A história desenrola-se em uma plataforma de petróleo desativada por causa de um acidente. Ali, a enfermeira Hanna cuida de Joseph, um homem que havia sofrido um grave acidente no fundo do mar. Joseph está temporariamente cego, com queimaduras em todo o corpo, e Hanna cuida silenciosamente das feridas dele até que uma possível conversa se estabelece. A diretora do filme nos conta, com enorme delicadeza, como a armadura do sofrimento vai caindo aos poucos. Eu recorreria às imagens do filme para repertoriar o deserto psíquico no qual Julia me fazia mergulhar, guardando, assim, a esperança de que, como no filme, ela me revelasse sua vida secreta.

Frequentemente, contudo, minha esperança parecia romântica, infantil e sem fundamentos. Nesses momentos, voltava a sentir a urgência de propor alguma mudança no enquadre. Hoje, poderia pensar que a ansiedade, a força, estava começando a aparecer e a ser sentida por nós duas. Do meu lado, como uma pressão interna que me levava a querer modificar o enquadre, e do lado dela, como um calor, uma impaciência. O relato das dores era mais rápido, e os silêncios, maiores. Julia estava com menos frio e começava a querer se movimentar no divã. No silêncio, alguma coisa estava começando a querer se manifestar.

Um dia, Julia entra em minha sala. Ela, que normalmente era muito dócil, entra de um jeito um pouco diferente, como se estivesse zangada. Deita-se e começa a falar: conta que tinha encontrado na sala de espera do médico reumatologista um paciente meu e que, conversa vai, conversa vem, o paciente tinha lhe contado que fazia análise comigo e que eu era muito boa analista, que conversávamos longamente. Com ele, não tinha silêncios. Julia queria saber por que, então, eu a tratava de modo tão diferente, por que, com ela, eu ficava em silêncio, por que eu não contava para ela todas as coisas que contava para ele? Nessa sessão, um ressentimento contra mim apareceu e, de alguma maneira, pôde dar início a um trabalho verbal sobre a vida afetiva dela e sobre um intenso ressentimento que ela sentia com a mãe e o pai, que tinham preferido seu irmão e que, mesmo nesse estado tão dolorido no qual ela se encontrava, não tinham cuidado dela devidamente.

O que estourou ali foi o infantil, a angústia, as mágoas, o desejo de ser amada como era amado o irmão. Tudo isso estava colado nas dores físicas, no corpo biológico, e tinha se descolado, podendo ser transferido para nossa relação. Posso dizer que, nesse dia, instalou-se uma situação analítica, um campo de força que pudesse ativar a verbalização. Um tempo depois, perguntei-me o que teria acontecido se Julia não tivesse encontrado esse outro paciente (irmão de divã) na sala de espera do médico: os silêncios continuariam? Eu teria modificado o enquadre? É difícil prever.

Mais importante para nossa discussão é mostrar como a força pulsional foi pouco a pouco se descolando do corpo e se concentrado no espaço da análise, até poder finalmente se manifestar na própria situação da relação analítica: a impaciência, o calor e a pressão interna para modificar o enquadre eram expressão da concentração das forças. Ora, quando a força se torna suficientemente intensa, sai à procura de representação. O afeto, diz A. Green (1987), é antes de tudo um movimento em busca de uma forma que possa lhe dar figura e representação. Assim, Julia usou da conversa com esse outro paciente para dar representabilidade a essas intensidades afetivas que estavam alojadas no corpo. Julia criou uma cena triangular que pôde expressar em palavras, palavras estas que dão vida a um sentimento antes secreto, por doer demais, e que não podia ser nomeado; um sentimento que o senso comum poderia chamar de ciúme. Depois desse primeiro desabafo, Julia começou a falar sobre sua história e a análise prosseguiu.

Enquadre: limite, força e representação

Green (2008) relembra-nos que a introdução do termo "enquadre" foi feita pelo psicanalista argentino José Bleger, na Argentina, e por Winnicott, na Inglaterra. Enquanto Bleger associou o enquadre com a indiscriminação e a simbiose, havendo pouca repercussão de suas ideias fora da América Latina, Winnicott o traz definido da seguinte maneira: "Conjunto das condições de possibilidade requeridas para o exercício da psicanálise. Isso compreende as disposições materiais que regulam as relações entre analisando e analista" (*apud* Green, 2008, p. 97). O enquadre inclui os dispositivos materiais e mentais que organizam o vínculo entre o analista e seu paciente (número de sessões semanais, posição e disposição psíquica dos participantes, duração das sessões, férias, pagamento). Ao organizar o vínculo entre o paciente e seu analista, o enquadre delineia e protege os limites do espaço físico e mental do próprio analista e, ao demarcar esses limites, instala um terceiro elemento na situação clínica (o outro do objeto).

Cabe, contudo, perguntar: por que o enquadre é tão fundamental para o processo psicanalítico[2]? Parece de fato desempenhar, por si só, algumas funções que dinamizam o psíquico e produzem efeitos estruturantes:

1. Estrutura e protege um espaço interno no qual podem se manifestar as forças pulsionais e os conflitos interpsíquicos e intersubjetivos.
2. Delimita um dentro e um fora, instalando uma situação triangular (o outro do objeto, representado pelo começo e final da sessão).

Nesse contexto, podemos dizer que o enquadre analítico metaforiza o processo de simbolização característico do funcionamento do aparelho psíquico. Assim pensado, o enquadre é, segundo Hartke (2005), uma incubadora de símbolos.

A situação analítica põe em jogo um dispositivo muito peculiar que instaura um campo de força entre os dois participantes do encontro e coloca um objeto terceiro, presente por sua ausência, fora dessa relação dual. As obrigações que o enquadre impõe (horário constante, associação livre, atenção flutuante) e as proibições (evitar o contato físico e o ato) produzem uma indução paradoxal que coloca o analista em uma posição peculiar na qual ele se oferece como suporte dos investimentos libidinais do paciente. O lugar que o analista ocupa nesse cenário é delicado e cheio de contradições: é, ao mesmo tempo, um objeto interno e externo, presente e ausente, próximo e distante, silencioso e falante.

"A palavra analítica" – diz André Green (1983) – "'desenluta' a linguagem. Torna a dar ao outro a figura dos objetos primários que uma renúncia tinha deixado na sombra. Tal é o efeito do enquadre analítico sobre a linguagem" (Green, 1995, p. 127). O enquadre analítico estabelece um contrato que fornece um espaço/tempo com características relativamente constantes que permitem observar e, eventualmente, interpretar os efeitos dramáticos dos encontros e dos desencontros, relativos à inacessibilidade dos objetos internos e externos. O campo de força manifesta-se sob a forma de transferências. Essas forças, ao não poderem ser descarregadas no próprio

---

[2] Para uma ampla teorização sobre o enquadre psicanalítico e suas funções, remetemos o leitor ao segundo capítulo do livro de Green, *Le Langage en psychanalyse* (1984).

encontro, tornam-se "representações psíquicas investidas de afeto"[3], que formam a matéria-prima do simbolismo.

A função do enquadre consiste em exprimir e condensar essas forças de tal maneira que elas não tenham outro destino senão transformar-se em representações e expressões verbais. Assim, o enquadre favorece a eclosão de uma realidade peculiar, formada por objetos transicionais (as representações investidas de afeto), que substituem os objetos da realidade material, pondo em ação um sujeito que brinca com as representações. O papel do analista consiste em captar e dar forma e sentido às forças despertadas pelo encontro/desencontro e favorecer a abertura dos espaços de ligação e comunicação (o simbolismo). Tanto o analisando quanto o analista estão submetidos a esse campo de forças e têm como tarefa sua contenção e transformação. "Quando o analista resolve se poupar do reconhecimento deste jogo de forças, manifesta a sua resistência de contratransferência e se isola do seu paciente" (Green, 2000, p. 38).

O campo de forças estabelecido pela situação analítica privilegia a comunicação verbal; nesse sentido, ele aponta a capacidade representativa do sujeito e sua possibilidade de elaborar os afetos por via da representação. As forças que regem a elaboração desse cenário de projeção contam com um inestimável poder de dramatização. Ao longo do processo, a força oscila entre sua procura de representação (fantasias, imagens, sonhos, percepções) e seu contrainvestimento (pela força da resistência), e também entre a elaboração das representações por via da linguagem e sua capacidade de engendrar um pensamento e um conhecimento jamais afastado de suas fontes pulsionais e afetivas.

A presença desse campo de força estrutura um espaço interno muito próximo do sonho. Dentro desse quase-sonho podem acontecer os desligamentos das cadeias representativas visando à criação de novas ligações (cortes e suturas).

> O enquadre apresenta um dispositivo ou, para retomar a expressão de Freud, "um laboratório" que, graças ao controle dos dados que oferece (a avaliação da transferência e do processo pelo analista no tempo constante e limitado da sessão), torna possível a expressão e a manifestação transitória dos aspectos menos controlados do Eu (Green, 2000, p. 39).

---

[3] Parece-nos importante ressaltar o fato de que, segundo Green (1987), essas representações são heterogêneas e, portanto, abrangem tanto palavras e imagens quanto percepções, sensações, afetos e signos extralinguísticos.

Quando essas manifestações transitórias despertam forças que ameaçam as funções do Eu e que podem provocar passagens ao ato, a função do enquadre será tolerar as tensões extremas e reduzi-las com a ajuda do funcionamento mental do analista, para aceder a objetos que possam ser pensados. Contudo, existe também o perigo de um extravio das forças pulsionais, o que provoca um enfraquecimento do processo de simbolização e transformação. “A experiência nos ensina que três parâmetros essenciais favorecem o extravio da força: a psicose (pela alucinação e fragmentação do impulso), a psicossomática (pela descarga no corpo e somatizações) e a psicopatia (pela passagem ao ato e atuação)” (*Ibidem*, p. 41).

Ao instaurar uma delimitação e uma contenção no campo de forças interno, o enquadre encarna um duplo limite que separa e junta um mundo interno, no qual se pode usar das forças pulsionais para simbolizar, pensar e sonhar, e um mundo externo, no qual a realidade compartilhada deve ser tomada em consideração (representada pelo começo e o final da sessão, o dispositivo material e o pagamento). Nesse contexto, as transgressões do *setting* serão fundamentais, pois permitirão avaliar o vínculo existente entre o “dentro” e o “fora”. Nessa configuração, o analista se encontra na intersecção do intrapsíquico e do intersubjetivo, em um espaço que promove a duplicação do objeto interno/externo (o analista de dentro e fora da sessão) e torna possível a triangulação própria do simbolismo.

No caso de Julia, pudemos claramente perceber como foi preciso muita paciência, atenção e dedicação por parte da analista para que um discurso vivo pudesse aparecer entre os dois participantes da análise. As palavras investidas de um afeto vivido no aqui e agora da situação analítica conseguiram dar um sentido às dores físicas de Julia e possibilitaram colocar em marcha um processo de simbolização.

Referências

CANDI, S. T. *O duplo limite*: o aparelho psíquico de André Green. São Paulo: Escuta, 2010.

______. O que está em jogo no trabalho analítico? As contribuições de André Green para a metapsicologia da situação analítica. *Revista Brasileira de Psicanálise*, v. 44, n. 2, 2010.

GREEN, A. *Le Langage en psychanalyse*. Paris: Les Belles Lettres, 1984.

______. (1987) "La representation de chose entre pulsion et language". In: *Propedeutique: la metapsychologie revisitée*. Paris: Ed. Champs Vallons, 1995.

______. (1983) *El lenguaje en psicoanalisis*. Buenos Aires: Amorrortu, 1995.

______. Le Cadre Psychanalytique: son interiorisation chez l'analyste et son application dans la pratique. In: *L'avenir d'une désillusion*. Paris: PUF, 2000.

______. L'idéalisation du processus et sa problématique veritable. *RFP*, t. LXVIII, 2004.

______. *Orientações para uma psicanálise contemporânea*. Rio de Janeiro: Imago, 2008.

FERENCZI, S. (1909) Transferência e introjeção. In: *Obras completas, psicanálise I*. São Paulo: Martins Fontes, 1991.

______. (1919) Dificuldades técnicas de uma análise de histeria. In: *Obras completas, psicanálise II*. São Paulo: Martins Fontes, 1991.

FIGUEIREDO, Luis Cláudio. A questão do sentido, a intersubjetividade e as teorias das relações de objeto. *Revista Brasileira de Psicanálise*, v. 39, n. 4, 2005.

HARTKE, R. (2007) Repetir, simbolizar e recordar. Relatório apresentado para o painel "El psicoanalisis cura aun mediante la rememoración?" desenvolvido no 45º Congresso da Internacional Psychoanalytical Association, Berlin, Alemanha, em 25/07/2007.

MEYER, L. (1987) Analisabilidade. In: *Rumor na escuta*: ensaios psicanalíticos, São Paulo: 34, 2008.

ROCHA BARROS, E. M. & ROCHA BARROS, E. L. Reflections on the clinical implication of symbolism. *Int. J. Psycho-Anal*, v. 92, n. 4, pp. 879-901, 2011.

______. Reflexões críticas sobre os processos intersubjetivos: contratransferência, *revêrie* e o processo de simbolização. *Revista Brasileira de Psicanálise*, v. 46, n. 1, pp. 135-149, 2012.

28. Corpo e pensamento: o dispositivo da abordagem corporal

Ana Maria Soares

Na clínica têm surgido questões que dizem respeito aos limites da técnica e à consideração de novos dispositivos terapêuticos que permitam abordar pacientes que, por suas características, não respondem ao tratamento-padrão.

O propósito deste texto é expor algumas ideias que possibilitem um novo pensar a respeito da abordagem do corpo no tratamento desses pacientes e das aproximações que podem ser feitas entre esse dispositivo e a psicanálise.

Uma das características frequentemente encontradas nessa clínica é o que Pierre Marty e Michel de M'Uzan (1963) descreveram como pensamento operatório. Trata-se de um pensamento ligado ao factual e ao presente, que reflete uma ruptura com o inconsciente, o que acarreta um empobrecimento da capacidade de simbolizar e representar as emoções e os afetos. Pacientes que, por sua inabilidade em elaborar pela via mental os traumas a que estão expostos, tendem a descarregar os excessos pulsionais por meio da via comportamental ou da via somática.

O tratamento, então, nesses casos, deve favorecer a paraexcitação e o enriquecimento da rede de representações. Para atender a essas demandas, a psicanálise vem produzindo farta literatura, psicanalistas têm voltado o olhar para o corpo e alguns discutem a inscrição do parâmetro do corpo no enquadre analítico.

Entre eles, Marília Aisenstein (2003) defende a ideia de que a diversidade dos enquadres propostos para conduzir um processo psicanalítico reflete a diversidade das vias de acesso às representações. A autora cita Tertulien, que, no século IV, afirmava que "pensar é um ato de carne" (p. 150). Para ela, o trabalho do pensamento vem primeiro do corpo. Afirma, inclusive, que Freud nunca deixou de afirmar isso. Se as ligações entre as representações de coisas e de palavras estão rompidas, o afeto não pode se deslocar, instaurando-se o pensamento operatório. Trata-se de um pensamento desencarnado que, pelo rompimento de sua ligação com o corpo, perde sua função elaborativa. A abordagem corporal tem a qualidade de promover a encarnação do pensamento por meio da religação do corpo e da psique, uma vez que parte das sensações e dos afetos presentes no corpo para produzir novas representações.

Muitos autores citam a importância dos aspectos da sensorialidade presentes no *setting* e que se manifestam na transferência. Joyce McDougall (1983) aborda a importância da contratransferência no trabalho com esses pacientes, descreve o que chama de comunicação primitiva. Trata-se de uma comunicação infraverbal entre analista e analisando que se manifesta pelo aparecimento no analista de sensações e afetos provocados pelo analisando. Essas sensações contratransferenciais assinalariam a mobilização de conteúdos que estão fora do discurso do paciente e, como tal, constituem importante ferramenta no tratamento.

Segundo Ivanise Fontes (2002), na relação analítica o analisando pode vivenciar e revelar experiências sensoriais anteriormente vividas e que fizeram parte de sua história. Trata-se de uma atualização da sensorialidade na transferência. Assim, a transferência seria propícia ao despertar da memória corporal. Nesse sentido, a abordagem corporal também é eficaz na mobilização das memórias inscritas no corpo, frequentemente ligadas a vivências arcaicas e que, por sua precocidade, não chegaram a ser representadas.

No Instituto de Psicossomática Pierre Marty (IPSO), em Paris, alguns psicanalistas utilizam um tratamento que denominam psicoterapia de relaxamento ou relaxamento psicanalítico. Trata-se de um tratamento em que a busca do relaxamento é trabalhada a partir das experiências tônicas, ou seja, por meio das variações de tensão que o paciente experimenta nas sessões, e assim sendo, é uma busca que se insere na relação com o outro. Nele, a redescoberta pelo sujeito de seu corpo se dá por meio de uma relação significativa com o terapeuta, acionando, assim, a dinâmica relacional.

Alguns analistas que praticam a psicoterapia de relaxamento caracterizam-na como psicoterapia de inspiração psicanalítica. Alguns autores refutam essa ideia, e muito se tem discutido sobre o que seria psicoterapia de inspiração psicanalítica. Aliás, muito se tem discutido sobre o que é ou não psicanálise. Esta parece ser uma discussão importante e infindável. De qualquer maneira, o interesse aqui não é discutir se o dispositivo da abordagem corporal pode ou não ser incluído dentro da psicanálise. Considera-se mais interessante pensar o que pode a psicanálise dentro da abordagem corporal, ou seja, de que maneira os conceitos psicanalíticos podem ajudar na compreensão do que se passa nesse tipo de abordagem e que contribuições ela poderia trazer à psicanálise.

É nesse panorama que se pensa o dispositivo da abordagem do corpo, técnica em que o corpo ocupa a parte central da cena terapêutica e o trabalho se faz a partir e por meio do corpo. Para isso, serão utilizadas duas vinhetas, exemplos de um tipo de abordagem corporal que vem se desenvolvendo na clínica.

O primeiro fragmento foi extraído do tratamento de uma paciente, aqui chamada Flora. Ela tinha 25 anos e, durante os últimos cinco anos, vinha sofrendo de crises de pânico. Não saía de casa sozinha e havia interrompido os estudos pelo mesmo motivo. Dava a impressão de ter dificuldade de se manter de pé. Seu rosto parecia muito jovem, porém, tinha a postura de uma idosa, alquebrada, deprimida.

Fazia uso de medicamentos psiquiátricos e estava em análise. Segundo ela, a medicação não estava ajudando-a. Parecia bastante engajada no processo de análise e não pretendia interrompê-lo. Ela acreditava que um tratamento pela via corporal poderia também ajudá-la, pois, segundo ela, "o que dispara meu pânico são as sensações do meu corpo, a taquicardia, a falta de ar, e o pior é uma tontura, uma sensação de que vou me desmanchar (*sic*)".

Perguntada sobre o que sua analista pensava da proposta de uma terapia corporal, disse que haviam discutido a questão e que ela concordava. Coloquei-me à disposição para conversar com sua analista, caso elas julgassem necessário, o que nunca ocorreu e que afinal provou-se desnecessário.

A psicoterapia corporal era realizada com a paciente deitada e com a terapeuta sentada próximo a ela, dentro de seu campo visual. Essa posição é interessante porque atende à necessidade desses pacientes de manter um contato visual com o terapeuta. Ao mesmo tempo, a posição deitada, o relativo silêncio e a atenção voltada para o corpo e suas sensações são condições que favorecem a regressão.

Em toda psicoterapia a distância correta entre terapeuta e paciente é uma questão importante. Mas, sobretudo nas psicoterapias de abordagem corporal, em que o terapeuta vai se aproximar do corpo do paciente, essa é uma questão crucial. A aproximação do corpo deve ser sempre muito cuidadosa, por isso geralmente nas primeiras sessões não há o toque, há a palavra dirigida ao corpo. Fala-se do corpo, nomeiam-se suas partes, buscam-se suas sensações, trocam-se comunicações sobre as percepções de cada um.

Como o principal objetivo, no caso de Flora, era a paraexcitação, seu tratamento teve início pela busca do pouso e do repouso, ou seja, das sensações ela tinha no contato com a cama. Flora dizia que se sentia pouco apoiada. Eu a ajudava por meio da nomeação que fazia das partes do corpo, seu tamanho e peso, descrevia-as, sugeria que as apalpasse e percutisse. Em seguida, ela era solicitada a perceber novamente a sensação de contato com a cama e o apoio da parte que havíamos trabalhado. Agradavelmente surpresa, relatava sentir-se muito mais bem apoiada.

Por muitas sessões esse trabalho foi feito, além do trabalho da relação com o ar e as sensações que a respiração provocava nela.

Pouco a pouco, foi sendo capaz se soltar, de relaxar e, por iniciativa própria, repetia em casa o que fazíamos nas sessões. Parecia contente com a redescoberta de seu corpo em minha companhia, um corpo que passava a ser um lugar de repouso e prazer e que, ao mesmo tempo, perdia sua qualidade de objeto ameaçador. As crises de pânico se espaçaram e Flora conseguia impedi-las ligando-se às sensações de apoio e à respiração.

Para ajudá-la no relaxamento da musculatura e trazer novas sensações, comecei a tocá-la. O trabalho de erogeneização do corpo produziu efeitos visíveis, a postura mudou significativamente, ela estava menos pálida, mais rosada e sorridente. Retomou os estudos e já saía de casa sozinha.

O que sempre chamou atenção em Flora era o pouco desenvolvimento da musculatura, e por isso foi sugerido a ela que frequentasse uma academia para fazer musculação; ela não só adotou a ideia, como parecia ter grande prazer na nova atividade.

As crises de pânico haviam desaparecido. Ela terminou a faculdade, começou a trabalhar e me comunicou que gostaria de encontrar um trabalho fora do país.

Algum tempo depois, encontrou um estágio em Paris.

Tudo parecia ir bem até que um dia ela chega à sessão parecendo ter voltado no tempo, muito pálida, tensa, quase não respirava. Eu sentia em mim uma sensação de desconforto e opressão no peito. Sem palavras, ela me comunicava sua angústia. Esperei que se deitasse. Ao tocá-la, senti seu corpo enrijecido, respirava muito pouco. Disse-lhe o que percebia e perguntei-lhe o que se passava. Respondeu-me que não sabia por que há alguns dias sentia-se muito aflita e tinha muita vontade de se cortar. Nunca antes havia falado em se cortar e não apresentava cicatrizes no corpo. Era necessário, então, investigar o que ela sentia, se havia alguma sensação ligada à vontade de se cortar. Ela respondeu: "não sei, alguma coisa dura e pesada, lá dentro. Sei lá, talvez eu queira que isso saia, que escorra com o sangue (*sic*)". Sua palidez, a falta de circulação periférica e as palavras "dura, pesada, lá dentro" sugeriam a existência de uma estase, algo parecia estar bloqueado, não circulava.

Para ativar a circulação, pensei em utilizar uma luva áspera para esfregar a pele do corpo de Flora. Talvez não fosse necessário romper a pele; mobilizá-la e fazer que o sangue voltasse a irrigar a pele poderia ser suficiente.

Comuniquei a ela o que pretendia fazer e pedi-lhe que me avisasse caso fosse desagradável. Ela concordou com a cabeça. À medida que seu corpo era esfregado, houve o afrouxamento da tensão e a respiração começou a se normalizar. Quando terminei, Flora me disse: "Nossa! Você é bruxa? Estou me sentindo superbem, parece que toda a sensação ruim foi embora num passe de mágica (*sic*)".

Talvez tenha sido mesmo uma mágica. Eu não esperava, quando iniciei o procedimento, um resultado tão espetacular.

Ao final da sessão foi recomendado que comprasse uma luva áspera para esfregar a pele, caso fosse necessário. No encontro seguinte, ela me disse que não havia se sentido mal, mas mesmo assim algumas vezes tomou banho com a luva. Contou com satisfação que, quando foi à farmácia à procura da luva, viu uma esponja cor-de-rosa em forma de porquinho, macia. Não resistiu ao impulso de comprá-la e a estava usando.

Continuou vindo às sessões até a véspera de sua partida para Paris e me contou, sorrindo e encabulada, que estava levando a luva e o porquinho. Surpreendente e bem-vindo foi o aparecimento desses objetos transicionais (Winnicott, 1971) que, como todos os objetos transicionais, tiveram a função de ajudá-la a fazer face à angustia.

Flora está em Paris há um ano e, de vez em quando, manda notícias pela Internet.

Durante o tratamento de Flora, ocorria frequentemente o que Joyce McDougall (1983) descreveu como comunicação primitiva. Era comum quando a tocava *eu* sentir tontura, falta de ar. Algumas vezes, eu sentia uma sensação incômoda na garganta e pouco depois ela começava a chorar. Essas comunicações primitivas de ordem sensórias são bastante frequentes nesse trabalho.

Com essa paciente, que estava em análise, tive o cuidado de centrar a terapia nos aspectos corporais para promover a paraexcitação. Parece ser evidente que essa busca só foi bem-sucedida porque se inscreveu dentro de uma relação significativa. O aparecimento dos objetos transicionais testemunha isso.

O segundo fragmento clínico mostra o surgimento de uma memória corporal ligada a uma vivência arcaica.

O paciente procurou uma terapia de abordagem corporal porque queria se submeter a um processo psicoterápico, mas não tinha o que dizer. Não sabia o que sentia, não tinha fantasias, não sonhava.

Era muito bem-sucedido. Tinha uma inteligência brilhante, mas seu corpo e seus movimentos tinham algo de robótico. Sua rígida musculatura o encerrava dentro de uma armadura que parecia impenetrável.

O toque não produzia qualquer efeito em sua musculatura, mas ele gostava do contato. A impressão que se tinha era de que, dentro da armadura, havia alguém que precisava ser tocado e cuidado.

Em determinada sessão, enquanto era tocado, permanecia muito quieto; em dado momento, passou a relaxar mais que de costume: o tônus diminuía e a respiração se soltava. De repente, estremeceu e abriu os olhos. O que havia acontecido? Ele me disse que tinha levado um susto, que teve a sensação de que estava caindo. A sensação de queda é comum durante o relaxamento, mas o que me impressionou na situação, quando ele me olhou, foi seu olhar estrábico; um estrabismo leve, mas claramente perceptível. Disse-lhe o que eu via e perguntei se alguma vez ele tinha ficado estrábico. Aos dois anos de idade tinha ficado muito estrábico e míope, e depois de alguns anos passou por uma cirurgia para correção do estrabismo. Perguntei-me sobre o que haveria acontecido com essa criança, mas o nosso tempo esgotava e deixei minhas perguntas para outro momento.

Na sessão seguinte, relatou um sonho. O primeiro de que se lembrava em muitos anos. Sonhou que sua esposa derrubava seu filho, que era um bebê, do colo. Ele não tinha associações a partir do sonho, então, perguntei-lhe se sabia alguma coisa da época em que tinha dois anos. Foi quando seu irmão nasceu, e ele sabia que sua mãe tinha tido um problema nos braços e teria ficado impossibilitada de segurar os filhos no colo. Perguntei se sabia mais alguma coisa do começo de sua vida. Ele me contou que o avô materno havia falecido dois meses antes do nascimento dele e que sua mãe, que era muito ligada ao pai, tinha lhe dado o nome do avô. A mãe dizia que ficou muito deprimida e que durante um ano não conseguia chamá-lo pelo nome, pois se lembrava da morte de seu pai.

A partir de então, pudemos falar de sua infância e construir representações para o que ele teria vivido.

A memória corporal, embora diferente da memória psíquica, restitui igualmente a experiência vivida (Fontes, 2002). Nela, as sensações do corpo ligadas à situação traumática ficam registradas; o corpo é testemunha do ocorrido, e somente a partir dele essas experiências podem ser resgatadas.

O estrabismo, surgido na sessão, parece ser uma regressão no corpo e pode estar ligado ao que Winnicott (1944) diz sobre o estrabismo em crianças pequenas. Ele lança uma hipótese de que o estrabismo pode aparecer devido ao uso do olho como defesa contra a depressão, e que pode ser comparado ao ato de chupar o dedo. "A criança tranquiliza a si mesma recobrando uma posição dos olhos que, quando era muito pequena permitia ver em detalhes o seio e o rosto da mãe, que estavam a poucos centímetros da boca, nem engolidos, nem desaparecendo do lado de fora" (p. 192).

É possível perceber nesse relato um caminho de simbolização que vai da sensação ao sonho. O sonho produz um sentido para a sensação de queda que ele experimentou durante a sessão, e as associações que foram sendo feitas ampliaram esse sentido.

A poesia, assim como o sonho, tem a capacidade de sintetizar ideias:

> Fechamos o corpo
> Como quem fecha um livro
> Por já sabê-lo de cor
> Fechando o corpo
> Como quem fecha um livro
> em língua desconhecida
> e, desconhecido o corpo,
> desconhecemos tudo.
> (Paulo Leminski)

Referências

AISENSTEIN, M. Face a face, corpo a corpo. *Trieb – Nova Série*, série 2, n. 1, pp. 145-155, 2003.

FONTES, I. *Memória corporal e transferência*: fundamentos para uma psicanálise do sensível. São Paulo: Via Lettera, 2002.

LEMINSKI, P. *Toda poesia*. São Paulo: Companhia das Letras, 2013.

MARTY, P. & M'UZAN, M. La pensée opératoire. *Revue Française de Psycanalyse*, v. 27, pp. 345-356, 1963.

MCDOUGALL, J. A contratransferência e a comunicação primitiva. In: *Em defesa de uma certa anormalidade*: teoria e clínica psicanalítica. Porto Alegre: Artes Médicas, 1983.

WINNICOTT, D. H. (1944) Psiconeuroses oculares da infância. In*: Da pediatria à psicanálise*. Rio de Janeiro: Livraria Francisco Alves, 1993.

______. (1971) Objetos transicionais e fenômenos transicionais. In: *O brincar e a realidade*. Rio de Janeiro: Imago, 1975.

A mente do clínico, limites e integração

29. Sobre o que fazemos em análise

José Carlos Garcia

Costumo pensar que toda vez que um analista compromete esforços para produzir um texto, está à cata de algum sentido para continuar a praticar seu ofício e sobreviver ao desatino que ele nos propõe. Escolhi tomar como norteadora deste trabalho a pergunta que Lacan lança em seu Seminário de 1953-1954 sobre os escritos técnicos de Freud: "o que fazemos quando fazemos análise?" (p. 19). Claro que a questão é tão antiga quanto a própria psicanálise e foi a ela que Freud se dedicou depois de ter trazido à luz sua criação.

Em um primeiro momento, Freud o fez para distingui-la das concepções psicoterapêuticas baseadas na sugestão, e depois para consolidar um método de trabalho terapêutico que era norteado pela formulação do registro do inconsciente como grande propulsor da ação psíquica. A implicação dessa formulação, em toda sua amplitude, modificou o modo de compreensão até então vigente que concebia o sujeito humano como estando centrado na consciência e, portanto, potencialmente capaz de integrar nela todo o saber sobre si. Descentrando o sujeito da consciência, Freud submete-o à condição de um sujeito dividido e desconhecedor de suas próprias motivações, nunca, portanto, podendo ser considerado ou confundido com o indivíduo.

Não somente isso, mas decorre daí a possibilidade de compreendermos a formulação psicanalítica do sintoma, como representando uma articulação entre duas forças diferentes em conflito, já que o sujeito não é uno; essas forças conflitantes podem dizer respeito, por exemplo, ao desejo e uma oposição defensiva qualquer ou, ainda, a um conflito entre forças pulsionais ou, em uma visão mais específica, o conflito dar-se-ia entre o que está inscrito no aparelho psíquico e a pulsão propriamente dita.

Em um de seus primeiros textos dedicados diretamente à questão da técnica, "Sobre a psicoterapia" (1905 [1904]), Freud preocupava-se em afastar sua criação das vizinhanças indesejadas das técnicas sugestivas e lançava mão de uma fórmula de Leonardo da Vinci que distinguia a pintura e a escultura para, a partir dela, opor sugestão e psicanálise; nessa perspectiva, as técnicas sugestivas dar-se-iam *per via di porre*, ao passo que a psicanálise se daria *per via di levare*. A sugestão, como a pintura, colocaria algo em um lugar onde antes nada havia, e a psicanálise, como a escultura, exporia a forma já contida dentro do bloco de pedra ou, no caso, do psiquismo do sujeito.

Ressaltada a importância circunstancial da metáfora para aquele momento, e já consolidada a posição da psicanálise, gostaria de retomar a fórmula leonardiana como referência, na tentativa de cogitar sobre a pergunta que Lacan nos legou. De início, acentuaria que, na prática clínica, encontro sentido para ambas as proposições aí expressas: penso que ao analista cabe levantar o reprimido (*per via di levare*) e, talvez, mais fundamentalmente, permitir que algo do Real se represente para o sujeito (*per via di porre*). É bem verdade que a proposição de simbolização aí contida está bastante distante do método utilizado em uma terapia por sugestão, mas compreende também a ideia de que algo novo pode advir em um trabalho analítico que não seja apenas a revelação de conteúdos inconscientes, abrindo com isso uma possibilidade interessante para a chamada clínica das situações-limite. E, além disso, é importante destacar, como fez Lacan (1958), quando cogitava sobre as questões da transferência e da sugestão, que "há entre transferência e sugestão – essa é a descoberta de Freud – uma relação: é que a transferência também é uma sugestão, porém uma sugestão que só se exerce a partir da demanda de amor, que não é demanda de nenhuma necessidade" (p. 641).

Imaginar, portanto, que o trabalho analítico possa se ausentar e permanecer completamente neutro com relação ao campo da sugestão é ignorar uma questão fundamental da constituição da transferência na construção do vínculo analítico e, pior ainda, manobrar nele com nada além de uma estratégia sugestiva não reconhecida ou francamente manipulada.

Sobre a questão do vínculo transferencial, especialmente em seu aspecto resistencial, acredito que valha a pena recordar o que disse Freud (1912) no texto "Observações sobre o amor transferencial (Novas recomendações sobre a técnica psicanalítica III)", no qual ele claramente se propõe a resgatar o conceito de transferência de certa tendência à esterilização afetiva do acontecimento analítico. Ele se pergunta: podemos verdadeiramente dizer que o estado de enamoramento que se manifesta no tratamento não é real? E ele responde que não! Não porque, afinal, todo amor é uma reedição (como desenvolveu mais tarde em seu artigo "Sobre o narcisismo: uma introdução", de 1914). Além do mais, a resistência não cria o amor, ele já está lá.

Isso indica que não há assepsia possível para o analista diante de seu analisando, eles se contaminam com afeto o tempo todo, e não é possível considerar que haja um afeto verdadeiro e outro falso. E esse é o instrumental que pode potencializar ou transtornar o ato analítico, seja por uma ação reativa de confrontação, seja por fuga diante do que carrega a transferência em seu gume imaginário.

Há, além disso, outra questão que considero essencial para qualquer aproximação ao exame da atividade da mente do clínico. Aquilo que, por sua observância, nos manteria dentro desse contexto exclusivo do acontecimento psicanalítico. Falo da escuta analítica, do exercício ético que permite o fazer do analista: a escuta de um sujeito na revelação de sua verdade desejante. Cabe, inevitavelmente, lembrar que essa verdade não está conformada a nenhum modelo preestabelecido – nem social nem psicanalítico – como faria crer, por exemplo, a tal "ascensão à condição genital", como se pode entrever na própria escrita freudiana.

Podemos, por exemplo, resgatar um desses momentos no texto chamado "Três ensaios sobre a teoria da sexualidade", em que Freud (1905), ao tratar da questão da perversão e de uma possível fraqueza constitucional que colaboraria para seu surgimento, destaca o seguinte sobre a validade deste ponto de vista:

> Ele tem sentido, no entanto, se o que significa é uma fraqueza constitucional de um determinado fator no instinto sexual, ou seja, a zona genital – uma zona que assume a função de combinar as atividades sexuais isoladas para as finalidades da reprodução. Pois se a zona genital for fraca, esta combinação, que deve ter lugar na puberdade, forçosamente fracassará, e o mais forte dos demais componentes da sexualidade continuará sua atividade como uma perversão (p. 244).

O que estou salientando é que a ideia de genitalidade assim formulada estaria inscrita em uma noção desenvolvimentista, que faria crer que a sexualidade progrediria rumo a um modelo reconhecido de adequação fora do qual estariam as distorções da patologia, quando o que qualquer analista pode testemunhar a partir de sua clínica é que não é para isso que a experiência aponta. Escolhemos nosso objeto sexual não pela conjunção de todas as pulsões parciais em torno da adequação genital, mas elegemos nossos parceiros exatamente por aquilo que eles trazem de sedutoramente parcial enquanto recortes promovidos por nossa forma de inserção no campo do desejo: nossa fantasia.

Refletindo sobre o dispositivo analítico e seu enquadre, é importante assinalar que eles podem permitir variações de alguma monta: uso ou não do divã, sessões curtas ou longas, frequência das sessões, referências conceituais distintas etc. Mas a sustentação da posição do analista é, como disse, seu compromisso ético. O que nos permite pensar de forma crítica sobre as tentativas institucionais de moldar a análise e medir seu valor a partir de questões meramente formais, por exemplo, o número de sessões semanais ou mesmo a duração das sessões como forma de garantia do que seria uma análise aprovável e reconhecidamente válida.

Para Freud, a relação analista-paciente estava sustentada na regra fundamental da psicanálise, que se define pela livre associação de ideias do paciente e pela atenção flutuante do analista. Este pede ao paciente que diga, sem censura, tudo o que lhe vier à cabeça e, ao mesmo tempo, compromete-se a ouvir tudo o que lhe for dito sem privilégio valorativo preconcebido. Deixar-se-á guiar pelo próprio inconsciente para buscar o material de suas interpretações, especialmente a partir das formações do inconsciente em todas as suas manifestações significantes.

É de suma importância salientar que a posição do analista na transferência precisa ser entendida por ele para que sua condição de escuta flutuante não seja impossibilitada por sua captura imobilizadora no enlace transferencial, por aquilo que no paciente insiste, resistencialmente, em se repetir. É nesse sentido que podemos entender por que será sempre do analista a responsabilidade de não favorecer a resistência com sua própria adesão transferencial não compreendida. Por exemplo, cedendo ao que demanda seu paciente por estar identificado com aquele que sabe o que o paciente precisa fazer para melhorar ou, mais bizarramente ainda, para que ele encontre a felicidade.

Para o analista poder lidar com essas questões, será necessário que ele tenha experimentado, em sua própria análise, a oportunidade de lidar com as armadilhas em que suas fantasias inconscientes o predispõem a cair. É claro que não se trata aqui de algo parecido com o que percorreu o trabalho de Freud em seu início, em "Psicoterapia da histeria", de 1895, por exemplo, que fazia supor que uma análise conduzida até seu final poderia livrar o sujeito de conflitos. O analista terá sempre de lidar com aquilo que caracteriza sua estrutura como ser de desejo, ou seja, a fantasia ($ ♦ *a*) que lhe permite um jeito próprio de entrelace dos registros do Simbólico, do Real e do Imaginário.

Mas sua análise, quando se tratar de um processo rico na promoção de potencialidades simbólicas, prover-lhe-á recursos mais flexíveis e, por que não dizer, formas menos sofridas de lidar com seus conflitos.

A questão de não atender diretamente ao que demanda o paciente, no sentido daquilo que ele reconhece como suas necessidades, sempre foi um elemento importante no trabalho do analista. Porém, nos dias atuais, caberá ao analista lidar com um desafio ainda maior para o exercício de seu trabalho, na medida em que fazemos parte de uma sociedade marcada pela subserviência a um discurso que comporta a ideia de acessibilidade ao objeto que nos redimiria de todos os males e faltas. Enquanto a ética da psicanálise se estrutura exatamente pela concepção de um objeto que, nunca alcançável, seria, por isso mesmo, capaz de ser o móvel de toda conduta humana e de seus valores.

Vivemos um tempo que precisa desaparecer para a dor que sentimos e para a ausência de potência que nos surpreende, mesmo que ela se deva a nossa falta de sentido diante do parceiro que, muitas vezes, nem escolhemos nem nos escolheu. O tempo de esperar deve desaparecer a qualquer custo, nem que vendamos nossa alma ao maquinário cibernético que conduzirá nosso destino no frenesi do instantâneo, do inadiável e do excesso.

Há, entre os pacientes que nos procuram, uma crescente sensação de estar incorrendo em equívoco, dado que, na análise, não podem se confrontar, de imediato, com o que lhes serviria de índice ou evidência de desaparecimento do incômodo que lhes atinge. Isso se torna evidentemente mais complicado se estivermos, por exemplo, diante de uma queixa psicossomática que o sujeito percebe como alheia a sua subjetividade, algo externo à possibilidade de integração com a vivência de si mesmo.

Lançar-se a um projeto de falar a um outro que não nos oferece o alívio instantâneo parece um mau negócio em um universo onde cada mal tem, a cada dia, um remédio novo – lançado com todas as provas e testes que se supõem validar o encontro com uma verdade que dispensa o sujeito e seu mundo interno, urdidos que foram por meio da trama do desejo. Mas há aqueles que já se entregaram a esse caminho, não encontraram a porta do paraíso e caíram de volta no existir que nos cabe cuidar: a condição de ser incompleto e falível que gera os rumos que podemos escolher ou que miasmaticamente nos escolhem.

Para que uma análise possa começar será necessário que um tipo de ligação muito especial se instale entre o analista e o analisando. Algo precisará servir de elo entre os dois. Do lado do analista, a disposição que lhe confere seu desejo de analisar, seja qual for a tradução última que isso possa merecer em cada caso específico. Lembremo-nos de que desejo é sempre desejo de desejo e, para a psicanálise, desejo de ser desejado pelo Outro. Nesse caso, só resta ao analista abster-se do próprio desejo ou, pelo menos, de forma mais realista, ser capaz de mantê-lo em estado de suspensão para que a fantasia do paciente ocupe a cena desejante com sua marca própria e única.

Do lado do analisando estará, sem dúvida, implicada uma condição de idealização – de atribuição – que lhe possibilitará reconhecer o analista como aquele que tem um saber sobre ele; algo que poderá ajudá-lo a decifrar-se ou, em último caso, a sentir-se melhor.

Todos sabemos que a atribuição de saber que estabelece a transferência na análise nem sempre é um fenômeno imediato, nem sequer poderíamos dizer que é algo que necessariamente vá ocorrer; há uma potência para isso. Assim como alguns casos produzirão uma transferência quase imediata, outros apresentarão dificuldades significativas nesse sentido, e aqui, novamente, os quadros psicossomáticos se encaixam de forma exemplar, pois nesses casos é comum que os pacientes tenham muita dificuldade de atingir essa posição de atribuição de saber ao analista, tornando problemático o processo analítico.

Isso porque, para que possa haver a transformação da queixa inicial que supõe apenas uma demanda de alívio, para qualquer que seja o tormento, é necessário que o sujeito se pergunte de que forma ele participa da montagem daquela realidade sintomática e o que poderá fazer a respeito dela. Essa transformação de demanda opera um reposicionamento do sujeito diante da questão que se faz enigma por meio do sintoma, e que o envolve de forma irredutível. É dessa posição que o sujeito pode fazer uma atribuição simbólica de saber ao analista. Nos casos psicossomáticos há uma falha evidente nesse campo de simbolização, o que faz que o sintoma experimentado seja sempre uma experiência de encontro com uma parte do real do corpo que ele não é capaz de tornar dialética a partir do corpo libidinizado, limitando, portanto, sua potência de realização simbólica. Incapacitando-o, assim, ou pelo menos restringindo de forma acentuada, sua possibilidade de estabelecer um elo transferencial como antes indicado.

Haverá sempre, nas situações de início de análise, algo do analista que, por seu efeito significante, prestar-se-á à captura do outro em uma relação de atribuição puramente imaginária e que sustentará o vínculo analítico enquanto persistir o tratamento. Em alguns casos é possível, no decorrer da análise, identificar qual significante do analista se prestou a favorecer a construção dessa ponte transferencial: o nome do analista, sua voz, alguma coisa dita por ele nas primeiras consultas etc.

Gostaria de ilustrar o que acabo de dizer, sobre a captura significante, com um acontecimento bastante interessante de minha experiência. Saía eu do prédio onde tenho o consultório quando me deparei com um garoto acompanhado, como constatei depois, pela empregada doméstica. Cena, aliás, bastante comum em nossa rotina do centro clínico. E esta teria sido, com certeza, mais uma cena a se desfazer no elemento comum e indistinto deste cotidiano. Porém, lá estava Alex, e quando eu já os ultrapassava para esquecê-los, ele se dirigiu a mim e perguntou se eu trabalhava naquele prédio.

Ainda disposto a seguir o automatismo da troca de passos, sorri mecanicamente e respondi que sim. Alex não fez nenhuma concessão à minha pressa e quis saber o que eu fazia. Quando respondi, ele ficou aparentemente satisfeito e me contou que na escola haviam recomendado aos seus pais que eles procurassem um terapeuta para ele.

Não querendo ir mais longe, tentei encerrar a conversa com uma afirmação tola qualquer sobre a possibilidade de isso vir a ser uma experiência legal para ele. Alex, porém, parecia seguir inabalável o rumo que lhe interessava dar à conversa, sem levar em conta meus esforços evasivos. Perguntou-me, então, se não poderia fazer a terapia comigo.

Já completamente desmobilizado de minhas ações, até então pretendidas, estendi um olhar parvo na direção da acompanhante na esperança que ela produzisse algo de bom senso que pudesse me restituir a condição de transeunte anônimo. Mas, de alguma forma, eu já estava cativado pelo jeito desenvolto do menino e curioso sobre ele, então, resolvi perguntar-lhe o que o havia levado a pensar em fazer terapia comigo, já que não me conhecia.

Alex contou-me que morava em um dos prédios da vizinhança e que seria fácil vir até meu consultório, e antes que eu pudesse dizer qualquer coisa, perguntou meu nome e me disse o dele. Naquele momento, já éramos conhecidos um do outro. A empregada, até então silente, fez uma tentativa de demover Alex de seu obstinado objetivo sugerindo a ele que "deixasse o moço ir embora, pois estava com pressa". Nem Alex nem eu demos atenção a ela e continuamos a seguinte conversa:

—Quer dizer, Alex, que você mora aqui perto! Imagino que seja por isso que você já sabia que aqui trabalham alguns terapeutas. Então, resolveu falar com o primeiro que encontrou.

— Mais ou menos. Já encontrei outras pessoas, mas não tive coragem de falar com elas.

— E por que teve coragem de falar comigo?

— Não sei. Você penteia o cabelo que nem o meu avô e não tem uma cara assustadora.

— Bem, Alex, acho que você tem motivos muito bons. Vamos combinar o seguinte: eu vou lhe dar um cartão com meu telefone e você leva para seus pais. Se eles concordarem, podem me ligar para conversarmos.

Tenho certeza de que deixei de ter uma experiência muito rica, pois os pais de Alex nunca me ligaram.

Voltando ao foco da análise e ao que fazemos nela, a transferência que assim se institui pode ser chamada de transferência imaginária, pois ela coloca em questão uma relação marcada pela posição eu-outro em toda sua implicação paranoica com seus elementos imaginários de agressividade e sedução, e nisso cabe também a idealização. Em algumas modalidades de trabalho analítico, o excesso ou o uso exclusivo de interpretações do tipo que sugerem que todos os acontecimentos da análise implicam o analista pode levar, sem dúvida, a uma deterioração paranoica do vínculo transferencial ou a uma forma de submetimento calcado na culpabilidade do paciente.

A transferência imaginária é essencial para a continuidade da análise, mas não pode ser tomada como o instrumento analítico por excelência. O preço dessa exclusividade poderia nos levar a ter de abrir mão do caminho que Freud nos legou, para entrar no mercado aberto das soluções-padrão ofertadas ao varejo. A verdadeira potência da análise emerge como ato analítico sob o efeito do que poderíamos chamar de transferência simbólica.

Lacan (1953/1954) faz um interessante comentário sobre essa questão ao se referir ao trabalho clínico de Anna Freud a propósito dos mecanismos de defesa do eu. Diz ele que ela "deveria ter distinguido a interpretação dual, em que o analista entra numa rivalidade de eu a eu com o analisando, e a interpretação que progride no sentido da estruturação simbólica do sujeito, a qual deve ser situada para além da estrutura atual do seu eu" (p. 80).

Nesse sentido, caberia ao analista, por exemplo, fazer recortar do discurso do sujeito a emergência de uma palavra que escapa ao controle e se insinua descabida por entre o tecido da proposição de coerência do processo secundário, marcando, assim, para o sujeito, o lugar de outro dizer no meio do que foi dito. Revelando-lhe com isso a insistência de uma verdade que lhe é velada, mas que o traduz como ser de desejo. Nesse momento, analista e analisando são surpreendidos por um acontecimento que só pode estar sustentado em um além daquilo que eles encarnam; no Outro como lugar do código e suporte da lei da castração para ambos.

Para Lacan (1958) é preciso entender que

> A interpretação, para decifrar a diacronia das repetições inconscientes, deve introduzir na sincronia dos significantes que nela se compõe algo que, de repente, possibilite a tradução – precisamente aquilo que a função do Outro permite no receptáculo do código, sendo a propósito dele que aparece o elemento faltante (p. 599).

Na análise, não se trata de praticar um jogo de cegos (inconscientes), o que, cá entre nós, faria dela uma prática no mínimo temerária. O analista é responsável pela direção do tratamento especialmente naquilo que propõe como enquadre e na responsabilidade de manter a escuta analítica e a ética do desejo que suporta essa relação de sujeito a sujeito. Especialmente porque não há sujeito que possa dar sustentação à ideia de categoria, a essência do sujeito é ser singular por conta do seu desejo. Desejo que cria a ilusão de falta para o eu que, supostamente, alcançará a satisfação por meio de um objeto disponível na realidade. Para Lacan (1958), "a impotência em sustentar autenticamente uma práxis reduz-se, como é comum na história dos homens, ao exercício de um poder" (p. 592).

Se o que estou expondo tem seu emprego claro no campo das neuroses, já não se pode dizer o mesmo da clínica em suas chamadas condições-limite e também nas francamente psicóticas. Aqui, o analista precisará lançar mão de recursos que terão, sem dúvida, mais a ver com a pintura que com a escultura. Sendo mais ativo na tentativa de aumentar o campo de simbolização em sujeitos cujo funcionamento mental é marcado por um tipo de pensamento mais rudimentar e menos apto à tradução e integração das vivências emocionais.

Exponho na sequência uma breve vinheta clínica para extrair dela alguma possibilidade de ilustração para as questões da técnica que, até aqui, fiz emergirem neste trabalho. Não tenho, contudo, maiores pretensões quanto ao aprofundamento da compreensão do caso em si; valho-me dele apenas como modelo de um instante de apreensão do acontecimento clínico.

A mãe de João procurou-me por insistência do psiquiatra que atendia seu filho, pois ele considerava que o menino estava precisando de um espaço para tratar de suas questões, e sugeria também que isso fosse feito com um analista. Preciso destacar que isso não deixou de causar certo desgosto para a mãe. Primeiro, porque achava que a medicação poderia resolver o problema da depressão de seu filho e, segundo, porque considerava que ela própria poderia manter-se atenta às questões que o perturbavam.

Procurei deixá-la tranquila quanto ao fato de que ela poderia falar comigo quando precisasse, pois trazia um grande temor de ser excluída e ficar sem participar dos destinos do trabalho. Relato isso para contextualizar o momento vivido por João e sua mãe e a dificuldade desta em permitir que seu filho tivesse intimidade com mais alguém além dela.

João, que tinha então treze anos, veio para a primeira entrevista comigo e, realmente, mostrava-se desvitalizado e com muita dificuldade de falar. Cheguei mesmo a pensar que não haveria uma maneira de acessá-lo, pois tudo o que eu tentava promover como facilitação da conversa entre nós esbarrava em uma espécie de muro de descaso ou indiferença. A frase mais longa e contundente que ouvi dele foi que já tinha tentado fazer terapia antes e que isso não o havia ajudado em nada.

Havia, por outro lado, uma clara percepção de que João queria ser ajudado e que se reconhecia sem forças para lidar com o que estava acontecendo naquele momento de sua vida. Ele me contou que não conseguia fazer amigos e que se sentia isolado e triste.

Foi então que, durante uma de suas sessões, em um movimento perfeitamente desastrado, derrubei um copo com água que estava ao meu lado, o qual foi, caprichosamente, cair em cima de um volume da coleção de Freud que estava no chão ao lado da poltrona. Desarvorado e tocado em meu próprio sintoma, proferi um baixo, mas audível “merda”, que expressava de forma irretocável meu estado de humor naquele momento. Ainda com a cabeça baixa, já envergonhado do ocorrido, ouvi João soltar uma sonora gargalhada, que só serviu para me deixar mais sem jeito ainda.

Depois que consegui erguer-me novamente na poltrona para encará-lo, e tentando decidir se me desculparia ou não, João comentou que sua mãe não suportava palavrões e que ele nunca podia dizê-los. Quase recuperado, brinco com ele dizendo que este seria então nosso primeiro segredo. Daí em diante João se fez palavras.

Narro a seguir um dos momentos de sua análise. João chega à sessão contando-me que está se sentindo melhor, que tem tido menos sono e que inclusive a escola está mais suportável. Faz, de passagem, um comentário sobre o fato de que sua mãe haveria dito que isso tudo se devia ao remédio. Penso que estava contido aí um ataque tanto a minha potência como analista quanto à de João que, dessa forma, não seria agente de sua própria mudança, mas apenas afetado pelo efeito da substância química. Vale ressaltar que já havia um bom tempo que ele fazia uso de antidepressivo, inclusive durante o tratamento anterior que a mãe interrompera, pois achava que o filho estava ficando agressivo.

João começou a falar da escola e contou-me que, uns dias antes, foram mostrados os álbuns de fotos da história da escola desde sua fundação. Disse-me que se sentiu muito orgulhoso, pois está nesta escola há muito tempo e faz parte dessa história, tendo acompanhado a evolução da mesma. João, cuja queixa inicial era de depressão e apatia, naquele momento, estava vibrante e emocionado. Então, disse-lhe que entendia a satisfação que ele estava sentindo e que, a partir disso, outra coisa tinha me ocorrido sobre ele. Disse-lhe que achava que ele também poderia sentir algo parecido sobre sua própria história como pessoa: as experiências pelas quais passou, as transformações que ele percebia em seu corpo, tudo o que viu, sentiu e pensou eram marcas de sua história. João balançou afirmativamente a cabeça, olhando-me com visível emoção, e começou a falar sobre seu pai.

Seus pais separaram-se quando ele tinha entre três e quatro anos, sendo que a separação fora extremamente turbulenta, chegando, inclusive, às raias da agressão física. Depois da separação, o pai de João mudou-se para uma cidade do interior e constituiu outra família. Desse novo casamento do pai nasceu uma menina com quem ele pouco convive.

Depois de minha intervenção, ele começou a falar sobre as dificuldades que tem com o pai e com a madrasta. Refere não ter intimidade alguma com os dois e que, nas raras vezes em que está com o pai, o programa é sempre o mesmo: vão ao shopping, compram algo e depois tomam um lanche por lá mesmo. Ele me diz que o pai não sabe nada dele. Digo-lhe que, seja como for, o pai também é parte da sua história; afinal, ele não foi fundado como a escola. João fica vermelho, parece envergonhado pelo que denuncio e me responde dizendo que isso é verdade, afinal ele e o pai têm algumas coisas em comum: têm um senso de humor muito parecido, gostam de museus e de arte e têm o mesmo sobrenome.

Perguntei-lhe, então, se ele não se sentia capaz de sugerir ao pai que fossem juntos a uma exposição de arte que interessasse a ambos, pois parecia-me que ele havia encontrado pontos importantes para a construção do que ele chamou de intimidade. Ele calou-se por algum tempo e depois me respondeu que achava difícil, mas que não custava tentar.

Em seguida, retomou a comparação entre os pais dizendo que a mãe tem uma dedicação total a ele, sendo capaz de qualquer coisa por ele; já o pai nem sabe direito do que ele gosta. Então, eu o interrompi e disse-lhe o seguinte: "Poxa! Você ficou sozinho de novo com uma camiseta onde se lê: sou só da mamãe". João começa a rir e diz: "Cara, essa foi um chute no saco!" Encerrei a sessão dizendo: "Viu só?! Essa é mais uma coisa que os homens têm em comum, o saco".

Eis que na mais plena ausência de intencionalidade faço brotar um significante – ainda que pouco creditado nas rodas educadas – que serve ao sujeito como alavanca para mover-se em direção ao que de mim lhe empresto como ponte. Dessa ligação, plenamente imaginária, surge o que se desloca, o que se transfere. O que, afinal, permite que se instale o dispositivo analítico.

Esse traço que nos identifica pelo que comporta de transgressão e, por que não, de libertação, permite ao menino caminhar – nem que seja por logradouros escusos como provavelmente pensaria a mãe – rumo às marcas do masculino até então precariamente amparadas.

A transferência assim sustentada permitiu-nos empreender o trabalho analítico, gerando confiança entre nós e concessão a falas nem sempre fáceis de serem ouvidas. O analista, com seu estilo próprio, será capaz de fazer um uso instrumental da transferência em seu gume simbólico, permitindo ao sujeito um novo recorte de si mesmo ou, pelo menos, gerando a potência simbólica para que isso ocorra.

Referências

FREUD, S. (1895) A psicoterapia da histeria. *Edição Standard Brasileira das Obras Psicológicas Completas de Sigmund Freud*. Rio de Janeiro: Imago, 1980; v. II.

______. (1905 [1904]) Sobre a psicoterapia. *Op. cit.*, v. VII.

______. (1905) Três ensaios sobre a teoria da sexualidade. *Op. cit.*, v. VII.

______. (1912) Observações sobre o amor transferencial (novas recomendações sobre a técnica psicanalítica III). *Op. cit.*, v. XII.

______. (1914) Sobre o narcisismo: uma introdução. *Op. cit.*, v. XIV.

______. (1920) Além do princípio de prazer. *Op. cit.*, v. XVIII.

LACAN, J. (1953-1954) *O Seminário – livro 1*: os escritos técnicos de Freud. Rio de Janeiro: Zahar, 1986.

______. (1958) A direção do tratamento. In: *Escritos*. Rio de Janeiro: Zahar. 1988.

30. Disposição interna, a mente do analista e o paradoxo de Winnicott

Milton Della Nina

"A análise não é apenas um exercício técnico.
É algo que nos tornamos capazes de fazer quando um certo estádio na aquisição de uma técnica básica é atingido. O que nos tornamos capazes de fazer permite que cooperemos com o paciente no andamento do processo, aquilo que, para cada paciente, tem seu próprio ritmo e segue seu próprio curso; todas as características importantes desse processo derivam do paciente e não de nós como analistas."
Winnicott, 1954, p. 459

Há alguns anos, em aula inaugural do Instituto de Psicanálise da SBPSP, o saudoso colega Odilon de Mello Franco Filho (1994) declarava que o melhor instrumento com que o psicanalista conta em seu trabalho não seria a interpretação, mas sua personalidade. Da mesma forma, em texto de Masud Khan (1958), introdutório à obra de Winnicott, encontramos a afirmativa sobre esse autor de que "não conheci nenhum outro analista mais inevitavelmente ele mesmo" (p. 7). Entretanto, julgo relevante também assinalar, no próprio texto de Winnicott (1954), no que tange ao trabalho interpretativo no processo analítico, a seguinte frase: "Todas as características importantes deste processo derivam do paciente e não de nós como analistas" (p. 459). Acreditando, assim, estar configurado um paradoxo generativo no processo de transformações entre as mentes do analisando e do analista, será possivelmente no exame das características da mente deste último, em seus limites e espaço, no que aqui pretendo denominar "disposição interna", que poderemos entender a necessidade de manutenção desse paradoxo, e, então, seria na leitura da contribuição winnicottiana quando poderíamos talvez vir a compreendê-lo em seu papel dentro do método analítico.

Dada a amplidão do conceito de personalidade e sendo seu objeto de extrema complexidade, creio ser necessário dar um pouco mais de expansão àquilo a que já nos referimos. Inicialmente, em um texto correlacionado do citado Mello Franco Filho ("Mudança psíquica do analista: da neutralidade à transformação", 1994), encontramos algumas ideias que podem nos ajudar a precisar a relação proposta entre a mente do analista, sua personalidade e o processo analítico. Nele, o autor ressitua o conceito desenvolvido por Freud de neutralidade do analista diante das modernas concepções, que não apenas consideram o valor da contratransferência como parte do instrumental, mas também o papel atribuído ao conceito de campo analítico gerado na interação da dupla. Decorre disso que a própria transferência, como diz o autor:

> [...] não é mais vista como fruto da compulsão determinista de repetição do analisando, mas como resultado da interação dos objetos e fantasias arcaicas do analisando com a contribuição (voluntária ou não) da personalidade do analista, que, assim funciona como fator moderador das configurações transferenciais que se estabelecem na situação. Sob esse ponto de vista nenhuma transferência seria pura, e nem mesmo se reproduziria da mesma forma diante de outro analista (Franco Filho, 1994, p. 313).

O conceito de campo analítico, desenvolvido desde 1961 pelo casal Baranger, permite-nos compreender por que Mello Franco Filho (1994), acentua que "a situação analítica é vista como resultado da interação de duas subjetividades sempre presentes" (p. 312) . Verifica-se nessa leitura que o autor estende a neutralidade do analista, ainda como parte da atitude profissional, à sua disponibilidade de sofrer transformações, e a considera enfaticamente "naquelas mudanças psíquicas que decorrem de uma disposição interna diante do paciente, pela qual o analista cria espaço disponível para acolher o novo" (p. 324). O autor acrescenta, em suas conclusões, que:

> Essa disponibilidade para o novo implica em que ele (o analista) coloque sob possibilidade de revisão certos pontos de vista que integram suas teorias psicanalíticas, sua visão de mundo, seus valores e seus preconceitos. Essa disposição mental proposta não pode ser ingenuamente entendida como um ato de boa vontade. Ela está dependente de alguns processos de organização e desorganização de

> experiências emocionais, pelas quais estas podem adquirir novos significados. Esta mobilidade dos significados depende da ação daquela função que Bion (1963) esquematizou como a capacidade de oscilação entre a posição esquizo-paranóide e a posição depressiva. Conforme assinala Eigen (1985) a respeito desse eixo em que se dão as transformações das experiências emocionais, o que está em jogo é a capacidade elementar da mente para unir e dividir, num processo que é contínuo e biunívoco, inato ao ritmo do self (p. 325).

Constatamos, portanto, nessas ideias, que a personalidade do analista poderia ser pensada em termos de funções e capacidades mentais fundamentalmente ligadas ao exercício de seu papel no processo analítico. Penso em alinhar a essas reflexões algumas contribuições de Donald Winnicott, o qual, como Bion, também analisou pessoas em estados-limite, determinantes de tensão na mente do analista em condições de quase não suportabilidade. São particularmente valiosos nessa observação alguns de seus trabalhos nos quais desenvolve uma concepção de como exerceria a psicanálise e que, assim, podem fornecer reflexos de suas próprias funções e capacidades mentais durante sua prática.

Desse modo, em seu trabalho de 1947, "O ódio na contratransferência", ele destaca três vértices desse aspecto da mente do analista, sendo que aqui enfocarei particularmente o terceiro:

> 1. Anormalidade dos sentimentos de contratransferência, das relações estereotipadas e identificações que estão sob repressão no analista.
> 2. As identificações e tendências que fazem parte das experiências e do desenvolvimento pessoais do analista, que fornecem a situação positiva para seu trabalho analítico e fazem com que seu trabalho seja qualitativamente diferente do de qualquer outro analista.
> 3. Distingo destas duas a verdadeira e objetiva contratransferência, ou se isto é difícil, o amor e o ódio do analista como reação à personalidade e ao comportamento reais do paciente, baseada na observação objetiva (Winnicott, 1947, p. 342).

Penso que, nesse texto, por meio da observação da contratransferência, o autor nos possibilita compreender a necessidade da manutenção da expressão e reconhecimento de seu verdadeiro self, sem permanecer na expectativa e submissão àquilo que lhe é imposto pelas concepções do meio ideológico. Tratar-se-ia, portanto, de uma assunção pessoal como analista de se manter em contato com sua espontaneidade, expressão de escolha consciente diante da existência também de um falso-self em todos nós, porém, dentro do possível a ser evitado pelo self do analista.

Quanto aos outros dois vértices, reconhecemos no primeiro a concepção freudiana sugestiva da necessidade da análise de formação do analista; e no segundo, o pioneirismo do autor em considerar os elementos vivenciais da personalidade do analista como fatores integrantes da receptividade durante a interação analítica. Dessa maneira, poderíamos assinalar seu vanguardismo, já que Green (2002), em obra sobre a psicanálise contemporânea, diz que "Mais recentemente, a esfera da contratransferência estende-se ao conjunto de processos psíquicos vividos pelo analista, incluindo os de sua leitura ou de suas trocas com outros colegas" (p. 77).

Ao considerarmos a ideia da importância da personalidade do analista, no decorrer da reflexão poderia surgir a suspeita de que estaríamos considerando-a um modelo identificatório desejável na relação analítica. Torna-se necessário, então, acentuar que concordo inteiramente com as ideias expressas por Fabio Herrmann (1995) em um trabalho sobre o sentido ético do trabalho analítico, no qual declara que, longe de pretender nele reduzir as diferenças entre o analisando e o analista, entende-se que essa atitude seria fundamentalmente antiética. Nesse texto, intitulado "Psicanalética", ressalta que ao analista cabe manter-se, por meio de seu pensar, dentro da concepção grega (aristotélica) da ética (derivada de *etiké* – "hábito") como aquilo que preserva para cada ser um lugar, dada sua verdadeira natureza. Portanto, podemos deduzir que, mantendo-se a liberdade do analisando ao preservar seu verdadeiro self e, simultaneamente, mantendo o analista a natureza de seu fazer analítico, poderiam a mente e o pensar ético do analista vir a facilitar o andamento do processo. Entretanto, como poderia isso se dar? Retornemos a algumas das ideias de Winnicott que nos levariam ao exame da mente do analista quando em função analítica.

Já na década de 1960, com suas ideias originais sobre a clínica bem configuradas, Winnicott retoma o interesse pela contratransferência, oferecendo-nos nova oportunidade de investigar sua apreensão da mente do analista, quando em função psicanalítica, por essa via de observação. Reconhecendo o sentido original de contratransferência (como reações emocionais do analista suscitadas pelo analisando), propõe a ideia de que certas situações no atendimento de pacientes regredidos (tais como os pacientes-limite) é onde essa disposição natural do ser humano, em suas reações emocionais, poderia ser utilizada no decorrer do próprio processo. Porém, ali também acentua, em seu trabalho cotidiano e com todos os pacientes, a importância de se manter em uma "atitude profissional", estabelecendo uma "distância" entre o analista e o analisando para que o processo se dê. Torna-se claro pela leitura desse texto ("Contratransferência", 1960), que isso não significa indiferença emocional nem atitude de arrogância ou superioridade, mas algo que só encontrará sua melhor expressão nas palavras do próprio autor:

> Quero afirmar que o analista no trabalho está em estado especial, isto é, que sua atitude é profissional [...]
> O trabalho é feito em uma situação profissional [...]
> A atitude profissional é como um simbolismo, no sentido que pressupõe uma distância entre analista e paciente. O símbolo está no fosso entre o objeto subjetivo (projetivamente concebido) e o objeto que é percebido objetivamente (como um outro real) [...]. Entre o paciente e o analista está a atitude profissional do analista, sua técnica, o trabalho que executa com sua mente (p. 148).

Portanto, creio que assim se esclarece ser a "atitude profissional" a expressão de um estado mental relacional, que exercerá efeitos transformadores no campo interacional, utilizando para isso a mente e a disposição interna do analista perante seu método.

Afirmando, ainda nesse texto, sua disposição psicossomática ao se inserir no contexto processual – "Executo meu trabalho muito mais a partir de meu ego corporal" (Winnicott, 1960, p. 148) –, já que compreende o "verdadeiro self" como originado na vitalidade essencial do ser; acentua, entretanto, o valor do consciente no trabalho mental do analista quando da elaboração das trocas entre os inconscientes da dupla – "Ideias e sentimentos me vêm à mente, mas estes são bem examinados e filtrados antes de fazer uma interpretação" (p. 148). Parte da disposição mental do analista incluiria premissas dessa atitude profissional – "O analista é objetivo e consistente na hora da sessão, sem pretender ser um salvador, professor, aliado ou moralista" (p. 148).

Portanto, a mencionada "distância" tratar-se-ia, segundo creio, de uma extensão clínica de um espaço abstrato, que o autor viria posteriormente a denominar de potencial, propício ao desenvolvimento do brincar, da criatividade e do sentir verdadeiramente a vida como ela se apresenta. Representaria um terceiro espaço, intermediário, entre o subjetivo e o objetivo, entre o interno e o externo, entre a realidade interna e a externa, entre o eu e o não eu. De fato, também Bram e Gabbard (2003), mais recentemente, admitem taxativamente tratar-se o espaço analítico de uma situação específica ou forma do espaço potencial.

Apenas dois anos após a publicação desse trabalho, Winnicott escreve e apresenta "Os objetivos do tratamento psicanalítico" (1962). Creio que aí estão contidas as mais preciosas informações de como pensava e vivia sua disposição mental como analista. Seu parágrafo inicial, com apenas algumas linhas, merece, como sempre, reprodução e leitura integral, e assim o faço aqui:

> Ao praticar psicanálise, tenho o propósito de:
> Me manter vivo;
> Me manter bem;
> Me manter desperto;
> Objetivo ser eu mesmo e me portar bem.
> Uma vez iniciada uma análise espero continuar com ela, sobreviver a ela e terminá-la.
> Gosto de fazer análise e sempre anseio pelo seu fim. A análise só pela análise para mim não tem sentido. Faço análise porque é do que o paciente necessita. Se o paciente não necessita análise então faço alguma outra coisa.
> Em análise se pergunta: quanto se deve fazer? Em contrapartida, na minha clínica o lema é: quão pouco é necessário ser feito? (p. 152).

Julgo esse texto surpreendente e pleno de paradoxos desde seu começo. O primeiro é que, mediante a ideia sugerida pelo título, poder-se-ia esperar uma reflexão principalmente sobre os resultados a serem obtidos pelo uso do método, principalmente em relação ao analisando e, no entanto,

Winnicott discorre inicialmente sobre suas expectativas e atitudes próprias quando envolvido no processo psicanalítico. Perante essa apresentação paradoxal se coloca, como acredito, uma possível compreensão de que aquilo que se pode esperar do processo irá se configurar em "algo" em que se inclui, necessariamente, a disposição interna do analista, em sua interação com o analisando.

Sem me ater exclusivamente ao texto, aventuro-me aqui a uma compreensão própria de como nessas linhas iniciais já estaria contida uma forte expressão dessa sua disposição interna e, portanto, mental, como analista. Alinho a seguir essas hipóteses pessoais:

1. Ao realizar essas expectativas em relação a sua disposição mental, Winnicott deixaria claro que se limita ao estado a ser mantido durante a prática da psicanálise, e não necessariamente como indivíduo em outras situações, assim como faz da ideia de "propósito" uma ligação com algo consciente, ativo e parte desse estado.
2. A referência a "se manter vivo" atenderia possivelmente à sua crença na psicanálise como destinada não somente à terapia, mas também e principalmente à capacidade de usufruto da vida e da realidade.
3. Seu "manter-se bem" mencionado já estaria se referindo a uma condição "relaxante", conceitualmente ligada ao desenvolvimento de um "vir a ser vivendo", próprio de um espaço potencial em evolução na relação.
4. Estar "desperto" faria parte do cuidado propiciado à relação pela mente do analista, no que oferece pelo uso de sua associação livre, ou atenção flutuante, estado mental já mencionado por Freud.
5. "Ser si mesmo" como respeito ao próprio verdadeiro self, fonte de espontaneidade e criatividade na interação com o analisando e "se portar bem" ao levar em consideração (eticamente, portanto) o potencial e o verdadeiro self que emana do analisando.
6. Tomada a análise como experiência vital, "iniciar" e "continuar" uma análise traduzem investimentos amorosos como forma de ligação. Da mesma maneira, "sobreviver" à análise exprime a vitalidade inerente à preservação do método (atitude profissional), enquanto colocar-se em condição de "terminar" uma análise, revela o efeito da capacidade de o analista oferecer continência diante da separação imposta pelo desligamento

7. Poder "fruir e gostar" da experiência analítica sugere o uso da criatividade possível nesse espaço, aliando-se nesse contexto à capacidade de conter e suportar a elaboração da própria posição depressiva a ser revelada na expressão de "anseio pelo seu fim". Junta-se a isso a capacidade crítica na escolha do que "se faz necessário e possível" para a dupla, e não como mera expressão do desejo de apenas um (do analista).
8. Finalmente, creio que entende o autor ser a função mental do analista parte de um processo instaurado pelo encontro e relacionamento na dupla, em que caberia ao analista, por meio da sua mente, avaliar a suficiência de sua própria participação e presença na facilitação do campo.

Podemos, na continuidade desse texto, encontrar certas ideias de Winnicott claramente objetivadas, como o conceito de "colaboração inconsciente do paciente" e, ainda, de que é "o paciente que faz o trabalho analítico". Assim se configura nessa concepção o papel do analista, sobretudo como principal responsável pela facilitação de forma que isso se dê, e, portanto, inserido, por meio de suas funções mentais, em um lugar receptivo e iminentemente colaborador da mutualidade desse processo.

Ao revisarmos alguns textos winnicottianos em busca de como conceber a função mental do analista, percebemos que sua forma de trabalhar se coloca perfeitamente coerente, não apenas com a representação conceitual de suas ideias sobre o desenvolvimento psíquico na relação objetal, mas também como esse mesmo delineamento conceitual parece nascer dialeticamente de um pensar fundamentado na prática, compartilhada na experiência psicanalítica.

Portanto, como paradoxo mental de Winnicott, sua disposição interna seria emergente tanto de seu verdadeiro self como a partir da emanação mental do analisando, campo dialético presente em essência na concepção do espaço potencial, território ou lugar abstrato, em criação pela dupla analítica. Poderíamos, então, imaginar que a mente do analista, se assim puder ser chamada, em suas características conscientes e inconscientes, somente poderia ser dessa forma considerada quando em função e particularmente na experiência da mutualidade ou em processo de um "vir a ser de compartilhamento". Sua capacidade (do analista) disso participar configuraria a disposição interna, elemento tanto do si mesmo como também parte integrante da criação compartilhada, no terceiro espaço da interação analítica, portanto, verdadeiro objeto transicional.

Referências

BRAM, A. D. & GABBARD, G. O. Espaço potencial e funcionamento reflexivo: em direção a esclarecimentos conceituais e implicações clínicas iniciais. *Livro Anual de Psicanálise*, v. XVII, pp. 27-40, 2003.

FRANCO FILHO, O. M. Mudança psíquica do analista: da neutralidade à transformação. *Revista Brasileira de Psicanálise*, v. 27, n. 2, pp. 309-328, 1994.

GREEN, A. (2002) Transferência e contratransferência. In: *Orientações para uma psicanálise contemporânea*. Rio de Janeiro: Imago, 2008.

HERRMANN, F. Psicanalética. *Ide*, v. 27, pp. 10-19, 1995.

KHAN, M. (1958) Introdução. In: WINNICOTT, D. W. *Da pediatria à psicanálise*. Rio de Janeiro: Francisco Alves, 1982.

WINNICOTT, D. W. (1947) O ódio na contratransferência. In: *Da pediatria* à *psicanálise*. Rio de Janeiro: Francisco Alves, 1982.

______. (1954) Aspectos clínicos e metapsicológicos da regressão dentro do *setting* psicanalítico. In: *Da pediatria à psicanálise*. Rio de Janeiro: Francisco Alves, 1982.

______. (1960) Contratransferência. In: *O ambiente e os processos de maturação*: estudos sobre a teoria do desenvolvimento humano. Porto Alegre: Artes Médicas, 1982.

______. (1962) Os objetivos do tratamento analítico. In: *O ambiente e os processos de maturação*: estudos sobre a teoria do desenvolvimento humano. Porto Alegre: Artes Médicas, 1982.

31. Hipocrisia e trauma: elaborações para uma metapsicologia da técnica em Ferenczi[1]

Maria Elisa Pessoa Labaki

Perguntas que não calam. O campo psicanalítico não resiste em levantar infinitas indagações cujos encaminhamentos nunca soam completamente satisfatórios, tampouco definitivos. Marca de seu *movimento*, a clínica no contexto psicanalítico tem por dom a produção contínua de objetos do conhecimento – seus problemas de pesquisa –, graças ao que se mantém viva e pulsante. Basta notarmos quantas diferentes percepções e análises são possíveis em uma discussão clínica. Praticamente tantas quantas pessoas houver no grupo que discute. Essa diversidade, que não se esgota jamais, traduz a natureza única do conhecimento produzido em psicanálise, e é também responsável pela importância que esse campo concede ao caso clínico.

Fruto de um *inacabamento* vitalício, seus achados resistem ao tempo. Não envelhecem como o primeiro telefone, nem ficam obsoletos como os primeiros veículos. Tanto seus conceitos e pressupostos teóricos, frutos de sua metapsicologia, quanto interpretações de sentido que operam na clínica a partir da percepção dos fenômenos psíquicos não são apagados nem substituídos por formulações mais "novas e atuais", *up to date*, mas mantêm sua aplicabilidade clínica e teórica ao lado de formulações mais recentes. Ainda que hipóteses teóricas e clínicas pareçam abandonadas, elas o são apenas provisoriamente, para em breve serem retomadas de modo a se somar, compondo um quadro multidimensional de saberes que não se anulam, mas se complementam. Em suma, teorizações mais antigas no tempo de sua origem coexistem às novidades do campo, dialogando com elas e mantendo sua atualidade.

---

[1] Agradeço a Rubens Volich, amigo e colega do curso de Psicossomática Psicanalítica do Instituto Sedes Sapientiae, pelo incentivo permanente ao meu percurso e, neste momento, ao estudo da obra de Ferenczi.

Na teoria, temos vários exemplos para ilustrar essa concepção de diversidade na incompletude. Em relação ao aparelho psíquico, vários são os modelos propostos por Freud em momentos distintos da construção de suas teorizações: os iniciais do trabalho sobre "As afasias" e de "O Projeto de uma psicologia científica"; o tópico/econômico de "Interpretação de sonhos"; o estrutural de "O ego e o id". Assim como as duas teorias pulsionais, cada uma compondo uma dualidade: pulsão narcísica *versus* pulsão objetal, pulsão de vida *versus* pulsão de morte, revelam a potência da psicanálise em desdobrar suas concepções, sem perder as anteriores, operando a depender do ponto de vista a partir do qual se pretende conhecer o objeto.

Nesse sentido, J. Birman (1993) analisa o papel dos *impasses do processo psicanalítico,* "sempre o aguilhão insistente que levava Freud a questionar a consistência da teoria psicanalítica, o que demandava a produção de rupturas conceituais significativas" (p. 13), mas que não implicavam o descarte das teorizações, e, sim, a visão de que o limite nela encontrado aponta para a necessidade de se produzir um salto no conhecimento, modificando os pressupostos teóricos que antes assentavam seus alicerces. Ou, nas palavras de Decio Gurfinkel (2001), em seu excelente ensaio "O infantil em Ferenczi e o problema da ingenuidade": "[...] talvez em psicanálise não se trate de superar teorias, mas sim de ampliar continuamente o campo de investigação, enriquecendo-o com novas noções que equivalem a um ponto de vista diferente, um novo ângulo de observação sobre o objeto" (p. 70). Os caminhos do conhecimento em psicanálise se dão por rompimentos, aberturas e retomadas, compondo um plano descontínuo e inacabado, naturalmente receptivo a inflexões que alteram a estrutura de algumas concepções.

Assim, no intervalo entre paradas e retomadas, este artigo pretende levantar alguns problemas de natureza clínica e refletir sobre seus efeitos – renovação, ruptura, invenção – para a teoria e para a técnica. Especificamente, discutirá algumas implicações clínicas para a psicanálise contemporânea resultantes de impasses criados por situações de fracasso no tratamento analítico que, a despeito de não terem sido levadas adiante por Freud, encontraram ressonância em elaborações de outros autores. Entre eles, colocará no centro dessa polifonia Sándor Ferenczi, seu discípulo e colaborador, o mais freudiano de todos e um apaixonado pelo campo da técnica (Balint, 1967).

Clínico original, com fina capacidade de observação, espírito livre e hipersensível ao outro, a obra de Ferenczi pôs à prova alguns princípios da psicanálise. Sua atitude interrogativa manteve acesa a chama que revitalizou alguns conceitos e noções deixados em segundo lugar por Freud. Entre eles, dois planos de inteligibilidade articulados, o da clínica e o do trauma, são por ele recuperados segundo um encaixe inovador. Retomou a eficácia traumatogênica do acontecimento real na etiologia da neurose, deixada de lado por Freud, com a descoberta da sexualidade infantil e da formulação da gênese traumática da fantasia. Especificando: perturbações e conflitos reais com o mundo exterior, cuja natureza de choque e excesso dão impulso à criação de direções anormais do desenvolvimento (Ferenczi, 1930). E transferiu suas indagações para o *setting* analítico perguntando-se em que medida o método clínico, tal como estruturado segundo as coordenadas técnicas vigentes na época, estaria, no fundo, repetindo, em vez de curar o paciente das marcas deixadas por suas experiências traumáticas infantis.

Da clínica inicial freudiana, comprometida com a decifração do inconsciente, às propostas técnicas dos anos 1910-1914, muitas foram as conquistas introduzidas e desenvolvidas com o conceito de transferência, mas Freud não prosseguiu com outras implicações decorrentes a partir daí, basta lembrarmo-nos da ausência da contratransferência, apenas poucas vezes lembrada. Às teorizações da virada metapsicológica dos anos 1920 não sucederam releituras da técnica apropriadas à clínica dos estados não neuróticos, esboçados por ele em seus últimos trabalhos. Assim, Freud formulou e reformulou a metapsicologia, e Ferenczi prosseguiu propondo ampliações análogas no campo da clínica, especificamente quanto aos aspectos técnicos articulados às teorizações sobre o trauma.

Na esteira do imbricamento clínica/trauma, que se apresenta salpicado em muitos de seus últimos trabalhos, foi ele quem primeiro problematizou a necessidade de considerar a qualidade da presença do analista e sua psicopatologia como elementos significantes na condução e manejo de processos analíticos, a ponto de poder, inclusive, determinar o destino destes. Nesse sentido, o *Diário clínico* (1932) é uma demonstração emblemática de seu esforço em trabalhar os problemas e conflitos inerentes à posição de psicanalista: aspectos psíquicos que estão na raiz do desejo de ser analista, ao mesmo tempo em que são oriundos exatamente do exercício dessa posição. Com rara sinceridade, nesse livro Ferenczi apresenta a histórica clínica de seus pacientes, mas também a sua, mostrando coragem e ousadia ao escancarar sentimentos, ideias, intuições e sensações difíceis de seguir caminho até a consciência, quanto mais tornar-se palavras (Dupont, 1985).

A partir de 1928, no tempo em que chegava perto do que seria o final de suas elaborações, quatro anos antes de falecer, é eloquente, em diversas passagens, sobre o valor traumático do método clínico aplicado sem técnica e sugere "cedo ou tarde a elaboração de uma higiene particular do analista" (Ferenczi, 1928, p. 35), bem como a necessidade de a psicanálise delimitar um campo de pesquisa metapsicológica sobre a técnica articulado a uma metapsicologia dos processos psíquicos do analista.

Por seu pioneirismo neste âmbito, alguns autores da atualidade concederam a Ferenczi o *status* "de verdadeiro fundador da Psicanálise como técnica clínico-terapêutica" (Fédida, 1988, p. 99) ou "coautor da psicanálise a partir de 1908" (O'Dwyer de Macedo, 2011, p. 37). No entanto, sabemos que no meio psicanalítico foi erigida grande resistência contra suas ideias. De um lado, isso se deve a maledicências do porta-voz da história "oficial" da biografia de Freud, Ernest Jones, que o manteve aprisionado à posição de eterno analisando deste. Ou louco. De outro lado, divergências teóricas entre ele e Freud, mágoas e idealizações pessoais em sua relação com o mestre e analista colocaram-no em situação de isolamento.

Precisou se passar um tanto de tempo, quase meio século, para suas ideias saírem da penumbra e começarem a circular (Dupont, 1985). Dos autores atuais de língua francesa, destacamos André Green, Pierre Fédida, Joyce McDougall, entre outros proeminentes que fizeram trabalhar proposições de Ferenczi. Entre os brasileiros, temos os cariocas Tereza Pinheiro, Chaim Samuel Katz, Octavio Souza, Daniel Kupermann, Heitor O'Dwyer de Macedo e outros; e em São Paulo, Luis Carlos Menezes, Luis Claudio Figueiredo, Renato Mezan, Decio Gurfinkel, Felicia Knobloch, entre outros que recuperaram Ferenczi em seus estudos, publicaram artigos e ensaios apresentando e comentando a obra deste que foi considerado o *enfant terrible* da psicanálise.

Ainda que espaçada no tempo, há também sinais de uma clara filiação entre a maneira de Winnicott conceber e praticar a clínica com a de Ferenczi (Kupermann, 2008a). É conhecida, aliás, a "revelação" de Winnicott de que só conduzia seus pacientes em análise quando isso se mostrava possível; caso contrário, fazia qualquer outra coisa diferente. De fato, considerado hoje à frente de seu tempo, os escritos de Ferenczi parecem antecipar, em pelo menos vinte anos, uma série de problemas técnicos, especialmente impasses quanto ao papel e implicação do analista no processo analítico (Balint, 1958, *apud* Haynal, 1995).

De minha parte, a obra de Ferenczi surpreendeu-me por sua atualidade e sintonia com os problemas que nós, psicanalistas, temos debatido hoje em relação à clínica conduzida com pacientes não neuróticos: fronteiriços, psicossomáticos, adictos, melancólicos, perversos e outras organizações psíquicas complicadas. Espero, com este trabalho, conseguir demonstrar que algumas propostas de Ferenczi, relativas à clínica do trauma, estão na base da clínica psicanalítica contemporânea. Minha sensação é a de estar encontrando o futuro da psicanálise oitenta anos depois de cunhado por ele. E, se essa minha experiência de estudo puder não se intimidar diante da percepção de que me atrasei, ficará como saldo, além do aprendizado, a convicção de que consegui identificar um porto no qual fundear as embarcações psicanalíticas do mundo contemporâneo. Ferenczi. E *la nave va*.

Freud cientista e o psicoterapeuta Ferenczi

Um dos aspectos que impulsionaram Ferenczi a inovar no campo da técnica resultou de sua abertura para receber em análise pacientes com grande sofrimento e muito desorganizados, que não tinham sido absorvidos por outros analistas ou que não conseguiram prosseguir com seus tratamentos anteriores. Era um analista muito comprometido com a vertente terapêutica da psicanálise, na medida em que, acima de tudo, interessava a ele na clínica o ato de cuidar e curar. Tinha uma posição peculiar em relação à definição de analisabilidade porque, diferente de Freud[2] e outros, considerava que todo aquele que viesse pedir ajuda devia ser escutado e receber atendimento, competindo ao analista inventar a melhor maneira de responder aos problemas que lhe eram apresentados. Desconfiava que os eventuais fracassos fossem menos consequências da incurabilidade dos pacientes do que da inabilidade do analista. A esse respeito, escreveu: "Fórmulas tais como: 'a resistência do paciente é insuperável' ou 'o narcisismo não permite aprofundar mais este caso', ou mesmo a resignação fatalista em face do chamado estancamento de um caso, eram e continuam sendo para

[2] Assim escrevia Freud em 1933: "A outra limitação dos êxitos analíticos é dada pela forma da doença. Vocês sabem que o terreno de aplicação da terapia analítica são as neuroses de transferência, fobias, histeria, neuroses obsessivas, e também anormalidades do caráter desenvolvidas no lugar de tais doenças. Tudo que é diferente disso, estados narcísicos, psicóticos, é inapropriado em maior ou menor grau" (p. 319).

mim inadmissíveis" (Ferenczi, 1931, p. 71). E continua: "A causa do fracasso será sempre a resistência do paciente? Não será antes o nosso próprio conforto que desdenha adaptar-se às particularidades da pessoa, no plano do método?" (p. 71).

No entanto, é fato que a obra de Ferenczi também se desenrola apoiada em experiências de caráter pessoal derivadas, entre outros, do sofrimento que vivenciou na posição de discípulo do mestre Freud e de seu paciente também. Como analisando, não se sentiu compreendido nem escutado em suas transferências negativas. Camufladas por uma idealização, deixaram restos não resolvidos, que lhe custaram no futuro uma dura autoanálise (Dupont, 1985). Foi, por isso, implacável com Freud. Acusou-o de desprezar seus pacientes, exceder-se na aplicação da técnica da frustração, relacionar-se em um tom professoral e autoritário demais, bem como sentir-se superior ao paciente. Criticava também o estilo excessivamente severo do interlocutor e colega Freud, responsável por criar efeitos de inibição no autor e analista Ferenczi. Mas o ponto crucial de seu julgamento destaca os efeitos danosos da ignorância do analista em relação àquilo que nomeou restos não resolvidos. Isto é, zonas de obscuridade do psiquismo do analista[3], cuja existência, se desconsiderada em sua potência significante, faz desencadear toda a sorte de atitudes alheias às exigências clínicas e éticas intrínsecas a essa posição: ódio subliminar, manifestações truculentas verbais e não verbais, estilos obturados e autoritários de escuta, desinteresse, interesse em demasia, insensibilidade e falta de tato.

Tendo em vista a insuficiência das análises curtas e temporárias às quais eram submetidos os analistas nos primórdios da psicanálise, Ferenczi leva às últimas consequências a afirmação de Freud (1910) de que "nenhum psicanalista avança além do quanto permitem seus próprios complexos e resistências internas" (p. 130). Redefine, assim, o cumprimento da segunda

[3] Paradoxalmente, há concepções defendidas por autores contemporâneos (O'Dwyer de Macedo, 2011; Fédida, 1988) de que teorizamos a partir dos fracassos de nossas análises. Isto é, de que os restos não analisados ressurgem nas formulações teóricas de hipóteses e problemas colocados pela experiência clínica. O'Dwyer de Macedo (2011) escreve que "Freud pedia a Fliess para ocupar o lugar do pai. Como ele era incapaz disso, Freud teorizou a importância desse lugar na vida de um sujeito [...]". Por outro lado, "Ferenczi pedia para Freud ser a mãe que ele não tinha tido. Para Freud isso era duplamente difícil: primeiro porque, tendo a sua sido uma boa mãe, era-lhe custoso imaginar que uma mãe pudesse ser destrutiva, depois, porque, pela sua experiência, quem engendra o sujeito é antes o pai. Por esse fracasso na sua relação com Freud, será Ferenczi quem primeiro teorizará a importância da mãe-ambiente na gênese da criança e do sujeito e que aceitará este lugar na transferência" (p. 42).

regra fundamental, a análise do analista, pois "quem quer analisar os outros deve, em primeiro lugar, ser ele próprio analisado" (Ferenczi, 1928, p. 26). E, dentro disto, lamentava por Freud não ter tido a chance nem de uma análise curta, tendo de se conformar com uma autoanálise que não permitiu a ele superar sua cegueira quanto a avaliar os efeitos de seus restos não resolvidos da análise de transferência (Fédida, 1988). Aliás, a esse respeito, formula um primeiro paradoxo, segundo o qual alguns pacientes serão mais bem analisados que os analistas, chegando a afirmar, talvez com certa ironia, que o melhor analista é aquele paciente curado (Ferenczi, 1928).

De fato, Freud não se interessava pela vertente propriamente terapêutica da psicanálise. Tampouco questões sobre a técnica orientavam suas buscas investigativas, a não ser na medida em que tivessem valor de método posto a serviço das descobertas teóricas sobre o psiquismo humano (Fédida, 1988). Utilizava o *setting* analítico como espécie de tubo de ensaio no qual testava suas hipóteses. E não é estranho que assim se passasse, afinal, tinha o modelo científico como norteador de sua postura ética e clínica, não desejando cavar para a psicanálise um lugar entre os saberes que não fosse reconhecidamente o da ciência. Assim, conformado a seus limites, escrevia nas "Novas conferências": "Talvez saibam que eu jamais fui um entusiasta da terapia; não há perigo de eu fazer um mau uso desta conferência, entoando louvores. Prefiro ser lacônico a me exceder" (Freud, 1933, p. 314).

Com efeito, as divergências entre Freud e Ferenczi no que tange aos aspectos técnicos da terapêutica psicanalítica, bem como seus objetivos, foram aumentando. Haynal (1995) sugere que a prática clínica de Ferenczi, cada vez mais voltada ao atendimento de pacientes regredidos, afetava Freud que, com embaraço, relembrava as primeiras experiências de descontrole pela regressão da época breueriana com Anna O., bem como a relação apaixonada e enlouquecida vivida entre Jung e S. Spielrein e entre o próprio S. Ferenczi e Elma. De fato, seus limites pessoais também influenciavam sua técnica e estilo. Suportava mal as irrupções violentas dos afetos de pacientes desequilibrados, manifestações de hostilidade, bem como as regressões que transbordavam via sexualidade e psicose. Tudo isso parecia ameaçar o laboratório idealizado por ele – e parecia ameaçá-lo também. Mas a resignação de Freud aos seus limites já se mostrava bem antes em sua obra. Nas primeiras linhas das recomendações aos jovens médicos escreve: "[...] devo enfatizar que esta técnica revelou-se a única adequada para minha individualidade. Não me atrevo a contestar que uma personalidade médica de outra constituição seja levada a preferir uma outra atitude ante os pacientes e a tarefa a ser cumprida" (1912b, p. 148).

A sexualidade infantil e algumas consequências para o laboratório de Freud

À parte as tendências psíquicas de Freud, que devem ter tido mesmo ascendência sobre suas escolhas técnicas, importa-nos perseguir a hipótese de Fédida (1988), para quem a técnica elaborada por Freud é um método de investigação derivado de suas hipóteses sobre o funcionamento psíquico e aperfeiçoado nas psicoterapias das neuroses, esperando com isso saber em que medida suas aplicações comprovavam ou enriqueciam a ciência psicanalítica. Em outras palavras, as questões da técnica funcionavam para Freud como apêndices metodológicos em busca da demonstração de suas descobertas teóricas. Nesse sentido, sugerimos que a descoberta da sexualidade infantil, bem como o domínio central que as teorizações em torno desse tema tiveram para a psicanálise como todo, foi responsável pela criação de parâmetros do enquadre analítico que acabaram por dissociar no *setting* o analista do paciente, os pensamentos dos afetos, o método da observação e a experiência do processo. Era preciso comprovar que o sofrimento do paciente resultava da ação de suas fantasias e conflitos relacionados com sua sexualidade recalcada. Ainda que o conceito de transferência tenha representado uma tentativa de restabelecer definitivamente a afetividade na relação analista-paciente, negligenciada desde o abandono da hipnose catártica, sua inclusão no âmbito dos mecanismos de tipo projetivo acabou por limitar seu manejo a uma clínica da repetição. Assim, vejamos.

A substituição do método catártico na hipnose[4] pelo da associação livre enfraqueceu a "relação intensamente emocional" (Ferenczi, 1930, p. 55) entre analista e paciente. No lugar do analista que dirigia a cena histérica[5] surge

4 Para esta discussão, remeto o leitor ao interessante e esclarecedor ensaio "Por uma outra sensibilidade clínica: fale com ela, doutor!", referencial para o presente artigo, em que o autor propõe um percurso através da história da constituição da experiência psicanalítica. Entre outros assinalamentos, os três tempos desse percurso diferenciam os destinos do afeto no espaço analítico e na relação analítica (Kupermann, 2008b).

5 Imagem forjada pelo autor e que tomo de empréstimo dada sua exatidão estética (Kupermann, 2008b).

um investigador curioso a respeito do inconsciente sexual, que lá pesquisa as causas da neurose, e um hermeneuta sóbrio, que interpreta os sentidos subjacentes ao encadeamento do discurso do paciente, decifrando nestes seus desejos conflituosos e fantasias. O *setting*, agora mediado pela palavra do paciente e silêncio do analista, traz a marca da austeridade e do controle. E, no lugar da sugestão, a interpretação torna-se o principal dispositivo analítico para revelar no material associado os disfarces e censuras contrabandeados pelas resistências que mantém o recalcamento.

Se, portanto, do lado do paciente, a associação livre mostrou-se vantajosa em relação à hipnose catártica, porque permitiu a ele saber sem se esquecer das causas envolvidas em seus sintomas e sofrimento, do lado do analista, a interpretação como ferramenta posicionou-o no *setting* a um ponto tal de distância do paciente que prejudicou sua capacidade em apreender o que via e ouvia no plano da sensibilidade, assim como reconhecer-se em uma presença viva implicada no processo analítico. O afeto ejetado – diria Joyce McDougall – converteu o processo analítico "numa espécie infinita de associações, um processo essencialmente intelectual" (Ferenczi, 1930, p. 35), forjando uma dissimetria que, em nossas palavras, instaura uma relação de exterioridade do analista à cena à qual pertence. Ora, nossa hipótese supõe haver semelhanças entre a posição concedida ao analista na cena clínica da associação livre e a do sedutor na cena da segunda teoria do trauma infantil. Em alguma medida, ambos foram cortados do drama em favor da supremacia do mundo interno da psicossexualidade pulsional.

Todos sabem à exaustão que a consolidação das descobertas de Freud sobre a sexualidade infantil provocou uma inversão na perspectiva da gênese do trauma, da figura do sedutor, para a força das pulsões. Se nos inícios o trauma resultava da sedução da criança por um adulto, com a nova teorização sobre a sexualidade infantil os aspectos internos tomaram lugar dos externos na etiologia da histeria. Tratou-se, pois, de privilegiar a precedência do regime pulsional sobre as influências das experiências[6], daí derivando a perspectiva que concebe na origem do trauma infantil a violência interna de um corpo pulsional. Para Freud, portanto, diante dos aguilhões do sexual pulsional, o adulto sedutor de outrora cai em desuso, perdendo relevância clínica.

---

6 É preciso lembrar com Gurfinkel (2001) que o fato de Freud ter aberto mão de sua Neurótica, redirecionando a ênfase das determinações da neurose, do valor do trauma aos fatores constitucionais, "implicou em (*sic*) um salto de qualidade com a interpolação da noção de fantasia entre o evento traumático e o sintoma" (p. 70).

Ponderações metodológicas

Por outro lado, é preciso também ponderar algumas conclusões, porque a ênfase em determinado recorte na teoria, iluminando apenas um lado pode, por contrataste, criar uma dicotomia cega, que ora privilegia o interno, ora o externo, ou o sexual pulsional no lugar da experiência. Todo cuidado é pouco, e devemos ter cautela antes de concluir. De fato, em trabalhos posteriores, a despeito de ter mantido a precedência da sexualidade infantil na etiologia das neuroses, Freud (1916-1917) não recusou[7] a coparticipação de fatores exógenos da experiência na etiologia da histeria. É notória a lembrança de Gurfinkel (2001) de que ele teria combatido uma simplificação implícita à oposição endógeno-exógeno, ou externo-interno, ao manter a importância da complexidade implicada no modelo da sobredeterminação. A equação implicada na proposta das séries complementares aponta para um arranjo entre os dois componentes, na esteira do qual depende o destino da psicopatologia de cada um. Em suas palavras: "A importância das experiências infantis não deve ser totalmente negligenciada, como as pessoas preferem [...]. Elas determinam as mais importantes consequências, porque ocorrem numa época de desenvolvimento incompleto e, por essa mesma razão, são capazes de ter efeitos traumáticos" (Freud, 1916-17, p. 422). E, nesse mesmo artigo, lança os gérmens que embasam as teorias contemporâneas sobre a importância da precocidade do trauma, ao assemelhar os efeitos patógenos da situação traumática infantil aos graves distúrbios de desenvolvimento de um embrião quando picado por uma agulha em uma camada germinal, no ato de sua divisão celular.

Ora, mas é fato ainda mais notável que Freud tenha destacado nos textos pós-1920 o caráter traumático e a origem exógena do *outro* – este que surge como intérprete da realidade interior da criança e responde, nos processos constitutivos, pela passagem da força pulsional para a dimensão da representação e do corpo. Com efeito, em "Além do princípio de prazer", de 1920, Freud identifica o caráter traumático da *separação* do outro (mãe) por uma tentativa de elaboração (da criança) por meio do ato de *repetir compulsivamente* a experiência desagradável (*Fort-Da*). Em "Inibição, sintoma e angústia", de 1925, a *privação* da *presença materna* vai instaurar no bebê a *dor* (e não angústia), por sua vez, responsável pelas primeiras percepções

---

[7] Nas últimas linhas da longa nota 1 em "Dinâmica da transferência" (1912a) Freud escreve que "pode-se ousar ver a constituição mesma como o precipitado das influências acidentais sobre a infinita série dos antepassados" (p. 134), demonstrando a complexidade mesma da questão.

da existência de um corpo. Nos artigos sobre "Sexualidade feminina", de 1932-33, a *presença materna* que cuida e higieniza vai, com sua *atividade,* propagar o Eros no infante, *erogenizar* seu corpo.

Observa-se que, das posições iniciais parcializadas – estabelecidas com a teoria que fez primeiro prevalecer o fator externo da sedução e, depois, a hegemonia do sexual pulsional – às últimas mais sintéticas – nas quais Freud torna explícita uma profunda articulação do interno com o externo, ou da pulsão a seus objetos –, dá-se um salto de qualidade na forma de conhecer a realidade psíquica e a clínica que, a despeito de não ter produzido correlatos no método analítico de Freud, impulsionou Ferenczi a criar novas teorizações. No que tange a suas formulações técnicas, Ferenczi foi quem primeiro recuperou a necessidade de se observar a presença do analista e sua contratransferência como elementos instituintes do processo analítico. Sendo esta inclusive uma postura ética e técnica compartilhada por muitos autores da psicanálise atual e de correntes de pensamento derivadas, como a da psicossomática psicanalítica.

Nossa hipótese é que o método clínico psicanalítico baseado nas coordenadas da teoria do sexual recalcado desarticulou do enquadre o *objeto,* este outro na análise. Por sua vez, esta desarticulação consolidou um pensamento preponderante na França e em seus satélites[8], que operou: um recalque dos elementos contratransferenciais e da presença viva do analista (seu corpo também); uma consequente negação da dimensão relacional do processo analítico, que ficou circunscrito a uma experiência exclusiva da interioridade do paciente; uma concepção de transferência reduzida à dimensão da repetição.

A seguir, esboçaremos uma introdução à contribuição de Ferenczi para uma clínica integrada e comprometida com uma concepção de transferência potencialmente mais indutora de transformação que repetição.

Enquadre traumático e repetição do analista

Ferenczi (1930) percebia que processos analíticos entendidos como método de investigação e pesquisa aplicado ao tratamento e baseado na separação sujeito/objeto não traziam benefícios reais ao paciente. Até o

[8] Embora a pretendida assepsia e neutralidade fosse, à revelia dos pós-lacanianos como Green, Laplanche, McDougall e outros, central na França dos anos 1970, sabemos que, anteriormente, na Inglaterra de Melanie Klein, Winnicott e Bion, as questões das emoções, sensações e sentimentos entre analista a analisando eram a tônica – ainda que sob diversos enfoques, de acordo com as particularidades das teorizações de cada autor.

contrário, análises estabelecidas sobre tais bases pareciam alimentar um paradoxo perverso, pois corriam o risco de *repetir violências traumáticas* com (a criança do) paciente[9] em vez de curá-los dessas sequelas. Ponderava que a regra de abstinência, promovida com o silêncio e a reserva do analista para quebrar as resistências e permitir o fluxo associativo era frequentemente aplicada em excesso, impelindo o paciente a reviver sem motivo experiências semelhantes àquelas que na infância o fizeram adoecer e estagnar-se. Da mesma forma, a técnica da frustração, que impunha ao analista a medida da não resposta às necessidades do paciente, não lograva êxito em colocá-lo frente a frente com as causas de seu sofrimento, pois o mantinha quase sempre encurralado em um beco da transferência sem resposta ou saída, impotente quanto a reencontrar o caminho almejado de retorno do investimento em si e na realidade que cerca sua vida. Desconfiava da centralidade da interpretação como ferramenta de acesso ao inconsciente, e não o agradava o tom professoral de Freud. Preocupava-o que análises conduzidas nesses termos submetessem os pacientes a cotas de sofrimento mais intensas que o necessário para o processo, e via nisso um contrassenso da psicanálise, iatrogenia em escala expressiva. Em uma de suas deliciosas imagens, entre tantas que nos fazem rir como criança, escrevia: "o fanatismo da interpretação é uma das doenças de infância do analista" (Ferenczi, 1928, p. 33). Infância do analista, infância da psicanálise? Seja lá de que infância for, suscetível às fragilidades e inconsistências da imaturidade, como tudo *in statu nascendi* é.

Sua experiência com alguns pacientes, cujos processos analíticos conduzidos nesses termos fracassaram (Ferenczi, 1926), levou-o à conclusão de que a aplicação rígida dessas normas instituía um nível de tensão[10] tão grande que, em vez de levar o paciente a trabalhar suas associações, criava um fosso entre ele e analista que reproduzia experiências traumáticas da infância,

---

[9] Sem negar a força das pulsões, Ferenczi (1930) conclui que as razões do traumatismo deviam-se menos à sensibilidade constitucional que a tratamentos inadequados, cruéis mesmo, do ambiente. Define, assim, a estrutura bifásica do trauma: uma primeira fase em que a criança sofre uma hiper ou hipoestimulação pelo ambiente, seguida, em sua busca por reparação, de uma experiência de desmentido ou desqualificação pelo adulto a quem ela recorre. Trocando em miúdos: sedução erótica, constrangimento ou agressão por parte de um adulto, *realmente* forte e autoritário, de quem a criança evidentemente *depende* para viver, e por quem se sente abandonada à solidão da incompreensão. As teorizações sobre o trauma, bem como a traumatogênese, são riquíssimas e exprimem uma contribuição original de Ferenczi à psicanálise. No entanto, não serão contempladas neste artigo, pois fogem a seu escopo.

[10] Intitulada técnica ativa, Ferenczi (1926) acabou por abandoná-la. Cf. "Contraindicações à técnica ativa".

como o isolamento, o abandono e a submissão. Conclusão: o processo analítico, conduzido segundo as condições predominantes na situação clínica estabelecidas para ajudar o paciente a conhecer as razões de sua neurose e superá-la, tornava-se, paradoxalmente, fonte responsável pela produção de transferências negativas, sem que, no entanto, uma resolução favorável fosse ali tornada possível, a não ser alterando-se as estratégias técnicas.

Afirmava que as queixas, reações e comentários dos pacientes sobre suas atitudes, gestos, silêncios e interpretações, por exemplo, a de que parecia estar emocionalmente morto, já que não mostrava compartilhar do sofrimento deles, remontavam a traumas infantis profundos. De fato, sua observação tenaz e sensibilidade fina permitiam-lhe verificar analiticamente que "o paciente vê a reserva severa e fria do analista como a continuação da luta infantil contra a autoridade dos adultos e (que) repete agora as reações caracteriais e sintomáticas que estiveram na base de sua neurose propriamente dita" (Ferenczi, 1930, p. 61). Isto é, a repetição de uma situação infantil de submissão da criança ao adulto de quem depende. A esse respeito, afirma que o paciente esconde percepções e sentimentos sobre o analista temendo que sua confissão leve o analista a se magoar com ele. Daí, define a hipocrisia profissional como atitude que, revestida de aparente amabilidade, priva o paciente do que ele mais precisa: presença. Enquanto este sofre e se debate em dor, "estamos lá tranquilos fumando nosso charutinho, entediados, às vezes fazemos uma observação convencional, às vezes cochilamos... e nos esforçamos para nos mostrarmos amáveis e compassivos" (Ferenczi, 1932, p. 224). Escreve, ainda: "a hipocrisia é a consequência da covardia daqueles que dão o tom" (p. 191), querendo dizer que o analista não só se aproveita da dissimetria entre as posições para se proteger como estabelece uma ordem de poder com ela. Enfim, suas reflexões agudas foram como facas afiadas que talharam novas fronteiras técnicas na psicanálise.

Aqui, é preciso retomar o conceito de repetição e transferência. É notório o lugar privilegiado da repetição transferencial no processo analítico. Freud considerava-a um mecanismo intrínseco à neurose que institui uma espécie de estado transitório muitas vezes inevitável entre o recalque e a rememoração. Se todos se lembram, Freud é categórico ao afirmar que nada especialmente particular no processo analítico é responsável pelo desencadeamento das transferências, sendo elas apropriadas a toda e qualquer situação. Cito Freud (1912a): "Não é correto que durante a psicanálise a transferência surja de modo mais intenso e desenfreado que fora dela. [...]

Essas características da transferência não devem, portanto, ser lançadas à conta da psicanálise, mas atribuídas à neurose mesma" (p. 137-138). Forjada artificialmente pelo processo analítico, por meio da figura da neurose de transferência, corresponde àquela parte do recalque impedida de ser posta em palavras, dada a resistência que se exacerba quando o trabalho se aproxima de um conteúdo conflituoso. Repete-se, portanto, em vez de lembrar, atua-se em vez de falar. E, como "não se pode vencer um inimigo ausente ou fora de alcance" (Freud, 1914, p. 199), tornou-se padrão no tratamento analítico entender a repetição nas transferências negativas como um "mal" necessário e sua dissolução, o objetivo a ser alcançado pelo método clínico a partir da interpretação de seus sentidos.

Ferenczi, por outro lado, não compunha com a ideia de que a transferência negativa era um aspecto inevitável na análise, tampouco com a concepção que reporta suas raízes somente à neurose e a suas resistências à análise. Imbuído da benevolência que lhe era peculiar, mas, acima de tudo, tomado pelas novidades que via despontar na clínica, a partir das articulações que sua teoria do trauma fazia com a metapsicologia pós-virada dos anos 1920, desconfiava que a tal neurose artificial, que de artificial nada parecia conter a seus olhos, era, na verdade, a manifestação mais clara e viva da demoníaca compulsão à repetição se fazendo presente pelas mãos da técnica. Repetição que ali não traduzia o efeito neurótico da resistência ao retorno do recalcado, mas, sim, a compulsão do vazio da inscrição psíquica aberta com a violência traumática. Entendia, pois, que ali assistíamos ao enquadre analítico gerando novas edições do trauma.

Ora, como proceder diante da conclusão de que as próprias coordenadas do *setting*, nos termos propostos, eram responsáveis por desencadear em seu *playground* transferencial a repetição de traumatismos infantis em seu formato mais primitivo, o da compulsão à repetição? Intimamente, Ferenczi sabia que repetir não é reviver. Porque na repetição está fora algo do mental e do atual que é acrescido na revivescência. Renascer, reviver, adquirir novo vigor são palavras que não recobrem a experiência da reprodução na repetição. Em uma imagem metalinguística, não seria um erro afirmarmos que, se repetir é filho *natural* da compulsão, reviver é *obra* da pulsão.

Vexado com o que considerava uma contradição interna a tal orientação metodológica, Ferenczi dedicou-se a apurar como o analista deve alterar sua técnica e, assim, levar seu paciente a alcançar a boa espécie e a boa quantidade de amor de transferência, que o permita alcançar a adaptação necessária no decorrer do tratamento (Balint, 1967), sem se perder em transferências negativas e, ainda, economizando sofrimentos desnecessários, frutos do passado traumático. Propõe para isso outra medida de proximidade analista-paciente que não negue as diferenças estruturais entre as posições, mas permita converter a autoridade opaca do analista em disponibilidade para o afeto, forjando, no método que associou ao tato, o tatear, uma profunda integração da observação com a experiência de escuta e atenção flutuante.

Ao analista, propôs trocar a severidade rígida e o amor aparente pela sinceridade que refletisse uma elasticidade capaz de adaptar a técnica às necessidades singulares da criança em cada paciente. Intuía que a transparência do analista a seus afetos permitiria ao processo conduzir-se pelos caminhos da transferência positiva baseada na confiança para, enfim, desembocar em uma forma de encontro com o sensível[11]. A confiança, diz ele, é "aquele algo que estabelece o contraste entre o presente e um passado insuportável e traumatogênico" (Ferenczi, 1933, p. 100), sendo o espaço analítico ideal aquele que permite ao paciente experienciar, não somente repetições das causas de sua neurose, mas também, e sobretudo, discrepâncias entre seu passado traumático e o presente acalentador. Isso, esse fragmento que a confiança aporta como diferença, é o que levaria o profissional da psicanálise a sair do lugar exclusivo de suporte da transferência para alcançar a posição *do analista que suporta*, permitindo ao paciente um novo começo.

No embalo de reflexões como essas, apenas esboçadas na última parte deste artigo, Ferenczi funda um pensamento que reconhece no engajamento recíproco de aspectos transferenciais, contratransferenciais e técnicos uma particularidade inextrincável da vocação transformadora e, portanto, terapêutica da psicanálise.

Referências

BALINT, M. (1967) As experiências técnicas de Sándor Ferenczi: perspectivas para uma evolução futura. In: FERENCZI, S. *Obras completas*. São Paulo: Martins Fontes, 1992; v. 4.

---

[11] Ao leitor interessado indico o belo ensaio de Daniel Kupermann (2008a), "Resistência no encontro afetivo: sublimação e criação na experiência clínica", referência para o presente artigo, em que ele discute profundamente a temática do sensível em Ferenczi.

BIRMAN, J. *Ensaios de teoria psicanalítica – parte 1*: metapsicologia, pulsão, linguagem, inconsciente e sexualidade. Rio de Janeiro: Jorge Zahar, 1993.

DUPONT, J. (1985) Prefácio. In: FERENCZI, S. *Diário clínico*. São Paulo: Martins Fontes, 1990.

FÉDIDA, P. *Clínica psicanalítica*. São Paulo: Escuta, 1988.

FERENCZI (1926) Contraindicações da técnica ativa. *Obras completas*. São Paulo: Martins Fontes, 1992; v. IV.

______. (1928) Elasticidade da técnica psicanalítica. *Op. cit.,* v. IV.

______. (1930) Princípio de relaxamento e neocatarse. *Op. cit.*, v. IV.

______. (1931) Análise de crianças com adultos. *Op. cit.*, v. IV.

______. (1932) *Diário clínico*. São Paulo: Martins Fontes, 1990.

______. (1933) Confusão de línguas entre adultos e criança. *Op. cit.,* v. IV.

FREUD, S. (1910) As perspectivas futuras da terapêutica analítica. *Edição Standard Brasileira das Obras Psicológicas Completas de Sigmund Freud*. Rio de Janeiro: Imago, 1977; v. XI.

______. (1916-17) Algumas ideias sobre desenvolvimento e regressão – etiologia. *Op. cit.*, v. XVI.

______. (1912a) A dinâmica da transferência. *Obras Completas*. São Paulo: Companhia das Letras, 2010; v. X.

______. (1912b) Recomendações ao médico que pratica psicanálise. *Op. cit.*, v. X.

______. (1914) Recordar, repetir e elaborar. *Op. cit.*, v. X.

______. (1920). Além do princípio de prazer. *Op. cit.*, v. XIV.

______. (1925). Inibição, sintoma e angústia. *Op. cit.*, v. XX.

______ (1931). Sexualidade feminina. *Op. cit.*, v. XVIII.

______. (1932/1933) Novas conferências introdutórias à psicanálise. Conferência 34. Esclarecimentos, explicações, orientações. *Op. cit.*, v. XVIII.

GURFINKEL, D. O infantil em Ferenczi e o problema da ingenuidade. In: *Do sonho ao trauma*: psicossoma e adições. São Paulo: Casa do Psicólogo, 2001.

HAYNAL, A. *A técnica em questão*. *Controvérsias em psicanálise*: de Freud a Ferenczi a Michael Balint. São Paulo: Casa do Psicólogo, 1995.

KUPERMANN, D. Resistência no encontro analítico: sublimação e criação na experiência clínica. In: KUPERMANN, D. *Presença sensível*. Rio de Janeiro: Civilização Brasileira, 2008a.

______. Por uma outra sensibilidade clínica: fale com ela, doutor! *Op. cit.*, 2008b.

O'DWYER DE MACEDO, H. O problema Ferenczi. In: *Cartas a um jovem psicanalista*. São Paulo: Perspectiva, 2011.

Saúde pública: uma compreensão psicossomática

32. Possibilidades de uma clínica do sujeito na atenção primária à saúde (APS)

Gastão Wagner de Sousa Campos

Atenção primária e complexidade: narrativa sobre apoio institucional a uma equipe de saúde da família

O médico de família e comunidade Sócrates apresentava o caso clínico de Júlia da Penha para a Equipe de Referência da qual fazia parte. Ele abriu sua exposição justificando por que escolhera Júlia para a construção compartilhada de um Projeto Terapêutico Singular:

— Bem, pessoal, acredito que todos vocês conheçam a Júlia. É usuária do Centro de Saúde há vários anos. Selecionei o caso para discutirmos por que está *impossível* lidar com ela. Esgotei todos meus recursos, mesmo assim, considero... Ela não tem *aderido* ao tratamento. Baixa *adesão*, disto é que se trata. Bem, vamos ao caso. Não... Antes... Há ainda uma segunda justificativa para fazermos o *Projeto Terapêutico* de Júlia. — Nesse momento, o Dr. Sócrates, que até então falava voltado para seus colegas de equipe, passou a dirigir-se a mim, sentado do outro lado da roda formada pelos participantes daquela sessão. — O professor Gastão está aqui e ele nos ensinou a selecionar os casos difíceis para discussão em equipe. Pois é, trata-se de uma paciente com alta *vulnerabilidade*. Alta... Um caso complicado. A saúde da Júlia vem se deteriorando apesar de ela nunca faltar às consultas agendadas. Tudo bem, pessoal, podemos ficar com esse caso?

Semanalmente, essa equipe de saúde da família se reunia durante duas horas para fazer cogestão de seu trabalho. A agenda desses encontros era variada, frequentemente discutiam algum caso clínico, mas debatiam também problemas organizativos e de gestão. Nessa tarde, além dos membros da equipe, participava da reunião a psicóloga Ana da Silveira, vinculada a uma equipe de saúde mental que usava a metodologia de apoio matricial para se relacionar com o pessoal de saúde da família. A sala em que nos reuníamos era pequena para abrigar treze pessoas: quatro agentes de saúde, três auxiliares de enfermagem, a psicóloga, uma enfermeira, uma pediatra, o médico de família, que apresentava o caso, uma dentista e eu, na função de apoiador institucional. Onze mulheres e apenas dois homens.

Observem que Dr. Sócrates escolheu o caso de Júlia porque sentia ser "*impossível lidar com ela*". Este ensaio pretende discutir as possibilidades de uma clínica do sujeito e de uma clínica ampliada no âmbito da atenção básica, e começamos a narrativa com um depoimento de alguém que vive a atenção básica e que afirma a impossibilidade de exercer a clínica em uma situação comum na atenção básica. Estimulante o paradoxo, acredito!

Outro comentário antes de prosseguirmos com a narração. Dr. Sócrates utilizou conceitos com diferentes origens paradigmáticas. O termo *adesão* – "a paciente não tem *aderido* ao tratamento" – é um conceito cunhado pela clínica médica tradicional (biomedicina) para indicar que o paciente não obedece às prescrições do médico ou de outro profissional de saúde. Tal conceito tem sido utilizado para avaliar a dificuldade de grande porcentagem de usuários em cumprir as recomendações médicas, particularmente em condições e enfermidades de evolução crônica. Os recursos utilizados por esse referencial teórico para melhorar a adesão aos tratamentos centram-se em três estratégias: aumentar o controle dos serviços e dos profissionais sobre os hábitos do usuário (tratamento supervisionado, visitas domiciliares, hospital dia etc.); fazer aconselhamento ou educação em saúde para informar aos pacientes e aos cuidadores sobre os riscos e inconvenientes em não obedecer ao médico; e, ainda, amedrontar pacientes e familiares com a possibilidade de morte ou de agravamento da doença (OMS/OPAS, 2012). Ao mesmo tempo, esse médico de família usa o conceito de *vulnerabilidade* (Bertolozzi, 2009) cunhado para ampliar a noção de risco, circunscrita ao biológico. A vulnerabilidade inclui tanto o risco biológico de certo agravo ou enfermidade quanto a dificuldade de viver em dado contexto. Inclui, portanto, o plano existencial – subjetivo e sociocultural. Ele se referiu, ainda, ao Projeto Terapêutico Singular, um conceito que fundiu a noção de *projeto de produção social*, utilizada por Franco Basaglia (1991), com a tradição médica de discussão de casos clínicos. Basaglia usava o termo "projeto de produção social" para referir-se à perspectiva de reabilitação psicossocial de portadores de transtornos mentais graves. O *Projeto Terapêutico Singular* busca recuperar a tradição de discutir casos clínicos, ampliando, contudo, o escopo do debate para as dimensões psíquicas e sociais, tratando de fazê-lo em grupos multiprofissionais, a fim de facilitar a abordagem interdisciplinar adequada a fenômenos complexos. Além disso, incorpora a noção de projeto originária do existencialismo que lança o olhar também para o futuro, definindo novas tarefas para paciente, cuidadores e profissionais de saúde (Cunha, 2007).

Esse comportamento do Dr. Sócrates poderia chocar pela aparente incoerência resultante da utilização de conceitos com diferentes racionalidades epistemológicas. Entretanto, para o referencial da clínica ampliada e compartilhada, essa combinação é necessária caso se pretenda abordar e lidar com elementos objetivos, subjetivos e sociais do processo saúde e doença e do manejo terapêutico.

Voltando ao episódio: houve um murmúrio indicativo de aprovação e o médico retomou a palavra:

— Bem, vamos ao caso! Júlia é portadora de *diabetes* do tipo 1; ela tem 28 anos e usa insulina desde os 14. Eu a acompanho há quatro anos. Ultimamente, seu estado geral piorou. Hemoglobina glicada de 8%; não consigo que ela faça glicemia de jejum nem exames para análise da função renal, tampouco fundo de olho, já pedi, insisti, e ela não faz o solicitado. O pior é que vem perdendo peso. Enfim, não está fácil.

A pediatra, Dra. Valéria, pediu alguns esclarecimentos sobre a história clínica recente da paciente: se houvera episódios de hiperglicemia, ida ao pronto-socorro, e perguntou-lhe também sobre demais medicamentos prescritos. Dr. Sócrates respondeu-lhe com precisão, esclarecendo que, para sua surpresa, Júlia da Penha não tivera qualquer crise aguda, apesar do descuido com o *diabetes*.

A enfermeira Florence quis saber sobre a alimentação e *sugeriu que Júlia fosse inscrita no grupo semanal* organizado para orientação de diabéticos e hipertensos.

Antes dessa reunião houve um seminário sobre estratégias metodológicas para a construção compartilhada de um Projeto Terapêutico. O método de apoio institucional por mim utilizado durante aquela intervenção prevê momentos de discussão de casos e momentos teóricos. Por "caso" entendiam-se tanto problemas clínicos como transtornos no processo de trabalho ou na gestão. O apoio institucional visa construir possibilidades de cogestão e, por isso, valoriza a análise das relações de poder entre os vários sujeitos que convivem no SUS. No momento de ofertas teóricas se discutiam artigos, livros ou relatos de outras experiências sobre a prática clínica e modelos de atenção. Em um desses momentos teóricos recomendou-se primeiro discutir o assunto em questão, que os profissionais buscassem compreendê-lo antes da chuva de sugestões práticas e operacionais, ou seja, que fizessem um esforço voltado à compreensão do caso clínico ou institucional em debate. Florence estava apresentando soluções antes de se apropriar do problema em discussão. Eu poderia ter feito um comentário crítico, mas preferi deixar o debate prosseguir.

— Não sei detalhes sobre os hábitos alimentares de Júlia — Dr. Sócrates respondeu-lhe. — Ela não é de falar muito. De qualquer modo, Florence — ele continuou —, eu insisti muito para que Júlia voltasse ao grupo para diabéticos. Ela já frequentou o grupo alguns anos atrás. Mas ela resiste.

— Por quê? — espantou-se Florence.

— Sei lá eu!

— Estranho! — exclamou a enfermeira.

— Sim... Me recordo... Ela me disse que já tem diploma em *diabetes* de tanta aula, de tantos grupos que já participou. Júlia sabe do perigo, sabe dos cuidados que deve tomar, sabe do uso da insulina, restrições alimentares, o diabo! Na realidade, o problema é que ela usa insulina conforme lhe dá na telha. Ela tem um glicosímetro; quando percebe algum sintoma, fura o dedo e calcula a dose de insulina. Vem fazendo tudo errado. Na última consulta, eu a apertei e ela me confessou que passa até dois dias sem insulina. Usa somente pela manhã e não à noite, enfim! Bem, pessoal, sabe, pensei em uma solução. Pensei em adaptarmos a técnica do *tratamento supervisionado* para tuberculose para a Júlia. Em vez de a agente comunitária fazer visitas diárias para condicionar o paciente a usar os medicamentos, a agente da microárea, é a Maria da Silva, não?

— Sim, sou eu a responsável — esclareceu Maria.

— Pois é, você poderia visitar Júlia todos os dias pela manhã e supervisionar pelo menos a tomada matutina de insulina. E então, o que lhes parece?

Silêncio. Ninguém na equipe respondeu. Incomodado, Dr. Sócrates voltou a insistir:

— Bem, melhor do que nada, não? O que não podemos é desistir, não?

Silêncio. Nenhum comentário.

— Pessoal, pensei nisso com base no que nos ensinou o professor Gastão — novamente o médico apelava à minha autoridade para reforçar suas colocações. — *Lembram-se de quando ele nos disse que podemos adaptar os protocolos clínicos*, programas e normas ao contexto, a cada caso em questão? Bem, pensei, "se tratamento supervisionado funciona na tuberculose, por que não funcionaria no *diabetes*?" Não estou correto, professor? Alguém para ajudar a Júlia com a aplicação de insulina! Maria da Silva poderia dar uma espiada na cozinha também. Ver o que Julia anda comendo. Quando pergunto sobre sua dieta, ela sempre responde que come o mesmo de sempre. Nada de doces, ela jura; comida comum, suco de laranja, café, pão com manteiga, arroz e feijão, assim. O marido é chegado numa cerveja, mas ela é abstêmia. Não sei se ela está sendo sincera comigo, francamente.

Todo o grupo me olhou como se aguardasse minha sentença sobre a proposta do médico. Dr. Sócrates referia-se a um seminário anterior em que estudamos a clínica ampliada valendo-nos do conceito de práxis em Aristóteles e em outros pensadores. Para essa concepção, a clínica deveria combinar conhecimentos prévios com a construção ativa da compreensão singular do contexto. Os protocolos e diretrizes clínicas não deveriam ser tomados como algo sagrado, a que obedecer cegamente, mas poderiam sofrer reflexão crítica e reconstrução em função do caso singular. Preferi não me valer da autoridade de professor e devolvi-lhes a pergunta, estimulando-os a comentar a proposta do Dr. Sócrates. Acrescentei, ainda, que talvez valesse a pena aprofundar a compreensão da equipe sobre o caso de Júlia da Penha. Antes que eu terminasse, Alice, auxiliar de enfermagem, comentou em um tom irritado:

— Não sei não, viu, doutor! Pra mim, essa Júlia é uma folgada de marca maior. Ela usa e abusa do Centro de Saúde. Dia sim, dia não, ela aparece no acolhimento exigindo atendimento. Parece uma rainha. Não comparece no dia agendado e por qualquer coisinha faz um barraco pra conseguir consulta. Ora é pra ela, ora é pras meninas. Por mim, eu trataria de dar um basta. Se ela tem tudo de graça, na mão, e nós ainda vamos dar mais! Visita; *paparicar a fulana*, não. *Se ela quer morrer, que morra*.

Fiquei surpreso com o tom agressivo de Alice. Ninguém no grupo respondeu-lhe, os participantes aguardaram alguns segundos respeitosos e retomaram a discussão como se ela não houvesse dito nada. Pareceu-me uma utilização coletiva da técnica de "extinção de comportamento inadequado" proposta por Skinner.

Surpreendeu-me essa manobra do grupo, já que, no fundo, Alice, com suas considerações raivosas, desobrigava a equipe de preocupar-se ou de intervir sobre problemas de "adesão ao tratamento". Para ela, cada pessoa era inteiramente responsável por suas atitudes, não cabendo ao SUS cuidar dessas dificuldades.

Alguns meses antes eu havia apoiado uma equipe no Hospital da Universidade, e esse tema dividira os participantes em dois lados equivalentes. Metade dos médicos, enfermeiros e técnicos e auxiliares de enfermagem assumiram postura semelhante à de Alice. O serviço onde trabalhavam tinha uma taxa de adesão considerada insatisfatória, e convidaram-me para ajudá-los a planejar mudanças que reduzissem esse índice. Metade dos participantes defendeu com convicção que qualquer planejamento com esse objetivo seria desnecessário. Afinal, segundo sua visão, cada um é responsável por si mesmo, e os descuidados fariam um benefício à sociedade, já que abririam lugar para outros interessados em tratar-se.

O espírito na atenção primária parecia ser outro; com certeza, a maioria dos profissionais que trabalhavam na saúde da família assumia que as dificuldades subjetivas e sociais dos usuários eram também de sua responsabilidade. A cumplicidade coletiva indicava que todos estavam contra Alice.

Depois da não resposta a Alice, a enfermeira Florence retomou o fio da meada:

— Não sei, doutor. Agente de saúde não pode aplicar injeção, *está proibido* pelo...

— Pelo amor de Deus, Florence! — interrompeu-a também agressivo o Dr. Sócrates. — Isso é corporativismo do Coren! Se a própria paciente, que não é enfermeira nem auxiliar de enfermagem, autoaplica insulina, se o SUS nos orienta para fazer isto, por que uma agente de saúde não poderia apoiar os pacientes no uso de insulina, ajudar, ensinar? Não, discordo.

Silêncio constrangedor. Florence buscou com o olhar as outras duas auxiliares de enfermagem que participavam da reunião. Elas não haviam aberto a boca até então. As duas olharam para o teto, demonstrando indisposição em envolver-se com a polêmica.

Há grande interferência das corporações profissionais no funcionamento da atenção primária, geralmente na defesa de normas dirigidas muito mais a interesses do mercado de trabalho que ao atendimento das necessidades de saúde dos usuários.

Talvez motivada por minha intervenção anterior que os estimulara a compreender melhor o contexto de Júlia, a psicóloga Ana da Silveira dirigiu uma pergunta ao grupo como um todo e não somente ao médico que apresentava o caso:

— Não sei, talvez haja alguma dificuldade da Júlia *em cuidar-se*. Vocês, que estão lidando com ela há tempos, notaram algum sintoma de depressão, de tristeza, distúrbio do sono, sei lá, algo diferente? Afinal, a vida dessa mulher não deve ser fácil, doente desde os 14 anos! Ela mora onde, com quem?

A psicóloga não comparecia regularmente às reuniões da equipe. Por isso, não conhecia Júlia pessoalmente. Ela fazia parte de uma equipe de saúde mental responsável por realizar apoio matricial a oito equipes de saúde da família da região. Para realizar esse questionamento, ela se apoiava em um conceito central da clínica ampliada, que é a preocupação com a autonomia do usuário, com sua capacidade de cuidar-se.

— Ela é casada e vive com o marido — respondeu Dra. Valéria, a pediatra. — Júlia tem duas filhas, umas gracinhas, meninas lindas, inteligentes, alegres, sempre bem cuidadas, bem arrumadas, eu as acompanho desde o nascimento. *Júlia é uma mãe excelente*. Nota dez. Não acredito que ela tenha *doença mental*, Ana.

— Não me refiro a doença mental no senso estrito. *Viver com diabetes* não é fácil, duas filhas para cuidar, marido alcoólatra...

— O marido dela não é bebum, é um bebedor social, nunca o atendi, mas... Há um ano encaminhei Júlia para nossa psiquiatra, a doutora... Me esqueci o nome dela...

— Doutora Irma — completou a psicóloga Ana Silveira. — *Ela pediu demissão, não suportou trabalhar na atenção básica.*

— Sim, pois bem, a doutora Irma atendeu Júlia duas ou três vezes. *Prescreveu-lhe Rivotril® e um benzodiazepínico. Não notei alteração no humor de Júlia*. Depois, tive um trabalho danado para suspender essas drogas. A psiquiatra foi embora e fiquei *renovando a receita* dela bem uns quatro ou seis meses.

— *Mais de ano, doutor* — corrigiu-o Ana da Silva, a agente de saúde.

— *Sim, foi? Não me lembro, bem*. Com o tempo, percebi que *medicá-la fora um equívoco*, vocês não imaginam o trabalhão que tive, sem as drogas Júlia não dormia, ficou agitada, de mau humor, mas deu certo. Agora ela está livre.

Nesse momento, anotei em meu diário: "Agente valente! Contestou o médico e ainda pôs o dedo na ferida do problema da 'troca de receitas', uma prática perversa e persistente na atenção básica. O médico de família também se autorizou a criticar em público a conduta de sua colega psiquiatra".

Em alguma medida, essa correção da agente de saúde à memória seletiva do médico me indicou que a equipe construíra algum grau de grupalidade saudável. O espaço coletivo se dinamizava, permitia a emergência do contraditório sem que o contraditado, no caso o médico, se ofendesse. Por outro lado, o médico de família, até aquele momento, fora o principal protagonista na construção do Projeto Terapêutico. Porém, ao mesmo tempo, o médico expusera seu raciocínio clínico para colegas de outras profissões, sentira-se obrigado a justificar-se, a argumentar, a conseguir aprovação de seus pares. Era o efeito Paideia do apoio institucional e da cogestão das práticas, acreditei. A alegria de quando a fé em algo se confirma na vida concreta! Ou não?

Outro fato que emergiu nesse diálogo foi o fenômeno da medicalização também na atenção primária. *Medicalização* é um conceito polissêmico, mas, em geral, indica uso indevido de medicamentos ou de procedimentos médicos, bem como a tendência da clínica tradicional de lidar com componentes subjetivos e sociais das enfermidades, principalmente com drogas psicoativas. Há vários estudos constatando a persistência dessas posturas na atenção primária apesar das diretrizes, insistentemente repetidas, de valorizar a promoção à saúde, a autonomia do usuário e o uso racional de medicamentos e procedimentos (Cardoso, 2014).

Vale, ainda, comentar algo sobre o contexto dessa equipe de saúde da família. O Centro de Saúde (Unidade Básica) em questão contava com quatro equipes de saúde da família, além de uma área comum de apoio: seis leitos de observação, exames complementares e diagnósticos por imagem (inclusive para urgência, quando recebiam o resultado do exame no mesmo dia ou no seguinte) e sala de procedimentos. Havia uma coordenadora técnica e administrativa. Essas quatro equipes contavam com apoio de dois pediatras, uma ginecologista e uma equipe de saúde mental. Apesar de todos esses recursos, contudo, os profissionais estavam sobrecarregados. Cada equipe era responsável por 4.400 pessoas, o dobro do previsto pelas diretrizes oficiais. Isso os obrigava a degradar seu trabalho, acelerando o atendimento e adotando a prática da "troca de receitas", sem exame cuidadoso do paciente em uso crônico de medicação.

Era evidente a ambiguidade dos sentimentos dos profissionais quanto a trabalhar na atenção primária. Por um lado, havia empenho e dedicação e, algumas vezes, até mesmo militância; mas havia também sofrimento e desgaste, o que resultava em grande rotatividade dos trabalhadores, particularmente entre os médicos, na atenção básica.

Bem, o diálogo entre Dr. Sócrates e a equipe, bem como a pronta resposta de Ana da Silva, tangenciaram todas estas dimensões, não?

Depois se fez outro momento de silêncio constrangedor. Fazia muito calor naquela tarde. Eu intuíra que havia um incomôdo no ar. Como se todos ansiassem pelo fim do encontro.

— Bem, vamos aos finalmentes — acrescentou Doutor Sócrates com impaciência —, se vocês concordarem, encaminharemos o caso assim: Maria da Silva fará visitas diárias, de preferência; o máximo de visitas possíveis por semana, para supervisionar o uso de insulina e a dieta de Júlia. Depois da reunião, eu lhe orientarei — disse voltando-se para a agente de saúde — sobre a prescrição de Júlia. Tudo bem?

Silêncio.

— Tudo bem, então! Acho que por hoje basta, a reunião foi proveitosa, professor.

Quando ele já saltara para o chão da maca onde se sentara, Ana da Silveira acrescentou:

— Haveria algum inconveniente se eu acompanhasse a Maria da Silva durante as primeiras visitas? Acredito que valeria a pena tentarmos compreender mais o que vai pela cabeça dessa mulher.

Já com a porta aberta, Dr. Sócrates voltou-se e concordou com a psicóloga. Como se houvessem ensaiado, todos, exceto Ana da Silveira e eu, levantaram-se e abandonaram a sala.

Em realidade, eu planejara propor uma avaliação do trabalho que vínhamos realizando em conjunto.

Metodologia da "condensação": os caminhos inventados para analisar as possibilidades de uma clínica do sujeito na atenção primária

O caso que estou narrando foi inventado por mim. Trata-se de uma ficção de tipo especial, pois esses fatos aconteceram, mas não nessa sequência exata. Minha narrativa é uma ficção com base em fatos reais. Utilizei o mecanismo de "condensação", identificado por Freud (1900) na interpretação dos sonhos, para fundir vários aspectos de casos acontecidos que considerei significativos para análise da clínica na atenção primária. Segundo Freud, quando sonhamos, fundimos, de modo inconsciente, vários personagens, cenários e acontecimentos marcantes em nossa vida prévia em uma figura e em uma história única que incorpora algumas características marcantes existentes nos eventos reais. Utilizei esse procedimento selecionando de modo deliberado fragmentos de vários casos que discutimos naquele período. O critério central para incorporar esses fragmentos me parecere significativo para a compreensão das possibilidades e impossibilidades da clínica ampliada na atenção primária. Como se observa, esse processo de condensação específico combinou elementos objetivos com fatores subjetivos intervenientes em meu processo de composição do caso-síntese apresentado e interpretado neste ensaio. Trata-se de um processo análogo ao da práxis clínica, em que o clínico se vê obrigado a considerar dados objetivos do processo de adoecimento com a história do sujeito e com sua interpretação singular.

Fiz a mesma coisa com os personagens. Não existe um Dr. Sócrates real, tampouco a enfermeira Florence, e assim por diante. O único ser realmente existente nessa narrativa foi eu mesmo. Narrador e analisador do processo. No entanto, a figura do Dr. Sócrates é uma síntese – uma condensação – dos atributos que considerei significativos no conjunto de médicos de família com quem convivi naquele período. Considerei e procurei compor um personagem que representasse a visão de mundo, o modo de pensar e de fazer a clínica e o padrão de envolvimento com o trabalho no SUS e na atenção primária da maioria de seus pares. O mesmo fiz com os outros profissionais.

Vale ressaltar, ainda, que os diálogos, os confrontos de opiniões e os episódios relevantes ocorreram de fato, eu os anotava em meu diário ou os fui buscar na coleção de projetos terapêuticos que foram elaborados e escritos pelas oito equipes com quem trabalhei naquele período.

Eu poderia haver simplesmente escolhido um entre as dezenas de casos clínicos que acompanhei com essas equipes, mas me senti incomodado com a exposição dos envolvidos. Mesmo usando nomes fictícios para profissionais e pacientes, não seria difícil para grande parte de meus alunos e colegas identificar os personagens. E eu pretendia fazer uma reflexão crítica sobre o trabalho na atenção primária. A estratégia da condensação deixou-me mais livre, menos comprometido com o clima institucional dominante na rede de saúde em que trabalhei naqueles dois anos.

Tive vários papéis durante esse período. Era professor do Curso de Formação em Clínica Ampliada e Compartilhada oferecido pela universidade para oito equipes da atenção básica da cidade. Era um curso inovador, tanto porque todas as suas atividades ocorriam no próprio espaço de trabalho dos profissionais/alunos como pela metodologia utilizada. Usávamos uma estratégia de formação denominada Balint/Paideia, centrada na reflexão sobre a prática. Além da compreensão do funcionamento institucional e do processo de trabalho, pretendíamos que o grupo realizasse cogestão do trabalho clínico e das mudanças consideradas necessárias. O curso dependia de duas atividades básicas: seminários teóricos sobre temas da clínica ampliada e do SUS e, ainda, um trabalho de supervisão clínico institucional realizado pelos professores. Eu era, portanto, professor, mas cumpria também a função de apoio institucional junto às equipes quando construíam projetos terapêuticos ou projetos de mudança na gestão.

O acordo com esses profissionais incluía uma cláusula sobre pesquisa-intervenção. Nossa proposta era que nos valêssemos da experiência para produzir conhecimentos sobre o cuidado e a gestão na atenção básica. Eu era também pesquisador, alguém que vivenciava tudo aquilo com o compromisso e a intenção de investigar e de publicar os resultados. Haja sobreposição de papéis, não?

No primeiro encontro, fazíamos um contrato de trabalho e elegíamos alguns temas ou casos para discussão nas sessões seguintes. Esse projeto de pesquisa havia sido aprovado pelo Comitê de Ética da FCM/Unicamp, com o número 0860.0.146.000-09. Todos os participantes dos grupos pesquisados assinaram o Termo de Consentimento Livre e Esclarecido, autorizando a utilização do material produzido na pesquisa, resguardado o sigilo.

Além desse curso de formação em clínica ampliada e da pesquisa, eu era também supervisor de residentes em saúde coletiva que estagiavam durante um ano trabalhando nessas equipes de saúde da família. Outro cruzamento.

Comentários sobre o caso: a necessidade de uma clínica do sujeito na atenção primária

O caso Júlia da Penha é uma história singular, mas, ao mesmo tempo, sintetiza muito do que acontece na atenção básica do SUS. Trata-se de um caso em que as dimensões objetivas, subjetivas e socioculturais se mesclam de maneira exuberante. Há necessidade de uma clínica ampliada para enfrentamento desse tipo de demanda, muito frequente na rede pública. Se há necessidade, a pergunta é: como tornar possível o enfrentamento concreto dessas necessidades?

Há várias concepções sobre a *atenção primária* (Starfield, 2002), e utilizaremos nesse ensaio aquela atualmente recomendada pela Organização Mundial de Saúde (OMS), que a entende tanto como uma estratégia de cuidado à saúde quanto como um modo específico para organizar os sistemas públicos de saúde. No Brasil, é mais frequente o uso da expressão *atenção básica*, de modo que as tomaremos com sentidos equivalentes.

A atenção primária deveria funcionar como uma rede de serviços articuladas com outras instâncias assistenciais dos sistemas de saúde. A atenção primária é considerada a principal porta de entrada desses sistemas de saúde e deverá incorporar recursos suficientes para encarregar-se de pelo menos 80% dos problemas de saúde de uma região. Com essa finalidade, recomenda-se que na atenção primária se trabalhe tanto com a clínica quanto com a prevenção e promoção à saúde. Os profissionais nucleares dessa estratégia são médicos e enfermeiros generalistas, isto é, profissionais especializados em cuidados clínicos e em saúde pública. Na atenção primária, em geral, opera-se com a concepção ampliada do processo saúde, risco e enfermidade, devendo-se, portanto, ser criadas condições institucionais para intervenções sobre o plano orgânico, subjetivo e social desses processos. No Brasil, a Estratégia de Saúde da Família atua com essa perspectiva, tendo ampliado a equipe tradicional com outros profissionais, como agente comunitário de saúde e auxiliar de enfermagem. Além dessa equipe básica, o Sistema Único de Saúde (SUS) vem incorporando vários outros profissionais de apoio à equipe básica. Com a política de Saúde Bucal e os Núcleos de Apoio à Saúde da Família (Nasf), passaram a trabalhar na atenção primária vários psicólogos, dentistas, fisioterapeutas, nutricionistas, terapeutas ocupacionais, educadores físicos, entre outros trabalhadores da área da saúde (Brasil, 2012).

As equipes protagonistas de nosso caso-síntese (mecanismo de condensação) são produto e produtoras dessa política e dessas concepções. Não são uma exceção, ainda que tenham características e procedimentos singulares.

Júlia da Penha era portadora de *diabetes* do tipo 1 desde sua juventude. Esse tipo de enfermidade depende de carga genética, tendo, portanto, forte determinação biológica em sua gênese. Entretanto, viver e sobreviver com *diabetes* do tipo 1 demanda política de saúde e a existência de serviços de saúde que permitam aos portadores acesso a um conjunto de drogas e de cuidados sem os quais se tem a sobrevida ameaçada. Além do mais, há o sujeito portador e sua capacidade de existir apesar dessa marca, desse atributo.

Esse compromisso com a abordagem integral do processo saúde tem produzido uma tensão permanente entre a formação tradicional das profissões de saúde – em geral, centrada na dimensão biológica e orgânica – e a necessidade de, na prática concreta, lidar com afetos e com a dimensão social. E isso tanto em cada caso singular quanto quando se planejam modelos de organização do processo de trabalho e intervenções sobre comunidades.

Dr. Sócrates, graças ao uso de conceitos da saúde coletiva e da saúde mental, em sua intervenção, ainda quando orientado pela preocupação em reduzir danos provocados pela enfermidade, demonstrou consideração com o sujeito envolvido, e não somente com a doença. Ele não reduziu Júlia a um objeto, reconheceu a importância da participação dela no processo terapêutico. Entretanto, para demovê-la de uma situação de descaso com o tratamento, somente apresentou a proposta de "tratamento supervisionado". A agente comunitária de saúde cumpriria parte do cuidado no lugar de Júlia. A enfermeira Florence apostava na educação em saúde, nos grupos e oficinas para diabéticos. Entretanto, Júlia, depois de viver catorze anos com diabetes, não esperava mais nada desses dispositivos. Ela já era doutora no que lhe iriam comunicar nesses espaços, reconheceu Dr. Sócrates. Ana da Silveira, a psicóloga, intuiu que havia algo mais complexo, mais profundo, algo que dificultava para Júlia cuidar de si própria.

Todas essas compreensões, todas essas visões de mundo e do caso singular cruzavam-se na elaboração do Projeto Terapêutico, dificultando a definição de uma linha terapêutica consensual. Circundando-os, por todos os lados, ainda havia o cenário de práticas concreto do Centro de Saúde e da atenção básica. De que recursos dispunham de fato esses profissionais para fazer uma clínica ampliada e compartilhada que esse e dezena de outros casos da atenção básica exigem?

Essa visão ampliada sobre o papel da atenção primária assenta-se também sobre o padrão epidemiológico de adoecimento predominante na contemporaneidade. Investigações realizadas em vários países evidenciaram que entre 30 e 40% dos casos que demandam a atenção primária não têm um diagnóstico estabelecido pelas classificações dos Códigos Internacionais de Doença (Wilberg, 2013). São distúrbios com sintomatologia orgânica, mas estreitamente vinculados ao modo de vida e ao mal-estar existencial e social. A medicina tradicional tende a considerar que essas pessoas "não têm nada", entretanto, a maioria dos usuários não aceita esse veredicto e continua buscando ajuda nos serviços de saúde. Além do mais, no caso brasileiro, com a ampliação da cobertura vacinal e do acesso ao tratamento de diarreias, desidratação e doenças respiratórias agudas, houve redução da mortalidade infantil. Com isso, veio à luz outro padrão de problemas de saúde relacionado à subjetividade e à dinâmica familiar e social. Distúrbios comportamentais e dificuldades escolares, em geral diagnosticados como hiperatividade e distúrbio na atenção, violência doméstica, drogadicção, doenças autoimunes como a asma, com importante componente psicossomático, obesidade e aumento de peso, sedentarismo etc. São estes os problemas que aparecem também na atenção primária, evidenciando os limites da abordagem dos tradicionais programas de saúde pública. Com adultos também vem ocorrendo uma mudança no perfil da demanda na atenção primária. Predominam doenças crônicas, hipertensão e *diabetes*, entre outras, problemas psicossomáticos, como fibromialgia, dores osteomusculares sem lesão orgânica evidente, distúrbios psíquicos leves, dependência química, problemas de convivência familiar, ou seja, um conjunto de problemas cuja terapêutica depende, em grande medida, do envolvimento ativo do usuário tanto no diagnóstico quanto nas condutas de reabilitação. Com o envelhecimento populacional, a atenção ao idoso, com ou sem apoio de especialistas, passou a ser outra tarefa essencial da atenção primária (Chaimowicz, 1997; Tomasi *et al.*, 2011; Onocko-Campos, 2011).

Estratégias políticas e institucionais para criar possibilidade de uma clínica do sujeito na APS

Pois bem, tudo isso tem tornado obrigatório um esforço internacional pela reformulação do trabalho em saúde na atenção primária. Têm sido buscadas formas organizacionais, métodos e técnicas de intervenção que possibilitem a ampliação da clínica e das estratégias coletivas de intervenção, sempre visando alterar modos de vida e características da sociabilidade consideradas nocivas à saúde. A tradicional relação entre médico/enfermeiro e paciente não vinha demonstrando a efetividade pretendida. A partir dessa percepção, criticou-se a indução à passividade do paciente e da comunidade quando abordados pelos métodos tradicionais. Centralmente, essas novas estratégias de trabalho na APS visam ampliar a participação do usuário no processo terapêutico e de cuidado. Foram incorporados à atenção primária, como objetivos a serem atingidos, os conceitos de "autocuidado", "autonomia do paciente", "educação em saúde", "promoção da saúde".

Um dos movimentos pioneiros no sentido de aumentar a capacidade dos profissionais da APS de lidar com a subjetividade de seus pacientes aconteceu na Inglaterra durante as décadas de 1960 e 1970. Refiro-me ao trabalho de Balint, que iniciou um processo de formação de "médicos generalistas" para incorporação do método e de técnicas psicanalíticas durante seu trabalho cotidiano na APS. Balint foi bastante ousado quando considerou a possibilidade do manejo do inconsciente e da subjetividade em espaço de atendimento bastante diferente do recomendado pela psicanálise. Com essa finalidade, ele organizou grupos com médicos generalistas voluntários, utilizando a estratégia de formação tradicional de psicanalistas, a discussão de casos sobre responsabilidades dos formandos com um supervisor, com a diferença de que essa reflexão ocorria não durante a relação singular entre supervisor e aprendiz, mas em grupos de médicos do Sistema Nacional de Saúde. Balint orientava que os médicos apresentassem seus casos clínicos também se referindo aos afetos que circulavam no processo de tratamento, tanto a transferência do paciente ao profissional, equipe e serviços, como o sentimento do médico em relação ao paciente – contratransferência (Balint, 1988). No Brasil, Gustavo Tenório Cunha tratou de recuperar essa experiência, adaptando-a ao nosso tempo e ao nosso contexto. Ele redenominou seus grupos de formação de Balint-Paideia.

Infelizmente, contudo, essa experiência não foi incorporada pelo Sistema Nacional de Saúde inglês (NHS) nem foi adotada como estratégia institucional por nenhum dos demais sistemas públicos de saúde em construção em outros países.

Os paradigmas da medicina e da saúde pública foram, e são ainda, bastante reativos à racionalidade psicanalítica. Assim, buscaram-se referências consideradas "científicas" para acrescentar saberes e práticas à APS. Para lidar com sujeitos optou-se por um caminho tradicional ao iluminismo: a educação em saúde. Tratar-se-ia de informar, por meio da propaganda e de modalidades de pedagogia cognitiva, as coletividades, famílias e pacientes. Com isso, aumentar-se-ia a capacidade de autocuidado das pessoas. Para abordagem individual, buscou-se socorro nas escolas behavioristas e sistêmicas, adotando-se o "aconselhamento" e "grupos de doentes" como principal estratégia para influenciar os hábitos e a mentalidade dos usuários (OPAS/OMS, 2007).

A clínica ampliada e compartilhada procura escapar dessas aporias sugerindo uma estratégia metodológica que amplie o objeto e, portanto, o encargo daqueles que exercem a clínica. Sugere considerar objeto de trabalho tanto a doença, o agravo ou risco, quanto o sujeito em sua existência plena; ou seja, a história de vida de uma pessoa em seu contexto sociocultural. O desafio para essa revisão epistemológica está em criticar e compor a tradição biomédica, que valoriza a objetividade dos fenômenos clínicos, com a tradição dos campos da saúde mental e da saúde coletiva. Nesse sentido, propõe-se que médicos, enfermeiros, fisioterapeutas etc. continuem tomando o adoecimento com encargo central ao manejo clínico, mas que a partir desse foco procurem expandir a intervenção mediante a estratégia de compartilhar com o sujeito a gestão de seu tratamento. Trata-se de uma aplicação do conceito de cogestão à clínica. Para que haja gestão compartilhada é necessário que profissional e paciente se envolvam na análise e compreensão do problema – queixa, sofrimento, risco ou enfermidade –, mas também que compartilhem o manejo terapêutico. A possibilidade de elaboração progressiva de uma compreensão ampliada sobre o doente, sua doença e o projeto terapêutico depende tanto da formação e disposição dos profissionais quanto da existência de condições organizacionais que possibilitem o exercício desse estilo de clínica. Refiro-me à vinculação dos usuários aos mesmos profissionais, ou seja, à possibilidade de longitudinalidade no seguimento dos casos. Dessa forma, não são necessárias consultas de longa duração, mas a repetição sistemática de atendimentos ao longo do tempo.

Júlia vinha sendo acompanhado por Dr. Sócrates há quatro anos; seus filhos e ela eram acompanhados pela mesma pediatra, Dra. Valéria, há seis anos. Vale observar que Dr. Sócrates, em alguma medida, pensava na doença *diabetes* do tipo 1, mas havia construído uma visão sobre o modo de vida de Júlia. Sem dúvida, sua análise era simplificada, terminava no "diagnóstico" de paciente com "adesão inadequada" ao tratamento. Como partia de uma visão restrita da dinâmica existencial de Júlia, sua terapia também era restrita ao uso regular de insulina, acompanhamento clínico e laboratorial e, quanto ao subjetivo, ele pretendia que a equipe, por meio de visitas diárias, administrasse hábitos inadequados de Júlia. Identificamos em seu discurso a dificuldade em compor a objetividade da clínica biomédica com alguma abordagem psicossocial; dificuldade comum ao projeto de uma atenção primária integral ou compreensiva.

A psicóloga Ana da Silveira intuiu que a dificuldade de Júlia em cuidar-se teria explicações mais complexas e profundas, ainda que ela não havia entrevistado a paciente. A pediatra tinha uma visão diferente de Júlia; para essa médica, Júlia seria uma "mãe nota dez", uma pessoa aplicada e cuidadosa. A auxiliar de enfermagem a representou como aproveitadora, alguém que estaria explorando o serviço público. Todas essas visões cruzando na discussão interprofissional indicam a potência e os limites da construção de projetos terapêuticos em equipes interdisciplinares. Profissionais com distintas perspectivas teóricas, com valores e experiências diferentes tentando construir uma compreensão e um projeto comum. Isso e, ainda, as características pessoais que exacerbam disputas de poder, com a vaidade, inveja, ressentimento e restando, às vezes, como mediador dessa Babel, apenas o compromisso com a clínica e com a pessoa em tratamento. Minha função como apoiador institucional era estimular a expressão dessas diferenças, evitando "guerra civil" e agressões interpessoais, com o objetivo de chegar a um projeto terapêutico ampliado e compartilhado.

Voltando a Júlia da Penha: conflito entre racionalidade centrada na objetividade e a centrada na subjetividade da pessoa

Dois meses depois, o Projeto Terapêutico de Júlia da Penha voltou à discussão. Em um encontro anterior, eu havia sugerido que o projeto de Júlia fosse incluído na agenda. Havíamos acordado refletir sobre a prática e sobre os projetos discutidos em equipe depois de algum tempo. A equipe era a mesma, exceto pela presença de uma médica residente em saúde coletiva que iniciara estágio de um ano de duração junto a essa equipe de saúde da família. Eu era o coordenador da residência e deveria supervisionar o estágio. Uma superposição de papéis que julguei irrelevante, mas que produziu efeitos negativos em minha relação com a equipe.

Dr. Sócrates, revendo o prontuário de Júlia enquanto falava, resumiu sua avaliação em poucas palavras:

— Tudo como dantes no quartel de Abrantes! *Nada de novo*, professor.

— Como assim? — reagi espantado. — Você a atendeu nesse período?

— Sim, duas... Não, três vezes. Bobagem, uma gripe, depois um mal-estar vago, vômitos. Bem, na semana passada, ela me contou que resolveu alimentar-se melhor por influência dos conselhos da Maria da Silva...

Parabéns, Maria. Seu trabalho funcionou; pelo menos ela passou a aplicar a insulina toda manhã e resolveu comer, mas me procurou com náuseas, essas coisas. Na terceira vez, ela me pediu que reintroduzisse os "calmantes" da psiquiatra. Eu argumentei que poderíamos esperar um pouco. Perguntei-lhe se estava com algum problema em casa, o marido... Ela disse que não, mas que estava muito nervosa, dormindo mal e agitada. Sugeri que ela procurasse atendimento psicológico, cheguei a preencher o encaminhamento para você, Ana.

— Bem, ela não apareceu — respondeu a psicóloga.

— Não, eu sei. Ela me disse que a conhecia, que você fora várias vezes à casa dela com a Maria, que você já a estava ajudando e que ela não precisaria vir ao Centro de Saúde para consulta. No fim, tive uma ideia e a estimulei a buscar um trabalho ou a voltar a estudar. Ela se interessou, disse que iria pensar no assunto, o impedimento seriam as filhas, alegou. Bem... São os frutos do trabalho em equipe, me parece, não professor?

Não me senti obrigado a responder. E foi a agente de saúde quem tomou a palavra:

— Não, certo. Talvez valesse a pena um informe sobre nossas visitas, não Ana? A senhora poderia contar para o pessoal tudo que fizemos.

— Relate você, Maria — contestou-lhe a psicóloga.

— Eu?

— Lógico, comece e eu o ajudarei.

— Bem, Dr. Sócrates, não tenho ido todos os dias à casa de Júlia. É impossível, não tenho tempo, e com a epidemia de dengue a coisa piorou. No começo fui duas, três vezes por semana, agora a coisa raleou... Fiz um combinado com a Ana Silveira, a gente não iria insistir na coisa do *diabetes* com a Júlia. Foi antes da primeira visita, a gente chegou e ficou assuntando. Ah! Ana, conta você, vai.

— Pelo amor de Deus, Maria!

— Bem... Júlia falou das duas meninas, Lucilene e Francilene, da escola delas, ela leva e busca as duas todos os dias. Tem medo da violência no bairro. Bem, ficamos proseando. Aí, não lembro bem como... Ah! Ainda no assunto das filhas, Ana puxou o papo pro lado da comida. Logo, logo, ela começou a falar dela mesmo. Que não tem apetite, que perdeu o gosto de comer, que cozinha pras filhas e pro maridão. Ele nunca apareceu.

— Também, ele trabalha durante todo o dia — acrescentou a nova residente que acompanhara a agente em algumas de suas visitas domiciliares.

— Sim, não estou acusando o cara. Não. Desgraçado foi o primeiro marido dela, marido não, sei lá o quê! Ela, a Júlia, é uma pessoa traumatizada, gente, barra pesada a vida dela. Muito sofrimento. Ela fugiu de casa com um tipo safado aos quinze anos. Saiu de São Paulo e veio viver aqui. A desgraça foi esse homem, batia nela, usava droga, bebia, um vagabundo. A sorte e a salvação da Júlia foram a escola e uma diretora que se encantou com ela. Ela desmaiou na escola umas três vezes, era o começo do *diabetes*, começou a usar insulina e tal. Foi internada e o "companheiro" desapareceu. Lógico! Bom, quando teve alta estava sozinha no mundo, e a tal professora levou a Júlia pra casa dela. Ficou na casa da professora até os dezoitos anos, se formou no normal para professora, mas quando ia começar a dar aula conheceu o Alcindo, o marido de agora, ficou grávida da menina, casou, o cara é um pouco mais velho e tem emprego fixo numa construtora. Depois, logo depois ficou grávida de novo e nasceu a Lucilene, a segunda. Bom... doutor, eu dei uma afrouxada no controle do *diabetes* da Júlia, não pego no pé dela mais, não.

— O quê? Como assim, Maria?

— Sei lá, bom... Ana, acho que você podia explicar pro pessoal o que nós descobrimos

— Sabe o que é, Dr. Sócrates? A Júlia tem uma história de vida trágica, ela sofreu agressões que a marcaram de um modo negativo, de alguma forma ela introjetou os maus-tratos e perdeu confiança em si mesma. Ela tem dificuldade em se cuidar. Dificuldade mesmo. Não se cuida em geral. Não é descuidada somente com o *diabetes*. Ela é jovem, 28 anos, e não se arruma. Ela cuida bem da casa e das meninas. Ela precisa de um tratamento especial, eu...

— Sim, eu sei, Ana. Por isso mesmo decidimos pelo tratamento supervisionado e pela vigilância. Ou não?

— Sim. Na minha visão, ela está muito pressionada. E isso a está prejudicando, ela fica ainda mais culpada do que já é. Resolvemos esquecer um pouco da doença, sair dessa obsessão com a insulina e conversar sobre a vida dela. Inclusive, proponho que toda a equipe adote a mesma postura. Ela tem direito a levar a vida dela da maneira que achar correto e possível. Acho que o senhor bate muito duro e não adianta, ao contrário, ela se retrai cada dia mais.

— É, doutor, e o negócio funcionou. Ana Silveira combinou comigo que somente falaríamos no *diabetes* e na insulina no final da visita. Deu certo, ela conversou muito com a gente. Nos contou um monte de...

— Bem, com *diabetes* tipo 1 não tem conversa mole. Sem disciplina e método, Júlia vai se dar mal. E que droga... Ana Silveira, você não percebe? A sua proposta não tem pé nem cabeça, eu estou sem paciência com esse papo de afeto, maus-tratos... Quem não foi maltratado pela vida, quem? É muita subjetividade pra cá e pra lá! E a mulher definhando. Não, Ana. Não e não — insistiu o médico aos gritos.

Ana da Silveira arregalou os olhos e abriu a boca a chorar.

Constrangimento.

— Dr. Sócrates — interferi —, qual o núcleo de conhecimentos e de encargos dos psicólogos? Qual o objeto de trabalho do psicólogo?

Minha pergunta técnica, e que destoava do clima emocional criado pela contenda entre o médico e a psicóloga, espantou a todos. Ana Silveira, ainda com olhos marejados, encarou-me com ar esperançoso. Ela intuiu que eu a protegeria do ataque da figura mais forte na equipe.

— Núcleo, que diabo? Não sei do que o senhor está falando, professor — respondeu o médico, confuso.

— Ora, não se recorda de quando estudamos os conceitos de campo e núcleo para pensar a identidade e os encargos de cada profissão, de cada especialidade e de como se integrar em equipes interdisciplinares sem perder nossa especificidade profissional?

— Sim.

— Então, qual o objeto de trabalho, com que trabalha o psicólogo?

— Bem, com doença mental.

— E?

— E também com a saúde mental, afetos, emoções, estas coisas... Subjetividade!

— Então, por isso ganhamos todos com uma psicóloga na equipe. Nem nós médicos, nem as enfermeiras, nem as agentes de saúde, nenhum de nós teve muito sobre isso em nossa formação. A Ana fez um diagnóstico, ou melhor, construiu uma compreensão fundamentada no modo de Júlia funcionar: ela sofre de dificuldade de cuidar de si mesma, muita dificuldade. A baixa adesão dela, o que tanto o incomoda, doutor, tem essa raiz, essa origem, ou não?

Maria da Silva, a agente, se entusiasmara tanto com minha crítica à posição do médico que se levantara e foi de pé que continuou:

— O senhor nem imagina, doutor, a doutora Ana Silveira conseguiu um vínculo com a Júlia. Já na primeira visita ela nos contou como foi violentada sexualmente pelo padrasto, várias vezes. E a mãe nunca a protegeu. Por isso ela fugiu de casa aos 14 anos. Mas, como me explicou a doutora Ana Silveira, depois, quando fugiu de casa, ela escolheu um parceiro, o estrupício do primeiro marido, igual ao padrasto. Um cara sacana. Tudo isso mais essa doença que não acaba nunca, a pobre...

Maria da Silva estava tão nervosa que meteu "doutora" antes do nome da psicóloga. A revelação da agente de saúde deixou todos chocados, sem reação.

— Maria! — repreendeu-a Ana da Silveira.

— Perdão, Ana. Mas não me senti com o direito de esconder isso da nossa equipe, do Dr. Sócrates. A Ana me convenceu de que não tínhamos o direito de contar essa desgraça para toda a equipe. Júlia escolheu contar pra gente, pra mais ninguém, mas, sabe...

A lealdade de Maria da Silva à equipe suplantava o contrato de confidencialidade que fizera com Ana Silveira.

— Ana — perguntei —, acho que poderia nos esclarecer...

— Sim, Júlia foi violentada — interrompeu-me a psicóloga —, abusada sexualmente, mesmo assim ela sobreviveu, mas ficou com essas cicatrizes. Ela nunca contou isso pro pessoal aqui da Unidade Básica, então, pensamos em guardar segredo. Se algum dia ela quisesse comentar, tudo bem. Logo na primeira visita conversarmos um tempão; ela chorou, mas contou sua história pra mim e pra Maria. Ao final, eu propus atendê-la duas ou três vezes por semana. Mas ela recusou. Contei-lhe que tinha mais quatro mulheres que eu atendia com história anterior de abuso sexual por parentes. Sugeri constituirmos um grupo para a troca de experiência, mas ela não quis. Eu sabia que ela precisava de terapia, de ajuda. Aí tive a ideia de prosseguir com as visitas, voltamos no dia seguinte, deu certo, ela nos recebeu muito bem e agora eu a atendo em casa pelo menos uma vez por semana. É uma situação maluca, professor, tudo atrapalhado. Ela conversa enquanto arruma a casa, fazendo e servindo café pra gente, às vezes com a televisão ligada; quando ela se emociona, olha para a tela um tempão. E é louco, louco, é *como se fosse uma terapia de grupo invertida*: dois profissionais de saúde e uma paciente, ao contrário dos grupos tradicionais, com uma profissional e vários usuários. Depois, a doutora Rosa, nossa residente, entrou na roda também. Agora somos três profissionais atendendo a Júlia em casa.

— Ana Silveira, por favor, eu queria lhe pedir desculpas — falou Dr. Sócrates. — Meu Deus! Quanta desgraça: duas marcas para vida inteira: o *diabetes* e essa violência!

Em seguida, fez-se um silêncio indicativo de que todos preferiam terminar logo com aquele encontro. Dessa vez, tomei a palavra e falei durante quinze minutos. Comentei sobre a necessidade de se pensar uma ética para o trabalho em equipe e em rede, quando vários profissionais invadem a privacidade de uma família ou de um paciente. Louvei a prudência de Ana da Silveira e reconheci o direito de sigilo desse tipo de informação que lhe fora confiada pela paciente. A enfermeira Florence discordou de meu comentário e aprovou a lealdade de Maria da Silva em primeira instância com a equipe à qual ela pertencia. Ponderou que esse tipo de conhecimento alteraria o projeto terapêutico de Júlia e que o sigilo a prejudicaria em última instância. Armou-se um debate acirrado e, ao final, Florence me interpelou:

— E aí, professor? Como ficamos com relação a isto?

— Suas ponderações me fizeram duvidar. Não sei, meus caros, não sei. É um novo modo de trabalhar, vamos pensar nisso e vamos discutir cada caso sempre que essas condições novas se apresentarem.

— O senhor já sabia sobre o abuso sexual, professor — interpelou-me Dr. Sócrates. — A residente Rosa o havia informado em particular?

Ele desconfiava de mim, de meus poderes de estar em vários lugares.

— Não — contestei-lhe —, Rosa cumpriu o acordado com Ana Silveira e não me confidenciou nada durante nossas supervisões.

A plasticidade e a errância a que se obrigam todos aqueles que experimentam fazer uma clínica ampliada e compartilhada na APS!

Desfecho não houve. Ninguém morreu ainda.

Júlia da Penha prosseguiu com seu modo heterodoxo de se cuidar. Continua vinculada à mesma Unidade Básica, ainda que quase toda a equipe tenha mudado. A agente de saúde a convenceu a cuidar dos dentes. Júlia foi atendida pela equipe de saúde bucal e conheceu doutora Ivone, a dentista. Construíram um vínculo sólido e, durante uma consulta, doutora Ivone informou-lhe sobre uma seleção pública para o cargo de professor municipal. Júlia conseguiu empregar-se como professora em uma pré-escola municipal; enquanto suas filhas estão em aula, ela cuida de outras crianças. Seu mais sólido objeto de investimento: as crianças!

Dr. Sócrates partiu para o Canadá para fazer mestrado em saúde da família, Júlia sonha com a Universidade. O Centro de Saúde ficou um ano sem médico generalista. A enfermeira Florence foi demitida porque tinha um contrato provisório; depois de um concurso público, outra enfermeira inexperiente em APS entrou em seu lugar. A nova enfermeira é igualmente dedicada e vem se formando em clínica do sujeito, promoção à saúde e... Dra. Valéria continua no serviço. Nosso curso terminou e eu não faço mais supervisão dos residentes. Ana da Silveira foi demitida pela nova e conservadora administração municipal, que resolveu desmontar o programa de apoio matricial na APS. Psicólogos, terapeutas ocupacionais, psiquiatras, fisioterapeutas, todos estão sendo demitidos ou transferidos para serviços especializados. E tudo isso depois de vinte anos de experiência bem avaliada com apoio matricial em saúde mental e em outras áreas. A sustentabilidade institucional das políticas de saúde no SUS é fraca, e na APS é fraquinha, fraquinha, apesar de toda a sua potência.

Referências

BALINT, M. *O médico, seu paciente e a doença*. Rio de Janeiro: Atheneu. 1988.

BASAGLIA, Franco. *A instituição negada*: relato de um hospital psiquiátrico. Rio de Janeiro: Graal, 1991.

BERTOLOZZI, M. *et al*. Os conceitos de vulnerabilidade e adesão em Saúde Coletiva. *Revista da Escola de Enfermagem da USP*, v. 43, n. spe. 2, pp. 1326-1330, 2009.

BRASIL. Ministério da Saúde. Secretaria de Atenção à Saúde/Departamento de Atenção Básica. Legislação de Saúde. *Política Nacional de Atenção Básica*. Brasília, DF, 2012.

CARDOSO, R. V. *Medicalização e o cuidado em saúde na Estratégia de Saúde da Família*. Dissertação (Mestrado em Saúde Coletiva) – Faculdade de Ciências Médicas, Universidade Estadual de Campinas, Campinas, 2014.

CHAIMOWICZ, F. A saúde dos idosos brasileiros às vésperas do século XXI: problemas, projeções e alternativas. Rev. *Saúde Pública*, v. 31, n. 2, São Paulo, abr. 1997.

CUNHA, G. T. *A construção da clínica ampliada na atenção básica*. São Paulo: Hucitec, 2007.

FREUD, S. (1900) A interpretação dos sonhos. *Edição Standard Brasileira das Obras Psicológicas Completas de Sigmund Freud*. Rio de Janeiro: Imago, 1978; v. IV e V.

OPAS/OMS. *Renovação da atenção primária em saúde nas Américas*: documento de posicionamento. Washington, DC: OPAS, 2007.

OMS/OPAS. *Melhoria dos cuidados a crônicos por meio de redes de atenção à saúde*. Washington, DC, 2012. Disponível em: <http://apsredes.org/site2012/

wp-content/uploads/2012/05/Melhoria-dos-Cuidados-Cr%C3%B4nicos_port2.pdf>. Acesso em: 21 ago. 2014.

ONOCKO-CAMPOS, R. Saúde mental na atenção primária à saúde. *Ciência & Saúde Coletiva*, v. 16, n. 12, pp. 4643-4652, 2011.

STARFIELD, B. Is US Health Really the Best in the World? *JAMA*, v. 284, pp. 483-485, 2000.

______. *Atenção primária*: equilíbrio entre necessidades de saúde, serviços e tecnologia. Brasília, DF: Ministério da Saúde/Unesco, 2002.

TOMASI, E. *et al*. Caracterização da utilização de serviços da Atenção Básica referente ao Sul e Nordeste do Brasil. *Ciência & Saúde Coletiva*, v. 16, n. 11, pp. 4395-4401, 2011.

WILBERG, P. "Getting ill to see a doctor": the communicative purpose of illness. Disponível em: <http://existentialmedicine.wordpress.com/%E2%80%98getting-ill-to-see-a-doctor%E2%80%99-%E2%80%93-the-communicative-purpose-of-illness/>. Acesso em: 22 nov. 2013.

33. A integralidade no SUS: diálogos entre a clínica ampliada e a psicossomática psicanalítica

Angela F. C. Penteado

Integração, desintegração, limites: um pouco de contextualização

Neste trabalho, começo por analisar meu percurso na saúde pública, o qual se inicia com o trabalho em hospital geral (emergências psiquiátricas, pediatrias, maternidades e Projeto Hospital Aberto), seguido pelo Centro de Atenção Psicossocial Álcool e Drogas, assessoria em saúde mental em uma coordenadoria de saúde, unidade básica de saúde/Programa Saúde da Família. Atualmente, estou ingressando em uma coordenação de um centro de convivência e cooperativa no município de São Paulo.

Em primeiro lugar, este percurso traduz um deslocamento no campo de trabalho, produzido com as transformações das práticas em saúde nestes últimos 25 anos. Com a reforma sanitária, a reforma psiquiátrica e a organização do SUS, algumas políticas públicas em saúde foram se estabelecendo, e essas instituições ou programas em que trabalhei foram se criando, se transformando, outras vezes se desmontando por ingerências políticas.

Em segundo, neste percurso podemos reconhecer uma transformação do modelo hospitalocêntrico para um modelo que vem se abrindo às referências psicossociais e comunitárias e que contribui, assim, para a ampliação do conceito de saúde e sua articulação com diversos atores e disciplinas.

Em terceiro lugar, hoje encontramos formação múltipla e até residências multiprofissionais nas universidades, que antes se ocupavam apenas da formação em medicina e enfermagem. Essas instituições, cuja missão sempre foi assistência, ensino e pesquisa, também estão se deslocando do modelo hospitalar e ambulatorial e ampliando sua atuação no território, além de se constituírem como parceiras nos últimos governos para a gerência de novos serviços, assumindo outras responsabilidades no SUS.

Em quarto, a estratégia de saúde da família, fortemente investida nos últimos anos, parece bastante potente e promissora na transformação do modelo de assistência à saúde, mas ainda tem poucas articulações com equipes mais especializadas que realizem matriciamento em saúde mental e reabilitação, a fim de assegurar maior resolutividade nos tratamentos dos complexos problemas que são identificados pelo Programa de Saúde da Família, bem como na articulação de encaminhamentos em rede.

Olhando com certa distância, estes seriam indicadores potencialmente favoráveis ao desenvolvimento de práticas que integrassem os valores propostos pela teoria da Psicossomática Psicanalítica à Saúde Pública. Porém, fazendo parte do SUS, minha avaliação é que esse movimento requer ainda muito trabalho e propagação.

Nossa percepção como trabalhadores é de muita desintegração, isolamento, solidão e angústia. O contexto de implementação das diretrizes do SUS tem sido muito vulnerável às descontinuidades políticas e à falta de entendimento entre muitos gestores do SUS sobre a complexidade do trabalho em saúde.

Outro agravante é que, durante esta jornada de 25 anos de trabalho em saúde mental na Secretaria Municipal de Saúde de São Paulo, raros foram os momentos em que os profissionais da assistência mais direta receberam diretrizes claras orientadoras de ações clínicas. Há pouca circulação das políticas públicas e de sua fundamentação teórico-técnica no investimento como formação continuada ou capacitação dos recursos humanos. A saúde mental sempre ocupou um lugar menor nas diretrizes em saúde, revelando uma profunda dissociação mente/corpo nos programas e práticas.

Atualmente, há maior concentração dos profissionais com formação em saúde mental nos CAPS e um grande esvaziamento dessas equipes na rede básica, nos centros de convivência, nos ambulatórios de especialidades e mesmo nos hospitais gerais. Isso se reflete na difícil integração das estratégias de atenção básica e saúde da família a uma atenção integral aos problemas mais crônicos de saúde. As estratégias de matriciamento também articulam, ainda que precariamente, as equipes de CAPS, de NASFs e de ambulatórios especializados às equipes locais do PSF em muitos pontos da cidade de São Paulo.

O princípio da integralidade e a clínica ampliada

Desde a implementação do SUS no ano 2000, com a criação dos Distritos de Saúde dentro de redes territoriais, as ideias sobre a Clínica do Sujeito e Clínica Ampliada, difundidas por Campos (2001), foram trazendo novas perspectivas de diálogos entre o Princípio de Integralidade do SUS e as referências em psicossomática psicanalítica.

Compartilhamos em nosso ideário que o objetivo maior que justifica a existência do Sistema Único de Saúde é a produção de saúde e que o sucesso e a viabilidade do SUS dependem da instalação de uma rede de serviços eficazes, que tanto promovam saúde quanto previnam riscos e cuidem de doenças e da reabilitação de pessoas com problemas crônicos.

Promover saúde pressupõe refletir sobre o que é saúde

Chistophe Dejours (1986) faz quatro ricas observações sobre a saúde. Ele nos diz que:

1. Saúde não é algo que vem do exterior, não é assunto dos outros, de uma instância, de uma instituição, não sendo também assunto do Estado ou dos médicos.
2. Saúde é algo que se ganha, que se enfrenta e de que se depende. É algo em que o papel de cada pessoa é fundamental.
3. Saúde não é um estado de estabilidade, não é um estado, não é estável. A saúde é algo que muda o tempo todo.
4. Saúde é, antes de tudo, uma sucessão de compromissos com a realidade (realidade do ambiente material, física, química e biológica/realidade afetiva, relacional/realidade social e organização do trabalho).

Essas observações vão ao encontro da ideia da complexidade da vida e de que todo equilíbrio em saúde é instável e fugaz.

Na busca desse equilíbrio, as descargas somáticas, as manifestações comportamentais e os sintomas psíquicos concorrem para regular a homeostase nas relações do sujeito com o meio, com os outros ou com o próprio organismo.

As estratégias para reestruturação da atenção à saúde no contexto do SUS devem se apoiar nos princípios da universalidade, da equidade e, especialmente, da integralidade.

Seguindo o pensamento de Campos (2001), destaco que *integralidade* é o princípio que se traduz como o resultado da articulação e coordenação dos vários serviços de saúde, bem como fruto do esforço e confluência dos vários saberes de uma equipe multiprofissional.

A *integralidade* é pautada na estratégia de uma clínica ampliada como principal instrumento para reformulação do processo de trabalho, de modo a resolver problemas de saúde.

Clínica ampliada é aquela que toma o sujeito enfermo, ou com possibilidade de adoecer, como objeto ampliado para trabalho da clínica em diversas modalidades: a médica, a psicológica, de enfermagem etc. Amplia também ao considerar um grupo de sujeitos, famílias ou grupos institucionais como objetos da clínica ampliada.

Tanto no diagnóstico quanto na terapêutica são levados em conta elementos orgânicos, subjetivos e sociais do processo saúde e doença.

Isso implica modificar a escuta, a entrevista, a intervenção terapêutica, descentrando-as do uso quase que exclusivo de medicamentos ou de procedimentos cirúrgicos. Isso implica também lançar mão, com maior frequência, de técnicas de prevenção, educação em saúde e reconstrução das subjetividades.

Esse tipo de clínica depende da existência de vínculo continuado entre profissionais e pacientes, famílias ou comunidades.

Nessa clínica, a avaliação, bem como os projetos terapêuticos, vão se construindo processualmente nos atendimentos e na produção de saúde, por meio da "cura", reabilitação ou simples alívio do sofrimento, e vão resultando tanto em autonomia e autocuidado dos pacientes, famílias e comunidades quanto no desenvolvimento de novos equilíbrios, como propõe Cristophe Dejours (1986).

O foco na reconstrução de subjetividades e a aposta em vínculos continuados entre equipes e pacientes/famílias/comunidades destacam-se como pontos específicos sobre os quais a psicossomática psicanalítica pode oferecer fundamentação.

Instrumentos teóricos advindos da psicossomática psicanalítica

Trabalhos realizados por autores franceses ligados a Pierre Marty (1993), bem como outros autores psicanalistas, trabalharam um problema fundamental, que é a transformação do afetivo em somático.

A investigação psicossomática partiu do conjunto conceitual da psicanálise, pesquisando modelos de relação do corpo com a psique. A partir das observações clínicas com pacientes somatizadores, foram se estabelecendo novos parâmetros em relação ao trabalho clássico com pacientes neuróticos.

Marty (1993) descreve inicialmente um pensamento operatório, a falta de expressão afetiva e a ausência da capacidade fantasmática, decorrentes de um borramento do trabalho mental. A partir de estudos sobre pacientes somatizadores, verificou-se a insuficiência das defesas egoicas e falhas na mentalização, havendo um movimento regressivo das funções psíquicas às funções somáticas.

Esses estudos enfatizam o princípio econômico de distribuição da energia (excitações) entre funções somáticas e psíquicas, hierarquizando-se descargas das excitações pela via somática, por comportamentos e, enfim, por representações psíquicas mais sofisticadas, esta última forma se dando nas equações simbólicas, representações do próprio corpo e relações interpessoais ou com o mundo.

Os trabalhos conceituais e clínicos inicialmente colocam ênfase sobre a noção de degradação da libido, tanto objetal como narcisista. Propõem a desqualificação libidinal da energia psíquica, com consequente liberação de forças autodestruidoras no soma, abrindo uma via livre para a emergência da pulsão de morte, para a emergência dos estados de depressão essencial e para as desorganizações progressivas. Fundamenta-se a importante função do aparelho psíquico como regulador do funcionamento psicossomático e dos destinos da excitação no organismo.

Por outro lado, têm sido mais estudadas as funções corporais e suas bases de apoio para as representações psíquicas, reconhecendo-se que o desenvolvimento global do sujeito se dá por meio de uma integração progressiva, determinada por programação genética.

Nesse processo, as relações primitivas mãe-bebê ganham destaque, à medida que cumprem importante papel no desenrolar do desenvolvimento e organização do sujeito. É de extrema importância a qualidade da função materna no atendimento e nomeação das necessidades primitivas do bebê. A presença e a gerência maternas são imprescindíveis para o desenvolvimento de competências psíquicas, para o trabalho de metabolização das excitações e assimilação das percepções (gestuais, de voz, ritmos, cheiros, imagens) ao código da linguagem simbólica e à construção das representações psíquicas.

Essa organização gradativa da percepção, do afeto e dos novos conjuntos funcionais é responsável por transformar funcionamentos biológicos automáticos do corpo em funcionamentos orquestrados internamente pela mediação de instâncias psíquicas – organizam-se funções mais complexas, como as cenestésicas e os processos cognitivos.

O trabalho de superar a dor física, as experiências de vazio e frustração vividas nas falhas do atendimento materno às funções corporais do bebê constituem a matéria-prima para as representações psíquicas.

Outro ponto teórico bastante estudado pela psicossomática refere-se à estruturação das relações objetais. Relaciona a organização do aparelho psíquico e das sofisticadas capacidades para a representação interna, com as complexas relações parentais em que o sujeito humano se articula. Isso se dá a partir do exercício conjunto entre o bebê e seus cuidadores, de brincar, devanear, sonhar, metaforizar, simbolizar. Exercício este que, por sua vez, oferece destino às excitações corporais, bem como o reconhecimento pelo bebê de um corpo próprio e separado do corpo materno. Também permite a criação de um mundo de fantasias, pensamentos próprios e um lugar na teia geracional.

Nesse vínculo, a criança transforma sua comunicação primitiva, antes gestual e basicamente somática, em comunicação mediada pela palavra. Aprende também a transformar desamparo em angústia, dor física e queixas corporais em dor psíquica e reconhecer temores diante da separação e dos afetos amorosos.

Referências clínicas para escuta, leitura e interpretação dos sintomas

Fruto dessas construções teóricas, a investigação psicossomática propõe um modo de avaliar o nível de gravidade da enfermidade somática, bem como uma forma de avaliar a organização psíquica do sujeito enfermo.

Na investigação clínica proposta pela psicossomática, faz-se imprescindível contextualizar o aparecimento da doença, bem como suas manifestações no corpo, no comportamento e no psiquismo. Faz-se importante saber como a doença integra a biografia do indivíduo. Propõe-se avaliar se o indivíduo chega à consulta psicológica por conselho ou ordem expressa de seu médico e que tipo de reflexões e demandas faz acerca de seu adoecimento e de outras dimensões de seu sofrimento e de seu modo de vida.

Muitas pessoas com sintomas somáticos e dores decorrentes daí não vêm em busca de subjetivação, mas com uma desesperada necessidade de uma relação humana próxima, de uma fusão imaginária que consiga minimizar a intensidade de angústias e ameaças de desintegração.

Segundo Santos Filho (1994), a atenção em saúde mental pode se fazer necessária para minimizar os efeitos de determinada manifestação somática sobre o sujeito, colocando-nos no campo da reabilitação, do auxílio ao retorno à família, ao trabalho, ao uso sexual e afetivo do corpo, à reestruturação da imagem corporal. Enfim, traduz a busca de um novo equilíbrio emocional, fundamentalmente de natureza narcísica, que visa à cicatrização das feridas abertas no sujeito pela doença orgânica, por acidentes ou por procedimentos médicos invasivos e extremamente doloridos.

Por outro lado, se o fenômeno somático guarda um grau de interioridade em relação ao sujeito psicanalítico, e se o sujeito enfermo percebe haver correlação entre a vida emocional, determinados acontecimentos vitais e a manifestação somática, esses elementos já colocariam em jogo uma demanda para o trabalho psicanalítico.

Na clínica com pacientes somatizadores é importante identificar se as manifestações corporais apresentadas relacionam-se a um discurso simbólico como manifestações de natureza conversiva, deixando rastros, pegadas e revelando uma relação simbólica passível de interpretação, ou se parecem apontar para outra direção, apresentando o corpo em sua dimensão mais física, biológica, exposto às vicissitudes da natureza. Muitas vezes, o fenômeno psicossomático surge onde não pode surgir o trabalho psíquico, a elaboração e a possibilidade de formação de sintomas de ordem neurótica.

Por sua vez, McDougall (1991) refere-se à importância das marcações secretas no tempo, organizando um calendário secreto que diz respeito a correlações entre determinados acontecimentos e datas – situações relacionadas às perdas de pessoas, mudanças, migrações, desemprego, divórcios, que marcam a impossibilidade do acercamento emocional às situações de perda e à dor que elas potencialmente implicariam. Essa impossibilidade de inclusão da dor psíquica em uma cadeia simbólica nomeadora e articuladora pode criar uma desintegração da unidade psicossomática e, assim, atualizar-se sob a forma de manifestações somáticas.

Em relação aos afetos, muitos pacientes têm sérias dificuldades para identificar o que estão sentindo e nomear seus sentimentos. Há uma frequente equivalência entre sensações corporais e sentimentos. Nesses sujeitos, as relações interpessoais obedecem mais a uma forma que a um conteúdo, fazendo que essa dinâmica seja claramente percebida nos movimentos transferenciais, trazendo dificuldades para o manejo terapêutico.

Tarefa terapêutica e manejo clínico

Nosso trabalho em uma perspectiva ampliada, seja na dimensão psicoterápica, seja nas diversas consultas (médicas, em nutrição, fisioterapia, fonoaudiologia, enfermagem, terapia ocupacional, ação social), seria, então, preparar o paciente para criar ligações entre pensamentos e afetos, entre presente e passado, entre seus projetos passados e futuros, para, dessa forma, auxiliá-lo no desenvolvimento de uma primeira consciência da relação de seus sintomas somáticos com algo da ordem existencial.

Para isso, é necessária a presença viva, questionadora, falante e ativa dos terapeutas e de todos que se impliquem com os cuidados em saúde.

Os terapeutas auxiliam na construção de verbalizações, propondo assuntos, colocando questões e respondendo às questões do paciente. Tratam de abrir vias e caminhos, lá onde o paciente não as pode constituir. Trata-se de um trabalho face a face que possa tocar o sujeito que está aquém do simbólico. Um trabalho que também solicite associações de ideias, mas que preponderantemente associe o que se faz presente no corpo em busca de significação e de subjetivação.

São processos terapêuticos que exigem tempo, paciência e muito da pessoa do terapeuta. Os pacientes relacionam-se mais com disposições verdadeiras interiores dos terapeutas que com as palavras ditas por ele. É importante que se construam relações contínuas e confiáveis, e isso só se faz no tempo.

No manejo terapêutico, é importante construir um enquadre flexível quanto à regularidade de horários, período de férias, comunicações telefônicas, visitas em períodos de agravos, levando em conta elementos regressivos de constituição do sujeito e a importância de componentes lúdicos nesse manejo, como se nos relacionássemos com o mais regredido e infantil das necessidades relacionais.

Quanto à flexibilidade do enquadre, vale comentar as possibilidades de vínculo que se dão nos leitos hospitalares e seus corredores, nos consultórios de rua, nas casas e comunidades, nos parques e centros de convivência, para muito além dos clássicos consultórios.

Por fim, essa práxis exige de todos nós uma complexa formação no trabalho de cuidar e promover a saúde nesse contexto da clínica ampliada.

Referências

CAMPOS, G. W. S. *Reforma da reforma*: repensando a saúde. São Paulo: Hucitec,1992.

______. *A clínica do sujeito*: por uma clínica reformulada e ampliada, 1996/1997. Colegiado de Gestão da SMS/Campinas. *Diretrizes para Atenção Básica à Saúde – Projeto Paideia de Saúde da Família*, 2001. Mimeo.

CECILIO, L. C. O. 2001. As necessidades de saúde como conceito estruturante na luta pela integralidade e equidade na atenção em saúde. In: PINHEIRO, R. & MATTOS, R. *Os sentidos da integralidade na atenção e no cuidado à saúde*. Rio de Janeiro: Abrasco, 2001.

DEJOURS, C. Por um novo conceito de saúde (palestra proferida na Federação dos Trabalhadores da Metalurgia da Confederação Geral dos Trabalhadores CGT). *Revista Brasileira de Saúde Ocupacional*, v. 14, n. 54, 1986, pp. 7-11.

MARTY, P. *A Psicossomática do Adulto*. Porto Alegre: Artes Médicas Sul, 1993.

MCDOUGALL, J. *Teatros do corpo*. São Paulo: Martins Fontes, 1991.

PARAT, C. El trabajo habitual del psicossomatólogo. In: CALASTRONI, M. T. (Org.). *Pierre Marty y la psicossomática*. Buenos Aires: Amorrortu, 1998.

SANTOS FILHO, O. Psicanálise do "paciente psicossomático". *Revista Brasileira de Psicanálise*, v. XXVIII, n. 1, 1994.

SMADJA, C. Pierre Marty, breve história de su obra. In: CALASTRONI, M. T. (Org.). *Pierre Marty y la psicossomática*. Buenos Aires: Amorrortu, 1998.

VOLICH, R. M. *Psicossomática*: de Hipócrates à psicanálise. São Paulo: Casa do Psicólogo, 2000.

Sobre os autores

Adela Stoppel de Gueller

Psicanalista. Membro do Departamento de Psicanálise da Criança do Instituto Sedes Sapientiae e da Associação Universitária de Pesquisa em Psicopatologia Fundamental. Doutora em psicologia clínica (PUC-SP). Professora do curso de especialização em teoria psicanalítica do Cogeae/PUC-SP e do curso de psicanálise da criança do Sedes. Coautora de *Atendimento psicanalítico de crianças* (Zagodoni, 2011) e de outras obras.

Admar Horn

Médico (UERJ). Psicanalista. Membro da Sociedade de Psicanálise de Paris (SPP), do Instituto de Psicossomática de Paris Pierre Marty (IPSO) e da Sociedade Brasileira de Psicanálise do Rio de Janeiro (RIO 2).

Ana Maria Soares

Psicóloga. Especialista em psicologia clínica pelo CRP e em psicoterapia corporal pelo Biodynamic Center de Londres. Professora do curso de psicossomática psicanalítica do Instituto Sedes Sapientiae.

Angela F. C. Penteado

Psicanalista. Especialista em psicologia clínica pelo CRP. Professora do curso de psicossomática psicanalítica do Instituto Sedes Sapientiae, atuando em instituições de saúde desde 1986.

Cristiane Curi Abud

Psicanalista, membro do Departamento de Psicanálise do Instituto Sedes Sapientiae. Mestre em psicologia clínica (PUC-SP). Doutora em administração de empresas (FGV-SP). Psicóloga do Programa de Assistência e Estudo das Somatizações (Unifesp).

Decio Gurfinkel

Psicanalista. Doutor em Psicologia (Ipusp). Professor colaborador do curso de psicossomática psicanalítica do Instituto Sedes Sapientiae. Membro e professor do Departamento de Psicanálise do Sedes. Autor de *Do sonho ao trauma: psicossoma e adicções* (2001)*, *Adicções* (2011)* e outras obras.

Denise D. Moreira

Psicóloga. Psicanalista especialista em psicossomática pelo Instituto Sedes Sapientiae. Membro do Projeto de Psicossomática da Clínica do Instituto Sedes Sapientiae.

Eliana Araujo Nogueira do Vale

Psicóloga, psicanalista e neurocientista. Mestre em psicologia clínica (USP). Associada ao Grupo de Controle da Dor – Anestesiologia (HCFMUSP). Associada à International Society of Neuropsychoanalysis. Autora de *Os rumos da psicanálise no Brasil: um estudo sobre a formação psicanalítica* (2003)**.

Éline Batistella

Psicóloga do Instituto Dante Pazzanese de Cardiologia. Mestre em psicologia clínica (PUC-SP). Especialista em Teoria Psicanalítica (Cogeae-PUC). Professora do curso de psicossomática psicanalítica do Instituto Sedes Sapientiae.

Eloisa Tavares de Lacerda

Fonoaudióloga e Psicanalista, Mestre em Distúrbios da Comunicação (PUC-SP), Membro do Departamento de Psicanálise e do Departamento de Psicanálise com Crianças do Instituto Sedes Sapientiae de SP, implantou e coordenou o curso de pós-graduação *Lato Sensu* "Clínica Interdisciplinar com Bebês – a saúde física e psíquica na primeira infância" da Cogeae/PUC-SP (2003-2010) e o Serviço de Acolhimento Relação Mãe/Bebê da Derdic/PUC-SP (2004-2011), fundadora e parceira da Clínica da Constituição do Laço: corpo-linguagem-psicanálise, Membro Fundador da atual Diretoria da Associação Brasileira de Estudos sobre o Bebê – ABEBÊ.

Flávio Carvalho Ferraz

Psicanalista. Livre-docente em psicologia (Ipusp). Professor colaborador do curso de psicossomática psicanalítica do Instituto Sedes Sapientiae. Membro e professor do Departamento de Psicanálise do Sedes. Autor de

Perversão (2000)*, *Normopatia* (2002)* e de outras obras, organizador de outros volumes da série *Psicossoma** e diretor da coleção *Clínica Psicanalítica**.

Gastão Wagner de Sousa Campos

Médico (UnB). Especialista em saúde pública (USP). Livre-docente em saúde coletiva (Unicamp). Professor titular do Departamento de Medicina Preventiva e Social da Unicamp. Ex-secretário da Saúde de Campinas. Organizador e autor de *Manual de práticas de atenção básica: saúde ampliada e compartilhada* (Hucitec, 2008) e de outras obras.

Isabel da Silva Kahn Marin

Psicanalista. Doutora em Psicologia Clínica (PUC-SP). Professora, pesquisadora e supervisora clínica/institucional do curso de psicologia da FACHS da PUC-SP nas áreas da infância, juventude e família. Membro da Associação Universitária de Pesquisa em Psicopatologia Fundamental. Vice-presidente da ABEBÊ (Associação Brasileira de Estudos sobre o Bebê). Autora de *Febem, família e identidade: o lugar do outro* (2010)** e de *Violências* (2002)**.

Isabel Mainetti de Vilutis

Psicanalista. Membro do Departamento de Psicanálise do Instituto Sedes Sapientiae. Professora e supervisora do curso de psicanálise desse instituto.

José Atilio Bombana

Psicanalista. Doutor em psiquiatria (Unifesp). Coordenador do Programa de Atendimento e Estudos de Somatização da Unifesp. Professor do Curso de Psicossomática Psicanalítica do Instituto Sedes Sapientiae. Membro do Departamento de Psicanálise do Instituto Sedes Sapientiae.

José Carlos Garcia

Psicanalista. Mestre em psicologia clínica (Ipusp). Professor do Departamento de Formação em Psicanálise do Instituto Sedes Sapientiae. Autor de *Problemáticas da identidade sexual* (2001)* e *Desafios para a técnica psicanalítica* (2007)*.

Leda Mariza Fischer Bernardino

Psicanalista. Analista membro da Associação Psicanalítica de Curitiba e da Associação Universitária de Psicopatologia Fundamental. Pós-doutora em tratamento e prevenção psicológica pela Université Paris VII. Autora de *As psicoses não decididas da infância: um estudo psicanalítico* (2004)*, coautora e organizadora de *O que a psicanálise pode ensinar sobre a criança, sujeito em constituição* (2006)**.

Leopold Nosek

Psicanalista. Membro efetivo e didata da Sociedade Brasileira de Psicanálise de São Paulo (SBPSP). Ex-presidente da Federação Psicanalítica da América Latina (Fepal).

Lilian M. J. Carbone

Psicanalista. Membro do Departamento de Psicanálise do Sedes Sapientiae. Professora do curso de psicossomática psicanalítica do Instituto Sedes Sapientiae.

Maria Elisa Pessoa Labaki

Psicanalista. Mestre em psicologia clínica (PUC-SP). Professora do Curso de psicossomática psicanalítica do Instituto Sedes Sapientiae. Membro do Departamento de Psicanálise do Sedes. Autora de *Morte* (2001)*.

Maria Helena Fernandes

Psicanalista. Doutora em psicopatologia fundamental e psicanálise (Universidade de Paris 7). Professora colaboradora do curso de psicossomática psicanalítica do Instituto Sedes Sapientiae. Autora de *Corpo* (2002)* e de *Transtornos alimentares* (2006)*.

Maria Luiza A. M. Ghirardi

Psicanalista. Mestre em psicologia escolar (Ipusp). Professora do curso de psicossomática psicanalítica do Instituto Sedes Sapientiae e membro efetivo do Departamento de Formação em Psicanálise. Membro fundador do Grupo Acesso – Estudos, Intervenção e Pesquisa em Adoção da Clínica do Sedes. Membro filiado da Sociedade Brasileira de Psicanálise de São Paulo.

Milton Della Nina

Médico (Fmusp). Membro efetivo e didata da Sociedade Brasileira de Psicanálise de São Paulo (SBPSP). Professor do Curso de Formação em Psicanálise do Instituto de Psicanálise da SBPSP. Integrante do Grupo de Estudos e Pesquisa das Relações Mente-Corpo da SBPSP. Membro honorário da Sociedade Brasileira de Medicina Psicossomática.

Mirian I. Rejani

Psicanalista. Mestre em Psicologia Clínica (PUC-SP). Professora colaboradora do curso de psicossomática psicanalítica do Instituto Sedes Sapientiae. Membro do Departamento de Psicanálise desse Instituto. Trabalha em instituições públicas de saúde desde 1985.

Myriam Uchitel

Psicanalista. Membro do Departamento de Psicanálise do Instituto Sedes Sapientiae. Professora do curso de psicanálise desse Instituto. Autora de *Além dos limites da interpretação* (1997)* e *Neurose traumática* (2001)*.

Projeto de Psicossomática do Instituto Sedes Sapientiae

Inspirado no Ambulatório do Instituto de Psicossomática de Paris (IPSO), funciona há 13 anos na Clínica Psicológica do Sedes. Ligado ao curso de psicossomática psicanalítica, conta com uma equipe de onze psicólogos e dois médicos. Tem como objetivos o atendimento de pacientes com doenças orgânicas e a pesquisa teórico-clínica relacionada a esses atendimentos.

Ricardo Almeida Prado

Psiquiatra e psicanalista. Atual coordenador do Programa de Atendimento e Estudos de Somatização (Paes) da Unifesp. Pós-graduando em psiquiatria (EPM-Unifesp).

Roosevelt M. S. Cassorla

Membro efetivo e analista didata da Sociedade Brasileira de Psicanálise de São Paulo e do Grupo de Estudos Psicanalíticos de Campinas. Professor titular colaborador da Faculdade de Ciências Médicas da Unicamp. Membro do conselho editorial do *International Journal of Psychoanalysis*.

Rubens Marcelo Volich

Psicanalista. Doutor em psicanálise e psicossomática (Universidade de Paris 7). Professor do curso de psicossomática psicanalítica do Instituto Sedes Sapientiae. Autor de *Psicossomática* (2000)*, *Hipocondria* (2002)* e de outras obras e organizador da série *Psicossoma**.

Sidnei José Casetto

Psicólogo e psicanalista. Doutor em psicologia clínica (PUC-SP). Professor do curso de psicologia e do mestrado profissional ensino em ciências da saúde da Unifesp/BS. Autor de *A constituição do inconsciente em práticas clínicas na França do século XIX* (2001)**, coorganizador de *Clínica comum: itinerários de uma formação em saúde* (Hucitec, 2013).

Talya S. Candi

Psicanalista. Membro filiado da Sociedade Brasileira de Psicanálise SP. Doutora em psicologia clínica (PUC-SP) e especialista em psicologia psicossomática da primeira idade. Atua em creches com trabalho de intervenção precoce e de prevenção na área da saúde mental. Autora de *O duplo limite: o aparelho psíquico de André Green* (2010)**.

Victoria Regina Béjar

Médica psiquiatra e psicanalista. Membro titular da Sociedade Brasileira de Psicanálise de São Paulo (SBPSP) e da International Psychoanalytical Association (IPA). Coordenadora do grupo de estudos "Expressões corporais da dor psíquica: dor crônica e psicossomática psicanalítica" e dos seminários abertos de psicossomática psicanalítica da diretoria de atendimento à comunidade da SBPSP. Membro colaborador do Centro de Dor da Clínica Neurológica do HCFMUSP.

Wagner Ranña

Médico, pediatra, psiquiatra infantojuvenil. Mestre pela Faculdade de Medicina da USP. Professor do curso de psicossomática psicanalítica do Instituto Sedes Sapientiae. Membro do Departamento de Psicanálise da Criança desse Instituto. Docente do Instituto da Criança do HCFMUSP e da Residência de Medicina de Família e Comunidade da FMUSP. Coordenador e supervisor de projetos em saúde mental infantojuvenil e educação inclusiva. Organizador de outros volumes da série *Psicossoma**.

Wilson Jacob Filho

Professor titular de geriatria da FMUSP. Diretor do Serviço de Geriatria do Hospital das Clínicas. Coordenador geral do NADI e do Hospital Dia Geriátrico do ICHC e do Comitê de Referência da Saúde do Idoso da Secretaria da Saúde de São Paulo.

* Editora Casa do Psicólogo.

** Editora Escuta.